21世纪高等教育经管类经典书系

政府会计

Government Accounting

邢俊英 编著

东北财经大学出版社 · 大连
Dongbei University of Finance & Economics Press

图书在版编目（CIP）数据

政府会计 / 邢俊英编著 .—大连 ：东北财经大学出版社，2016.5
（21世纪高等教育经管类经典书系）
ISBN 978—7—5654—2264—5

Ⅰ. 政… Ⅱ. 邢… Ⅲ. 预算会计—高等学校—教材 Ⅳ. F810.6

中国版本图书馆CIP数据核字（2016）第033166号

东北财经大学出版社出版
(大连市黑石礁尖山街217号 邮政编码 116025)
教学支持：（0411）84710309
营 销 部：（0411）84710711
总 编 室：（0411）84710523
网 址：http：//www.dufep.cn
读者信箱：dufep@dufe.edu.cn

大连图腾彩色印刷有限公司印刷 东北财经大学出版社发行

幅面尺寸：185mm×260mm 字数：580千字 印张：27 1/2 插页：1

2016年5月第1版 2016年5月第1次印刷

责任编辑：郭 洁 张晓鹏 责任校对：惠恩乐
封面设计：张智波 版式设计：钟福建

定价：49.00元

本教材得到中央财经大学“会计类专业群（改革试点）”项目资助

前 言

多年来，我国的政府会计在实践领域一直是以基于收付实现制的预算会计制度体系的形式存在的，主要包括财政总预算会计制度、行政单位会计制度、事业单位会计准则制度等。而以收付实现制为基础的预算会计制度体系于1997年实施了较大改革，是适应财政预算管理的要求建立和逐步发展起来的，为财政资金的运行管理和宏观经济决策发挥了重要的基础性作用。但是，自2000年以来，随着部门预算、国库集中收付制度、政府收支分类、国有资产管理、政府债务管理、国库现金管理等财政管理制度改革的不断深入推进，对以收付实现制为基础的预算会计制度提出了新的更高的要求。为保障财政制度改革顺利推进，满足财政管理的需要，财政部虽然陆续发布数十个补充规定对预算会计制度不断做出诸多调整，但并没有对1997年形成的预算会计制度进行全面修订，从而导致预算会计制度的严重“碎片化”，预算会计提供的会计信息难以满足财政管理的需要。由此，构建统一、科学、规范的中国政府会计体系势在必行。

从2012年开始，为构建中国政府会计体系，财政部对预算会计制度进行了持续改革。2012年，为了进一步规范行政事业单位的财务行为，加强对行政事业单位的财务管理和监督，提高资金使用效益，财政部陆续对原《事业单位财务规则》（财政部令〔1996〕8号）和《行政单位财务规则》（财政部令〔1998〕9号）进行了修订，分别于2012年2月7日和12月6日发布修订后的《事业单位财务规则》（财政部令第68号）和《行政单位财务规则》（财政部令第71号），并分别自2012年4月1日和2013年1月1日起开始施行，从而为修订行政单位和事业单位会计制度奠定了坚实基础。同年，为了适应公共财政改革和事业单位财务管理改革的需要，进一步规范事业单位的会计核算，财政部对原《事业单位会计准则（试行）》（财预字〔1997〕286号）和《事业单位会计制度》（财预字〔1997〕288号）进行修订，分别于2012年12月5日和12月19日发布修订后的《事业单位会计准则》（财政部令第72号）和《事业单位会计制度》（财会〔2012〕22号），并均自2013年1月1日起开始施行。

2013年，为了适应公共财政管理改革与发展的要求，满足行政单位财务管理以及进一步提高行政单位会计信息质量的需要，财政部对原《行政单位会计制度》（财预字〔1998〕49号）进行修订，于2013年12月18日发布修订后的《行政单位会计制度》（财库〔2013〕218号），并自2014年1月1日起开始施行。

2015年，为了为下一步推进政府综合财务报告制度建设提供基础性制度保障；为了将近几年来不断推出的完善政府预算体系、规范地方政府债务管理、设置预算稳定调节基金、实施国库现金管理等预算管理制度改革的成果，全面、完整、准确地通过会计记录予以反映，满足财政管理需要和社会各界对财政信息公开的需求；为了规范各级政府财政总预算会计核算，保证会计信息质量，充分发挥财政总预算会计的职能作用，完善政府会计体系，财政部对原《财政总预算会计制度》（财预字〔1997〕287号）进行了修订，于2015年10月10日发布修订后的《财政总预算会计制度》（财库〔2015〕192号），并自2016年1月1日起开始施行。

新的财政总预算会计制度、事业单位会计准则制度和行政单位会计制度，通过对预算收支相关的经济业务或事项采用“双分录”核算方法，在核算预算收支的同时，全面核算政府及其单位资产、负债以及净资产情况，尝试将预算会计和财务会计功能相融合，标志着政府会计制度体系得到健全完善。[①]

但是，新的财政总预算会计制度、事业单位会计准则制度和行政单位会计制度的发布实施，虽然使政府会计信息质量要求得到改进，但由于以收付实现制为主，所以导致现行的政府会计制度与我国政府会计改革目标仍尚有一定距离。2014年12月国务院批转财政部《权责发生制政府综合财务报告制度改革方案》明确规定，政府会计改革的目标是在2020年前建立具有中国特色的政府会计准则体系和权责发生制政府综合财务报告制度。政府会计标准体系（包括政府会计基本准则、具体准则及应用指南和政府会计制度）中的《政府会计准则——基本准则》（财政部令第78号）财政部已于2015年10月23日发布，自2017年1月1日起施行。同时，财政部分别于2015年11月16日和12月2日发布了《政府财务报告编制办法（试行）》（财库〔2015〕212号）、《政府部门财务报告编制操作指南（试行）》（财库〔2015〕223号）和《政府综合财务报告编制操作指南（试行）》（财库〔2015〕224号），决定从2017年开始由财政部选择试点单位编制2016年度权责发生制政府财务报告。

事实上，“政府会计”一词虽然自2006年起就不断被写入政府的官方文件，但截止到政府会计基本准则发布时，在我国仍没有任何会计规范对“政府会计”做出界定。不过，依照政府会计基本准则对政府会计主体的规定，我国政府会计制度体系主要由财政总预算会计制度、行政单位会计制度和事业单位会计准则制度构成，看似为原来的预算会计制度，不过内容已存在很大不同。而基于政府会计基本准则，政府会计由财务会计和预算会计构成，其中预算会计是指以收付实现制为基础对政府预算执行过程中发生的全部收入和全部支出进行会计核算，主要反映和监督预算收支执行情况的会计，包括预算收入、预算支出与预算结转结余三个会计要素，是政府会计的构成部分，这与原来意义上的预算会计也存在极大差异。

由此，本书基于目前正在执行的政府会计制度，在总结作者的教学经验和实践调研积累的基础上，全面系统地阐述了我国政府会计的基本理论和实务。它是作为高等学校财经类专业的本专科教学用书而编写的，也可供自学考试生以及实践中的预算会计以及

---

① 财政部国库司.财政部国库司有关负责人就修订发布《财政总预算会计制度》答记者问[EB/OL].[2015-10-23].http://gks.mof.gov.cn/zhengfuxinxi/gongzuodongtai/201510/t20151022_1517734.html.

其他会计人员继续教育和学习、参考使用。

本书主要具有以下显著特点：

1. 体现制度的本土化。本书的内容根基于中国现行的政府会计制度，并能够体现其新变化。其目的在于使读者能够获取中国政府会计核算内容和方法等方面的知识，进而为其应对在校学习、升学考试、入职考试、教学等提供帮助。

2. 体现财政管理制度和政府会计制度的融合性。政府会计是财政管理与会计学相互融合的学科。为了体现这一特点，本书在详细阐述对政府会计核算有重大影响的财政管理制度的基础上，详细阐述了财政管理制度对政府会计核算的影响。其目的在于使读者在全面获知我国政府会计的财政制度的背景下，能够更好地理解政府会计制度核算的内容和方法。

3. 体现内容的务实性。本书根据全新的政府会计制度，在阐述财政总预算会计、行政单位会计和事业单位会计核算内容和方法的基础上，为基本核算原理都配上相应的例题，并且在章后根据具体教学内容设置了“复习思考”和“操作练习”，特别在第七、十一和十五章后还专门配有资产负债表编制的练习题，具有非常强的综合性，可使读者分别掌握财政总预算会计、行政单位会计和事业单位会计各自的会计要素确认、计量、记录、计算和报告的全部知识内容，帮助读者强化和提高自主学习和实际业务操作能力。

4. 体现知识结构的系统性。本书根据政府会计主体资金运动特点安排结构，使知识描述更加系统。一是根据财政总预算会计与行政事业单位会计之间存在的经费领报和业务指导监督关系，在结构安排顺序上先财政总预算会计、再行政单位会计和事业单位会计。二是根据政府会计对象表现为各级政府和行政事业单位在预算执行中的收入、支出、结转结余以及由此形成的资产、负债和净资产的现象，财政总预算会计、行政单位会计和事业单位会计各自章节的设计均在介绍概念及制度体系的基础上，按照先收入和支出，后资产、负债和净资产，再会计报表的内容顺序排列。

5. 体现学习的指导性和便利性。本书的电子课件、复习思考及操作练习题的答案都上挂出版社网站（www.dufep.cn），购买使用本书的读者可以免费下载使用，从而为大家提供本书的学习指导、学习参考，并为授课教师提供教学支持。

在本书的编写过程中，得到了大学同学的大力支持和帮助，在此表示感谢；也参考了部分学者编写的教材、专著以及发表的论文，在此也一并表示感谢。

本次修订由邢俊英完成。由于作者水平有限，在修订过程中难免出现一些错误和疏漏，恳请读者予以指正。

邢俊英

2016年2月·北京

目　录

第一篇　政府会计总论

第二篇　财政总预算会计

第一篇

政府会计总论

第一章

政府会计基本理论

学习目标

- 理解政府会计的概念和组织体系
- 掌握政府会计的基本前提和一般原则
- 熟悉政府会计要素
- 熟悉政府会计的会计等式
- 了解我国政府会计制度的发展历程
- 了解我国未来政府会计改革的目标和内容
- 熟悉我国现行的政府会计制度规范

本章主要是对政府会计的概念和组成体系、基本前提和一般原则、会计要素和会计等式、我国政府会计制度的发展历程和未来改革的目标与内容、现行政府会计制度规范体系等内容做一概述。

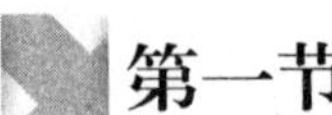

第一节 政府会计的概念和组成体系

一、政府会计的概念

会计是对各个会计主体的经济业务，以货币为主要计量单位，借助专门的程序和方法，进行全面、连续、系统的核算和监督，并依据会计核算信息和其他技术经济信息，参与各会计主体经营管理的一种管理活动。会计存在的目的是为社会组织实现运行目标而服务。社会组织按照组织目标，可分为政府、营利组织和非营利组织。政府是一个国家的统治机构，与国家密切联系，以国家存在为前提，是国家权利的代表和执行机关，其行使国家公权力，为社会提供纯公共产品。政府基于公共受托责任，分为政权政府（比如中央政府和地方政府）和政府办事机构（比如行政单位）。营利组织是以营利为目的，为社会提供私人产品，资源的提供者期望获取投资收益，比如企业或公司。非营利组织不以营利为目的，为社会提供准公共产品，资源的提供者不要求经济回报，包括国有非营利组织和非国有非营利组织，比如公立学校和医院、社会团体、基金会等。基于上述社会组织的分类，会计也被分为营利组织会计（企业会计）和政府与非营利组织会计。政府与非营利组织会计又分为政府会计和非营利组织会计。

在我国，按照其目标，社会组织可分为营利组织、政府和民间非营利组织。其中，营利组织即为企业或公司；政府包括各级政府（即政权政府）、行政单位（即政府办事机构）和事业单位（可称为国有非营利组织）；民间非营利组织是依照国家法律、行政法规登记的社会团体、基金会、民办非企业单位和寺院、宫观、清真寺、教堂等。由此，我国的会计就被分为企业会计、政府会计和民间非营利组织会计。一般而言，企业会计是以营利为目的，以资本循环为中心，适用于各类企业的一种专业会计。政府会计是以经济和社会事业发展为目的，主要以财政资金运动为中心，适用于政府及其所属单位的一种专业会计，主要包括适用于各级政府的财政总预算会计、适用于各级各类行政单位的行政单位会计和适用于各级各类事业单位的事业单位会计。民间非营利组织会计是不以营利为目的，以财务收支活动为核心，适用于各种民间非营利组织的一种专业会计。

作为会计体系的一大分支，政府会计的概念目前并没有统一的表述。按照国际会计准则委员会的规定，政府会计被定义为："政府会计是指用于确认、计量、记录和报告政府和政府单位财务收支活动及其受托责任的履行情况的会计体系。"[①]在我国，《政府会计准则——基本准则》（以下简称《基本准则》）并没有对政府会计的概念做出界定。但却规定了中国政府会计的构成。《基本准则》规定，政府会计由财务会计和预算会计构成。其中，政府财务会计，是指以权责发生制为基础对政府发生的各项经济业务和事项进行会计核算，反映和监督政府财务状况、运行情况、运行成本和现金流量等信息的会计；政府预算会计，是指以收付实现制为基础对政府预算执行过程中发生的全部收入和全部支出进行会计核算，主要反映和监督预算收支执行情况的会计。由此我们可以归纳出政府会计的定义：政府会计是对政府预算执行过程发生的收支及政府发生的各项经济业务和事项进行会计核算，反映和监督预算收支执行情况，政府财务状况、运行情况、运行成本和现金流量等信息的会计。

政府会计作为会计系统的一个分支，同其他会计一样，也是以货币为计量单位，对其会计主体的经济业务进行连续、系统、完整的核算、反映和监督的一种经济管理活动。政府会计作为一种经济管理活动，其主要职能是对政府会计主体的资金活动进行连续、系统、完整的核算、反映和监督。

---

① 上海财经大学公共政策研究中心.2003年中国财政发展报告[M].上海：上海财经大学出版社，2003：651.

二、政府会计的组成体系

多年来，在我国的实践领域，政府会计一直以以收付实现制为基础的预算会计制度体系的形式存在，主要包括财政总预算会计制度、行政单位会计制度、事业单位会计准则制度等。由此，以收付实现制为基础的预算会计制度体系的构成也代表了目前我国政府会计体系的构成。现行的政府会计体系由财政总预算会计、行政单位会计、事业单位会计以及参与预算会计执行的国库会计、收入征解会计等组成。其中，财政总预算会计、行政单位会计和事业单位会计是政府会计体系的基本组成部分，财政总预算会计是核心，行政单位会计和事业单位会计是财政总预算会计的延伸；而国库会计、收入征解会计作为参与国家预算执行的专门会计，同财政总预算会计、行政单位会计和事业单位会计共同组成了政府会计体系，对财政资金活动进行系统会计核算。我国政府会计体系如图1-1所示。

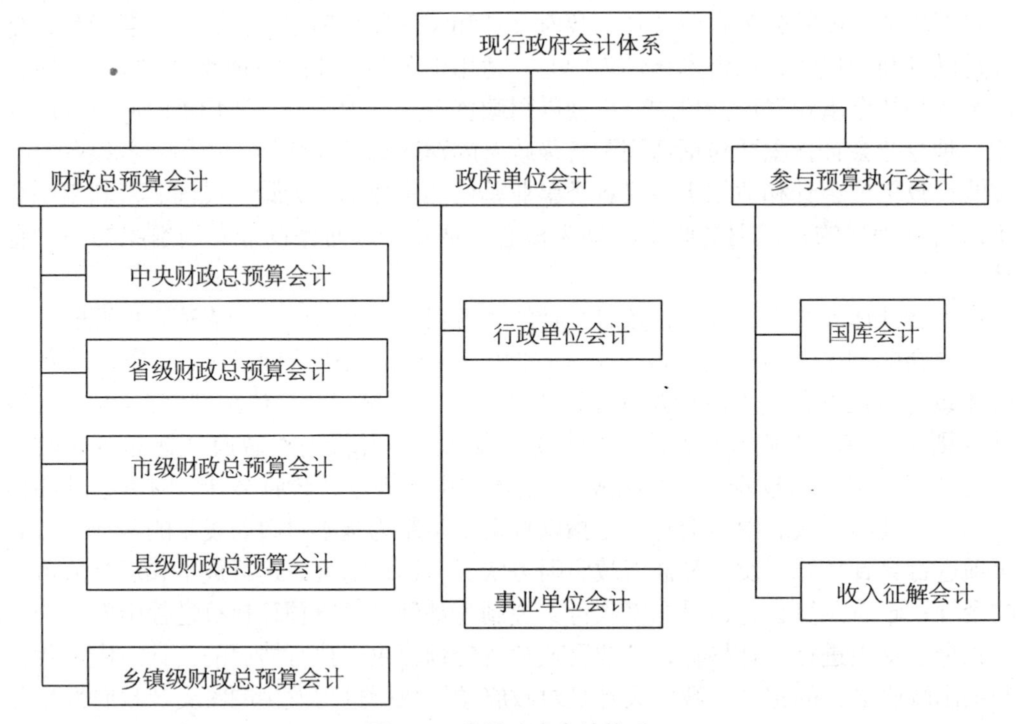

图1-1　我国政府会计体系

（一）财政总预算会计

财政总预算会计是各级政府财政核算、反映、监督政府一般公共预算资金、政府性基金预算资金、国有资本经营预算资金、社会保险基金预算资金以及财政专户管理资金、专用基金和代管资金等资金活动的专业会计。

与国家预算组成体系相一致，我国的财政总预算会计体系分为五级：国家财政部设立中央财政总预算会计，省（自治区、直辖市）财政厅（局）设立省级财政总预算会计，设区的市市（自治州）财政局设立市级财政总预算会计，县（自治县、不设区的市、市辖区）财政局设立县级财政总预算会计，乡镇（民族乡）财政所设立乡镇级财政总预算会计。

（二）政府单位会计

政府单位是指与本级政府财政部门直接或者间接发生预算拨款关系的行政单位和事业单位。政府单位会计包括行政单位会计和事业单位会计，是为行政单位和事业单位实现其职能而服务的。行政单位会计是行政单位核算、反映和监督本单位预算执行和财务状况的专业会计。事业单位会计是各级各类事业单位核算、反映和监督本单位预算执行和财务状况的专业会计。根据机构建制和经费领报关系，行政事业单位会计的组织系统可分为主管会计单位、二级会计单位和基层会计单位三级。

（三）参与预算执行会计

参与预算执行的会计，主要包括中国人民银行在办理国库业务过程中设立的国库会计、税务部门和海关在办理税款征解过程中设立的收入征解会计，它们在国家预算执行过程中，均承担一定的政府会计业务，也属于政府会计的范畴。国库会计是核算、反映和监督预算收入的收纳、划分、报解和库款支拨的专业会计。收入征解会计是核算、反映和监督税收征收机关（税务部门和海关）组织各项税收的实现、征收、上解、入库、减免的专业会计，包括税收会计和关税会计。

（四）政府会计各组成部分的关系

就一级政府预算而言，在上述政府会计体系中，财政总预算会计作为核算、反映和监督本级政府预算收支执行以及财政资金活动的专业会计，掌握本级财政预算收支的全面情况和结果，处于主导地位；行政单位会计、事业单位会计以及参与预算执行的国库会计、收入征解会计在财政总预算会计的业务指导下开展核算工作，并向财政总预算会计报送会计报表。

从政府单位会计和财政总预算会计的关系看，主要表现为缴拨款和业务指导监督关系。一方面，政府单位的单位预算是同级政府预算的重要组成部分，财政总预算会计按照核定预算和分月（季度）用款计划向政府单位核拨的财政经费拨款，是同级政府单位收入的主要来源；而在预算执行过程中，政府单位在业务活动中依法取得的应当上缴财政的资金，应按规定上缴国库或财政专户，财政总预算会计均要予以核算和反映。另一方面，政府单位会计必须接受同级财政总预算会计的管理与监督，执行本级财政部门提出的检查意见。

从参与预算执行会计与财政总预算会计的关系看，收入征解会计作为核算、反映和监督各级政府预算执行中税收组织、实现和缴纳的会计，是政府会计的起点；国库会计作为核算、反映和监督预算收入的收纳、划分、报解和库款支拨的专业会计，是各级预算执行的重要部门，起桥梁和纽带作用；而财政总预算会计则是政府会计的终点。因此，在预算执行中，财、税、库是组织、管理和核算、反映、监督各级财政预算收入实现的重要部门，它们之间相互提供有关资料、文件和报表，密切协作，共同为完成预算服务。在会计核算上，通过相同的原始凭证，实现财、税、库的相互牵制。比如，税收缴款书，国库收纳后作为国库会计收纳预算收入的入库凭证，国库每日根据税收缴款书编制预算收入日报表，同时报送财政部门和收入征收机关。财政总预算会计根据国库会计报送的预算收入日报表进行预算收入的账务处理，收入征解会计根据国库会计报送的预算收入日报表对入库税款进行账务处理。根据相同原始凭证处理账务，财、税、库可以相互牵制、相互监督，保证预算收入的真实、准确。各级国库将所入库的预算收入按预算级次、预算科目，定期与同级财政机关和征收机关进行账务核对，保证财、税、库的数字一致。

第二节　政府会计的基本前提和一般原则

一、政府会计的基本前提

会计基本前提，又称会计基本假设，是进行会计核算的基本条件。会计基本前提是合理限定会计核算的范围，据以确定会计核算对象、选择会计方法、收集加工处理会计数据，从而保证会计工作的正常进行和会计信息的质量。政府会计的基本前提包括会计主体、持续经营、会计分期和货币计量。

（一）会计主体

政府会计主体是政府会计为之服务的特定单位，它限定了政府会计核算的空间范围。会计主体是持续经营和会计分期这两个前提的基础。只有规定了政府会计主体，政府会计核算才会有明确的范围，在此基础上会计要素才会有空间的归属；也才能正确反映会计主体的各会计要素的情况和结果，向有关各方面提供正确的会计信息。《基本准则》规定，政府会计主体包括各级政府、各部门、各单位。其中各部门、各单位是指与本级政府财政部门直接或者间接发生预算拨款关系的国家机关、军队、政党组织、社会团体、事业单位和其他单位，但军队和已纳入企业财务管理体系的单位和执行《民间非营利组织会计制度》的社会团体除外。基于社会组织的分类，政府会计主体可归纳为各级政府、各级各类行政单位和事业单位。具体而言，财政总预算会计的主体是各级政府，行政单位会计的主体是行政单位，事业单位会计的主体是事业单位。比如，《财政总预算会计制度》规定，财政总预算会计的会计核算应当以本级政府财政业务活动持续正常进行为前提；《行政单位会计制度》规定，行政单位应当对其自身发生的经济业务或者事项进行会计核算；《事业单位会计准则》规定，事业单位应当对其自身发生的经济业务或者事项进行会计核算。

（二）持续经营

持续经营是指在正常情况下，政府会计主体的经济业务活动无限期延续下去，在可以预见的未来不会终止。持续经营规定了政府会计核算的时间范围，即会计主体的经济业务活动将无限期继续存在下去。只有在持续经营的前提下，政府会计主体的经济业务活动才得以进行，会计核算才能使用特有的程序和方法，全面系统地反映会计主体的财务状况和收支状况。即，政府会计核算所使用的原则、程序和方法都是建立在持续经营的基础之上，只有在这一前提下，会计人员在日常的会计核算中对经济业务才能做出正确判断，对会计处理方法和会计处理程序才能做出正确选择。

所以，政府会计核算应当以政府会计主体各项业务可持续正常地进行为前提。《基本准则》规定，政府会计核算应当以政府会计主体持续运行为前提；《财政总预算会计制度》规定，财政总预算会计的会计核算应当以本级政府财政业务活动持续正常地进行为前提；《行政单位会计制度》规定，行政单位会计核算应当以行政单位各项业务活动持续正常地进行为前提；《事业单位会计准则》规定，事业单位会计核算应当以事业单位各项业务活动持续正常地进行为前提。

（三）会计分期

会计分期，又称会计期间，是指将政府会计主体持续经营的经济业务活动根据信息使用者的需要，人为地划分为一个个连续的、长短相同的期间，以便分期结算账目、编制会计报表，及时向各方面提供有用的会计信息。会计分期是对持续经营前提的必要补充。由此，政府会计主体应当划分会计期间、分期结算账目和编制财务报表。

会计期间通常为一年，称为会计年度。我国政府会计年度采用日历年度。为了及时提供会计信息，在年度内还可以划分若干较短的期间，如季度和月份。《基本准则》规定，政府会计核算应当划分会计期间，分期结算账目，按规定编制决算报告和财务报告；会计期间至少分为年度和月度。会计年度、月度等会计期间的起讫日期采用公历日期。《财政总预算会计制度》规定，财政总预算会计应当划分会计期间，分期结算账目和编制会计报表；会计期间至少分为年度和月度。会计年度、月度等会计期间的起讫日期采用公历日期；年度终了后，可根据工作特殊需要设置一定期限的上年决算清理期。《行政单位会计制度》规定，行政单位应当划分会计期间，分期结算账目和编制财务报表；会计期间至少分为年度和月度。会计年度、月度等会计期间的起讫日期采用公历日期。《事业单位会计准则》规定，事业单位应当划分会计期间，分期结算账目和编制财务会计报告；会计期间至少分为年度和月度。会计年度、月度等会计期间的起讫日期采用公历日期。

（四）货币计量

货币计量是对政府会计计量尺度的规定，指政府会计主体在会计核算过程中以货币作为计量单位，综合反映政府会计主体的经济业务活动情况。货币计量是会计的基本特征。只有以货币计量为前提，政府会计核算所提供的信息才具有可比性，才能满足信息使用者的需要。以货币计量作为前提，还包含假设币值保持不变。因为只有在币值稳定的前提下，对不同会计期间的会计要素的核算才有意义，才可以前后各期加以比较。

政府会计核算应当以人民币为记账本位币。发生外币业务时，应当将有关外币金额折算为人民币金额计量。《基本准则》规定，政府会计核算应当以人民币作为记账本位币。发生外币业务时，应当将有关外币金额折算为人民币金额计量，同时登记外币金额。《财政总预算会计制度》规定，财政总预算会计应当以人民币作为记账本位币，以元为金额单位，元以下记至角、分。发生外币业务，在登记外币金额的同时，一般应当按照业务发生当日中国人民银行公布的汇率中间价，将有关外币金额折算为人民币金额记账。期末，各种以外币计价或结算的资产负债项目，应当按照期末中国人民银行公布的汇率中间价进行折算。其中，货币资金项目因汇率变动产生的差额计入有关支出等科目；其他资产负债项目因汇率变动产生的差额计入有关净资产等科目。《行政单位会计制度》规定，行政单位会计核算应当以人民币作为记账本位币。发生外币业务时，应当将有关外币金额折算为人民币金额计量。《事业单位会计准则》规定，事业单位会计核算应当以人民币作为记账本位币。发生外币业务时，应当将有关外币金额折算为人民币金额计量。

二、政府会计核算的一般原则

政府会计核算的一般原则是政府会计核算工作应遵循的基本规范。按照我国现行政府会计规范的规定，政府会计核算的一般原则包括真实性原则、相关性原则、可比性原则、及时性原则、可理解性原则、全面性原则、实际成本原则、配比原则、实质重于形式原则、实行双会计核算基础原则等十项。这十项政府会计核算的一般原则大体上可分为两大类：一是对政府会计信息质量要求的原则，主要包括真实性、相关性、可比性、及时性、可理解性、全面性、实质重于形式等原则；二是对会计要素进行确认计量的原则，主要包括实际成本、配比、双会计核算基础等原则。

（一）会计信息质量要求原则

会计信息质量要求是对会计主体财务报告中所提供会计信息质量的基本要求，是使财务报告中所提供会计信息对会计信息使用者决策有用应具备的基本特征。对政府会计信息质量要求的原则，主要包括真实性、相关性、可比性、及时性、可理解性、全面性、实质重于形式等七项。

1.真实性原则

真实性原则，又称客观性或可靠性原则，是指政府会计主体的会计核算应当以实际发生的经济业务为依据，如实反映各项会计要素的情况和结果，保证会计信息真实可靠。比如，《基本准则》规定，政府会计主体应当以实际发生的经济业务或者事项为依据进行会计核算，如实反映各项会计要素的情况和结果，保证会计信息真实可靠；《财政总预算会计制度》规定，财政总预算会计核算应当以实际发生的经济业务或者事项为依据进行会计核算，如实反映各项会计要素的情况和结果，保证会计信息真实可靠；《行政单位会计制度》规定，行政单位会计应当以实际发生的经济业务或者事项为依据进行会计核算，如实反映各项会计要素的情况和结果，保证会计信息真实可靠；《事业单位会计准则》规定，事业单位应当以实际发生的经济业务或者事项为依据进行会计核算，如实反映各项会计要素的情况和结果，保证会计信息真实可靠。

真实性原则要求政府会计核算必须以经济业务发生时所取得的合法书面凭证为依据，不得弄虚作假，伪造、篡改凭证，凭证内容要真实、数字要准确、项目要完整、手续要齐备、资料要可靠。只有这样才能保证会计信息与会计反映对象的客观事实相一致，才能满足各信息使用者做出正确决策的需要。

2. 相关性原则

相关性原则，又称有用性原则，是指政府会计所提供的信息应与信息使用者的经济决策需要相关。比如，《基本准则》规定，政府会计主体提供的会计信息，应当与反映政府会计主体公共受托责任履行情况以及报告使用者决策或者监督、管理的需要相关，有助于报告使用者对政府会计主体过去、现在或者未来的情况做出评价或者预测。《财政总预算会计制度》规定，财政总预算会计提供的会计信息应当与政府财政受托责任履行情况的反映、会计信息使用者的监督、决策和管理需要相关，有助于会计信息使用者对政府财政过去、现在或者未来的情况做出评价或者预测；《行政单位会计制度》规定，行政单位提供的会计信息应当与行政单位受托责任履行情况的反映、会计信息使用者的管理、监督和决策需要相关，有助于会计信息使用者对行政单位过去、现在或者未来的情况做出评价或者预测；《事业单位会计准则》规定，事业单位提供的会计信息应当与事业单位受托责任履行情况的反映、会计信息使用者的管理、决策需要相关，有助于会计信息使用者对事业单位过去、现在或者未来的情况做出评价或者预测。

相关性需要政府会计主体在确认、计量和报告会计信息的过程中，充分考虑信息使用者的决策模式和信息需要，从而有助于信息使用者做出正确的决策。

3. 可比性原则

可比性原则，是指政府会计提供的会计信息应当具有可比性，包括同一政府会计主体不同时期以及不同政府会计主体发生的相同或者相似的经济业务或者事项应当采用一致的会计政策。比如，《基本准则》规定，政府会计主体提供的会计信息应当具有可比性。同一政府会计主体不同时期发生的相同或者相似的经济业务或者事项，应当采用一致的会计政策，不得随意变更；确需变更的，应当将变更的内容、理由及其影响在附注中予以说明；不同政府会计主体发生的相同或者相似的经济业务或者事项，应当采用一致的会计政策，确保政府会计信息口径一致，相互可比。《财政总预算会计制度》规定，财政总预算会计提供的会计信息应当具有可比性；同一政府财政不同时期发生的相同或者相似的经济业务或者事项，应当采用一致的会计政策，不得随意变更。确需变更的，应当将变更的内容、理由和对政府财政预算的执行情况、财务状况的影响在附注中予以说明；不同政府财政发生的相同或者相似的经济业务或者事项，应当采用统一的会计政策，确保不同政府财政的会计信息口径一致、相互可比。《行政单位会计制度》规定，行政单位提供的会计信息应当具有可比性，包括：同一行政单位不同时期发生的相同或者相似的经济业务或者事项，应当采用一致的会计政策，不得随意变更，确需变更的，应当将变更的内容、理由和对单位财务状况、预算执行情况的影响在附注中予以说明；不同行政单位发生的相同或者相似的经济业务或者事项，应当采用统一的会计政策，确保不同行政单位会计信息口径一致、相互可比。《事业单位会计准则》规定，事业单位提供的会计信息应当具有可比性，包括：同一事业单位不同时期发生的相同或者相似的经济业务或者事项，应当采用一致的会计政策，不得随意变更，确需变更的，应当将变更的内容、理由和对单位财务状况及事业成果的影响在附注中予以说明；同类事业单位中不同单位发生的相同或者相似的经济业务或者事项，应当采用统一的会计政策，确保同类单位会计信息口径一致、相互可比。

可比性可保证政府会计主体根据国家的统一规定进行核算，使各政府会计主体的会计信息建立在相互可比的基础上，以便于会计信息的比较、分析和汇总，从而为信息使用者进行决策和国家进行宏观调控与管理提供必要的依据；同时有利于比较分析同一政府会计主体不同会计期间的会计信息，从而对预算执行和财务状况做出正确判断，以提高各方面预测和决策的准确性。

4. 及时性原则

及时性原则，是指政府会计核算应当及时进行。该原则要求政府会计信息应当及时处理，及时提供，不得提前或延后。比如，《基本准则》规定，政府会计主体对已经发生的经济业务或者事项，应当及时进行会计核算，不得提前或者延后；《财政总预算会计制度》规定，财政总预算会计对于已经发生的经济业务或者事项，应当及时进行会计核算；《行政单位会计制度》规定，行政单位对于已经发生的经济业务或者事项，应当及时进行会计核算，不得提前或者延后；《事业单位会计准则》规定，事业单位对于已经发生的经济业务或者事项，应当及时进行会计核算，不得提前或者延后。

会计信息具有一定的时效性，所以，在会计核算中，政府会计主体应及时收集会计信息、及时处理会计信息、及时传递报告会计信息，从而帮助信息使用者及时做出经济决策，确保会计信息的价值。

5. 可理解性原则

可理解性原则，是指政府会计记录和会计报表应当清晰明了，便于理解和运用。比如，《基本准则》规定，政府会计主体提供的会计信息应当清晰明了，便于报告使用者理解和使用；《财政总预算会计制度》规定，财政总预算会计提供的会计信息应当清晰明了，便于会计信息使用者理解和使用；《行政单位会计制度》规定，行政单位提供的会计信息应当清晰明了，便于会计信息使用者理解和使用；《事业单位会计准则》规定，事业单位提供的会计信息应当清晰明了，便于会计信息使用者理解和使用。

可理解性要求会计核算各个环节和步骤清晰明了，通俗易懂，以利于会计信息使用者理解会计报表和利用会计信息，同时也有利于审计人员进行审计。

6. 全面性原则

全面性原则，是指政府会计报表应全面反映经济业务活动情况及结果。比如，《基本准则》规定，政府会计主体应当将发生的各项经济业务或者事项统一纳入会计核算，确保会计信息能够全面反映政府会计主体预算执行情况和财务状况、运行情况、现金流量等；《财政总预算会计制度》规定，财政总预算会计核算应当全面反映政府财政的预算执行情况和财务状况等；《行政单位会计制度》规定，行政单位应当将发生的各项经济业务或者事项全部纳入会计核算，确保会计信息能够全面反映行政单位的财务状况和预算执行情况等；《事业单位会计准则》规定，事业单位应当将发生的各项经济业务或者事项统一纳入会计核算，确保会计信息能够全面反映事业单位的财务状况、事业成果、预算执行等情况。

全面性要求会计报表所反映的信息做到内容完整、全面。

7. 实质重于形式原则

实质重于形式原则，是指政府会计核算和会计信息要真实反映政府会计主体经济业务或事项的实际情况，要按照经济业务或事项的经济实质进行会计核算，而不应当仅仅以它们的法律形式作为会计核算的依据。按实质或经济事实来核算和反映而不看其表现形式，当经济事实与法律形式不一致时，按事实来记录和反映。比如，《基本准则》规定，政府会计主体应当按照经济业务或者事项的经济实质进行会计核算，不限于以经济业务或者事项的法律形式为依据。

（二）对政府会计要素确认和计量要求的原则

1. 实行"双会计核算基础"原则

《基本准则》规定，财务会计采用权责发生制，预算会计采用收付实现制，国务院另有规定的，依照其规定。

收付实现制，又称现金制或现收现付制，是指以现金的实际收付为标志来确定本期收入和支出的会计核算基础。凡在当期实际收到的现金收入和支出，均应作为当期的收入和支出；凡是不属于当期的现金收入和支出，均不应当作为当期的收入和支出。权责发生制，又称应计制或应收应付制，是指以取得收取款项的权利或支付款项的义务为标志来确定本期收入和费用的会计核算基础。凡是当期已经实现的收入和已经发生的或应当负担的费用，不论款项是否收付，都应当作为当期的收入和费用；凡是不属于当期的收入和费用，即使款项已在当期收付，也不应当作为当期的收入和费用。

按照现行政府会计制度规定，各级政府、各级各类行政事业单位的会计核算一般采用收付实现制，部分经济业务或事项采用权责发生制。比如，《财政总预算会计制度》规定，财政总预算会计的会计核算一般采用收付实现制，部分经济业务或者事项应当按照规定采用权责发生制核算；地方各级财政部门除国库集中支付结余外，不得采用权责发生制列支；权责发生制列支只限于年末采用，平时不得采用。《行政单位会计制度》规定，行政单位会计核算一般采用收付实现制，特殊经济业务和事项应当按照本制度的规定采用权责发生制核算；《事业单位会计准则》和《事业单位会计制度》规定，事业单位会计核算一般采用收付实现制，部分经济业务或者事项采用权责发生制核算。具体而言，财政总预算会计采用权责发生制的部分业务和事项主要包括应付国库集中支付结余、股权投资、应收股利、应收转贷款的应收利息、应付政府债券和应付转贷款的应付利息等；行政单位会计采用权责发生制的部分业务和事项主要包括国库集中支付的年终结余、应收账款、应付账款和长期应付款等；事业单位会计采用权责发生制的部分业务和事项主要包括国库集中支付的年终结余和经营性业务。

2. 实际成本原则

实际成本原则，又称历史成本原则，是指政府会计主体的各项财产物资应当按照取得或购建时的实际成本计价。比如，《基本准则》规定，政府会计主体在对资产进行计量时，一般应当采用历史成本；《财政总预算会计制度》规定，财政总预算会计核算的资产，应当按照取得或发生时的实际金额进行计量；《行政单位会计制度》规定，行政单位的资产应当按照取得时的实际成本进行计量，除国家另有规定者外，行政单位不得自行调整其账面价值；《事业单位会计制度》规定，事业单位各项财产物资应当按照取得或购建时的实际成本计价，除国家另有规定者外，一律不得自行调整其账面价值。

坚持实际成本原则，有利于保证政府会计信息在同类单位不同时期具有可比性。

3.配比原则

配比原则，是指有经营活动的事业单位，其经营支出和经营收入应当配比。《事业单位会计制度》规定，事业单位的经营支出与经营收入应当配比。

配比原则是在权责发生制的基础上根据事业单位经营支出和经营收入的因果关系，将一个会计期间内的经营支出与经营收入在同一个会计期间内进行确认、计量和记录，而不能提前或拖延。坚持配比原则，有利于正确计算和考核事业单位的经营结余。

上述十项政府会计核算的一般原则，并不是财政总预算会计、行政单位会计和事业单位会计核算均应共同遵循的原则。由于财政总预算会计、行政单位会计和事业单位会计核算内容的差异，其各自遵循的核算原则也存在差异。其中真实性、相关性、可比性、及时性、可理解性、全面性、实质重于形式、双会计核算基础、实际成本等原则是上述三个会计应共同遵循的原则；配比原则是事业单位会计经营业务核算应遵循的原则。

第三节　政府会计的对象、要素和会计等式

一、政府会计的对象

会计对象，又称会计客体，是指会计所核算、反映和监督的内容，具体是指社会再生产过程中能以货币表现的资金运动。

政府会计对象是政府会计所核算、反映和监督的内容。政府会计以货币计量为前提，因此，政府会计的对象只能是能以货币表现的各级政府、各级各类行政事业单位的各项经济业务活动，主要表现为财政性资金运动，即预算执行过程中发生的收支及其结果。由于各级政府财政部门和各级各类行政事业单位在国家预算执行中所担负的职责不同，其各自核算、反映和监督的内容也不同，由此，财政总预算会计、行政单位会计和事业单位会计的对象也存在差异。

（一）财政总预算会计的对象

各级财政总预算会计由同级财政部门办理。各级政府财政部门肩负着该级政府总预算执行的职责，是负责组织国家财政收支、办理国家预决算的行政机关，是各级政府财政的总会计。在国家预算执行过程中，各级财政部门按照核定的预算通过收取税收、非税收入等形式取得财政收入，而通过财政直接支付和财政授权支付等方式向预算单位拨

付财政资金发生财政支出，财政收入超过财政支出的部分形成财政结转结余；同时，各级政府财政部门在取得财政收入、发生财政支出时必然形成各级财政的资产、负债和净资产。因此，财政总预算会计的核算对象是财政资金的集中、分配及其结果，表现为各级财政的收入、支出、结转结余以及由此形成的资产、负债与净资产。

（二）行政单位预算会计的对象

行政单位作为进行国家行政管理、组织经济建设和文化建设、维护社会公共秩序的单位，肩负着行政单位预算执行和完成行政任务的职责。在单位预算执行中，行政单位按照核定的单位预算和分月（季度）用款计划通过财政直接支付和财政授权支付等方式从同级财政部门获取拨款，形成其收入；同时，按照预算规定的用途和开支标准支付基本支出和项目支出，形成其支出；收入超过支出的部分形成其结转结余。而行政单位在取得收入和发生支出的过程中，必然形成行政单位的资产、负债和净资产。因此，行政单位会计的对象是行政单位资金的获取、使用及其结果，表现为行政单位在预算执行中所发生的收入、支出、结转结余以及由此形成的资产、负债和净资产。

（三）事业单位预算会计的对象

事业单位作为国家为了社会公益目的，由国家机关或者其他组织利用国有资产举办的社会服务组织，肩负着事业单位预算执行和完成国家规定的各项事业计划的职责。在单位预算执行中，事业单位按照核定的单位预算和分月（季度）用款计划通过财政直接支付和财政授权支付等方式从同级财政部门获取拨款或者按国家规定取得业务收入，形成其收入；同时，按照预算规定的用途和开支标准，支付基本支出和项目支出以及经营业务支出，形成其支出；收入超过支出的部分形成其结转结余。而事业单位在取得收入和发生支出的过程中，必然形成单位的资产、负债和净资产。因此，事业单位会计的对象是事业单位资金的获取和组织、使用及其结果，表现为事业单位在预算执行中所发生的收入、支出、结转结余以及由此形成的资产、负债和净资产。

二、政府会计的基本要素

政府会计要素是政府会计对象的构成要素，是对政府会计对象的基本分类，是政府会计核算内容的具体化，是构筑会计报表的基本组件，也是账户所要反映和监督内容的高度归并和概括。由于对会计要素的进一步划分就是会计科目，所以确定会计要素有助于设置会计科目；由于会计要素之间的相互关系就是会计报表的平衡关系，所以明确会计要素及其相互关系有助于设计会计报表的框架结构和格式。

（一）政府财务会计的基本要素

政府财务会计要素包括资产、负债、净资产、收入和费用。

1.资产

依照《基本准则》，资产是指政府会计主体过去的经济业务或者事项形成的，由政府会计主体控制的，预期能够产生服务潜力或者带来经济利益流入的经济资源。政府会计主体的资产按照流动性，分为流动资产（包括货币资金、短期投资、应收及预付款项、存货等）和非流动资产（包括固定资产、在建工程、无形资产、长期投资、公共基础设施、政府储备资产、文物文化资产、保障性住房和自然资源资产等）。政府会计主体资产的确认必须同时满足以下条件：（1）与该经济资源相关的服务潜力很可能实现或者经济利益很可能流入政府会计主体；（2）该经济资源的成本或者价值能够可靠地计量。

按照现行的政府会计制度（包括财政总预算会计制度、行政单位会计制度和事业单位会计准则制度，下同），资产是政府会计主体占有或者使用的能以货币计量的经济资源。一般而言，资产具有三个基本特征：（1）资产必须是一种经济资源，即资产能为会计主体服务或带来经济利益；（2）资产应当能够可靠地进行货币计量；（3）资产必须由会计主体占有或者使用。

按照政府会计主体的不同，政府会计的资产可分为政府财政资产、行政单位资产和事业单位资产。政府财政资产是政府财政占有或控制的，能以货币计量的经济资源，包括流动资产（财政存款、有价证券、应收股利、借出款项、暂付及应收款项、预拨经费等）和非流动资产（应收转贷款、股权投资等）；行政单位资产是行政单位占有或者使用的，能以货币计量的经济资源，包括流动资产（包括库存现金、银行存款、零余额账户用款额度、财政应返还额度、应收及预付款项、存货等）、固定资产、在建工程、无形资产、政府储备物资、公共基础设施等；事业单位资产是事业单位占有或者使用的，能以货币计量的经济资源，包括流动资产（库存现金、银行存款、零余额账户用款额度、短期投资、财政应返还额度、应收及预付款项、存货等）和非流动资产（长期投资、固定资产、在建工程、无形资产等）。

2.负债

依照《基本准则》，负债是指政府会计主体过去的经济业务或者事项形成的，预期会导致经济资源流出政府会计主体的现时义务。政府会计主体的负债，按照流动性分为流动负债（包括应付及预收款项、应付职工薪酬、应缴款项等）和非流动负债（包括长期应付款、应付政府债券和政府依法担保形成的债务等）。政府会计主体负债的确认必须同时满足以下条件：（1）履行该义务很可能导致含有服务潜力或者经济利益的经济资源流出政府会计主体；（2）该义务的金额能够可靠地计量。

按照现行政府会计制度，政府会计主体的负债是指政府会计主体所承担的能以货币计量，需要以资产或劳务偿付的债务。一般而言，负债具有四个基本特征：（1）负债是已经发生，并在未来一定时期内必须偿付的经济责任；（2）负债的清偿预期会导致经济利益流出会计主体；（3）负债能够可靠地进行货币计量或可以合理地预计；（4）负债有确切的债权人和到期日。

按照政府会计主体的不同，预算会计的负债可分为财政负债、行政单位负债和事业单位负债。政府财政负债是政府财政所承担的能以货币计量、需以资产偿付的债务，包括流动负债（应付短期政府债券、应付国库集中支付结余、暂收及应付款项、应付代管资金等）和非流动负债（应付长期政府债券、借入款项、应付转贷款、其他负债）；行政单位负债是行政单位承担的能以货币计量，需要以资产偿付的债务，包括流动负债

（应缴财政款、应缴税费、应付职工薪酬、应付及暂存款项、应付政府补贴款等）和非流动负债（长期应付款）；事业单位负债是指事业单位所承担的能以货币计量，需要以资产或劳务偿付的债务，包括流动负债（短期借款、应付及预收款项、应付职工薪酬、应缴款项等）和非流动负债（长期借款和长期应付款）。

3.净资产

依照《基本准则》，净资产是指政府会计主体资产扣除负债后的净额。

按照现行政府会计制度，政府会计主体的净资产是指政府会计主体的资产减去负债的差额。一般而言，净资产具有三个基本特征：（1）由于政府会计主体不存在现实的所有者，其净资产不体现企业那样的所有者权益；（2）收支相抵后的差额——结转结余是政府会计净资产的主要构成部分，一般不存在分配问题；（3）政府会计的某些净资产具有限定性，比如预算周转金、专用基金等。

按照政府会计主体不同，政府会计的净资产可分为财政净资产、行政单位净资产和事业单位净资产。政府财政净资产是指政府财政资产减去负债的差额，包括一般公共预算结转结余、政府性基金预算结转结余、国有资本经营预算结转结余、财政专户管理资金结余、专用基金结余、预算稳定调节基金、预算周转金、资产基金和待偿债净资产等；行政单位净资产是指行政单位资产减负债的差额，包括财政拨款结转、其他资金结转结余、资产基金等；事业单位净资产是指事业单位资产减去负债的差额，包括事业基金、非流动资产基金、专用基金、财政补助结转结余、非财政补助结转结余等。

4.收入

依照《基本准则》，收入是指报告期内导致政府会计主体净资产增加的、含有服务潜力或者经济利益的经济资源的流入。政府会计主体的收入的确认应当同时满足以下条件：（1）与收入相关的含有服务潜力或者经济利益的经济资源很可能流入政府会计主体；（2）含有服务潜力或者经济利益的经济资源流入会导致政府会计主体资产增加或者负债减少；（3）流入金额能够可靠地计量。

按照现行政府会计制度，政府会计主体的收入是指政府会计主体为实现其职能，开展业务活动，依法取得的资金。一般而言，收入具有三个基本特征：（1）取得的收入是为了补偿支出，而不是为了营利；（2）收入有限定性与非限定性之分，如专用基金收入、专项资金收入等属于限定性的收入；（3）收入的确认一般采用收付实现制，部分经济业务或事项采用权责发生制。

按照政府会计主体不同，政府会计的收入可分为政府财政收入、行政单位收入和事业单位收入。政府财政收入是政府财政为实现政府职能，根据法律法规等所筹集的资金，包括一般公共预算本级收入、政府性基金预算本级收入、国有资本经营预算本级收入、财政专户管理资金收入、专用基金收入、转移性收入、债务收入、债务转贷收入等；行政单位收入是指行政单位依法取得的非偿还性资金，包括财政拨款收入和其他收入；事业单位收入是指事业单位为开展业务活动，依法取得的非偿还性资金，包括财政补助收入、上级补助收入、事业收入、经营收入、附属单位上缴收入和其他收入。

5. 费用

依照《基本准则》，费用是指报告期内导致政府会计主体净资产减少的、含有服务潜力或者经济利益的经济资源的流出。政府会计主体的费用的确认应当同时满足以下条件：（1）与费用相关的含有服务潜力或者经济利益的经济资源很可能流出政府会计主体；（2）含有服务潜力或者经济利益的经济资源流出会导致政府会计主体资产减少或者负债增加；（3）流出金额能够可靠地计量。

按照现行政府会计制度，由于会计核算基础一般采用收付实现制，所以除了医院会计因采用权责发生制而使用“费用”要素外，其他政府会计均使用“支出”要素。政府会计主体的支出是政府会计主体为实现其职能或开展业务活动所发生的各项资金耗费或损失。一般而言，支出具有三个基本特征：（1）支出主要是政府会计主体为实现公共管理职能而发生的资金耗费；（2）支出有限定性支出和非限定性支出之分，比如专用基金支出、专项资金支出等属于限定性支出；（3）支出的核算一般采用收付实现制，部分经济业务或事项采用权责发生制。

按照政府会计主体不同，政府会计的支出可分为政府财政支出、行政单位支出和事业单位支出。政府财政支出是指政府财政为实现政府职能，对财政资金的分配和使用，包括一般公共预算本级支出、政府性基金预算本级支出、国有资本经营预算本级支出、财政专户管理资金支出、专用基金支出、转移性支出、债务还本支出、债务转贷支出等；行政单位支出是指行政单位为保障机构正常运转和完成工作任务所发生的资金耗费和损失，包括经费支出和拨出经费；事业单位支出是指事业单位为开展业务活动和其他活动所发生的各项资金耗费和损失，包括事业支出、经营支出、对附属单位补助支出、上缴上级支出和其他支出。

上述各政府会计要素中，资产、负债、净资产属于静态要素，构筑资产负债表；收入、支出和费用属于动态要素，构筑收入支出或费用表。各会计要素之间相互联系，不可分割。动态要素是静态要素形成的动因，而静态要素是动态要素变动的结果。收入的实现会引起资产的增加或负债的减少；支出或费用的发生会引起资产的减少或负债的增加。

（二）政府预算会计的基本要素

政府预算会计要素包括预算收入、预算支出与预算结余。

1. 预算收入

依照《基本准则》，预算收入是指政府会计主体在预算年度内依法取得的并纳入预算管理的现金流入。预算收入一般在实际收到时予以确认，以实际收到的金额计量。

2. 预算支出

依照《基本准则》，预算支出是指政府会计主体在预算年度内依法发生并纳入预算管理的现金流出。预算支出一般在实际支付时予以确认，以实际支付的金额计量。

3.预算结余

依照《基本准则》，预算结余是指政府会计主体预算年度内预算收入扣除预算支出后的资金余额，以及历年滚存的资金余额。

预算结余包括结余资金和结转资金。结余资金是指年度预算执行终了，预算收入实际完成数扣除预算支出和结转资金后剩余的资金。结转资金是指预算安排项目的支出年终尚未执行完毕或者因故未执行，且下年需要按原用途继续使用的资金。

预算收入、预算支出和预算结余构成了政府决算报表。

三、政府会计的会计等式

会计等式，也称会计平衡公式，是对各会计要素的内在经济关系利用数学公式所做的概括表达，是反映各会计要素数量关系的等式。会计等式贯穿于政府会计核算的全过程，是设置账户、进行复式记账、试算平衡和编制会计报表的理论依据。基于现行的政府会计制度，政府会计（医院会计除外）的资产、负债、净资产、收入和支出五大会计要素分为两组，组成了两个会计等式。

（一）资产、负债和净资产的基本关系

净资产是资产减去负债后的差额，或者表达为资产必然等于负债加净资产。这说明一个政府会计主体所拥有的资产与负债和净资产实际上是同一资金的两个不同方面，即：有一定数额的资产，就有一定数额的负债和净资产；反之，有一定数额的负债和净资产，就有一定数额的资产。资产与负债和净资产的这种相互依存的关系，决定了在数量上资产总额与负债和净资产的总额必定相等。即：

资产=负债+净资产

此等式表明，政府会计的资产由负债和净资产所组成。其中，负债是资产的一个来源。资产与负债还是同增同减的关系，如果负债不变，则资产与净资产也同增同减。

“资产=负债+净资产”是财政总预算会计、行政单位会计和事业单位会计编制资产负债表的平衡公式，左方为资产，右方为负债和净资产，左方合计数与右方合计数相等。

（二）收入和支出的基本关系

政府会计主体为实现其职能、开展业务活动，必然会依法取得一定数额的收入，也必然发生一定数额的支出，收支相抵后的差额为结转结余。由此决定了一个政府会计主体的收入和支出的差额必然与其结转结余数额相等。即：

收入−支出=结转结余

此等式表明，收入与支出存在着对应关系，但绝不是企业会计中的收入与费用的配比关系。结转结余是政府会计净资产的一个组成部分，虽然决定着净资产的变化，但它并不是一个独立的会计要素，不同于企业会计中的利润。

“收入−支出=结转结余”是财政总预算会计、行政单位会计和事业单位会计编制收入支出表的依据。

第四节 政府会计制度规范体系

一、我国政府会计制度的演变和未来发展

（一）我国政府会计制度的演变过程

政府会计制度是各级政府和各级各类行政事业单位进行会计核算的基本规范。我国现行的政府会计制度主要包括财政总预算会计制度、行政单位会计制度和事业单位会计准则制度。新中国成立后，我国政府会计制度建设经历了从预算会计到政府会计的演变过程。这一演变过程主要经历了以下五个阶段：

1.1950—1965：预算会计制度诞生

我国的预算会计历史悠久，公元前11世纪西周就有“官计”，汉朝至清朝均有“国计”。“官计”和“国计”均称为“官厅会计”，相当于近代的预算会计。1949年以后，中国的预算会计经过半个多世纪的历次修订和改革，至1997年形成预算会计制度体系。预算会计的名称也从建国初期开始一直沿用了60多年，其显著特点是，能够体现会计管理与预算管理的密切联系，经过半个多世纪的运作，对规范各级政府、各级各类行政事业单位会计核算、加强预算管理发挥了重要作用。总结中华人民共和国的历史不难发现，预算会计制度的形成经历了比较漫长的发展历程。

建国初期，百废待兴，迫切需要设计和建立适应经济发展和财政预算管理需要的预算会计制度体系。1950年10月，财政部召开第一次全国预算会计和金库制度会议，讨论并通过了《暂行总预算会计制度草案》和《暂行单位预算会计制度草案》。同年12月12日，财政部正式发布了《各级人民政府暂行财政总预算会计制度》和《各级人民政府暂行单位预算会计制度》，标志着中国预算会计的诞生。自此以后，我国预算会计核算管理模式基本实行的是制度管理，即由财政部直接制定会计制度，预算会计体系分为财政总预算会计和事业行政单位预算会计两个主要部分。此时，预算会计制度内容的主要特点是：（1）预算会计由财政总预算会计和单位预算会计组成；（2）采用收付实现制会计基础；（3）会计要素分为岁入、岁出、资产、负债和资产负债五类；（4）采用“收付记账为主、借贷记账为辅”的记账方法；（5）预算会计核算范围、会计报表和决算的列报口径，与国家预算的范围和口径完全一致。

从1951年起，财政部根据不同时期政治、经济形势的发展和财政预算管理工作的需要，并借鉴当时苏联的管理经验，对预算会计制度进行了不断修订。比如，1954年取消了1950年暂行制度中的“暂行”两字，改为正式颁布执行；1965年8月又将《单位预算会计制度》修改为《事业行政单位会计制度》。此次修订后我国预算会计制度的主要变化是：（1）由财政部统一制定“四本制度”，包括：适用于各级财政部门的总会计制度，适用于业务繁重的单位的会计制度，适用于业务简单的单位的会计制度和适用于所有单位的财务收支处理办法；（2）取消借贷记账法，实行资金收付记账法；（3）修改会计科目，将总账会计科目分为资金来源、资金运用和资金结存三大类；（4）会计平衡等式由“资产=负债”改为“资金来源-资金运用=资金结存”。

2.1966—1989：预算会计制度的修订完善

20世纪五六十年代构建起来的预算会计制度一直运行了20多年。进入20世纪80年代后，随着改革开放的不断深入，经济体制和财政财务管理体制改革深化，在计划经济统收统支体制下建立起来的预算会计制度越来越不适应需要，急需完善。为此，财政部为适应当时财政管理的需要，分别在1983年和1988年两次修改预算会计制度。1984年开始执行新的《财政机关总预算会计制度》，1988年《财政机关总预算会计制度》再次修订，改称“财政总会计”。两次修改后财政总预算会计制度的主要变化在于：（1）明确了财政总会计的主要职能：会计核算、会计监督、参与各级财政总预算的计划和管理；（2）将财政信用资金纳入核算范围。1988年颁布的新《事业行政单位预算会计制度》，其主要变化表现在：（1）对实行全额、差额和自收自支三种不同预算管理方式的事业行政单位分设会计科目，事业行政单位预算会计单位由主管会计单位、二级会计单位和基层会计单位三级构成；（2）事业行政单位一般实行收付实现制，简单的成本核算可以采用权责发生制；（3）除《事业行政单位预算会计制度》外，有关部门还制定了行业会计制度，如卫生部的《医院会计制度》、国家科委的《科研单位会计制度》、国家教委的《高等学校会计制度》等。至此，我国逐步形成了一套较为成型的预算会计制度，它是以财政总预算会计为主导，以单位预算会计为补充，以制度形式确定的有别于企业会计制度的独立会计系统。

3.1997—1998：预算会计制度体系形成

进入20世纪90年代以后，随着市场经济体系的逐步建立，预算会计制度改革也进入了一个新阶段。1994年2月，财政部预算会计改革常务工作组成立；1996年2月，财政部印发了《预算会计核算制度改革要点》，规定了预算会计改革的指导思想、改革目标、会计体系、核算方法和改革步骤等重要内容，并提出争取在5至10年的时间内，逐步建立起科学、完善的预算会计制度体系。经过三年多的努力，财政部从1997年起先后颁布了《财政总预算会计制度》《行政单位会计制度》《事业单位会计准则（试行）》和《事业单位会计制度》等一系列预算会计制度，对预算会计进行了根本性的改革，并于1998年1月1日开始实施。由此，形成了我国政府公共部门执行的包括财政总预算会计制度、行政单位会计制度和事业单位会计制度在内的预算会计制度体系。这次改革的内容主要包括：（1）重新构建预算会计体系，新的预算会计体系由财政总预算会计、行政单位会计和事业单位会计以及参与预算执行的专门会计构成，并实现了行政单位会计和事业单位会计的分离；（2）事业单位会计实行准则和制度并存管理模式；（3）规定了预算会计核算的一般原则；（4）重新设计预算会计要素和平衡公式，新的会计要素包括资产、负债、净资产、收入和支出，新的平衡公式为：资产+支出=负债+净资产+收入；（5）规定统一采用国际通用的借贷记账法；（6）改进会计基础，财政总预算会计与行政单位会计仍实行收付实现制，事业单位会计核算一般采用收付实现制，但经营性收支业务核算可采用权责发生制；（7）设置了统一的会计科目；（8）设计了新会计报表体系，确定预算会计报表主要由资产负债表、收入支出表及必要的附表、会计报表说明书组成，并统一了会计报表项目分类和指标口径。

4.2001—2015：预算会计制度的调整

进入21世纪后，我国预算会计的环境发生了很大变化。在公共财政管理改革方面，继1994年分税制、工商税制等改革之后，随着公共财政收入管理体制改革的不断深入，公共财政改革重点开始向财政支出领域转移。自2000年开始，我国相继推行的部门预算、国库集中收付制度、政府收支分类、国有资本经营预算编制、财政拨款结转和结余资金管理、预算外资金全部纳入预算管理、地方债务管理等多项公共财政管理改革，加之行政事业单位体制改革的深入、政府负债风险的防范、经济全球化等，均对政府财政、行政单位和事业单位的会计核算提出了新的要求，也对预算会计信息提出了更高的要求。与此同时，鉴于国际上一些发达国家都不同程度地进行了权责发生制政府会计改革并取得了较好效果，而我们面对的局面却是财政管理上科学化、精细化管理会计基础的缺乏，所以，很多专家学者认为我国还没有建立起真正意义上的政府会计体系。由此，随着中国公共财政改革的不断深入，政府会计改革成为公共财政和会计理论界及实践领域探讨的热点话题，与中国构建政府会计规范体系相关的研究成果不断涌现，作为政府会计规范制定部门的财政部也加紧了对1997年形成的预算会计制度进行修订的步伐。

自2001年起，为适应各项公共财政制度改革的需要，财政部陆续发布数十个补充规定，对预算会计制度进行调整。这些调整主要体现在以下几个方面：（1）2001年，为规范政府采购资金支付的核算行为，客观真实地记录、反映政府采购资金使用情况，发布了《政府采购资金财政直接拨付管理暂行办法》和《政府采购资金财政直接拨付核算暂行办法》，对财政总预算会计制度和行政、事业单位会计制度进行调整；（2）2001—2003年，为了规范国库集中支付制度下财政资金的核算，先后发布了《财政国库管理制度改革试点会计核算暂行办法》《〈财政总预算会计制度〉暂行补充规定》《〈财政国库管理制度改革试点会计核算暂行办法〉补充规定》《地方财政实施财政国库管理制度改革年终预算结余资金会计处理的暂行规定》，对财政总预算会计制度和行政、事业单位会计制度进行调整；（3）2006年，为适应政府收支分类改革的需要，先后颁布《关于政府收支分类改革后财政总预算会计预算外资金财政专户会计核算问题的通知》《关于政府收支分类改革后行政单位会计核算问题的通知》《关于政府收支分类改革后事业单位会计核算问题的通知》，对财政总预算会计制度和行政事业单位会计制度进行调整；（4）2007年，为适应建立预算稳定调节基金、试编国有资本经营预算等的需要，先后发布《关于应发未发国债和预算稳定调节基金会计核算的通知》《关于国有资本经营预算收支会计核算的通知》，对财政总预算会计制度进行调整。（5）2008—2010年，为了适应将预算外资金纳入预算管理等的需要，先后发布《关于预算外资金纳入预算管理后有关账务处理问题的通知》《关于预算外资金纳入预算管理后涉及有关财政专户管理资金会计核算问题的通知》，对财政总预算会计制度进行调整。

（6）2009—2015年，为了满足政府债务管理和核算的需要，陆续发布了《财政部代理发行地方政府债券财政总预算会计核算办法》《统借自还主权外债会计核算暂行办法》《关于地区间援助资金会计核算的通知》《关于地方政府专项债券会计核算问题的通知》等，对财政总预算会计制度进行调整。

5.2011—2015：政府会计制度体系建立和完善

为保障财政制度改革顺利推进，虽然自2001年起财政部陆续对预算会计制度不断做出诸多调整，但一直未对1997年形成的《财政总预算会计制度》《行政单位会计制度》《事业单位会计准则（试行）》和《事业单位会计制度》进行全面修订，有关政府财政、行政单位和事业单位的会计核算规范相对分散，从而使预算会计制度的“碎片化”问题严重，并且这种以收付实现制为核算基础的预算会计制度仍难以适应新形势和新情况的需要，主要表现为：一是不能如实反映政府“家底”，不利于政府加强资产负债管理；二是不能客观反映政府运行成本，不利于科学评价政府的运营绩效；三是缺乏统一、规范的政府会计标准体系，不能提供信息准确完整的政府财务报告。[①]由此，需要对预算会计制度进行根本性的改革，构建统一、科学、规范的政府会计制度规范已势在必行。与此同时，为了推进政府会计改革，“政府会计”一词也不断被写入政府官方文件。比如，2006年3月14日第十届全国人民代表大会第四次会议批准的《国民经济和社会发展第十一个五年规划纲要》提出要“推进政府会计改革”，这是“政府会计”一词第一次出现在官方正式文件中，取代了“预算会计”。2011年3月14日第十一届全国人民代表大会第四次会议批准的《国民经济和社会发展第十二个五年规划纲要》要求“进一步推进政府会计改革，逐步建立政府财务报告制度”；2012年9月9日财政部发布的《会计改革与发展“十二五”规划纲要》提出，在“十二五”期间通过全面推进事业单位会计改革、建立健全政府会计准则体系、健全社会保险基金会计标准体系、完善民间非营利组织会计标准等措施，以大力推进政府及非营利组织会计改革；2013年10月29日，由中共中央政治局审议通过的《党政机关厉行节约反对浪费条例》规定，“推进政府会计改革，进一步健全会计制度，准确核算机关运行经费，全面反映行政成本”。由此看出，全面推进政府会计改革，对于建立现代财政制度、建设法治政府，提升国家治理体系和治理能力的现代化具有重要意义。

然而，尽管“政府会计”一词很早以前就被写入了政府的官方文件，但财政部对1997年形成的预算会计制度的全面修订直到2012年才开始，由此也进入了政府会计制度规范的建立和完善阶段。

2010年12月31日，财政部颁布了新的《医院会计制度》，并自2011年7月1日起在公立医院改革国家联系试点城市施行，自2012年1月1日起在全国施行。新的《医院会计制度》的颁布和实施拉开了中国政府会计改革从行业开始的序幕。2012年12月6日

① 财政部条法司．建立健全政府会计标准体系　夯实政府财务报告编制基础——财政部有关负责人就制定《政府会计准则——基本准则》有关问题答记者问[EB/OL].（2015-11-02）.http://tfs.mof.gov.cn/zhengwuxinxi/zhengcejiedu/201511/t20151102_1536665.html.

和19日财政部分别发布新修订的《事业单位会计准则》和《事业单位会计制度》，并自2013年1月1日开始实施。2014年12月，财政部针对事业单位行业多而杂的情况，为了突出行业特点，陆续颁布了《彩票机构会计制度》《中小学校会计制度》《科学事业单位会计制度》和《高等学校会计制度》等行业事业单位会计制度，并自2014年1月1日开始实施。与此同时，行政单位会计制度的修订也在加紧进行，2013年12月18日，财政部发布新修订的《行政单位会计制度》，并自2014年1月1日开始实施。

随着新的事业单位会计制度和行政单位会计制度的实施，政府会计构成的另一个重要组成部分——财政总预算会计制度也面临全面修订。为了为下一步推进政府综合财务报告制度建设提供基础性制度保障；为了将近几年来不断推出的完善政府预算体系、规范地方政府债务管理、设置预算稳定调节基金、实施国库现金管理等预算管理制度改革的成果全面、完整、准确地通过会计记录予以反映，满足财政管理需要和社会各界对财政信息公开的需求；为了规范各级政府财政总预算会计的核算，保证会计信息质量，充分发挥财政总预算会计的职能作用；为了完善政府会计体系，财政部于2015年10月10日发布了新修订的《财政总预算会计制度》，并自2016年1月1日起开始施行。

新修订的事业单位会计准则制度、行政单位会计和财政总预算会计制度的发布和实施，标志着包括财政总预算会计制度、行政单位会计制度和事业单位会计准则制度在内的政府会计制度体系基本建立和完善。[①]政府会计制度在会计核算方面的共同特点就是通过采用“双分录”核算方法，在核算预算收支的同时，全面核算各级政府、各级各类行政事业单位资产负债情况，尝试将预算会计和财务会计功能相融合。

（二）我国政府会计制度规范建设的未来发展

上述政府会计制度体系的建立和完善，虽然有助于我国政府会计改革总体目标的实现，但它只反映了我国政府会计制度规范体系建设的“冰山一角”。根据国务院批转财政部《权责发生制政府综合财务报告制度改革方案》的规定，2020年前将建立具有中国特色的政府会计准则体系和权责发生制政府综合财务报告制度。那么，未来五年，即2016—2020年就成为我国政府会计制度规范建设最为重要的时期。

1.政府会计改革的总体目标

随着政府会计制度的建立和完善，政府综合财务报告制度的建设与政府会计准则体系的制定也在不断推进之中。2013年11月12日，党的第十八届中央委员会第三次全体会议通过的《中共中央关于全面深化改革若干重大问题的决定》提出，要“建立权责发生制的政府综合财务报告制度”，“建立规范合理的中央和地方政府债务管理及风险预警机制”。2014年8月31日，第十二届全国人民代表大会常务委员会第十次会议表决通过了《全国人大常委会关于修改〈预算法〉的决定》，新《预算法》明确要求编制政府综合财务报告。为落实党的十八届三中全会决定以及新《预算法》，2014年12月12日国

---

① 财政部国库司.财政部国库司有关负责人就修订发布《财政总预算会计制度》答记者问[EB/OL].（2015-10-22）.http://gks.mof.gov.cn/zhengfuxinxi/gongzuodongtai/201510/t20151022_1517734.html.

务院批转财政部《权责发生制政府综合财务报告制度改革方案》(以下称《改革方案》)，确立了政府会计改革的指导思想、总体目标、基本原则、主要任务和实施步骤，充分体现了党中央、国务院对全面推进我国政府会计改革的高度重视。

根据《改革方案》，政府会计改革的总体目标是：通过构建统一、科学、规范的政府会计准则体系，建立健全政府财务报告编制办法，适度分离政府财务会计与预算会计、政府财务报告与决算报告功能，全面、清晰地反映政府财务信息和预算执行信息，为开展政府信用评级、加强资产负债管理、改进政府绩效的监督考核、防范财政风险等提供支持，促进政府财务管理水平提高和财政经济可持续发展，力争在2020年前建立具有中国特色的政府会计准则体系和权责发生制政府综合财务报告制度。[①]

2.政府会计制度规范体系的构建[②]

为了实现政府会计改革的总体目标，必须构建健全的政府会计制度规范体系。而这一健全的政府会计制度规范体系的构建也成为政府会计改革的主要内容，其包括“一套标准、两份报告、三项制度、四项措施”。

一套标准，是指要建立一套统一、科学、规范的政府会计标准体系，主要包括政府会计基本准则、具体准则及应用指南和政府会计制度。基本准则，作为我国政府会计的“概念框架”，主要起统驭政府会计具体准则和政府会计制度的作用，并为政府会计实务问题提供处理原则，为编制政府财务报告提供基础标准。具体准则，主要规定政府发生的经济业务或事项的会计处理原则，具体规定经济业务或事项引起的会计要素变动的确认、计量和报告。应用指南，是对具体准则的实际应用做出操作性规定。政府会计制度，主要规范政府会计科目及其使用说明、报表格式及其编制说明等，便于会计人员进行日常核算。条件成熟时，还要制定政府成本会计制度，主要规定政府运行费用归集和分摊方法等，反映政府向社会提供公共服务支出和机关运行成本等信息。上述这套标准，基本构成政府会计的核算标准体系。

两份报告，是指要同时编制政府决算报告和政府财务报告。决算报告，是向决算报告使用者提供与政府预算执行情况有关的信息，综合反映政府会计主体预算收支的年度执行结果。财务报告，是向财务报告使用者提供与政府财务状况、运行情况和现金流量等有关的信息，反映政府会计主体公共受托责任履行情况。

三项制度，是指要建立政府财务报告审计制度、政府财务报告公开制度、政府财务报告分析利用制度。政府财务报告审计制度，主要是对审计的主体、对象、内容、权限、程序、法律责任等做出规定；政府财务报告公开制度，主要是对政府财务报告公开的主体、对象、内容、形式、程序、时间要求、法律责任等做出规定；政府财务报告分析利用制度，主要是建立相应指标体系和分析模型，以政府财务报告反映的信息为基础，系统分析政府的财务状况、运行成本和财政中长期可持续发展水平。

---

① 刘昆.充分发挥政府会计准则委员会作用 合力推进政府会计改革[EB/OL].(2015-12-18).http://kjs.mof.gov.cn/zhengwuxinxi/lingdaojianghua/201512/t20151218_1621148.html.

② 刘昆.充分发挥政府会计准则委员会作用 合力推进政府会计改革[EB/OL].(2015-12-18).http://kjs.mof.gov.cn/zhengwuxinxi/lingdaojianghua/201512/t20151218_1621148.html.

四项措施，是指要推进政府会计改革的四项配套措施。一是要修订完善相关财务制度，主要指行政事业单位财务制度；二是要健全资产管理制度，主要指行政事业单位国有资产管理办法；三是要进一步完善决算报告制度，包括有关决算报表指标，决算报表体系需要相应修订、完善，以与政府财务报告有机衔接；四是要优化政府财政管理信息系统，构建覆盖政府财政管理业务全流程、统一数据标准的一体化信息系统，为政府会计实施到位提供重要技术保障，以不断提高政府财政管理效率和透明度，实现信息资源共享。

3.政府会计制度规范体系构建的实施步骤

根据《改革方案》，政府会计制度规范体系构建的具体实施步骤如下：

第一阶段，2014—2015年。该阶段的主要工作包括：（1）组建政府会计准则委员会；（2）修订发布财政总预算会计制度；（3）制定发布政府会计基本准则；（4）研究起草政府会计相关具体准则及应用指南；（5）制定发布政府财务报告编制办法和操作指南；（6）开展政府资产负债清查核实工作；（7）完善行政事业单位国有资产管理办法等；（8）开展财政管理信息系统一体化建设。

对于已经过去的2014和2015年，财政部基本落实了重点工作任务。除了发布了修订的财政总预算会计制度和部分政府会计具体准则征求意见稿外，还制定发布政府会计基本准则和政府财务报告编制办法及操作指南等。

2015年10月23日财政部颁布《政府会计准则——基本准则》，并自2017年1月1日实施。《基本准则》立足国情、借鉴国际经验，充分吸收现行行政单位会计制度、事业单位会计准则制度和财政总预算会计制度中已被实践证明行之有效的内容，坚持理论和制度创新，强化财务会计功能，准确反映财务会计信息。同时，注重与预算管理等要求相衔接、相协调。按照《基本准则》，政府会计分为财务会计和预算会计两个部分，其中政府财务会计采用权责发生制，政府预算会计采用收付实现制。而作为政府会计构成部分的预算会计，只是指以收付实现制为基础对政府预算执行过程中发生的全部收入和全部支出进行会计核算，主要反映和监督预算收支执行情况的会计，包括预算收入、预算支出与预算结转结余三个会计要素，与原来存在了半个世纪的预算会计具有了完全不同的含义。但是从目前政府会计制度体系的构成内容看，现行的政府会计制度体系是对原来预算会计制度体系的取代，并赋予了新的含义和内容。《基本准则》是多年来我国政府会计理论研究和改革成果的重要体现，其重大制度理论创新主要有以下几点：（1）构建了政府预算会计和财务会计适度分离并相互衔接的政府会计核算体系。相对于实行多年的预算会计核算体系，《基本准则》强化了政府财务会计核算，即政府会计由预算会计和财务会计构成，前者一般实行收付实现制，后者实行权责发生制。通过预算会计核算形成决算报告，通过财务会计核算形成财务报告，全面、清晰地反映政府预算执行信息和财务信息。（2）确立了“3+5要素”的会计核算模式。《基本准则》规定了预算收入、预算支出和预算结余三个预算会计要素和资产、负债、净资产、收入和费用五个财务会计要素。其中，首次提出收入、费用两个要素，有别于现行预算会计中的收入和支出要素，主要是为了准确反映政府会计主体的运行成本，科学评价政府资源管理的能力和绩效。同时，按照政府会计改革最新理论成果对资产、负债要素进行了重新定义。（3）科学界定了会计要素的定义和确认标准。《基本准则》针对每个会计要素，规范了其定义和确认标准，为在政府会计具体准则和政府会计制度层面规范政府发生的经济业务或事项的会计处理提供了基本原则，保证了政府会计标准体系的内在一致性。特别是，《基本准则》在对政府资产和负债进行界定时，充分考虑了当前财政管理的需要，比如，在界定政府资产时，特别强调了"服务潜力"，除了自用的固定资产等以外，将公共基础设施、政府储备资产、文化文物资产、保障性住房和自然资源资产等纳入了政府会计核算范围；在界定政府负债时，强调了"现时义务"，将政府因承担担保责任而产生的预计负债也纳入了会计核算范围。（4）明确了资产和负债的计量属性及其应用原则。《基本准则》提出，资产的计量属性主要包括历史成本、重置成本、现值、公允价值和名义金额，负债的计量属性主要包括历史成本、现值和公允价值。同时，《基本准则》强调了历史成本计量原则，即政府会计主体对资产和负债进行计量时，一般应当采用历史成本。采用其他计量属性的，应当保证所确定的金额能够持续、可靠计量。这样规定，既体现了资产负债计量的前瞻性，也充分考虑了政府会计实务的现状。（5）构建了政府财务报告体系。《基本准则》要求政府会计主体除按财政部要求编制决算报表外，至少还应编制资产负债表、收入费用表和现金流量表，并按规定编制合并财务报表。同时强调，政府财务报告包括政府综合财务报告和政府部门财务报告，构建了满足现代财政制度需要的政府财务报告体系。[①]

2015年11月16日和12月2日，财政部分别印发了《政府财务报告编制办法（试行）》《政府综合财务报告编制操作指南（试行）》和《政府部门财务报告编制操作指南（试行）》，以规范权责发生制政府综合财务报告制度改革试点期间的政府财务报告编制工作，从2017年开始，财政部选择试点单位编制2016年度政府财务报告。其中《政府财务报告编制办法（试行）》主要对政府财务报告的内涵和范畴、政府财务报告主要内容、政府财务报告编制要求、政府财务报告报送流程、政府财务报告数据质量审查、政府财务报告数据资料管理、有关职责分工等方面做出了规范，同时要求政府财政部门负责编制政府综合财务报告，政府部门负责编制政府部门财务报告。《政府综合财务报告编制操作指南（试行）》主要对政府综合财务报告具体编制方法和步骤进行了规范，并详细规定了政府综合财务报告包含的主表和附表格式，会计报表编制数据来源及工作方法、会计报表附注编制、政府财政经济分析、政府财政财务管理情况撰写等。《政府部门财务报告编制操作指南（试行）》主要对政府部门财务报告具体编制方法和步骤进行了规范，并详细规定了政府部门财务报告包含的主表和附表格式，行政单位会计制度、事业单位会计制度、高等学校会计制度、科学事业单位会计制度等12种会计

① 财政部条法司.建立健全政府会计标准体 系夯实政府财务报告编制基础——财政部有关负责人就制定《政府会计准则——基本准则》有关问题答记者问[EB/OL].（2015-11-02）.http://tfs.mof.gov.cn/zhengwuxinxi/zhengcejiedu/201511/t20151102_1536665.html.

制度中会计科目与部门会计报表项目的对应关系，以及调整事项清单和抵销事项清单等。

2015年12月16日，财政部成立了政府会计准则委员会，政府会计准则委员会是指导我国政府会计改革、建设和实施政府会计准则体系的协调机制。政府会计准则委员会的主要职责是，协调推动解决政府会计准则体系建设和实施中的重大问题，统筹协调政府会计改革中跨部门的重要事项，推进政府会计的国际交流与合作。政府会计准则委员会的成员单位分别来自全国人大预工委、审计署以及财政部内的有关司局。委员会下设办公室，办公室设在财政部会计司。

第二阶段，2016—2017年。该阶段的主要工作包括：（1）制定发布政府会计相关具体准则及应用指南；（2）开展政府财务报告编制试点；（3）研究建立政府综合财务报告分析指标体系。

第三阶段，2018—2020年。该阶段的主要工作包括：（1）制定发布政府会计相关具体准则及应用指南，基本建成具有中国特色的政府会计准则体系；（2）完善行政事业单位财务制度和会计制度、财政总预算会计制度等；（3）对政府财务报告编制试点情况进行评估，适时修订政府财务报告编制办法和操作指南；（4）全面开展政府财务报告编制工作；（5）研究推行政府成本会计；（6）建立健全政府财务报告分析应用体系；（7）制定发布政府财务报告审计制度和公开制度。

二、我国现行政府会计制度规范体系

政府会计制度规范体系是由若干对政府会计核算有影响的相互联系的法规构成的一个整体，主要包括财务会计法律、财务会计行政法规和财务会计规章。截止到2015年底，从已经颁布的有关政府会计制度规范来看，我国现行的政府会计制度规范体系如图1-2所示。

（一）财务会计法律

作为政府会计规范构成部分的财务会计法律是规范政府财务活动和会计关系的法律总称，由国家最高权力机关——全国人民代表大会及其常务委员会制定，主要包括《中华人民共和国预算法》（以下简称《预算法》）和《中华人民共和国会计法》（以下简称《会计法》）。

《预算法》是各级政府、行政事业单位财务活动的基本法律。我国现行的《预算法》由第十二届全国人民代表大会常务委员会第十次会议于2014年8月31日修订通过，自2015年1月1日起施行。《预算法》作为规范政府收支行为，强化预算约束，加强对预算的管理和监督，建立健全全面规范、公开透明的预算制度的法律，是制定《政府会计准则——基本准则》《财政总预算会计制度》《行政单位财务规则》《事业单位财务规则》和行业事业单位财务制度等的主要依据。

《会计法》是规范各级政府、行政事业单位会计行为的基本法律。我国现行的《会计法》由第九届全国人民代表大会常务委员会第十二次会议于1999年10月31日修订通过，自2000年7月1日起施行。《会计法》是会计法律制度中层次最高的法律规范，是制

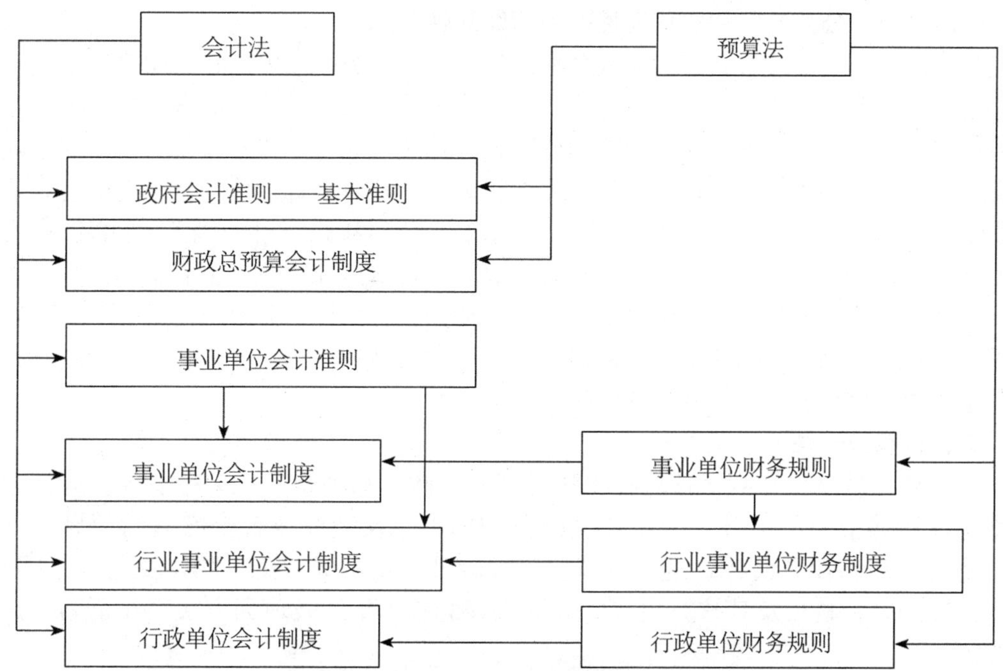

图1-2　中国现行政府会计制度规范体系

定其他会计法规的依据，也是指导会计工作的最高准则。《会计法》作为规范会计行为和保证会计资料真实、完整的会计法律，是制定《政府会计准则——基本准则》《财政总预算会计制度》《行政单位会计制度》《事业单位会计准则》《事业单位会计制度》和行业事业单位财务制度等政府会计制度的主要依据。

（二）财务会计行政法规

财务会计行政法规是指调整某些方面会计关系的法律规范，由国家最高行政机关国务院制定发布，或者由国务院有关部门拟定，经国务院批准发布，主要包括《中华人民共和国预算法实施条例》、国务院批转财政部《权责发生制政府综合财务报告制度改革方案》等。

（三）财务会计规章

财务会计规章是指由主管全国会计工作的行政部门——财政部就会计工作中某些方面的内容所制定的规范性文件，主要包括图1-2中除了《会计法》和《预算法》以外的所有政府会计法律规范。

第五节　政府会计的特点

政府会计作为我国会计系统的另一个分支，无论是其会计主体，还是其核算内容及方法等，都有其特殊性。总括起来，政府会计具有以下特点：

一、具有“公共性”、“非营利性”和“财政性”

“公共性”，是指政府会计主体（各级政府、各级各类行政单位和事业单位）属于公共部门，以实现公共职能为目的，以公共资金为核算对象，以公共事务为核算依据，以公共业务成果为主要考核指标。“非营利性”，是指政府会计主体不以营利为目的，以收支而不是以收支相抵后的结转结余为主要核算内容，政府会计主体的资源提供者向该单位或组织投入资源不要求任何经济回报，追求的是公共利益。“财政性”，是指政府会计与国家财政存在资金领拨关系，如财政总预算会计直接核算财政资金的集中和分配，行政单位会计基本上核算财政经费拨款的获取和使用，大部分事业单位仍是公共财政的供给对象，财政补助收入的获取和使用仍是事业单位会计核算的主要内容，由此政府会计主体必须遵循财政政策，接受财政政策的调控。

二、具有统一性和广泛性

政府会计是反映和监督预算收支执行情况、政府财务状况、运行情况、运行成本和现金流量等信息的会计。为了在全国范围内汇总反映涉及各个方面的预算收支情况，不论财政总预算会计还是行政事业单位会计，都需要有统一的核算内容。因此，政府会计的会计科目及其核算内容、会计报表的基本格式及填列方法等在全国应是统一的。

政府会计的广泛性体现在两个方面：一是核算内容的广泛性。政府会计既要核算、反映和监督非物质生产领域的各项预算收支及其有关财务活动，又要核算、反映和监督物质生产领域上缴的税收、利润和用于物质生产领域的各项支出等有关财务活动，其涉及的内容比较广泛。二是会计主体的广泛性。政府会计包括了诸多会计主体的会计核算，如财政总预算会计、行政单位会计、事业单位会计、国库会计、收入征解会计等。

三、实行“双会计核算基础”

按照现行政府会计制度的规定，政府财务会计采用权责发生制，政府预算会计采用收付实现制；财政总预算会计、行政单位会计、事业单位会计一般采用收付实现制，部分经济业务或者事项采用权责发生制。比如，财政总预算会计和行政事业单位会计的国库集中支付的年终结余事项的核算、事业单位会计的经营性收支业务核算可采用权责发生制，其他经济业务的核算均采用收付实现制。

四、不进行成本核算，不计算盈亏

政府会计在核算、反映和监督政府预算收支执行以及事业单位经营收支时，只计算收入、支出和结转结余情况，而不进行成本核算。即使有成本核算，也属于内部成本核算，其实行的目的并不在于计算盈亏，而是在于加强单位的支出管理。

五、会计核算内容及方法有其特殊性

从反映政府会计核算内容具体化的会计要素看，政府会计采用“3+5要素”的会计核算模式，即政府预算会计采用预算收入、预算支出和预算结余三要素，政府财务会计采用资产、负债、净资产、收入和费用五要素。从一些具体业务的核算方法看也有其特殊性，比如广泛采用“双分录”会计核算方法，固定资产和无形资产采用“虚提”折旧和摊销模式，对专项资金实行专款专用，没有利润及利润分配的核算等。

复习思考

1.什么是政府会计？它由哪几部分组成？
2.政府会计具有哪些特点？
3.政府会计的基本前提有哪些？政府会计的主体具体指什么？
4.政府会计的一般原则有哪些？
5.政府会计要素分为哪几类？各自具有哪些特点？
6.政府会计的会计等式有几个？
7.预算外资金收入全部纳入预算管理后，财政总预算会计需要增设哪些会计科目？
8.财政总预算会计设置哪些与政府债务管理制度相关的会计科目？

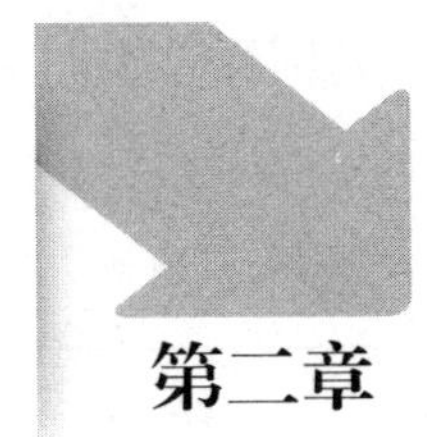

第二章

政府会计基本核算方法

学习目标

- 熟悉政府会计的会计科目分类和设置原则
- 理解会计科目和账户之间的区别和联系
- 掌握借贷记账法的要点
- 熟悉收款凭证、付款凭证和转账凭证各自的适用范围
- 熟悉政府会计账簿种类
- 熟悉政府会计报表的种类

政府会计的基本核算方法是对政府会计对象进行核算、反映和监督所采用的方法。本章主要阐述会计科目和账户、记账方法、会计凭证、会计账簿和会计报表等内容。

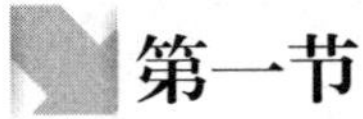

第一节 会计科目和账户

一、政府会计科目

（一）会计科目设置原则

会计科目是对会计对象按其经济内容或用途所做出的科学分类，是会计要素的具体内容和项目。会计科目是复式记账、填制记账凭证、编制会计报表的基础。

设置会计科目是对会计对象的具体内容加以科学归类，进行分类核算与监督的一种方法。设置会计科目的意义在于：一是使编制、整理会计凭证和设置账簿记录有所依据，使编制会计报表有了基础，并能提供全面的会计信息；二是有利于将政府会计核算的大量内容相同的业务归为一类，组织会计核算，取得相应的会计信息。

政府会计科目设置时，应遵循以下原则：

1.统一性原则。为满足国家预算管理和会计核算的需要，政府会计的会计科目设置及其核算内容必须由财政部统一制定，各地区、各部门和各单位都要遵照执行，从而保证上级主管部门和各级财政部门会计核算资料的汇总和分析利用。

2.与政府收支分类科目衔接一致原则。政府收支分类科目，也称预算科目，是政府收支分类构成的基本分类，用以反映预算计划、预算执行和收支平衡的情况。政府会计科目和政府收支分类科目使用的目的不同，分类的角度和要求也不同。但会计科目的设置要与政府收支分类科目衔接一致，比如“一般公共预算本级收入”、“政府性基金预算本级收入”、“国有资本经营预算本级收入”、“一般公共预算本级支出”、“政府性基金预算本级支出”、“国有资本经营预算本级支出”等会计科目，都要根据政府收支分类科目设置明细账。

3.全面、简明实用原则。政府会计科目的设置既要能全面、系统地核算、反映和监督财政性资金活动的全过程，又要尽量简化核算事项，力求含义确切、通俗易懂、实用。

（二）会计科目的分类

政府会计科目按照不同的标准可分为不同的种类。

1.按其经济内容，政府会计科目分为资产类科目、负债类科目、净资产类科目、收入类科目、支出或费用类科目。政府会计的会计主体不同，这五类会计科目具体包括的项目也各异。为了统一核算口径，提高核算质量，这五类会计科目均由财政部统一制定会计科目表加以规定。

2.按照政府会计主体，政府会计科目分为财政总预算会计科目、行政单位会计科目和事业单位会计科目。各类预算会计科目均按其经济内容分为资产类科目、负债类科目、净资产类科目、收入类科目、支出或费用类科目。财政总预算会计科目、行政单位会计科目和事业单位会计科目分别参见表2-1、表2-2和表2-3。

3.按核算层次，政府会计科目分为总账科目和明细账科目两类。总账科目是对会计对象具体内容进行综括分类的科目。在财政总预算会计和行政事业单位会计的会计科目表中的会计科目基本上都是总账科目（一级科目），是在会计要素下直接开设的，反映相应会计要素中有关内容的总括信息。明细账科目是对总账科目核算的具体内容进行详细分类的会计科目，在总账科目下开设，反映总账科目的明细信息，是对总账科目的补充，对总账科目起补充和分析作用。

二、账户

账户是根据会计科目开设的，具有一定的结构，用来系统、连续地记录经济业务的工具。

（一）账户与会计科目的关系

账户和会计科目是两个既具有联系又不完全相同的概念。两者的内在联系表现为：

表2-1　　**财政总预算会计科目表**

序号	编码	科目名称	序号	编码	科目名称
一、资产类			30	3005	财政专户管理资金结余
1	1001	国库存款	31	3007	专用基金结余
2	1003	国库现金管理存款	32	3031	预算稳定调节基金
3	1004	其他财政存款	33	3033	预算周转金
4	1005	财政零余额账户存款	34	3081	资产基金
5	1006	有价证券	35	3802	待偿债净资产
6	1007	在途款	四、收入类		
7	1011	预拨经费	36	4001	一般公共预算本级收入
8	1021	借出款项	37	4002	政府性基金预算本级收入
9	1022	应收股利	38	4003	国有资本经营预算本级收入
10	1031	与下级往来	39	4005	财政专户管理资金收入
11	1036	其他应收款	40	4007	专用基金收入
12	1041	应收地方政府债券转贷款	41	4011	补助收入
13	1045	应收主权外债转贷款	42	4012	上解收入
14	1071	股权投资	43	4013	地区间援助收入
15	1081	待发国债	44	4021	调入资金
二、负债类			45	4031	动用预算稳定调节基金
16	2001	应付短期政府债券	46	4041	债务收入
17	2011	应付国库集中支付结余	47	4042	债务转贷收入
18	2012	与上级往来	五、支出类		
19	2015	其他应付款	48	5001	一般公共预算本级支出
20	2017	应付代管资金	49	5002	政府性基金预算本级支出
21	2021	应付长期政府债券	50	5003	国有资本经营预算本级支出
22	2022	借入款项	51	5005	财政专户管理资金支出
23	2026	应付地方政府债券转贷款	52	5007	专用基金支出
24	2027	应付主权外债转贷款	53	5011	补助支出
25	2045	其他负债	54	5012	上解支出
26	2091	已结报支出	55	5013	地区间援助支出
三、净资产类			56	5021	调出资金
27	3001	一般公共预算结转结余	57	5031	安排预算稳定调节基金
28	3002	政府性基金预算结转结余	58	5041	债务还本支出
29	3003	国有资本经营预算结转结余	59	5042	债务转贷支出

表2-2 行政单位会计科目表

序号	编码	科目名称	序号	编码	科目名称
一、资产类			19	2101	应缴税费
1	1001	库存现金	20	2201	应付职工薪酬
2	1002	银行存款	21	2301	应付账款
3	1011	零余额账户用款额度	22	2302	应付政府补贴款
4	1201	财政应返还额度	23	2305	其他应付款
5	1212	应收账款	24	2401	长期应付款
6	1213	预付账款	25	2901	受托代理负债
7	1215	其他应收款	三、净资产类		
8	1301	存货	26	3001	财政拨款结转
9	1501	固定资产	27	3002	财政拨款结余
10	1502	累计折旧	28	3101	其他资金结转结余
11	1511	在建工程	29	3501	资产基金
12	1601	无形资产	30	3502	待偿债净资产
13	1602	累计摊销	四、收入类		
14	1701	待处理财产损溢	31	4001	财政拨款收入
15	1801	政府储备物资	32	40111	其他收入
16	1802	公共基础设施	五、支出类		
17	1901	受托代理资产	33	5001	经费支出
二、负债类			34	5101	拨出经费
18	2001	应缴财政款			

表2-3　　**事业单位通用会计科目表**

序号	编码	科目名称	序号	编码	科目名称
一、资产类			26	2305	其他应付款
1	1001	库存现金	27	2401	长期借款
2	1002	银行存款	28	2402	长期应付款
3	1011	零余额账户用款额度	三、净资产类		
4	1101	短期投资	29	3001	事业基金
5	1201	财政应返还额度	30	3101	非流动资产基金
6	1211	应收票据	31	3201	专用基金
7	1212	应收账款	32	3301	财政补助结转
8	1213	预付账款	33	3302	财政补助结余
9	1215	其他应收款	34	3401	非财政补助结转
10	1301	存货	35	3402	事业结余
11	1401	长期投资	36	3403	经营结余
12	1501	固定资产	37	3404	非财政补助结余分配
13	1502	累计折旧	四、收入类		
14	1511	在建工程	38	4001	财政补助收入
15	1601	无形资产	39	4101	事业收入
16	1602	累计摊销	40	4201	上级补助收入
17	1701	待处置资产损溢	41	4301	附属单位上缴收入
二、负债类			42	4401	经营收入
18	2001	短期借款	43	4501	其他收入
19	2101	应缴税费	五、支出类		
20	2102	应缴国库款	44	5001	事业支出
21	2103	应缴财政专户款	45	5101	上缴上级支出
22	2201	应付职工薪酬	46	5201	对附属单位补助支出
23	2301	应付票据	47	5301	经营支出
24	2302	应付账款	48	5401	其他支出
25	2303	预收账款			

会计科目和账户所反映的会计对象的具体内容是相同的，都是对会计要素具体内容的分类；设置会计科目和开设账户的目的都是为了提供分类核算的会计信息；账户是根据会计科目来设置的，会计科目是账户的名称，会计科目性质决定了账户性质。两者的区别表现为：会计科目只是对会计要素具体内容的分类，是进行分类核算的依据，本身没有结构；账户则是进行分类核算的载体和工具，有相应的结构，具体反映资金运动状况。由于会计科目和账户名称相同，在实际工作中，会计科目和账户往往相互通用，不加以严格区分。

（二）账户的分类

由于会计科目性质决定了账户的性质，因此，账户的分类和会计科目的分类相同。与会计科目分类相对应，按其经济内容，政府会计账户可分为资产类账户、负债类账户、净资产类账户、收入类账户、支出或费用类账户；按核算层次，政府会计账户可分为总分类账户和明细分类账户。总分类账户是根据总账科目开设的用以反映会计要素的具体内容的总分类核算的账户，简称总账账户或总账；明细分类账户是根据明细分类科目开设的用以反映总分类账户中有关明细分类核算的账户，简称明细账户或明细账。

总分类账户与明细分类账户的关系是：两者反映的经济业务相同，登记的原始依据相同，但两者反映经济内容的详细程度不同，发挥的作用也不同。因此，总分类账户所属的各明细分类账户余额总计应与总分类账户余额相等；总分类账户是明细分类账户的统驭账户，对明细分类账起着控制作用；明细分类账户是总分类账户的从属账户，对总分类账起着辅助和补充作用；总分类账和明细分类账应平行登记，即：同时间登记、同方向登记、同金额登记。

（三）账户的基本结构

账户是用来记录经济业务的，作用有三：一是分门别类地记载各项经济业务；二是提供日常会计核算资料和依据；三是为编制会计报表提供依据。为此，账户不但要有明确的核算内容，而且还应具有一定的结构。在不同的记账方法下，账户的结构是不同的，即使在同一种记账方法下，账户性质不同，其结构也有差异。但是，不论采用哪种记账方法，也不论哪种性质的账户，账户的基本结构总是相同的，因为账户所记载的各项经济业务所引起的会计要素数量上的变动不外乎两种情况——增加或者减少。因此，账户结构通常分为左、右两方，一方记录增加数，一方记录减少数。究竟哪一方登记增加数，哪一方登记减少数，账户的余额反映在左方还是右方，取决于账户的性质和所采用的记账方法。

账户左右两方反映的主要内容包括：期初余额、本期增加发生额、本期减少发生额和期末余额。它们的关系可表示为：

期末余额=期初余额+本期增加发生额-本期减少发生额

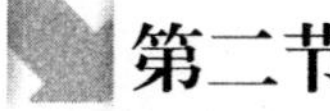

第二节 记账方法

记账方法是运用一定的记账符号，按照一定的记账方向和记账规则，编制会计分录和登记账簿的方法。记账方法按其记账方式不同分为单式记账法和复式记账法两大类，其中复式记账法按其记账符号不同又分为收付记账法、增减记账法和借贷记账法。按照政府会计制度的规定，政府会计采用国际通用的借贷记账法。

一、借贷记账法的基本内容

借贷记账法是以“借”、“贷”为记账符号，建立在会计等式的基础上，以“有借必有贷，借贷必相等”为记账规则，反映会计要素增减变动情况的一种复式记账法。

（一）记账符号

借贷记账法以“借”、“贷”为记账符号，表示记账方向，即经济业务发生后所引起的会计对象具体内容增加金额和减少金额的记录方向。“借”表示账户的“借方”，“贷”表示账户的“贷方”。

（二）账户结构

借贷记账法下，账户的左方称为“借方”，右方称为“贷方”，“借方”和“贷方”哪一方登记增加金额，哪一方登记减少金额，则取决于所发生经济业务的内容和涉及的账户性质。在政府会计中，“借方”表示资产和支出或费用类账户金额的增加，以及负债、净资产和收入类账户金额的减少；“贷方”表示资产和支出或费用类账户金额的减少以及负债、净资产和收入类账户金额的增加。资产、支出或费用、负债、净资产、收入五类账户结构如表2-4所示。

表2-4 **借贷记账法的账户结构**

账户类型	账户结构		
	借方	贷方	余额
资产	+	−	在借方
负债	−	+	在贷方
净资产	−	+	在贷方
收入	−	+	在贷方或无余额
支出或费用	+	−	在借方或无余额

（三）记账规则

借贷记账法的记账规则是“有借必有贷，借贷必相等”。即对发生的每一项经济业务都要以相等的金额、借贷相反的方向，在两个或两个以上相互联系的账户中进行连续、系统、全面的登记。

（四）试算平衡

试算平衡是根据会计等式的平衡关系和记账规则来检查和验证账户记录是否正确的一种方法。借贷记账法按照“有借必有贷，借贷必相等”的记账规则进行试算平衡。试算平衡包括发生额试算平衡和余额试算平衡。

发生额试算平衡是用来检查本期所有账户的借方发生额和贷方发生额是否正确的方法，其计算公式如下：

全部账户借方本期发生额合计=全部账户贷方本期发生额合计

余额试算平衡是运用会计等式来检查记入账户后结出的期末余额是否正确的方法，其计算公式如下：

全部账户借方期末余额合计=全部账户贷方期末余额合计

在借贷记账法下，按照“有借必有贷，借贷必相等”的记账规则，每一项经济业务记入账户借方的金额和记入对应账户贷方的金额必然相等，因此，在一定期间记入的全部账户借方发生额合计和记入的全部账户贷方发生额合计必然相等。在此基础上结出的全部账户借方期末余额合计和全部账户贷方期末余额合计也必然相等。如果不相等，则说明记账有错，应对账户记录进行检查、更正。

需要指出的是，试算平衡可以检查账户记录是否正确，如果借贷不平衡，可以肯定账户记录或计算有错误，应查明原因予以更正。但是，如果借贷平衡，也不能说明账户记录绝对正确，因为重记、漏记、借贷方向颠倒、借贷方多记或少记相等金额等记账错误并不影响借贷平衡，也不能通过试算平衡发现。因此，试算平衡虽然能检查账户记录是否有错误，但并不能检查出全部账户记录上的所有错误。为保证账户记录的正确，必须对会计记录进行日常或定期的复核。

二、借贷记账法的简单运用——会计分录的编制

在借贷记账法下，会计分录是指标明某项经济业务应借、应贷账户的名称和金额的记录。会计分录的内容包括：账户名称、记账符号和记录的金额。会计分录按照所涉及账户的多少分为简单会计分录和复合会计分录。简单会计分录是指只涉及一个账户借方和另一个账户贷方的会计分录，即一借一贷的会计分录；复合会计分录是指由两个以上（不含两个）对应账户所组成的会计分录，即一借多贷、一贷多借或多借多贷的会计分录。下面以财政总预算会计所发生的经济业务为例，说明会计分录的编制方法。

【例2-1】某市财政收到国库报来的预算收入日报表，列明当日一般公共预算本级收入100 000元。该市财政总预算会计应编制如下会计分录：

借：国库存款　　100 000

　贷：一般公共预算本级收入　　100 000

【例2-2】某市财政以前年度用一般公共预算结余购买的国库券到期，国库收到兑付的国库券本金50 000元，利息2 500元。该市财政总预算会计应编制如下会计分录：

借：国库存款　　52 500

　贷：有价证券　　50 000

　　一般公共预算本级收入　　2 500

【例2-3】中央财政将上月预拨给预算单位的经费40 000元转列本月一般公共预算本级支出，并收回预拨款项10 000元。中央财政总预算会计应编制如下会计分录：

借：一般公共预算本级支出　　40 000

借：国库存款　　　　10 000

　贷：预拨经费　　　　50 000

在借贷记账法下，更多的政府会计分录编制实例详见财政总预算会计、行政单位会计和事业单位会计的有关业务核算。

第三节　会计凭证

会计凭证是记录经济业务或会计事项、明确经济责任的书面证明，是登记账簿的依据。它是组织经济活动、传送经济信息、进行会计核算、实行会计监督的基础性工具。按照填制的程序和用途，政府会计的会计凭证可分为原始凭证和记账凭证两种。

一、政府会计的原始凭证

原始凭证是经济业务发生时取得的书面证明，是会计事项的唯一合法凭证，是填制记账凭证和登记账簿的依据。

（一）原始凭证的种类

在政府会计中，财政总预算会计与单位预算会计的原始凭证种类存在差异。

1.财政总预算会计原始凭证的种类

各级财政总预算会计的原始凭证主要包括：（1）国库报来的各种收入日报表（如预算收入日报表、分成收入计算日报表等）和附件（如各种“缴款书”、“收入退还书”、“更正通知书”等）；（2）财政直接支付申请书、财政直接支付更正申请书和财政直接支付资金退回入账通知书；（3）财政直接支付凭证和财政授权支付额度通知单；（4）代理银行报来的财政支出月报表；（5）开户行送达的各种转账收款凭证；（6）其他足以证明会计事项发生经过的凭证和文件。

2.行政事业单位会计原始凭证的种类

行政事业单位会计的原始凭证主要有：（1）收款收据；（2）借款凭证；（3）财政直接支付入账通知书和财政授权支付额度到账通知书；（4）财政授权支付更正（退回）通知书和财政授权支付日报表；（5）开户银行转来的收、付款凭证；（6）往来结算凭证；（7）固定资产调拨单；（8）存货的出库、入库单；（9）各种税票；（10）其他足以证明会计事项发生经过的凭证和文件。

（二）原始凭证的基本内容

政府会计的原始凭证种类比较多，格式各异，但必须具备以下基本内容：（1）原始凭证的名称；（2）填制凭证的日期和凭证编号；（3）填制凭证单位的名称或填制人姓名；（4）经办人员的签名或盖章；（5）经济业务的内容、数量、计量单位、单价和金额；（6）接受原始凭证单位的名称。

（三）原始凭证的填制要求

对于外来原始凭证，由其他单位经办人员按要求填制。对于自制原始凭证，经济业务完成时由经办人员填制；由会计人员定期汇总填制；由会计人员根据账簿记录结果归类、整理填制。

原始凭证填制必须符合以下要求：（1）记录真实；（2）手续完备；（3）内容齐全；（4）书写规范；（5）填制及时。

二、政府会计的记账凭证

记账凭证是由会计人员根据审核后的原始凭证填制的，并作为登记账簿依据的凭证。记账凭证是编制会计分录、登记账簿的依据。

（一）记账凭证的种类

在政府会计中，财政总预算会计与单位预算会计的记账凭证存在差异。

1.财政总预算会计的记账凭证

财政总预算会计使用通用的记账凭证，其格式有二，参见表2-5和表2-6。

表2-5　**记账凭证（格式一）**

总号____
年　月　日　　分号____

单位	摘要	借方		贷方		金额	记账符号		
		科目编号	科目名称	科目编号	科目名称				
									附凭证
									张

会计主管　　记账　　稽核　　出纳　　制单

表2-6　**记账凭证（格式二）**

总号____
年　月　日　　分号____

摘要	总账科目	明细科目	借方金额	贷方金额	记账符号		
							附凭证
合　　计							张

会计主管　　记账　　稽核　　出纳　　制单

2.行政事业单位的记账凭证

行政事业单位的记账凭证通常分为收款凭证、付款凭证和转账凭证三种，参见表2-7、表2-8和表2-9。收款凭证是用来记录现金和银行存款收进业务的记账凭证，根据经审核无误的有关现金或银行存款收进业务的原始凭证填制。付款凭证是用来记录现金和银行存款付出业务的记账凭证，根据经审核无误的有关现金或银行存款付出业务的原始凭证填制。转账凭证是用来记录与现金和银行存款收付业务无关的经济业务的记账凭证，根据经审核无误的不涉及现金和银行存款收付的转账业务的原始凭证或汇总原始凭证填制。

表2-7 **收款凭证**

出纳编号________

借方科目：　　　　年　月　日　　　　制单编号________

<table>
<tr><td rowspan="2">对方单位
（或缴款人）</td><td rowspan="2">摘要</td><td colspan="2">贷方科目</td><td rowspan="2">金额</td><td rowspan="2" colspan="2">记账
符号</td></tr>
<tr><td>总账科目</td><td>明细科目</td></tr>
<tr><td></td><td></td><td></td><td></td><td></td><td></td><td></td></tr>
<tr><td></td><td></td><td></td><td></td><td></td><td></td><td></td></tr>
<tr><td colspan="2"></td><td colspan="2">合计金额</td><td></td><td></td><td></td></tr>
</table>

会计主管　　记账　　稽核　　出纳　　制单

表2-8 **付款凭证**

出纳编号________

贷方科目：　　　　年　月　日　　　　制单编号________

<table>
<tr><td rowspan="2">对方单位
（或缴款人）</td><td rowspan="2">摘要</td><td colspan="2">借方科目</td><td rowspan="2">金额</td><td rowspan="2" colspan="2">记账
符号</td></tr>
<tr><td>总账科目</td><td>明细科目</td></tr>
<tr><td></td><td></td><td></td><td></td><td></td><td></td><td></td></tr>
<tr><td></td><td></td><td></td><td></td><td></td><td></td><td></td></tr>
<tr><td colspan="2"></td><td colspan="2">合计金额</td><td></td><td></td><td></td></tr>
</table>

会计主管　　记账　　稽核　　出纳　　制单　　领款人签章

表2-9 **转账凭证**

出纳编号________

年　月　日　　　　制单编号________

<table>
<tr><td rowspan="2">对方单位
（或缴款人）</td><td rowspan="2">摘要</td><td colspan="2">借方科目</td><td colspan="2">贷方科目</td><td rowspan="2">金额</td><td rowspan="2" colspan="2">记账
符号</td></tr>
<tr><td>总账科目</td><td>明细科目</td><td>总账科目</td><td>明细科目</td></tr>
<tr><td></td><td></td><td></td><td></td><td></td><td></td><td></td><td></td><td></td></tr>
<tr><td></td><td></td><td></td><td></td><td></td><td></td><td></td><td></td><td></td></tr>
</table>

会计主管　　记账　　稽核　　出纳　　制单　　领缴款人

（二）记账凭证的基本内容

记账凭证作为登记账簿的依据，因所反映的经济业务内容不同，其格式也有所不同。但从概括反映经济业务基本情况和满足登记账簿的基本需要看，记账凭证应具备以下基本内容：（1）记账凭证的名称；（2）填制凭证的日期和凭证的编号；（3）会计科目、借贷方向和金额；（4）经济业务的内容摘要；（5）所附原始凭证的张数；（6）会计主管、记账、稽核、出纳、制单等人员的签名或盖章。

（三）记账凭证的编制要求

1.财政总预算会计记账凭证的编制

财政总预算会计记账凭证的编制必须符合以下要求：

（1）各级财政总预算会计应根据审核无误的原始凭证，归类整理编制记账凭证。记账凭证的各项内容必须填列齐全，经复核后凭以记账。制证人必须签名或盖章。属于预拨经费转列支出、年终结账和更正错误的记账凭证可不附原始凭证，但应经会计主管人员签章。

（2）记账凭证应按照会计事项发生的日期，顺序整理制证记账。按照制证的顺序，每月从第1号起编排连续号码。

（3）记账凭证的日期，按以下规定填列：月份终了尚未结账前，收到上月份的收入凭证，可填列所属月份的最末一日。结账后，按实际处理账务的日期填列；根据支出月报的银行支出数编制的记账凭证，填列会计报表所属月份的最末一日；办理年终结账的记账凭证，填列实际处理账务的日期，并注上“上年度”字样。凭证编号仍按上年12月份的顺序号连续编列；其余会计事项一律按发生的日期填列。

（4）记账凭证每月应按顺序号整理，连同所附的原始凭证加上封面，装订成册保管。记账凭证封面样式如表2-10所示。

表2-10　**记账凭证封面**

（财政部门名称）

时间	年　　月份
册数	本月共　　册　　本册是第　　册
张数	本册自第　　号至第　　号

会计主管　　　　　　　　　　　　装订人

2.行政事业单位会计记账凭证的编制

行政事业单位会计记账凭证的编制必须符合以下要求：

（1）行政事业单位应根据经审核无误的原始凭证，归类整理编制记账凭证。记账凭证的各项内容必须填列齐全，经复核后凭以记账。制证人必须签名或盖章。

（2）记账凭证一般根据每项经济业务的原始凭证编制。当天发生的同类会计事项可以适当归并后编制。不同会计事项的原始凭证，不得合并编制同一张记账凭单，也不得把几天的会计事项加在一起做一个记账凭证。

（3）记账凭证必须附有原始凭证，一张原始凭证涉及到几张记账凭证的，可以把原始凭证附在主要的一张记账凭证后面，在其他记账凭证上注明附有原始凭证的记账凭证的编号。结账和更正错误的记账凭证，可以不附原始凭证，但应经主管会计人员签章。

（4）记账凭证的填写必须清晰、工整、不得潦草。记账凭证由指定人员复核，并经会计主管人员签章后据以记账。

（5）记账凭证应按照会计事项发生的日期，顺序整理制证记账。按照制证的顺序，每月从第1号起编排连续号码。

（6）记账凭证每月应按顺序号整理，连同所附的原始凭证加上封面，装订成册保管。

（四）记账凭证错误更正方法

各级财政总预算会计、行政事业单位会计填制的记账凭证发生错误时，不得挖补、涂抹、刮擦或使用化学药水消字，应按下列方法更正：

1.发现未登记账簿的记账凭证错误，应将原记账凭证作废，重新编制记账凭证。

2.发现已经登记账簿的记账凭证错误，应采用“红字更正法”或“补充登记法”更正。“红字更正法”适用于以下两种情况：（1）记账以后，如果在当年内发现记账凭证所记的科目或金额有错时，先用红字填制一张与原错误记账凭证完全相同的记账凭证，据以用红字登记入账，冲销原有的错误记录（采用计算机做记账凭证的，用负数表示，下同）；同时再用蓝字填制一张正确的记账凭证，以登记入账。（2）如果记账以后发现科目正确，而实记金额大于应记金额，此时应将多记金额填制一张红字金额的记账凭证，据红字金额入账，冲销其大于应记金额的差额改正错账。“补充登记法”适用于记账后发现记账凭证填写的会计科目无误，只是所记金额小于应记金额的情况。更正方法是：按少记的金额用蓝字编制一张与原记账凭证应借、应贷科目完全相同的记账凭证，以补充少记的金额，并据以记账。

第四节 会计账簿

政府会计账簿是按照会计科目开设账户并由有专门格式而又相互联结在一起的若干账页组成的，以会计凭证为登记依据，分类、连续、系统、全面地记载反映政府会计主体各项经济业务的簿记。

一、政府会计账簿的分类

政府会计账簿可以根据需要设置总账、明细账和日记账。

（一）总账

总账，又称总分类账，是根据总账科目开设账户，用来分类登记全部经济业务，提供资产、负债、净资产、收入和支出等总括核算资料的分类账簿。总账用以核算资金活动的总括情况，平衡账务，控制和核对各种明细账。政府会计总账采用三栏式账簿（参见表2-11），按会计科目名称设置账户。

（二）明细账

明细账，又称明细分类账，是根据明细科目开设账户，用来登记某一类经济业务，提供比较详细核算资料的分类账簿。明细账用以对总账有关科目进行明细核算。政府会计的明细账可选用三栏式账簿或多栏式账簿（参见表2-12）。

表2-11　　总（或明细）账（三栏式账簿）

会计科目____________

年		凭证号	摘要	借方金额	贷方金额	余额	
月	日					借或贷	金额

表2-12　　明细账（多栏式账簿）

明细科目或户名____________　　第　　页

年		凭证号	摘　要	借方	贷方	金额	借或贷方余额分析
月	日						

一般而言，政府会计的明细账主要包括收入明细账、支出明细账和往来款项明细账，但财政总预算会计、行政单位会计和事业单位会计在明细账包括的内容方面存在差异。

1. 收入明细账。财政总预算会计设置的收入明细账包括一般公共预算本级收入明细账、政府性基金预算本级收入明细账、国有资本经营预算本级收入明细账、财政专户管理资金收入明细账、专用基金收入明细账、补助收入明细账、上解收入明细账、调入资金明细账、债务收入明细账和债务转贷收入明细账等；行政单位会计设置的收入明细账包括财政拨款收入明细账、其他收入明细账；事业单位会计设置的收入明细账包括财政补助收入明细账、事业收入明细账、经营收入明细账、附属单位上缴收入明细账及其他收入明细账。

2. 支出明细账。财政总预算会计设置的支出明细账包括一般公共预算本级支出明细账、政府性基金预算本级支出明细账、国有资本经营预算本级支出明细账、财政专户管理资金支出明细账、专用基金支出明细账、补助支出明细账、上解支出明细账、调出资金明细账、债务还本支出明细账和债务转贷支出明细账等；行政单位会计设置的支出明细账包括经费支出明细账、拨出经费明细账；事业单位会计设置的支出明细账包括事业支出明细账、经营支出明细账、对所属单位补助支出明细账，以及其他支出明细账等。

3. 往来款项明细账。财政总预算会计设置的往来款项明细账包括借出款项明细账、预拨经费明细账、其他应收款明细账、其他应付款明细账、与下级往来明细账、与上级往来明细账等；行政单位会计设置的往来款项明细账包括应收账款明细账、预付账款明细账、其他应收款明细账、应付账款明细账、其他应付款明细账。事业单位会计设置的往来款项明细账包括应收账款明细账、预付账款明细账、其他应收款明细账、应付账款明细账、预收账款明细账、其他应付款明细账等。

（三）日记账

日记账，又称序时账，是按照经济业务发生的时间先后顺序，逐日逐笔登记经济业务的账簿。日记账按照记录的内容不同，可分为特种日记账和普通日记账。特种日记账是用来登记某一类特定经济业务发生情况的账簿，如现金日记账和银行存款日记账等；普通日记账是用来登记本单位全部经济业务的账簿。

政府会计中，财政总预算会计由于一般不直接办理预算收支（由国库办理），所以不设置现金日记账和银行存款日记账；行政事业单位会计设置的日记账包括现金日记账和银行存款日记账，其格式一般采用三栏式。

二、政府会计账簿的使用要求

政府会计使用账簿应遵循以下要求：

1. 会计账簿的使用，以每一会计年度为限。每一账簿启用时，应填写“经管人员一览表”和“账簿目录”，附于账簿扉页上。账簿“经管人员一览表”和“账户目录”格式如表2-13和表2-14所示。

表2-13 **经管人员一览表**

财政部门名称			
账簿名称			
账簿页数	从第　页起至第　页止 共　页		
启用日期	年　月　日		
会计机构负责人		会计主管人员	
经管人员		经管日期	移交日期
接办人员		接管日期	监交人员

表2-14 **账户目录**

科目编号和名称	页号	科目编号和名称	页号

2. 手工记账必须使用蓝色、黑色墨水书写，不得使用铅笔、圆珠笔。红色墨水除了登记收入负数时使用外，只能在划线、改错、冲账时使用。账簿必须按照编定的页数连续记载，不得隔页、跳行。如因工作疏忽发生跳行或隔页时，应当将空行、空页划线注销，并由记账人员签名或盖章。登记账簿要及时准确、日清月结，文字和数字的书写要清晰整洁。

3. 会计账簿应根据已经审核过的会计凭证登记。记账时，将记账凭证的编号记入账簿内，记账后，在记账凭证上用“√”符号注明，表示已登记入账。

4. 各种账簿记录应按月结账，求出本期发生额和余额。

三、政府会计账簿的错误更正

预算会计账簿记录如发生错误，不能挖补、涂抹、刮擦或用化学药水除迹。应按下列方法更正：

1. 手工记账发生文字或数字书写错误，用"划线更正法"更正，并由记账人员在更正处盖章。"划线更正法"是指在登记账簿的过程中，如果发现文字或数字记错时，先在错误的文字或数字上划一条红线加以注销，然后在划线上方填写正确的文字或数字。需要注意的是，在划线时如果是文字错误，可只划销错误部分；如果是数字错误，应将全部数字划销，不得只划销错误数字。划销时必须注意使原来的错误字迹仍可辨认。更正后，经办人应在划线的一端盖章，以示负责。

2. 由于记账凭证科目对应关系填错引起的错误，应按更正的记账凭证登记账簿。

第五节　财务会计报表

一、政府财务会计报表的目标

政府会计报表是政府会计主体根据经过审核的会计账簿记录和有关资料编制的，反映政府会计主体某一特定日期的财务状况和某一会计期间的运行情况和现金流量等信息的文件。

政府财务会计报表目标是向财务报告使用者提供与政府的财务状况、运行情况（含运行成本）和现金流量等有关信息，反映政府会计主体公共受托责任履行情况，有助于财务报告使用者（包括各级人民代表大会常务委员会、债权人、各级政府及其有关部门、政府会计主体自身和其他利益相关者）做出决策或者进行监督和管理。

二、政府财务会计报表的种类

按照《基本准则》，政府财务会计报表至少应当包括资产负债表、收入费用表和现金流量表。

按照现行的政府会计制度，按政府会计主体的不同，政府会计报表可分为财政总预算会计报表、行政单位会计报表和事业单位会计报表。

财政总预算会计报表是反映政府财政预算执行结果和财务状况的书面文件。财政总预算会计报表按照编制时间，可分为旬报、月报和年报；按照报表反映的经济内容，可分为资产负债表、收入支出表、一般公共预算执行情况表、政府性基金预算执行情况表、国有资本经营预算执行情况表、财政专户管理资金收支情况表、专用基金收支情况表等；按照包括的内容范围，可分为本级报表和汇总报表。

行政单位会计报表是反映行政单位财务状况和预算执行结果的书面文件。行政单位会计报表按照经济内容，可分为资产负债表、收入支出表和财政拨款收入支出表；按照编报时间，可分为月报和年报；按照编报的层次，可分为本级报表和汇总报表。

事业单位会计报表是反映事业单位财务状况、事业成果、预算执行情况等的书面文件。事业单位的会计报表按照经济内容，可分为资产负债表、收入支出表、财政补助收入支出表等；按照编报时间，可分为月报和年报；按照编报的层次，可分为本级报表和汇总报表。

三、政府会计报表编制原则

为了充分发挥政府会计报表的作用，其编制必须遵循以下原则：

（一）正确性原则

正确性原则，即真实性原则，就是政府会计报表的数字必须真实可靠，必须根据核对无误的账簿记录编制和汇总，切实做到账表相符，不能估列代编，更不能弄虚作假。做到账表相符是做好政府会计报表编制工作的首要前提，财政部门和主管部门要对所属单位的会计报表进行认真审核，以保证会计报表所反映数字的真实可靠。

（二）及时性原则

及时性原则，就是会计报表的上报有很强的时间性。政府会计报表作为提供会计信息的书面报告，是各级政府和上级财政部门了解情况、掌握政策、指导预算执行工作的重要资料，也是政府管理者和单位管理者制定政策的依据，如果失去了时间性，会计报表也就失去了价值。为此，政府会计要加强日常会计核算工作，要及时记账、结账、编制报表，并在规定的期限内报出报表，以便主管部门和财政部门及时汇总。

（三）完整性原则

完整性原则，就是会计报表必须做到内容完整。政府会计报表要严格按照统一规定的种类、格式、内容、计算方法和编制口径填制，不能漏填，规定的栏目或行次不能任意取舍。同时要注意各种报表之间、各项目之间，凡有对应关系的数字，应该相互一致和相互衔接，以保证会计报表的逐级汇总。汇总报表的单位，要把所属单位的报表汇集齐全，防止漏报。对有些项目和数据，还应该以附注加以说明。

复习思考

1.政府会计科目设置的原则是什么？其分为哪几类？
2.会计科目和账户之间的区别和联系是什么？
3.简述借贷记账法的要点。
4.收款凭证、付款凭证和转账凭证各自适用的范围是什么？
5.财政总预算会计的原始凭证主要包括哪些？
6.行政事业单位会计的原始凭证主要包括哪些？
7.政府会计的账簿分为哪几类？
8.政府会计报表编制应遵循哪些原则？
9.政府会计报表分为哪几类？

第三章

政府会计的财政制度环境

学习目标

- 了解对政府会计产生影响的财政制度内容
- 熟悉政府预算管理制度对政府会计核算的影响
- 熟悉国库集中收付制度对政府会计制度的影响
- 熟悉政府采购制度对政府会计核算的影响
- 熟悉政府债务管理制度对政府会计核算的影响
- 熟悉财政结转结余管理制度对政府会计核算的影响

政府会计的财政制度环境是指对政府会计规范建立和完善产生影响作用的财政制度因素，主要包括政府预算管理制度、国库集中收付制度、政府采购制度、财政结转结余管理制度、政府债务管理制度等。本章主要描述我国主要财政管理制度及其对政府会计制度产生的影响。

第一节 政府预算管理制度

政府会计主体均不创造物质财富，保证它们运行的资金主要来源于税收和非税收入。政府代表国家公权力，根据法律法规等并通过税收和非税收入等形式筹集财政资金，同时通过对财政资金的分配和使用实现政府职能。政府对财政资金进行分配和使用时，行政单位和事业单位将获取来自政府财政的拨款，并按照法律法规等的规定或限定用途进行使用，实现其职能。而从根本上限定政府财政资金筹集、分配和使用，以及有效控制行政单位和事业单位使用财政拨款的方法和手段，就是政府预算。只有将各级政府、各行政单位和事业单位的所有收入和支出都纳入预算管理，才能规范其财务收支行为，提高资金使用效益，保障政府职能和行政事业单位各自职能的实现。由此，政府预算管理制度中的政府预算组成体系、政府预算管理体制以及政府收支分类科目等对政府会计制度产生着重要影响。我国有关政府预算管理的制度规范主要包括《预算法》、《中华人民共和国预算法实施条例》（简称《预算法实施条例》）、《国务院关于实行分税制财政管理体制的决定》（国发〔1993〕第85号）、《国务院关于印发所得税收入分享改革方案的通知》（国发〔2001〕37号）、《国务院关于深化预算管理制度改革的决定》（国发〔2014〕45号）、《国务院关于改革和完善中央对地方转移支付制度的意见》（国发〔2014〕71号）等。

一、政府预算及组成体系

政府预算，又称国家预算，是指具有法律地位、经过法定程序批准的国家年度财政收支计划。政府预算全面反映了政府财政的分配活动，体现了政府的职能范围，其具体收支的合理安排对国民经济起着重要的调控作用，是政府筹集和分配财政资金的重要工具，即集中一部分社会资源保证政府履行职能和满足社会公共需要。

政府预算按照不同标准，可以分为不同类型。

（一）按照政府次级，政府预算分为中央预算和地方预算

按照《预算法》，国家实行一级政府一级预算，设立中央，省、自治区、直辖市，设区的市、自治州，县、自治县、不设区的市、市辖区，乡、民族乡、镇五级预算。全国预算由中央预算和地方预算组成。

中央预算即中央政府预算，由中央各部门预算及中央直接组织的收入和支出预算组成，中央预算在政府预算中占主导地位。

地方预算即地方政府预算，由各省、自治区、直辖市总预算组成；地方各级总预算由本级预算和汇总的下一级总预算组成；下一级只有本级预算的，下一级总预算即指下一级的本级预算。没有下一级预算的，总预算即指本级预算。

在我国，全国的预算以及中央政府预算由财政部汇总编制，由全国人民代表大会审查和批准，由全国人民代表大会常务委员会监督执行。地方各级预算由地方各级政府财政部门编制，由地方各级人民代表大会审查和批准，由地方各级人民代表大会常务委员会监督执行。依据《预算法》，中央政府预算可以列赤字，赤字以发行国债形式弥补；地方各级预算按照量入为出、收支平衡的原则编制，除《预算法》另有规定外，不列赤字。

政府预算按政府级次的划分也称为政府预算体系，是根据国家行政区域划分和政权结构以及预算管理体制的要求而确定的各级政权的预算构成。

（二）按照收支管理范围，政府预算分为总预算、部门预算和单位预算

1.总预算

总预算是各级政府本行政区域的预算，包括本级政府预算和汇总的下一级政府总预算。依据《预算法》，各级政府预算应当根据年度经济社会发展目标、国家宏观调控总体要求和跨年度预算平衡的需要，参考上一年预算执行情况、有关支出绩效评价结果和

本年度收支预测，按照规定程序征求各方面意见后，进行编制。

2.部门预算

部门预算是指与本级政府财政部门直接发生预算拨款关系的国家机关、军队、政党组织、社会团体、事业单位和其他单位，依据《预算法》及其实施条例的规定以及履行法定职能的需要编制的本部门及其所属各单位的年度收支预算。依照《预算法实施条例》，各部门预算应当包括一般公共预算、政府性基金预算、国有资本经营预算安排给本部门及其所属各单位的所有预算资金。其中，各部门预算收入包括本级财政安排给本部门及其所属各单位的预算拨款以及合法取得的其他各项收入；各部门预算支出是与部门预算收入相对应的支出，包括基本支出和项目支出。

部门预算是编制政府预算的一种制度和方法。简单地讲，部门预算就是一个部门一本预算。部门预算改革开始于2000年，是我国加强财政支出管理的一项重大改革，对加强财政预算管理、提高财政资金使用的效率和效益、从源头预防腐败等具有深远而重大影响。1999年9月20日，财政部下发了《关于改进2000年中央预算编制的通知》，要求从2000年起首先在教育部、农业部、科技部以及当时的劳动和社会保障部等部门进行部门预算改革试点，正式拉开了部门预算改革的序幕。对于部门预算改革，总体上遵循了“渐进改革、先易后难、逐步完善”的思路。自2000年以来，财政部每一年都采用多种措施深化部门预算改革。到2005年，全国各省本级和计划单列市开始全面推行部门预算改革，部分地市县也开始试行部门预算编制方法，与公共财政相适应的部门预算框架已初步建立。2010年开始，实行部门预算公开制度。

3.单位预算

单位预算是各级政府组织部门所属单位编制的收支预算，即列入部门预算的国家机关、政党组织、社会团体和事业单位等的收支预算。

依据《预算法》，各部门、各单位应当按照国务院财政部门制定的政府收支分类科目、预算支出标准和要求，以及绩效目标管理等预算编制规定，根据其依法履行职能和事业发展的需要以及存量资产情况，编制本部门、本单位预算草案。依照《预算法实施条例》，各部门、各单位预算收入包括本级预算拨款收入、预算拨款结转结余、其他各项收入；支出包括基本支出和项目支出。各部门、各单位的预算支出，按其功能分类应当编列到项，按其经济性质分类应当编列到款。按功能分类编列到项的支出应当与按经济性质分类编列到款的支出相互衔接。

（三）按照预算功能，政府预算分为一般公共预算、政府性基金预算、国有资本经营预算、社会保险基金预算

1.一般公共预算

一般公共预算是对以税收为主体的财政收入，安排用于保障和改善民生、推动经济社会发展、维护国家安全、维持国家机构正常运转等方面的收支预算。

中央一般公共预算包括中央各部门（含直属单位，下同）的预算和中央对地方的税收返还、转移支付预算。中央一般公共预算收入包括中央本级一般公共预算收入、从政府性基金预算和国有资本经营预算调入资金、地方向中央的上解收入、从预算稳定调节基金调入资金；中央一般公共预算支出包括中央本级一般公共预算支出、偿还政府债务本金支出、中央对地方的税收返还和转移支付、补充预算稳定调节基金。

地方各级一般公共预算包括本级各部门（含直属单位，下同）的预算和税收返还、转移支付预算。地方各级一般公共预算收入包括地方本级一般公共预算收入、从政府性基金预算和国有资本经营预算调入资金、上级政府对本级政府的税收返还和转移支付、下级政府的上解收入、从预算稳定调节基金调入资金、其他调入资金。地方各级一般公共预算支出包括地方本级一般公共预算支出、偿还政府债务本金支出、对上级政府的上解支出、对下级政府的税收返还和转移支付、补充预算稳定调节基金。

2.政府性基金预算

政府性基金预算是对依照法律、行政法规的规定在一定期限内向特定对象征收、收取或者以其他方式筹集的资金，专项用于特定公共事业发展的收支预算。政府性基金预算应当根据基金项目收入情况和实际支出需要，按基金项目编制，做到以收定支。

政府性基金预算收入包括政府性基金各项目收入和转移性收入；政府性基金预算支出包括与政府性基金预算收入相对应的各项支出和向一般公共预算调出资金等转移性支出。

中央政府性基金各项目收入包括本级收入、上一年度结余、地方上解收入；各项目支出包括本级支出、对地方的转移支付、向一般公共预算调出资金。地方政府性基金各项目收入包括本级收入、上一年度结余、下级上解收入、上级转移支付；各项目支出包括本级支出、上解上级支出、对下级的转移支付、向一般公共预算调出资金。

3.国有资本经营预算

国有资本经营预算是对国有资本收益做出支出安排的收支预算。国有资本经营预算应当按照收支平衡的原则编制，不列赤字，并安排资金调入一般公共预算。

国有资本经营预算收入包括国有独资企业、国有独资公司按照规定上缴国家的利润收入，国有资本控股和参股公司获得的股息红利收入、国有产权转让收入、清算收入以及其他国有资本经营收入，但依照国务院规定应当缴入一般公共预算的收入除外。国有资本经营预算支出包括资本性支出和其他支出，以及向一般公共预算调出资金等转移性支出。

国有资本经营预算收入包括本级收入、上一年度结余、上级转移支付；支出包括本级支出、向一般公共预算调出资金、对下级的转移支付。

4.社会保险基金预算

社会保险基金预算是以社会保险缴款、一般公共预算安排和其他方式筹集的资金，专项用于社会保险的收支预算。社会保险基金预算应当按照统筹层次和社会保险项目分别编制，做到收支平衡。

社会保险基金预算收入包括各项社会保险基金保险费收入、一般公共预算安排补助及其他收入。社会保险基金预算支出包括各项社会保险待遇支出及其他支出。

社会保险基金预算收入包括社会保险费收入、利息收入、投资收益、一般公共预算安排补助收入及其他收入；支出包括社会保险待遇支出及其他支出。

二、预算管理体制

预算管理体制是处理中央和地方以及地方各级之间的财政分配关系的基本制度，其核心是各级政府预算收支范围及其管理职权的划分即集权和分权的关系。预算管理体制是国家预算编制、执行、决算以及实施预算监督的制度依据和法律依据。

我国的预算管理体制在建国后经历了多次变革、采取过多种办法。自1978年经济体制改革后，预算管理体制也进行了多次重大调整，总体上看是从地方财政包干体制向分税制转变。

分税制，是分税制财政管理体制的简称，是指在划分中央与地方事权的基础上，确定中央与地方财政支出范围，并按税种划分中央与地方预算收入的财政管理体制。县级以上地方各级政府应当根据中央和地方分税制的原则和上级政府的有关规定，确定本级政府对下级政府的财政管理体制。依照《预算法》，国家实行中央和地方分税制。

我国的分税制始于1994年。根据1993年12月国务院发布的《关于实行分税制财政管理体制的决定》（国发〔1993〕第85号），从1994年1月1日起中央对各省、自治区、直辖市以及计划单列市实行分税制财政管理体制。其核心内容是根据事权与财权相结合的原则，按税种划分中央与地方收入；将维护国家权益、实施宏观调控所必需的税种划为中央税；将同经济发展直接相关的主要税种划为中央与地方共享税；将适合地方征管的税种划为地方税，并充实地方税税种，增加地方税收入。同时，在重新划分中央财政收入与地方财政收入的基础上，相应地调整了政府间财政转移支付数量和形式，除保留原体制下中央财政对地方的定额补助、专项补助和地方上解外，根据中央财政固定收入范围扩大、数量增加的新情况，着重建立了中央财政对地方财政的税收返还制度。

按照现行分税制的规定，在中央与地方之间具体分税如下：

（1）中央税收入。中央税收入全部归中央财政，地方财政不参与分成。中央税收入主要包括：关税，海关代征消费税和增值税，消费税，铁道部门、各银行总行、各保险公司总公司等集中缴纳的收入（包括营业税、利润和城市维护建设税），未纳入共享范围的中央企业所得税、证券交易印花税等。

（2）地方税收入。地方税收入全部归地方财政，中央财政不参与分成。地方税收入主要包括：营业税（不含铁道部门、各银行总行、各保险公司总公司集中缴纳的营业税），城镇土地使用税，城市维护建设税（不含铁道部门、各银行总行、各保险公司总公司集中缴纳的部分），房产税，车船税，印花税，耕地占用税，契税，遗产和赠与税，烟叶税，土地增值税等。

（3）中央与地方共享税收入。中央与地方共享税收入由中央财政与地方财政分成。中央与地方共享收入主要包括：国内增值税，中央分享75%，地方分享25%；纳入共享范围的企业所得税和个人所得税，中央分享60%，地方分享40%；资源税按不同的资源品种划分，海洋石油资源税为中央收入，其余资源税为地方收入。

税收收入在地方各级财政之间的划分，分为上级固定收入、本级固定收入、上级和本级共享收入三种。上级固定收入，本级不参与分成；本级固定收入，上级不参与分成。上级和本级共享收入比照中央与地方共享收入的处理方法办理。具体划分收入的方法，按照各地方财政管理体制的规定执行。

三、财政转移支付制度

财政转移支付制度是国家为了实现区域间各项社会经济事业的协调发展而采取的财政政策。该制度产生于中央和地方财政之间的纵向不平衡和各区域之间的横向不平衡。

依据《预算法》，国家实行财政转移支付制度。财政转移支付应当规范、公平、公开，以推进地区间基本公共服务均等化为主要目标。

财政转移支付包括一般性转移支付和专项转移支付。

1. 一般性转移支付

一般性转移支付，是指上级政府为了均衡地区间财力，由下级政府统筹安排使用的预算资金。其主要包括：（1）均衡性转移支付；（2）上级政府因出台增支或者减收政策而给予下级政府的财力补助；（3）对革命老区、民族地区、边疆地区、贫困地区的财力补助；（4）按照财政体制规定应当给予下级政府的财力补助。一般性转移支付不得规定具体用途，由接受转移支付的政府根据本地区实际情况统筹安排使用。

2. 专项转移支付

专项转移支付，是指上级政府为了实现特定的经济和社会发展目标给予下级政府，由接受转移支付的政府，按照上级政府规定的用途安排使用的预算资金。依照《预算法》，各级政府应建立健全专项转移支付定期评估和退出机制。市场竞争机制能够有效调节的事项不得设立专项转移支付。上级政府在安排专项转移支付时，不得要求下级政府承担配套资金。但是，按照国务院的规定应当由上下级政府共同承担的事项除外。

就中央对地方的转移支付制度而言，2014年12月27日国务院发布的《关于改革和完善中央对地方转移支付制度的意见》（国发〔2014〕71号）提出，要优化中央对地方转移支付结构，即在合理划分中央和地方事权与支出责任基础上，形成以均衡地区间基本财力、由地方政府统筹安排使用的一般性转移支付为主体，一般性转移支付和专项转移支付相结合的转移支付制度。属于中央事权的，由中央全额承担支出责任，原则上应通过中央本级支出安排，由中央直接实施；随着中央委托事权和支出责任的上收，应提高中央直接履行事权安排支出的比重，相应减少委托地方实施的专项转移支付。属于中央地方共同事权的，由中央和地方共同分担支出责任，中央分担部分通过专项转移支付委托地方实施。属于地方事权的，由地方承担支出责任，中央主要通过一般性转移支付给予支持，少量的引导类、救济类、应急类事务通过专项转移支付予以支持，以实现特定政策目标。

四、政府收支分类科目

（一）政府收支分类改革

政府收支分类，是按一定的原则、方法对政府收入和支出进行类别和层次划分，以全面、准确、清晰地反映政府收支活动。对政府收支进行科学分类，既是客观、全面、准确反映政府收支活动的前提，也是合理编制预算、组织预算执行以及预算单位进行会计明细核算的重要依据。政府收支分类是财政预算管理的一项重要基础性工作，直接关系到财政预算管理的透明度，关系到财政预算管理的科学化和规范化，是公共财政体制建设的一个重要环节。

政府收支分类改革启动于1999年，经过反复研究、论证和修改，2004年，财政部完成了新的《政府收支分类改革方案》的前期设计工作。为保证改革的顺利实施，2005年选择了当时的科技部、水利部、交通部、中纪委、国家中医药管理局、环保总局等6个中央部门以及河北、天津、湖北、湖南、海南等5个地区，按照《政府收支分类改革方案》进行改革模拟试点。通过模拟试点，进一步完善改革方案。2006年2月10日，财政部印发了《政府收支分类改革方案》（财预〔2006〕13号），并据此制定了《2007年政府收支分类科目》，并自2007年1月1日起在全国范围内正式实施；同时，按照新的政府收支体系重新设计部门预算编制报表，为2007年部门预算编制奠定了基础。自2007年以来，为了满足预算管理工作的实际需要，财政部每年都对政府收支分类科目进行修订。

（二）政府收支分类科目

政府收支分类科目，也称“预算科目”，是指为全面反映政府收支活动，对预算收入和预算支出的类别和层次进行的划分。

根据2006年的《政府收支分类改革方案》和《2016年政府收支分类科目》，政府收支分类科目由“收入分类”、“支出功能分类”、“支出经济分类”三部分构成。

1.收入分类

收入分类，即对政府收入进行统一分类，全面、规范、细致地反映政府各项收入，以全面反映政府收入的来源和性质。收入分类按照科学标准和国际通行做法，将政府收入分为类、款、项、目四级。

收入分类将政府收入分为税收收入、社会保险基金收入、非税收入、贷款转贷回收本金收入、债务收入、转移性收入等类。每类收入根据不同层次的管理需要再分为款、项、目，比如“税收收入”类下的“增值税”、“营业税”等，“增值税”款下的“国内增值税”，“国内增值税”项下的“国有企业增值税”等。一般公共预算、政府性基金预算和国有资本经营预算的收入分类具体参见第五章第一节相关内容。

2.支出分类

政府支出分类有两种：一种是按照支出功能分类，分为类、款、项三级；一种是按支出经济性质分类，分为类、款两级。

（1）支出功能分类

支出功能分类，即建立政府支出功能分类体系，以能够更加清晰地反映政府各项职能活动，这是政府收支分类改革的核心。根据社会主义市场经济条件下政府职能活动情况及国际通行做法，支出功能分类将政府支出分为类、款、项三级，以清楚反映政府支出的内容和方向。

支出功能分类将政府支出分为一般公共服务、外交、国防、公共安全、教育、科学技术、文化体育与传媒、社会保障和就业、社会保险基金、医疗卫生和计划生育、节能环保、城乡社区、农林水、交通运输、资源勘探信息、商业服务、金融、援助其他地区、国土海洋气象、住房保障、粮油物资储备，其他支出、转移性支出、债务支出等类，以综合反映政府职能活动。为了清楚反映为完成某项政府职能所进行的某方面工作，每类支出再细化为款级科目；为了清楚反映为完成某方面工作所发生的具体支出事项，款级科目再细化为项级科目。比如，“教育”类下的“普通教育”“职业教育”等，“普通教育”款下的“学前教育”“小学教育”等。一般公共预算、政府性基金预算和国有资本经营预算的支出分类具体参见第五章第二节相关内容。

（2）支出经济分类

支出经济分类，即建立政府支出经济分类体系，以能够全面、规范、明细地反映政府各项支出的经济性质和具体用途，是进行政府预算管理、部门财务管理以及政府统计分析的重要手段。按照简便、实用的原则，支出经济分类设类、款两级。

支出经济分类将政府支出分为工资福利支出、商品和服务支出、对个人和家庭的补助、对企事业单位的补贴、转移性支出、债务利息支出、基本建设支出、其他资本性支出、其他支出等类。为了体现部门预算编制和单位财务管理等方面的需要，类级科目再具体细化为款级科目，比如“工资福利支出”类下的“基本工资”、“津贴补贴”等。支出经济分类的具体内容参见第九章第二节和第十三章第二节。

五、预算外资金全面取消

我国的预算外资金由来已久，建国伊始就存在。预算外资金曾经作为中国政府的“第二财政”，在为各级政府提供必要财力支持的同时，也因其规模大、种类多、管理混乱、冲击正常的财政收支等缺陷而不断受到各方的指责。随着非税收入概念的提出和预算外资金纳入预算管理的不断深化，预算外资金逐渐淡出各方视野。

为了加强预算外资金管理，1986 年 4 月 13 日国务院颁布了《关于加强预算外资金管理的通知》（国发〔1986〕44 号），第一次提出预算外资金要实行“财政专户管理”。1996 年 7 月 6 日，国务院发布了《关于加强预算外资金管理的决定》（国发〔1996〕29 号），指出预算外资金是指国家机关、事业单位和社会团体为履行或代行政府职能，依据国家法律、法规和具有法律效力的规章而收取、提取和安排使用的未纳入国家预算管理的各种财政性资金。其范围主要包括：（1）法律、法规规定的行政事业性收费、基金和附加收入等；（2）国务院或省级人民政府及其财政、计划（物价）部门审批的行政事业性收费；（3）主管部门从所属单位集中的上缴资金；（4）用于乡镇政府开支的乡自筹和乡统筹资金；（5）其他未纳入预算管理的财政性资金。同时还指出，预算外资金是国家财政性资金，实行收支两条线管理。

1996 年以后，我国政府将预算外资金收入纳入预算管理的步伐显著加快，随着收支两条线管理改革的扩大和部门预算管理改革的不断深入，预算内外资金逐步统一纳入部门预算的编制范围。2001年12月20日国务院办公厅发布《国务院办公厅转发财政部〈关于深化收支两条线改革，进一步加强财政管理的意见〉的通知》（国办发〔2001〕93号），对预算外资金等非税收入的监管力度逐步加大，决定将非税收入纳入预算管理，直至全面取消预算外资金。2002年6月28日，财政部、人民银行联合发布《预算外资金收入收缴管理制度改革方案》（财库〔2002〕37号），规定取消主管部门和所属执收单位设立的收入过渡性账户，由各级财政部门分别在代理银行总行或分支机构设立预算外资金财政专户（简称财政专户），预算外资金收入实行直接缴库和集中汇缴的收缴方式，并将收入收缴改革后的票据定名为“非税收入一般缴款书”。随着收入收缴改革的开展，2004年7月23日财政部下发了《关于加强政府非税收入管理的通知》（财综〔2004〕53号），对我国政府非税收入的概念与内涵进行了界定。该《通知》规定，政府非税收入是指除税收以外，由各级政府、国家机关、事业单位、代行政府职能的社会团体及其他组织依法利用政府权力、政府信誉、国家资源、国有资产或提供特定公共服务、准公共服务取得并用于满足社会公共需要或准公共需要的财政资金，是政府财政收入的重要组成部分，是政府参与国民收入分配和再分配的一种形式。按照建立健全公共财政体制的要求，政府非税收入管理范围包括：行政事业性收费、政府性基金、国有资源有偿使用收入、国有资产有偿使用收入、国有资本经营收益、彩票公益金、罚没收入、以政府名义接受的捐赠收入、主管部门集中收入以及政府财政资金产生的利息收入等。社会保障基金、住房公积金不纳入政府非税收入管理范围。由此，财政管理中预算外资金的概念出现了逐渐淡化乃至消失的趋势，取而代之的是非税收入的概念，随后，在财政管理上开始用非税收入管理来取代预算外资金管理。实际上，政府非税收入与预算外资金是有区别的。政府非税收入是按照收入形式来对政府财政收入进行分类的结果，而预算外资金是按照资金管理方式对财政资金进行分类的结果，是尚未纳入国家预算管理的财政性资金。非税收入泛指除税收收入以外的其他收入形式，既包括预算外资金，又包括预算内资金，即预算外资金属于非税收入范畴。在预算外资金管理方面，政府的目标在于实现预算外资金全部纳入预算管理。2010年6月1日，财政部发布《关于将按预算外资金管理的收入纳入预算管理的通知》（财预〔2010〕88号），规定从2011年1月1日起，除教育收费（包括目前在财政专户管理的高中以上学费、住宿费，高校委托培养费，党校收费，教育考试考务费，函大、电大、夜大及短训班培训费等）和彩票发行机构与彩票销售机构的业务费①外，将预算外资金收入全部纳入预算管理。

六、财政预算管理制度对政府会计的影响

1.对财政总预算会计核算内容的影响

依据《财政总预算会计制度》，财政总预算会计核算的各种预算收入、支出和结转结余会计科目的设置主要受《预算法》及其实施条例对一般公共预算、政府性基金预算

① 从2015年开始，彩票发行机构和彩票销售机构的业务费纳入政府性基金预算管理。

和国有资本经营预算收支内容的规定，分税制及财政转移支付制度的影响，收入、支出、结转结余各总账科目的明细账设置主要受政府收支分类科目规定的影响。比如“一般公共预算结转结余”、“政府性基金预算结转结余”、“国有资本经营预算结转结余”科目的设置主要考虑与《预算法》有关规定保持一致；“一般公共预算本级支出”、“政府性基金预算本级支出”、“国有资本经营预算本级支出”等科目根据管理需要，既要按照支出功能分类也要按照支出经济分类进行明细核算。

财政总预算会计核算的与政府债务管理相关的债权和债务的资产总账科目以及明细科目的设置主要受《预算法》及其实施条例等有关中央政府举债、地方政府举债规定、政府收支分类科目等影响。具体参见本章第五节相关内容。

财政总预算会计中“财政专户管理资金收入”、“财政专户管理资金支出”和“财政专户管理资金结余”科目的设置受预算外资金全面取消的影响。其中，“财政专户管理资金结余”科目核算未纳入预算并实行财政专户管理的资金收支相抵形成的结余，包括教育收费等资金的结余；“财政专户管理资金收入”科目核算未纳入预算并实行财政专户管理的资金收入，包括教育收费等收入；“财政专户管理资金支出”科目核算用未纳入预算并实行财政专户管理的资金安排的支出。

2. 对行政单位会计核算内容的影响

依据《行政单位会计制度》，行政单位收入、支出和结转结余等科目主要与《预算法》对部门预算和单位预算内容的规定以及编制内容的规定保持一致，各自明细账的设置受政府收支分类科目的影响。

（1）“财政拨款收入”科目在基本支出和项目支出两个二级科目下，按政府收支分类科目中“支出功能分类科目”的项级科目设置明细账。

（2）“经费支出”科目在基本支出和项目支出两个二级科目下，按政府收支分类科目中“支出经济分类科目”的款级科目设置明细账。

3. 对事业单位会计核算内容的影响

依据《事业单位会计制度》，事业单位收入、支出和结转结余等科目主要与《预算法》对部门预算和单位预算内容的规定以及编制内容的规定保持一致，各自明细账的设置受政府收支分类科目的影响。

（1）“财政补助收入”科目在“基本支出”和“项目支出”两个二级科目下，按照政府收支分类科目中“支出功能分类科目”的项级科目设置明细账。

（2）“事业支出”科目在“基本支出”和“项目支出”两个二级科目下，按照政府收支分类科目中“支出经济分类科目”的款级科目设置明细账。

第二节 国库集中收付制度

国库集中收付制度是对财政资金实行集中收缴和支付的制度。该制度规范了政府预算收入的收缴方式和程序以及政府预算支出的支付方式和程序。国库集中收付制度对政府会计尤其是行政单位会计和事业单位会计核算产生重要影响。与国库集中收付制度相关的制度规范主要包括《预算法》及《预算法实施条例》《关于财政国库管理制度改革方案有关问题的通知》（国办函〔2001〕18号）、《财政国库管理制度改革试点方案》（财库〔2001〕24号）、《中央国库现金管理暂行办法》（财库〔2006〕37号）和《地方国库现金管理试点办法》（财库〔2014〕183号）、《财政专户管理办法》（财库〔2013〕46号）等。

一、政府预算收支的组织机构

各级政府预算经过各级人民代表大会及其常务委员会审批后由本级政府组织执行，具体工作由本级政府财政部门负责。各部门、各单位是本部门、本单位的预算执行主体，负责本部门、本单位的预算执行，并对执行结果负责。

在政府预算执行中，国家设立了专门机关负责政府预算收入的收缴和支出的拨付，其组织机构包括：

1. 预算收入的征收机构

征收机构是负责政府预算收入的征收管理的部门和单位，主要包括财政部门、税务部门和海关，以及国家规定具有征收执法权的行政事业单位。

（1）财政部门。财政部门主要负责征收的是国有资本经营预算收入、部分非税收入、债务收入等。部分地方的契税和耕地占用税也由财政部门征收。

（2）税务部门。税务部门主要负责征收的是各项工商税收、企业所得税和由税务部门征收的一些非税收入（如教育费附加等）。

（3）海关。海关主要负责征收的是关税、代征的进口货物增值税和消费税等。

按照《预算法》规定，预算收入征收部门和单位必须依照法律、行政法规的规定，及时、足额征收应征的预算收入。不得违反法律、行政法规规定，多征、提前征收或者减征、免征、缓征应征的预算收入；不得截留、占用或者挪用预算收入。

2. 预算收支的办理机构

预算收支的办理机构是国库。国库是国家金库的简称，是负责办理国家预算资金的收入和支出的专门机构，是财政总预算会计的出纳机关。按照《预算法》规定，政府的全部收入应当上缴国家金库，任何部门、单位和个人不得截留、占用、挪用或者拖欠；对于法律有明确规定或者经国务院批准的特定专用资金，可以依照国务院的规定设立财政专户。

按照《预算法》规定，县级以上各级预算必须设立国库；具备条件的乡、民族乡、镇也应当设立国库。国库由中国人民银行具体经理，分为总库（中央国库）、分库、中心支库和支库四级。中国人民银行总行经理总库；各省、自治区、直辖市分行经理分库；省辖市、自治州和成立一级财政的地区，由市、地（州）分、支行经理中心支库；县（市）支行（城市区办事处）经理支库。

国库的基本职责是：（1）按照财政部规定及时准确办理预算收入的收纳、划分、留解、退付、更正和预算支出的拨付；（2）按照财政部门指令及规定时间，办理国库单一账户与零余额账户资金清算业务；（3）按规定监督代理国库集中收付业务的银行业金融机构的资金清算业务；（4）对国库库款收支有关凭证要素的合规性进行审核；（5）按照财政部规定向财政部门编报预算收入入库、解库及库款拨付情况的日报、旬报、月报和年报及明细情况；（6）建立健全预算收入对账制度。

国库的主要权限是：（1）督促检查各经收处和收入机关所收之款是否按规定全部缴入国库，发现违法不缴的，应及时查究处理；（2）对擅自变更各级财政之间收入划分范围、分成留解比例，以及随意调整库款账户之间存款余额的，国库有权拒绝执行；（3）对不符合国家规定要求办理退库的，国库有权拒绝办理；（4）监督财政存款的开户和财政库款的支拨；（5）任何单位和个人强令国库办理违反国家规定的事项，国库有权拒绝执行，并要及时向上级报告；（6）对不符合规定的凭证，国库有权拒绝受理。

3.财政国库管理机构和支付执行机构

实行国库集中收支付制度，各级财政应设立财政国库管理机构和国库支付执行机构。

（1）财政国库管理机构

财政国库管理机构是具体组织预算的执行、财政资金调度和会计核算的机构。比如财政部的国库司，地方财政部门的国库处、国库科等。财政总预算会计设在各级国库管理机构。

按照规定，各级政府财政部门应履行下列国库管理职责：①组织拟定国库管理制度、国库集中收付制度，制定国库管理相关业务流程；②管理本级国库单一账户体系，组织实施国库集中收付业务；③通过政府采购选择国库集中收付代理银行，组织实施国库集中收付代理银行与中国人民银行资金清算，开展国库集中收付代理银行管理及职责履行考评工作；④管理国库库款和财政专户资金，建立健全国库现金管理制度，承担国库现金管理工作；⑤指导监督并定期检查中国人民银行经理国库业务、中国人民银行分支机构和有关银行业金融机构办理国库业务的职责履行情况；⑥审核预算单位资金使用计划和财政直接支付资金的申请，建立健全内部监督制约机制。

（2）财政国库支付执行机构

根据《财政国库管理制度改革试点方案》，建立财政国库支付执行机构是建立国库集中收付制度的一项必备的配套设施。

财政国库支付执行机构业务是财政部门审核、监督财政资金支付工作的延伸。各级政府财政部门应当设立专门的财政国库支付执行机构承担国库集中支付的有关具体工作。比如财政部国库支付中心、地方财政部门的国库支付中心等。

财政国库支付执行机构的主要职责是：配合国库司建立和完善国库单一账户体系，从事国库集中收付制度改革后财政资金的审核、支付和会计核算工作，监管非税收入收缴，承担财政支付机构和收付系统内部的监督检查、系统维护及国债发行与兑付的管理业务。例如，财政部国库支付中心业务由国库司负责指导，其职责如下：①预算指标及用款计划管理。②办理财政资金支付。③监管非税收入收缴。④登记总分类账及明细账。⑤管理各类账户。⑥国债发行和兑付管理。⑦建设并维护收付管理信息系统。⑧内部监督检查。⑨配合国库司推进财政国库管理制度改革。⑩办理部领导交办的其他工作。

二、国库集中收付制度改革

国库集中收付制度，也称国库单一账户制度，是对财政资金实行集中收缴和支付的制度，其核心是通过建立国库单一账户体系，将所有财政收入通过国库单一账户体系直接缴入国库或财政专户，将所有财政支出通过国库单一账户体系由国库支付给商品或劳务供应者或用款单位的财政资金管理制度。国库集中收付制度，包括国库集中支付制度和收入收缴管理制度。

在我国，传统的财政性资金收缴和拨付方式，是通过征收机关和预算单位设立多重账户分散进行的。这种收付制度导致财政资金账户多重和分散设置、财政资金活动透明度不高；财政资金入库时间延滞，大量资金经常滞留在预算单位，降低了使用效率；财政资金使用缺乏事前监督，截留、挤占、挪用等问题时有发生，甚至滋生腐败现象等诸多弊端。鉴于此，必须实行国库集中收付制度的改革。2001年3月15日，国务院办公厅印发《关于财政国库管理制度改革方案有关问题的通知》（国办函〔2001〕18号）。同年3月16日，财政部和中国人民银行印发《财政国库管理制度改革试点方案》（财库〔2001〕24号），确立了我国财政国库管理制度改革的必要性、指导思想和原则以及改革的内容、配套措施及实施步骤和时间，并明确提出要在“十五”期间全面推行以国库单一账户体系为基础、资金缴拨以国库集中收付为主要形式的财政国库管理制度。2014年10月28日，财政部发布《关于乡镇国库集中支付制度改革的指导意见》（财库〔2014〕177号），规定了乡镇国库集中支付制度改革的目标和任务，要求具备条件的乡镇在2015年底前实施国库集中支付制度改革，将所有财政资金纳入国库单一账户体系管理，规范财政资金支付行为，促进财政资金运行安全、高效、透明；暂不具备条件的乡镇要积极创造条件，尽快实施改革。

三、国库集中收付制度的主要内容

（一）建立国库单一账户体系

国库单一账户体系是一个统揽财政性资金的账户体系，即所有财政性资金收入和支出都纳入该账户体系，由国库实行集中收付，各征收机关和预算单位不再设立过渡性资金账户。国库单一账户体系包括四类账户：

1. 国库单一账户。指财政部门在国库业务经办机构开设的，用于记录、核算和反映预算收入和预算支出及预算法及其实施条例规定的其他预算资金活动，并用于与零余额账户进行清算的存款账户。

2. 零余额账户。指财政部门和各部门、各单位在代理国库集中支付业务的银行业金融机构开设的银行结算账户，用于办理预算资金支付业务并与国库单一账户清算，日终余额为零。零余额账户主要包括财政部门零余额账户、预算单位的零余额账户和财政汇缴零余额账户（也称财政汇缴专户）三类。财政部门零余额账户由财政部门按资金使用性质在商业银行开设，用于财政直接支付和国库单一账户支出清算；预算单位的零余额账户由财政部门在商业银行为预算单位开设，在支出管理中，用于财政授权支付和国库单一账户清算；财政汇缴零余额账户由财政部门在商业银行开设，用于非税收入收缴和资金清算。财政部门零余额账户和预算单位零余额账户的用款额度具有与人民币存款相同的支付结算功能。财政部门零余额账户可以办理转账等支付结算业务，但不得提取现金；预算单位的零余额账户可办理转账、汇兑、委托收款和提取现金等支付结算业务；财政汇缴零余额账户不得用于执收单位的支出。

3.财政专户。指财政部门为履行财政管理职能，按照规定的设立程序，在银行业金融机构开设用于管理核算特定专用资金的银行结算账户。特定专用资金包括社会保险基金、国际金融组织和外国政府贷款赠款、偿债准备金、待缴国库单一账户的非税收入、教育收费、代管预算单位资金等。银行业金融机构，是指在中华人民共和国境内依法设立的商业银行、城市信用合作社、农村信用合作社等吸收公众存款的金融机构以及政策性银行。

4.特设专户。是经国务院和省级人民政府批准或授权财政部门开设的特殊过渡性专户，用于记录、核算和反映预算单位的特殊专项支出，并与国库单一账户清算。

（二）规范政府预算收入收缴程序和方式

根据《预算法》，国家对政府全部收入实行国库集中收缴管理。国库集中收缴制度，是指预算收入按照规定的程序，通过国库单一账户体系缴入国库的办法。

政府预算收入的收缴方式实行直接缴库和集中汇缴两种方式：

1.直接缴库。是指由缴款单位或缴款人按法律法规规定，直接将应缴收入缴入国库单一账户或财政专户。实行这种入库方式的有税收收入、非税收入等。税收收入，由纳税人或税务代理人提出纳税申报，经征收机关审核无误后，由纳税人通过开户银行将税款缴入国库单一账户。非税收入，由执收单位开具非税收入一般缴款书，缴款人持非税收入一般缴款书在规定期限内将应缴款项直接缴入国库或财政专户。

2.集中汇缴。是指由征收机关和依法享有征收权限的单位按法律法规规定，将所收取的应缴收入汇总缴入国库单一账户或财政专户。实行这种入库方式的有小额零散税收和非税收入中的现金缴款。小额零散税收和法律另有规定的应缴收入，由征收机关收缴收入后在规定的期限内汇总缴入国库单一账户。非税收入中的现金缴款，由执收单位收取缴款人的应缴款项后，在规定的期限内将所收款项按收入项目汇总后出具非税收入一般缴款书，将应缴款项集中缴入国库或财政专户。

（三）规范政府预算支出拨付程序和方式

根据《预算法》，国家对政府的全部支出实行国库集中支付管理。国库集中支付制度，是指预算支出通过国库单一账户体系，采取财政直接支付或者财政授权支付方式，将资金支付给收款人的办法。

1.财政直接支付。财政直接支付是指由政府财政部门开具支付令，通过财政零余额账户支付给收款人，财政零余额账户再与国库进行资金清算的支付方式。实行财政直接支付方式的支出主要包括工资支出、工程采购支出、物品和服务采购支出、国有资本经营预算支出、转移支出等。在财政直接支付方式下，预算单位按批准的预算指标和用款计划向财政部门提出财政直接支付申请；财政部门在对预算单位提出的财政直接支付申请审核无误后，向代理银行签发财政直接支付指令，通过设在代理银行的财政部门零余额账户，将财政资金直接支付给最终收款人或用款单位；代理银行根据已办理支付的资金，在营业日终了前的规定时间内，向财政部门在人民银行的国库部门提出清算申请；人民银行国库部门审核无误后，将资金划往代理银行账户。

2. 财政授权支付。财政授权支付是指预算单位根据本级政府财政部门授权，自行开具支付令，通过预算单位零余额账户支付给收款人，预算单位零余额账户再与国库进行资金清算的支付方式。实行财政授权支付的支出主要是零星采购支出、特别紧急支出和经财政部门批准的其他支出。在财政授权支付方式下，预算单位先按批准的预算指标和用款计划，向财政部门申请财政授权支付用款额度；财政部门批准后，按月将财政授权支付额度下达给人民银行和代理银行；预算单位收到代理银行转来的“财政授权支付额度到账通知书”后，在财政授权支付额度内自行开具支付指令，通过设在代理银行的预算单位零余额账户，将财政资金支付给最终收款人或用款单位；代理银行根据已办理支付的资金，在营业日终了前的规定时间内，向财政部门在人民银行的国库部门提出清算申请；人民银行国库部门审核无误后，将资金划往代理银行账户。

（四）乡镇国库集中支付制度改革模式

依据《关于乡镇国库集中支付制度改革的指导意见》，乡镇国库集中支付制度改革应充分考虑乡级金库设置情况、乡镇财政管理体制、财政收支规模、实际管理需要等因素，主要按以下两类模式分类推进：

1. 乡镇视同县级预算单位实施改革

对于未设置乡级金库或已实施乡财县管的乡镇，可将乡镇视同县级预算单位实施国库集中支付制度改革。乡镇财政可设置的账户包括：

（1）乡镇零余额账户。由乡镇财政所（局、办）按照县级财政部门要求在代理银行开设，用于财政授权支付，并与县级国库单一账户清算，做到日终零余额管理。实行财政直接支付的乡镇财政资金，通过县级财政零余额账户办理。

（2）乡镇代管资金财政专户。由乡镇财政所（局、办）根据管理需要在银行业金融机构开设，用于管理核算由乡镇财政代管的预算单位资金、村级资金、保证金等。一个乡镇只能开设一个代管资金财政专户，对不同性质代管资金实行分账核算。

乡镇财政资金应直接支付到商品和服务供应者或补助对象，禁止违规将财政资金从乡镇零余额账户或县级财政零余额账户支付到乡镇实有资金账户。

2. 乡镇按一级财政实施改革

对于已设置独立金库或财政收支规模较大、具备国库集中支付管理条件的乡镇，可建立完整的乡镇国库单一账户体系，按一级财政实施国库集中支付制度改革。乡镇财政可设置的账户包括：

（1）乡镇国库单一账户或国库集中支付清算账户。用于记录、核算和反映按照现行财政管理体制，由乡级财政管理的各项财政收入和支出，并与乡镇财政部门或预算单位在代理银行开设的零余额账户进行清算。其中，乡镇国库单一账户是乡镇财政所（局、办）在人民银行开设的国库存款账户；乡镇国库集中支付清算账户是乡镇财政所（局、办）在具备清算条件的银行业金融机构开设的结算账户。乡镇财政所（局、办）可从现有乡镇财政专户中选择一个账户作为乡镇国库集中支付清算账户。

（2）乡镇财政零余额账户。由乡镇财政所（局、办）在代理银行开设，用于财政直接支付，并与乡镇国库单一账户或国库集中支付清算账户清算，做到日终零余额管理。

（3）乡镇预算单位零余额账户。由乡镇预算单位按照乡镇财政部门要求在代理银行开设，用于财政授权支付，并与乡镇国库单一账户或国库集中支付清算账户清算，做到日终零余额管理。

（4）乡镇代管资金财政专户。由乡镇财政所（局、办）根据管理需要在银行业金融机构开设，用于管理核算由乡镇财政代管的预算单位资金、村级资金、保证金等。一个乡镇只能开设一个代管资金财政专户，对不同性质代管资金实行分账核算。

乡镇财政资金应直接支付到商品和服务供应者或补助对象，禁止违规将财政资金从乡镇财政零余额账户或乡镇预算单位零余额账户支付到乡镇实有资金账户。

四、国库集中收付制度对政府会计的影响

（一）对财政总预算会计核算内容的影响

1.增设“财政零余额账户存款”、“已结报支出”和“应付国库集中支付结余”会计科目

“财政零余额账户存款”资产类科目，核算财政国库支付执行机构在代理银行办理财政直接支付的业务。财政国库支付执行机构未单设的地区不使用该科目。

“已结报支出”负债类科目，核算政府财政国库支付执行机构已清算的国库集中支付支出数额。财政国库支付执行机构未单设的地区，不使用该科目。

“应付国库集中支付结余”负债类科目，核算政府财政采用权责发生制列支，预算单位尚未使用的国库集中支付结余资金。应付国库集中支付结余是指国库集中支付中，按照财政部门批复的部门预算，当年未支而需结转下一年度支付的款项采用权责发生制列支后形成的债务。

2.年终国库集中结余资金采用权责发生制确认财政预算支出

根据《财政总预算会计制度》，年末可采用权责发生制将国库集中支付结余列支入账；地方各级财政部门除国库集中支付结余外，不得采用权责发生制列支。权责发生制列支只限于年末采用，平时不得采用。

（二）对行政单位会计核算内容的影响

1.增设“零余额账户用款额度”和“财政应返还额度”会计科目

“零余额账户用款额度”资产类科目，核算实行国库集中支付的行政单位根据财政部门批复的用款计划收到和支用的零余额账户用款额度。

“财政应返还额度”资产类科目，核算实行国库集中支付的行政单位应收财政返还的资金额度。

2.出现了无财政拨款流入和流出的财政拨款收入和经费支出的确认与核算业务

3.年终国库集中结余资金采用权责发生制确认财政拨款收入

（三）对事业单位会计核算内容的影响

国库集中支付制度对事业单位会计核算内容的影响与行政单位会计相同，只是涉及的会计科目名称不同，事业单位会计涉及的收入和支出科目为“财政补助收入”和“事业支出”。

五、国库现金管理制度及其对政府会计的影响

国库现金管理是现代财政国库管理的重要内容。财政国库现金是指财政部门尚未支付而暂时闲置在国库单一账户的财政资金。财政国库现金管理，简称国库现金管理，是指在确保国库现金支出需要的前提下，以实现国库闲置现金余额最小化而投资收益最大化为目标的一系列财政管理活动，是财政国库管理的重要组成部分。

按照《预算法实施条例》，国家建立以国库现金流量预测和库底目标余额管理为基础的国库现金管理制度。财政部负责中央国库现金管理，各省、自治区、直辖市政府财政部门负责组织开展本地区国库现金管理。国库现金管理遵循安全性、流动性和收益性相统一的原则。

财政部、中国人民银行分别于2006年5月26日和2014年12月10日印发《中央国库现金管理暂行办法》（财库〔2006〕37号，自2006年1月1日起施行）和《地方国库现金管理试点办法》（财库〔2014〕183号，自2014年12月10日施行）。对中央国库现金及管理和地方国库现金及管理做出了规范。

（一）中央国库现金管理

1.中央国库现金管理及其原则

中央国库现金，是指财政部在中央总金库的活期存款。中央国库现金管理，是指在确保中央财政国库支付需要前提下，以实现国库现金余额最小化和投资收益最大化为目标的一系列财政管理活动。中央国库现金管理由财政部会同中国人民银行共同开展。中央国库现金管理的原则是：安全性、流动性和收益性相统一，从易到难、稳妥有序地开展。

2.中央国库现金管理操作方式

中央国库现金管理的操作方式，包括商业银行定期存款、买回国债、国债回购和逆回购等。在国库现金管理初期，主要实施商业银行定期存款和买回国债两种操作方式。

（1）商业银行定期存款

商业银行定期存款，是指将国库现金存放在商业银行，商业银行以国债为质押获得存款并向财政部支付利息的交易行为。商业银行定期存款期限一般在1年（含1年）以内。

中央国库现金管理定期存款操作通过中国人民银行"中央国库现金管理商业银行定期存款业务系统"，面向国债承销团和公开市场业务一级交易商中的商业银行总行公开招标进行。财政部依据国库现金定期存款招标结果，向中国人民银行开具"中央预算拨款电汇凭证"，该凭证为划款指令。中国人民银行于招标次一工作日，在足额冻结存款银行用于质押的国债后，根据划款指令向存款银行划拨资金。中国人民银行向存款银行划拨资金后，负责向财政部提供存款证明，存款证明应当记录存款银行名称、存款金额、利率以及期限等要素。

为保证中央国库现金安全，国库现金管理存款银行在接受国库存款时，必须以可流通国债现券作为质押，质押国债的面值数额为存款金额的120%。财政部会同中国人民银行可根据债券市场的变化情况调整质押比例。

国库现金商业银行定期存款到期后，存款银行应按照约定将存款本息划入中央总金库，款项入库时，存款证明自动失效，同时，存款银行质押的国债相应解冻。存款银行未将到期定期存款本息足额划入中央总金库的，中国人民银行在催缴差额本息款项的同时，对存款银行收取罚息。

（2）买回国债

买回国债，是指财政部利用国库现金从国债市场买回未到期的可流通国债并予以注销或持有到期的交易行为。

买回国债操作由财政部通过公开招标的方式面向记账式国债承销团公开进行。中国人民银行观察员在招标现场观察。财政部依据买回国债招标结果，以及中央国债登记结算有限责任公司（以下简称中央国债公司）买回国债的冻结成功信息，向中国人民银行开具"中央预算拨款电汇凭证"，该凭证为划款指令。中国人民银行于招标次一工作日，根据划款指令向记账式国债承销团成员支付买回国债资金。

财政部在中央国债公司设立乙类债券账户，用于记录买回国债的债权。财政部交付买回国债资金后，即拥有买回国债的债权，并根据需要注销或继续持有买回国债。买回国债操作应按照品种结构合理、规模适当的原则进行，以有利于国债市场的稳定发展。

（二）地方国库现金管理

1.地方国库现金管理及原则

地方国库现金，是指地方政府存放在同级国库的财政资金。地方国库现金管理是指在确保国库现金安全和资金支付需要的前提下，为提高财政资金使用效益，运用金融工具有效运作库款的管理活动。地方国库现金管理由地方财政部门会同中国人民银行当地分支机构共同开展。地方国库现金管理遵循：安全性、流动性、收益性相统一原则；公开、公平、公正原则；协调性原则。

2.地方国库现金管理操作工具

地方国库现金管理操作工具为商业银行定期存款。

商业银行定期存款，是指将暂时闲置的国库现金按一定期限存放于商业银行，商业银行提供足额质押并向地方财政部门支付利息。其中，商业银行是指国有商业银行、股份制商业银行、城市商业银行、农村商业银行和邮政储蓄银行。定期存款期限在1年（含1年）以内。

地方国库现金管理商业银行定期存款（以下简称地方国库定期存款）利率按操作当日同期限金融机构人民币存款基准利率执行，由商业银行在中国人民银行规定的金融机构存款利率浮动区间内根据商业原则自主确定。地方国库现金管理应严格控制单一存款银行存款比例，防范资金风险。单期存款银行一般不得少于5家，单家存款银行当期存款金额不得超过当期存款总额的1/4。单一存款银行的地方国库定期存款余额一般不得超过该银行一般性存款余额的10%和地方财政国库定期存款余额的20%。

存款银行取得地方国库定期存款，应当以可流通国债为质押，质押的国债面值数额为存款金额的120%。地方财政部门确认存款银行足额质押后，通知人民银行分支机构办理资金划拨。存款银行收款后，应向地方财政部门开具存款单，载明存款银行名称、存款金额、利率以及期限等要素。

存款银行应于存款到期日足额汇划存款本息。本金和利息应分别汇划，不得并笔。本息款项入库后，存款银行质押品相应解除。地方国库定期存款利息收入纳入同级财政预算管理，缴入同级国库。地方国库定期存款属于地方政府财政库款。除法律另有规定外，任何单位不得扣划、冻结地方政府财政部门在存款银行的国库定期存款。

（三）国库现金管理对政府会计的影响

国库现金管理制度主要对财政总预算会计核算内容产生影响。财政总预算会计需增设“国库现金管理存款”科目，核算政府财政实行国库现金管理业务存放在商业银行的款项。

第三节 政府采购制度

政府采购是指各级国家机关、事业单位和团体组织，使用财政性资金采购的行为。政府采购资金的支付方式直接影响到财政总预算会计以及行政事业单位的核算内容。与政府采购相关的规范主要包括：《中华人民共和国政府采购法》（简称《政府采购法》）、《中华人民共和国政府采购法实施条例》（简称《政府采购法实施条例》）、《政府采购资金财政直接拨付管理暂行办法》（财库〔2001〕21号）等。

一、政府采购制度改革

政府采购，是指各级国家机关、事业单位和团体组织（以下简称“采购人”），使用财政性资金采购依法制定的集中采购目录以内的或者采购限额标准以上的货物、工程和服务的行为。采购是指以合同方式有偿取得货物、工程和服务的行为，包括购买、租赁、委托、雇用等。其中，货物是指各种形态和种类的物品，包括原材料、燃料、设备、产品等；工程是指建设工程，包括建筑物和构筑物的新建、改建、扩建、装修、拆除、修缮等；服务是指除货物和工程以外的其他政府采购对象。

政府采购制度改革是加强财政支出管理的一项重要内容。一方面，政府采购制度解决向谁采购才能提高资金使用效率的问题，成为节约财政资金最直接、最有效的一种符合国际惯例的财政制度；另一方面，政府采购制度要求采购资金由财政部门直接拨付给供货商，又成为国库集中支付制度的重要组成部分。

在我国，传统的政府采购制度始于20世纪50年代，是一种由各机关和事业单位分散采购的制度。为适应加入世贸组织（WTO前身）后面临签署《政府采购协议》压力的形势，从1996年开始，上海、河北、深圳等地开展了政府集中采购的改革试点工作，到1998年试点规模迅速扩大。为进一步规范政府采购行为，财政部于1999年4月27日发布了《政府采购管理暂行办法》。2001年2月28日，财政部、中国人民银行印发了《政府采购资金财政直接拨付管理暂行办法》（财库〔2001〕21号），对政府采购资金的概念及其拨付方式做出了规定。自2002年开始，中央部门的政府采购预算得以正式批复，从而进一步强化了政府采购的法律地位。2002年6月29日，我国《政府采购法》颁布，并自2003年1月1日开始实施，对政府采购方式和程序、政府采购合同等内容进行了规范，我国政府采购的基本制度框架由此形成。2015年1月30日，国务院公布《政府采购法实施条例》，并自2015年3月1日起施行，由此政府采购进一步规范化、法制化，并进一步促进构建规范透明、公平竞争、监督到位、严格问责的政府采购工作机制。根据财政部公布的数据显示，《政府采购法》颁布以来，我国政府采购规模逐年增加，到2013年已达16 381亿元。

二、政府采购模式

在我国，政府采购严格按照批准的预算执行。政府采购模式实行集中采购和分散采购相结合。

集中采购，是指采购人将列入集中采购目录的项目委托集中采购机构代理采购或者进行部门集中采购的行为。

分散采购，是指采购人将采购限额标准以上的未列入集中采购目录的项目自行采购或者委托采购代理机构代理采购的行为。

三、政府采购资金及其拨付方式

（一）政府采购资金的概念

政府采购资金是指采购机关获取货物、工程和服务时支付的资金，包括财政性资金和与财政性资金相配套的单位自筹资金。其中，财政性资金是指纳入预算管理的资金，以财政性资金作为还款来源的借贷资金，视同财政性资金。采购人的采购项目既使用财政性资金又使用非财政性资金的，使用财政性资金采购的部分，适用政府采购法及实施条例；财政性资金与非财政性资金无法分割采购的，统一适用政府采购法及实施条例。单位自筹资金是指采购人按照政府采购拼盘项目要求，按规定用单位自有资金安排的资金。

（二）政府采购资金的拨付方式

政府采购资金实行财政直接拨付和单位支付相结合，通过设置“政府采购资金专户”实行统一管理、统一核算、专款专用。政府采购资金专户是财政国库管理机构按规定在代理银行（国有商业银行或股份制商业银行）开设用于支付政府采购资金的专户。中国人民银行国库部门负责对商业银行办理政府采购资金划拨业务的资格进行认证，财政部门根据采购资金实际支付情况，对认证合格的商业银行通过招标形式确定政府采购资金划拨业务的代理银行。

政府采购资金财政直接拨付是指财政部门按照政府采购合同约定，将政府采购资金通过代理银行直接支付给中标供应商的拨款方式。政府采购资金财政直接拨付分为以下三种方式：

1.财政全额直接拨付方式，是指财政部门和采购机关按照先集中后支付的原则，在采购活动开始前，将单位自筹资金汇集到政府采购资金专户；需要支付资金时，财政部门根据合同履行情况，将预算资金和已经汇集的单位自筹资金，通过政府采购资金专户一并拨付给中标供应商。这种支付方式的特点是先由政府采购资金专户集中后支付。

2.财政差额直接拨付方式，是指财政部门和采购机关依照政府采购拼盘项目合同中约定的各方负担的资金比例，分别将预算资金和单位自筹资金支付给中标供应商。这种支付方式的特点是政府采购资金专户和采购机关按比例支付，一般是采购机关先支付后政府采购资金专户再支付。

3.采购卡支付方式，是指采购机关使用选定的某家商业银行单位借记卡支付采购资金的行为。采购卡支付方式适用于采购机关经常性零星采购项目。这种支付方式的特点是使用商业银行借记卡采购。

四、财政直接拨付方式的具体管理程序

财政直接拨付方式的具体管理应遵循以下程序：

（一）资金汇集

实行全额支付方式的采购项目，采购机关应当在政府采购活动开始前三个工作日内，依据政府采购计划将应分担的单位自筹资金足额划入政府采购资金专户。实行差额支付方式的采购项目，采购机关应当在确保具备支付应分担资金能力的前提下开展采购活动。

（二）支付申请

采购机关根据合同约定需要付款时，应当向同级财政部门政府采购主管机构提交预算拨款申请书和有关采购文件。其中，实行差额支付方式的，必须经财政部门政府采购主管机构确认已先支付单位自筹资金后，方可提出支付预算资金申请。采购文件主要包括：财政部门批复的采购预算、采购合同副本、验收结算书或质量验收报告、接受履行报告，采购机关已支付应分担资金的付款凭证、采购的发货票、供应商银行账户及财政部门要求的其他资料。

（三）支付

财政部门的国库管理机构审核采购机关填报的政府采购资金拨款申请书或预算资金拨款申请书无误后，按实际发生数并通过政府采购资金专户支付给供应商。差额支付方式应当按先支付预算单位的自筹资金、后支付预算资金的顺序执行。因采购机关未能履行付款义务而引起的法律责任，全部由采购机关承担。人民银行国库应当依据财政部门开具的支付指令拨付预算资金。

五、政府采购制度对政府会计的影响

依据现行的政府会计制度，政府采购制度对政府会计制度的影响主要是财政部门建立政府采购资金专户以及政府采购资金实行财政直接支付。

（一）对财政总预算会计核算内容的影响

财政总预算会计有关政府采购业务的核算内容包括：（1）将预算资金划入政府采购资金专户的核算；（2）采购机关将单位自筹资金划入政府采购资金专户的核算；（3）根据采购合同和认为应当提交的有关文件和资料将全部采购资金划入供应商账户的核算；（4）支付政府采购资金后将财政安排的预算资金列报支出的核算；（5）将政府采购节约的资金划回采购机关的核算；（6）收到政府采购资金专户发生的利息收入和将利息收入全额作收入缴入同级国库的核算。

上述政府采购业务的核算，财政总预算会计主要通过“其他应收款”和“其他应付款”、“国库存款”和“其他财政存款”科目进行。

（二）对行政单位会计核算内容的影响

行政单位会计有关政府采购业务的核算内容包括：（1）将单位自筹资金划入政府采购资金专户的核算；（2）取得政府采购货物、服务等的核算，即在财政总预算会计支付政府采购资金后根据财政部门开具的拨款通知书等相关票据确认收支的核算，由此出现了无财政拨款流入的财政拨款收入确认和无财政拨款流出的经费支出确认的行政单位收支的核算；（3）收到政府采购节约资金的核算。

上述政府采购业务的核算，行政单位会计主要通过“预付账款”、“财政拨款收入”、“经费支出”等科目进行。

（三）对事业单位会计核算内容的影响

事业单位会计有关政府采购业务的核算内容与行政单位会计相同，只是涉及的会计科目有所区别而已。事业单位政府采购业务的核算主要通过“预付账款”、“财政补助收入”、“事业支出”等科目进行。

第四节 财政拨款结转结余资金管理制度

财政拨款结转结余资金简而言之就是接受财政拨款的行政事业单位预算年度内尚未用完的财政预算资金，直接影响到各政府会计主体结转结余的核算。与财政拨款结转结余资金相关的制度包括《预算法》及《预算法实施条例》、《中央部门财政拨款结转和结余资金管理办法》（财预〔2010〕7号）、《关于加强地方财政结余结转资金管理的通知》（财预〔2010〕11号）等。

一、财政拨款结转结余资金管理改革

随着部门预算改革的不断深入，国库集中支付和政府采购范围的不断扩大，财政拨款结转和结余资金规模较大的问题逐渐显现出来，大量的预算资金当年未形成实际支出，有些则是长期沉淀，直接影响了财政资金的使用效率。为了从制度上规范财政拨款结转和结余资金的管理，减少财政拨款结转和结余资金的沉淀，优化财政资源配置，提高财政资金的使用效率，2005年财政部制定了《中央部门财政拨款结余资金管理暂行规定》（财预〔2005〕46号），而根据实际工作中财政拨款结余资金管理中存在的问题，经过修订，2006年又颁布了《中央部门财政拨款结余资金管理办法》（财预〔2006〕489号），从制度层面对财政拨款结余资金的概念，各部门结余资金的报送、确认、安排使用等内容做出了明确规定。针对财政拨款结转和结余资金管理中出现的新问题、新情况，为了进一步加强中央部门财政拨款结转和结余资金的管理，优化财政资源配置，提高财政资金使用效益，财政部于2010年1月18日颁布了《中央部门财政拨款结转和结余资金管理办法》（财预〔2010〕7号），要求在财政拨款结转和结余资金管理中，根据不同类型的财政拨款结转和结余资金，按照不同的管理要求，采取不同的管理方式。同年6月25日，财政部又印发了《关于加强地方财政结余结转资金管理的通知》（财预〔2010〕11号），要求省级财政部门组织本级各部门、督促和指导省以下各级财政部门，对结转结余资金进行一次全面清理，在摸清底数的基础上，区分不同情况予以处理，切实压缩结转结余资金规模；同时要求地方各级财政部门建立和完善结转结余资金管理制度，高度重视结转结余资金管理工作。2015年1月1日开始执行的新《预算法》也对政府预算结转结余资金的管理做出规范。

二、财政拨款结转结余资金的含义

财政拨款结转和结余资金是指与财政有缴拨款关系的行政、事业单位，社会团体及企业在预算年度内，按照财政部批复的本部门预算，当年未列支出的财政拨款资金。它是财政资源的重要组成部分。加强和规范财政拨款结转和结余资金对于深化部门预算改革、提高财政资金使用效益、规范部门财务管理等具有重要意义。

依据《预算法》，各级政府上一年预算的结转资金，应当在下一年用于结转项目的支出；连续两年未用完的结转资金，应当作为结余资金管理。各部门、各单位上一年预算的结转和结余资金按照国务院财政部门的规定办理。结转资金，是指预算安排项目的支出年终尚未执行完毕或者因故未执行，且下年需要按原用途继续使用的资金。结余资金，是指年度预算执行终了，预算收入实际完成数扣除预算支出和结转资金后剩余的资金。连续两年未用完的结转资金，是指预算安排的项目支出在下一年度终了时仍未用完的资金。其中：一般公共预算连续两年未用完的结转资金，应当作为结余资金补充预算稳定调节基金。政府性基金预算、国有资本经营预算连续两年未用完的结转资金，应当作为结余资金，可以调入一般公共预算。各部门、各单位基本支出的结余资金，应当在编制下一年度部门预算时统筹安排；项目支出的结余资金以及连续两年未用完的结转资金（含专项转移支付结转资金）应当由本级政府财政部门收回统筹安排使用。

三、财政拨款结转结余资金管理制度对政府会计的影响

（一）对财政总预算会计核算内容的影响

财政总预算会计设置“一般公共预算结转结余”、“政府性预算结转结余”和“国有资本经营预算结转结余”科目。其中，“一般公共预算结转结余”科目核算政府财政纳入一般公共预算管理的收支相抵形成的结转结余；“政府性预算结转结余”科目核算政府财政纳入政府性基金预算管理的收支相抵形成的结转结余；“国有资本经营预算结转结余”科目核算政府财政纳入国有资本经营预算管理的收支相抵形成的结转结余。

（二）对行政单位会计核算内容的影响

1.增设“财政拨款结转”和“财政拨款结余”科目。“财政拨款结转”科目核算行政单位滚存的财政拨款结转资金，该科目下设置“基本支出结转”、“项目支出结转”两个明细科目；“基本支出结转”明细科目下再按照“人员经费”和“日常公用经费”进行明细核算，“项目支出结转”明细科目下再按照具体项目进行明细核算；该科目还应当按照政府收支分类科目中“支出功能分类科目”的项级科目进行明细核算。“财政拨款结余”科目核算行政单位滚存的财政拨款项目支出结余资金，该科目按照具体项目、政府收支分类科目中“支出功能分类科目”的项级科目等进行明细核算。

2.调整“经费支出”科目相关明细科目。在“经费支出”科目下设置“财政拨款支出”和“其他资金支出”、“基本支出”和“项目支出”等明细科目，并按照政府收支分类科目中“支出功能分类科目”的项级科目进行明细核算。“基本支出”和“项目支出”明细科目下再按照政府收支分类科目中“支出经济分类科目”的款级科目进行明细核算。同时，在“项目支出”明细科目下按照具体项目进行明细核算。

3.调整“拨出经费”科目的核算内容和明细科目。“拨出经费”科目核算行政单位纳入单位预算管理、拨付给所属单位的非同级财政拨款资金，下设“基本支出”和“项目支出”两个明细科目；还应当按照接受拨出经费的具体单位和款项类别等分别进行明细核算。

（三）对事业单位会计核算内容的影响

1.增设“财政补助结转”、“财政补助结余”、“非财政补助结转”和“非财政补助结余分配”科目。“财政补助结转”科目核算滚存的财政补助结转资金，该科目下设置“基本支出结转”、“项目支出结转”两个明细科目，并在“基本支出结转”明细科目下按照“人员经费”、“日常公用经费”进行明细核算，在“项目支出结转”明细科目下按照具体项目进行明细核算；该科目还应按照政府收支分类科目中“支出功能分类科目”的相关科目进行明细核算。“财政补助结余”科目核算滚存的财政补助项目支出结余资金，该科目应当按照政府收支分类科目中“支出功能分类科目”的相关科目进行明细核算。“非财政补助结转”科目核算除财政补助收支以外的各专项资金收入与其相关支出相抵后剩余滚存的、须按规定用途使用的结转资金，本科目应当按照非财政专项资金的

具体项目进行明细核算。"非财政补助结余分配"科目核算本年度非财政补助结余分配的情况和结果。

2. 调整"事业结余"科目核算的内容。"事业结余"科目核算事业单位一定期间除财政补助收支、非财政专项资金收支和经营收支以外各项收支相抵后的余额。

3. 调整"财政补助收入"科目相关明细科目。"财政补助收入"科目下设置"基本支出"和"项目支出"两个明细科目；两个明细科目下按照政府收支分类科目中"支出功能分类"的相关科目进行明细核算；同时在"基本支出"明细科目下按照"人员经费"和"日常公用经费"进行明细核算，在"项目支出"明细科目下按照具体项目进行明细核算。

4. 调整"事业支出"科目相关明细科目。在"事业支出"科目下按照"基本支出"和"项目支出"，"财政补助支出"、"非财政专项资金支出"和"其他资金支出"等层级设置明细科目，并按照政府收支分类科目中"支出功能分类"相关科目进行明细核算；"基本支出"和"项目支出"明细科目下应当按照政府收支分类科目中"支出经济分类"的款级科目进行明细核算；同时在"项目支出"明细科目下按照具体项目进行明细核算。

第五节　政府债务管理制度

政府债务收支是政府财政预算收支的重要构成部分，其增减变动直接影响到政府财政资产、负债和净资产的变动。随着政府债务纳入预算管理和政府债务报告以及公开制度的完善，财政预算会计核算内容也发生了重大变化。有关政府债务管理的制度规范主要包括《预算法》及其实施条例、《外债管理暂行办法》（财政部令第28号）、《国际金融组织和外国政府贷款赠款管理办法》（2006，财政部令第38号）、《地方政府外债风险管理暂行办法》（财金〔2008〕20号）、《外国政府贷款管理规定》（财金〔2008〕176号）、《外国政府贷款转贷管理办法》（财金〔2009〕114号）、《国务院关于加强地方政府性债务管理的意见》（国发〔2014〕43号）、《地方政府一般债券发行管理暂行办法》（财库〔2015〕64号）、《地方政府专项债券发行管理暂行办法》（财库〔2015〕83号）、《2015年地方政府一般债券预算管理办法》（财预〔2015〕32号）和《2015年地方政府一般债券预算管理办法》（财预〔2015〕47号）等。

一、政府债务的含义和分类

政府债务是指政府为筹集财政资金而按照批准的预算举借的债务。它是弥补财政赤字，并借以调控经济运行的一种方式。

政府债务按照不同标准，可以分为不同类型。

（一）按照举借区域，政府债务分为内债和外债

1. 政府内债

政府内债是指政府在国内举借的债务，主要是以发行政府债券等形式举借的债务。

比如财政部发行的国债和省级财政部门发行的地方政府债券等。政府国内债务的主要目的是弥补财政赤字。政府内债的债权人主要包括国内的企业、事业单位、金融机构和居民个人。

2. 政府外债

政府外债，是政府在国外举借的债务，包括主权债券和主权外债。主权债券是指经国务院审批，财政部代表国家在境外发行的债券；主权外债是指由国务院授权机构代表国家举借的、以国家信用保证对外偿还的外债，包括外国政府贷款、国际金融组织贷款。政府外债的债权人主要包括国际组织，外国的政府、企业、金融机构和居民个人。

政府外债（包括国际金融组织贷款和外国政府贷款）由国家统一对外举借、由国家统一对外偿还。政府外债资金由财政部直接或通过金融机构转贷给国内债务人的，国内债务人应当对财政部或转贷金融机构承担偿还责任。

国家发展和改革委员会、财政部和国家外汇管理局是我国的外债管理部门。

政府外债按照偿还方式，可分为统借统还和统借自还两类。统借统还是指财政部代表国家统一借入并安排中央财政预算资金对外偿还；统借自还是指由财政部代表国家统一借入，由地方财政部门、中央或地方项目单位负责偿还的外国政府贷款和国际金融组织贷款。

（二）按照举借主体，政府债务分为中央政府债务和地方政府债务

1. 中央政府债务

中央政府债务是中央政府举借并负责偿还的债务。依据《预算法》，中央一般公共预算中必需的部分资金，可以通过举借国内和国外债务等方式筹措，举借债务应当控制适当的规模，保持合理的结构。中央政府债务按照举借区域分为内债和外债。

（1）中央政府内债

中央政府内债是中央政府在国内举借的债务，包括国内发行的国债、特别国债等。国债是指中央政府财政部门（财政部）发行的债券。我国自1981年起恢复国债发行，主要目的是未来弥补中央财政赤字。国债一般采用固定利率，期限为1年、3年、5年、7年、10年、20年等。特别国债是中央政府财政部门发行的有特定用途的一种国债，我国的特别国债只发行过两次，分别在1998年和2007年。

（2）中央政府外债

中央政府外债是中央政府在国外举借的债务，包括国外发行的主权债券和境外借款。境外发行的主权债券是中央政府在境外发行的本外币主权债券。境外借项，即主权外债，包括外国政府借款和国际金融组织借款。

国际金融组织贷款，是指财政部经国务院批准代表国家向世界银行、亚洲开发银行、国际农业发展基金、欧洲投资银行等国际金融组织统一筹借并形成政府外债的贷款，以及与上述贷款搭配使用的联合融资。贷款的筹措程序一般为：①拟利用国际金融组织贷款的地方应当由省级财政部门代表本级政府向财政部提交贷款申请书；拟利用国际金融组织贷款的国务院有关部门和其他机构应当向财政部提交贷款申请书。凡债务由地方承担的，还应当附送省级财政部门出具的还款承诺函。②财政部应当对贷款申请书进行审查，并根据规定以及贷款方的要求等决定是否将贷款申请列入国际金融组织贷款规划。③省级财政部门对已列入国际金融组织贷款规划的有关项目应当组织评审，并向财政部提交评审意见书。财政部根据评审意见书决定是否安排对外磋商谈判。④财政部负责就符合条件的贷款项目与国际金融组织或者外国政府等进行贷款磋商谈判、组织签署贷款法律文件并办理生效事宜。

外国政府贷款，是指财政部经国务院批准代表国家向外国政府、北欧投资银行等统一筹借并形成政府外债的贷款，国务院批准的参照外国政府贷款管理的其他国外贷款，以及与上述贷款搭配使用的联合融资。按照不同的还款责任，外国政府贷款项目实行分类管理。其中：一类项目由省级财政部门或者国务院有关部门作为债务人并承担还款责任，此类项目应属于公共财政领域、社会效益显著的项目，建设资金主要来源于政府投入。二类项目由项目单位作为债务人并承担还款责任，省级财政部门或者国务院有关部门提供还款保证，此类项目应属于公共财政领域、经济效益较好、具备贷款偿还能力的项目。三类项目由项目单位作为债务人并承担还款责任，省级财政部门或者国务院有关部门不提供还款保证。此类项目原则上不限于公共财政领域，但应有利于促进当地经济社会发展，体现制度或技术创新，且具备充分的贷款偿还能力。省级财政部门作为一类项目债务人签署转贷协议[①]，并履行协议规定的义务；作为二类项目的担保人，履行还款保证书规定的担保义务；对一、二类项目，财政部将根据转贷银行的申请采取财政扣款等方式，回补转贷银行[②]对外垫付的资金。外国政府贷款的筹措程序为：①省级财政部门对拟利用外国政府贷款的项目应当组织评审，并就评审后符合要求的拟利用外国政府贷款的项目向财政部提出申请；②财政部负责根据外国政府贷款项目类型委托或者通知转贷银行及时办理评估等相关转贷手续；③外国政府贷款的转贷银行应当按有关规定与国外金融机构签订贷款法律文件、与债务人签署转贷协议，确保对外还本付息和资金垫付。

2.地方政府债务

地方政府债务是地方政府举借并负责偿还的债务。

按照债务资金是否具有限定性，地方政府债务分为一般债务和专项债务。地方政府一般债务是指为无收益的公益性事业的发展举借的债务，主要包括地方政府发行的一般债券、地方政府向国际组织和外国政府的借款等。地方政府专项债务是指为有收益的公益性事业的发展举借的债务，通过发行地方政府专项债券举借。地方政府应当将一般债务收支纳入一般公共预算管理，将专项债务收支纳入政府性基金预算管理。

按照举借区域，地方政府债务分为内债和外债。省级政府内债是指省级财政部门发

---

① 转贷协议，是指转贷银行根据政府协议和贷款协议与债务人签署的贷款转贷有关协议。政府协议，是指经财政部授权与贷款国政府或者机构签署的有关协定、协议、议定书、备忘录或其他法律文件。贷款协议，是指转贷银行受财政部委托，根据政府协议对外签署的有关协议或其他法律文件。

② 转贷银行是指受财政部委托，根据政府协议，按照有关规定开展转贷业务的政策性银行、国有商业银行及股份制商业银行。

行的地方政府债券。省级政府外债是指省级财政部门负责管理的通过财政部和银行转贷借入本地区的全部国际金融组织贷款和外国政府贷款（含一、二、三类项目贷款）。省级以下政府财政部门债务主要包括地方政府债券转贷款和主权外债转贷款。地方财政部门是本级政府贷款的债权、债务代表和贷款归口管理机构，统一负责本地区外债的全过程管理。

（1）地方政府债券

地方政府债券是省、自治区、直辖市政府发行的债券，包括地方政府一般债券和地方政府专项债券。依据《预算法》，经国务院批准的省、自治区、直辖市的预算中必需的建设投资的部分资金，可以在国务院确定的限额内，通过发行地方政府债券举借债务的方式筹措。

地方政府一般债券，是指省、自治区、直辖市政府（含经省级政府批准自办债券发行的计划单列市政府，以下简称“省级政府”）为没有收益的公益性项目发行的、约定一定期限内主要以一般公共预算收入还本付息的政府债券。省级政府依照国务院下达的限额举借的债务，列入本级预算调整方案，报本级人民代表大会常务委员会批准。一般债券资金收支列入一般公共预算管理。地方政府一般债券采用记账式固定利率附息形式，期限为1年、3年、5年、7年和10年。

地方政府专项债券，是指省级政府为有一定收益的公益性项目发行的、约定一定期限内以公益性项目对应的政府性基金或专项收入还本付息的政府债券。省级政府发行的专项债券不得超过国务院确定的本地区专项债券规模。专项债券资金收支列入政府性基金预算管理。单只专项债券应当以单项政府性基金或专项收入为偿债来源。单只专项债券可以对应单一项目发行，也可以对应多个项目集合发行。地方政府专项债券采用记账式固定利率附息形式，期限为1年、2年、3年、5年、7年和10年。

采用定向承销方式发行地方债，是指省级政府面向地方政府存量债务中特定债权人，采取簿记建档方式发行地方债，用以置换本地区地方政府相应的存量债务。依照《国务院关于加强地方政府性债务管理的意见》（国发〔2014〕43号）规定，纳入预算管理的地方政府存量债务可以发行一定规模的地方政府债券置换。依照财政部发布的《地方政府存量债务纳入预算管理清理甄别办法》（财预〔2014〕351号），纳入预算管理的地方政府存量债务是指截至2014年12月31日尚未清偿完毕的债务。定向承销方式发行的地方债券分为一般债券和专项债券，一般债券期限为1年、3年、5年、7年和10年，专项债券期限为1年、2年、3年、5年、7年和10年。定向承销方式和公开发行方式发行的地方债规模之和不得超过财政部下达的年度本地区地方债限额。比如，2015年，经国务院批准，财政部向地方下达置换债券额度3.2万亿元，主要用于偿还当年到期的地方政府债务本金。截至2015年12月11日，各地发行置换债券3.18万亿元，完成了下达额度的99%。①

① 楼继伟.国务院关于规范地方政府债务管理工作情况的报告[EB/OL].（2015-12-23）.http://www.mof.gov.cn/zhengwuxinxi/caizhengxinwen/201512/t20151223_1626635.html.

（2）转贷款

转贷款是指地方政府财政向上级政府财政借入转贷资金而形成的债务，包括地方政府债券转贷款和主权外债转贷款等。

地方政府债券转贷款是指省级以下（不含省级）政府财政向省级政府财政借入地方政府债券转贷资金而形成的转贷款。

主权外债转贷款是指地方政府财政向上级政府财政借入主权转贷款资金而形成的转贷款。其中，转贷是指财政部将其代表我国政府借入的贷款委托国内银行再贷给国内债务人，并由受托银行负责贷款资金的提取和支付、本息和费用回收以及对外偿付等的活动。依据《预算法实施条例》，中央政府可以将举借的外国政府和国际经济组织贷款转贷给省级政府。中央政府向省级政府转贷的外国政府和国际金融组织贷款，省级政府负有直接偿还责任的，应当纳入本级预算管理；省级政府负有担保责任的，应当向财政部提供担保。省级政府未能按时履行还款义务或者承担担保责任的，中央政府可以相应抵扣对该地区的税收返还等。省级政府可以将中央政府转贷的外国政府和国际经济组织贷款转贷给下级政府。接受转贷的政府负有直接偿还责任的，应当纳入本级预算管理；负有担保责任的，应当依照规定提供担保。各级政府财政部门在公开本级政府债务情况时应当公开外国政府和国际经济组织贷款举借、转贷、使用、偿还等情况。省级政府可以将举借的债务转贷给下级政府。接受转贷并向下级政府转贷的政府应当将转贷债务纳入本级预算管理。使用转贷款的政府应当将转贷债务列入本级预算调整方案，报本级人民代表大会常务委员会批准，并应当有偿还计划和稳定的偿还资金来源。

（三）按照偿还期限，政府债务分为短期政府债务和长期政府债务

短期政府债务是政府举借的期限不超过1年（含1年）的债务，主要是政府财政部门以政府名义发行的期限不超过1年（含1年）的国债和地方政府债券。长期政府债务是政府举借的期限超过1年的债务，主要包括政府财政部门以政府名义发行的期限不超过1年（含1年）的国债和地方政府债券、向外国政府和国际金融组织借入的款项等。

（四）按照政府对债务的偿还责任和法律责任不同，政府性债务划分为政府负有偿还责任的债务、政府负有担保责任的债务和政府可能承担一定救助责任的债务

政府负有偿还责任的债务，是指需由财政资金偿还的债务，政府及其组成部门是法律意义上的负债主体，属于“政府债务”。

政府负有担保责任的债务，是指由政府提供担保，当某个被担保人无力偿还时，政府需承担连带责任的债务。

政府可能承担一定救助责任的债务，是指债务人为公益性项目举借，由非财政资金偿还，政府不负有法律偿还责任，但当债务人出现偿债困难时，政府可能需给予一定救助的债务。

政府负有担保责任的债务和政府可能承担一定救助责任的债务均由债务人以自身收入偿还，正常情况下无须政府承担偿债责任，属“政府或有债务”。由于或有债务属于潜在的义务，是否需要承担具有不确定性，因此，在企业资产负债表中，或有负债也不计入负债总额，仅在报表附注中予以披露。

在我国，按照现行有关政府债务管理制度，中央政府债务的取得形式主要包括发行国债、向国际组织和外国政府借入借款；省级政府债务的取得形式主要包括发行地方政府债券、通过财政部直接转贷或委托银行转贷取得国际金融组织贷款和外国政府贷款；省级以下（包括市、县和乡镇）地方政府债务的取得形式主要包括从省级政府财政部门取得地方政府债券转贷款和主权外债转贷款等。此外，按照2015年3月18日和4月2日财政部分别印发的《2015年地方政府一般债券预算管理办法》（财预〔2015〕47号）和《2015年地方政府专项债券预算管理办法》（财预〔2015〕32号）规定，市县级政府确需发行一般债券和专项债券的，应纳入本省、自治区、直辖市一般债券和专项债券规模内管理，由省级财政部门代办发行，并统一办理还本付息。经省级政府批准，计划单列市政府可以自办发行一般债券和专项债券。

二、政府债务规模确定和管理

（一）中央债务规模确定和管理

依据《预算法》，对中央一般公共预算中举借的债务实行余额管理，余额（即中央一般公共预算中举借债务未偿还的本金）的规模不得超过全国人民代表大会批准的限额。所谓“余额管理”，是指中央政府在全国人民代表大会批准的中央一般公共预算债务余额的限额内，决定发债规模、品种结构、期限结构和发债时点的管理方式。

自1981年恢复发行国债以来，我国一直采取逐年审批年度发行额的方式管理国债。2006年起，我国参照国际通行做法，采取国债余额管理方式管理国债发行活动，以科学地管理国债规模，有效防范财政风险。

所谓国债余额是中央政府历年的预算差额，即预算赤字和预算盈余相互冲抵后的累计赤字额、经全国人民代表大会常务委员会批准发行的特别国债累计额、向国际金融组织和外国政府借款统借统还部分等。它是中央政府以后年度必须偿还的国债价值总额，反映中央政府债务负担情况。

财政部具体负责对中央政府债务的统一管理。

（二）地方债务规模确定

依据《预算法》，地方政府举借债务的规模，由国务院报全国人民代表大会或者全国人民代表大会常务委员会批准。省、自治区、直辖市依照国务院下达的限额举借的债务，列入本级预算调整方案，报本级人民代表大会常务委员会批准。举借的债务应当有偿还计划和稳定的偿还资金来源，只能用于公益性资本支出，不得用于经常性支出。除此之外，地方政府及其所属部门不得以任何方式举借债务。除法律另有规定外，地方政府及其所属部门不得为任何单位和个人的债务以任何方式提供担保。所谓“举借债务的规模”，是指各省、自治区、直辖市政府举借债务的总限额。该限额由财政部在各省、自治区、直辖市政府举借债务的总限额内根据各地区债务风险、财力状况等因素测算并报国务院批准。

省、自治区、直辖市政府举借的债务由本级政府财政部门统一管理，不得突破国务院下达的政府债务限额。国务院建立地方政府债务风险评估和预警机制、应急处置机制以及责任追究制度。国务院财政部门对地方政府债务实施监督。

三、政府债务管理制度对政府会计的影响

政府债务管理制度主要对财政总预算会计核算产生影响。受政府债务管理制度的影响，财政总预算会计需要设置相关的资产类、负债类、收入类和支出类科目核算政府债务收支。

1.资产类科目

“应收地方政府债券转贷款”科目，核算省级以下（含省级）财政总预算会计核算本级政府财政转贷给下级政府财政的地方政府债券资金的本金及利息设置的科目。本科目下应当设置“应收地方政府一般债券转贷款”和“应收地方政府专项债券转贷款”明细科目。

“应收主权外债转贷款”科目，核算本级政府财政转贷给下级政府财政的外国政府和国际金融组织贷款等主权外债资金的本金及利息。

2.负债类科目

“应付短期政府债券”科目，核算政府财政部门以政府名义发行的期限不超过1年（含1年）的国债和地方政府债券的应付本金和利息，并应当设置“应付国债”、“应付地方政府一般债券”、“应付地方政府专项债券”等一级明细科目。

“应付长期政府债券”科目，核算政府财政部门以政府名义发行的期限超过1年的国债和地方政府债券的应付本金和利息，并应当设置“应付国债”、“应付地方政府一般债券”、“应付地方政府专项债券”等一级明细科目。

“借入款项”科目，核算政府财政部门以政府名义向外国政府和国际金融组织等借入的款项，以及经国务院批准的其他方式借入的款项，包括借入主权外债和其他借入款项。

“应付转贷款”科目，核算地方政府财政从上级政府财政借入的地方政府债券转贷款的本金和利息，并应当设置“应付地方政府一般债券转贷款”和“应付地方政府专项债券转贷款”一级明细科目。

“其他负债”科目，核算政府财政因有关政策明确要求其承担支出责任的事项而形成的应付未付款项。

3.收入类科目

“债务收入”科目，核算政府财政按照国家法律、国务院规定以发行债券等方式取得的，以及向外国政府、国际金融组织等机构借款取得的纳入预算管理的债务收入，并应当按照政府收支分类科目中“债务收入”科目的规定进行明细核算。

“债务转贷收入”科目，核算省级以下（不含省级）政府财政收到上级政府财政转贷的债务收入，并应当设置“地方政府一般债务转贷收入”、“地方政府专项债务转贷收入”明细科目。

4.支出类科目

“债务还本支出”科目，核算政府财政偿还本级政府财政承担的纳入预算管理的债

务本金支出，并应当根据政府收支分类科目中“债务还本支出”有关规定设置明细科目。

“债务转贷支出”科目，核算本级政府财政向下级政府财政转贷的债务支出，并应当设置“地方政府一般债务转贷支出”、“地方政府专项债务转贷支出”明细科目，同时还应当按照转贷地区进行明细核算。

复习思考

1. 财政总预算会计设置哪些与政府预算管理制度相关的会计科目？
2. 政府采购改革后，财政总预算会计主要增加了哪些新的核算内容？
3. 行政单位会计和事业单位会计设置哪些与国库集中支付制度相关的会计科目？
4. 行政单位会计和事业单位会计设置哪些与财政拨款结转结余资金管理制度相关的会计科目？
5. 财政总预算会计设置哪些与政府债务管理制度相关的会计科目？

第二篇

财政总预算会计

第四章

财政总预算会计概述

学习目标

- 理解财政总预算会计的概念和特点
- 了解财政总预算会计的任务
- 熟悉财政总预算会计核算应遵循的会计制度
- 熟悉财政总预算会计的会计科目

财政总预算会计是各级政府财政核算、反映、监督政府一般公共预算资金、政府性基金预算资金、国有资本经营预算资金、社会保险基金预算资金以及财政专户管理资金、专用基金和代管资金等资金活动的专业会计。本章主要概述财政总预算会计的概念、分级、特点、会计制度和会计科目。

第一节 财政总预算会计的特点和任务

一、财政总预算会计的概念和特点

（一）政权政府与财政总预算会计

政权政府，即国家政权，是国家的具体化身，是为辖区公民承担广泛受托责任的一级政权政府。我国的政权政府包括中央政府和地方政府。国务院，即中央人民政府，是最高国家权力机关的执行机关，是最高国家行政机关。地方各级人民政府是地方各级国家权力机关的执行机关，是地方各级国家行政机关包括省、自治区、直辖市，设区的市、自治州，县、自治县、不设区的市、市辖区，乡、民族乡、镇各级人民政府。

财政总预算会计是各级政府财政核算、反映、监督政府一般公共预算资金、政府性基金预算资金、国有资本经营预算资金、社会保险基金预算资金以及财政专户管理资金、专用基金和代管资金等资金活动的专业会计，是政府会计的重要组成部分。

财政总预算会计适用于各级人民政府。

与国家预算组成体系相一致，我国的财政总预算会计体系分为中央财政总预算会计、省级财政总预算会计、市级财政总预算会计、县级财政总预算会计和乡镇级财政总预算会计五级。

（二）财政总预算会计的特点

与其他会计相比，财政总预算会计具有以下特点：

1.会计核算目标兼顾决策有用和受托责任。财政总预算会计核算目标是向会计信息使用者提供政府财政预算执行情况、财务状况等会计信息，反映政府财政受托责任履行情况。

2.会计核算一般采用收付实现制，部分经济业务或者事项采用权责发生制。

3.不直接办理现金收付业务，不直接使用资金，不涉及存货、固定资产等核算业务。

4.不进行成本核算，但要讲求经济核算。

5.部分资产和负债采用“双分录”核算方法。

二、财政总预算会计的基本任务

财政总预算会计的工作任务主要包括：

1.进行会计核算。办理政府财政各项收支、资产负债的会计核算工作，反映政府财政预算执行情况和财务状况。

2.严格财政资金收付调度管理。组织办理财政资金的收付、调拨，在确保资金安全性、规范性、流动性的前提下，合理调度管理资金，提高资金使用效益。

3.规范账户管理。加强对国库单一账户、财政专户、零余额账户和预算单位银行账户等的管理。

4.实行会计监督，参与预算管理。通过会计核算和反映，进行预算执行情况分析，并对总预算、部门预算和单位预算执行实行会计监督。

5.协调预算收入征收部门、国家金库、国库集中收付代理银行、财政专户开户银行和其他有关部门之间的业务关系。

6.组织本地区财政总决算、部门决算编审和汇总工作。

7.组织和指导下级政府财政总预算会计工作。

第二节　财政总预算会计的制度体系

财政总预算会计制度是财政管理领域一项重要的基础性制度，经过60多年的建设和发展已得到健全完善。

各级政府财政总预算会计核算除了遵循规范所有会计主体会计行为的《会计法》和

规范政府预算收支行为的《预算法》《政府会计准则——基本准则》以外，还应当执行《财政总预算会计制度》。

现行的《财政总预算会计制度》（财库〔2015〕192号，以下简称新《制度》），自2016年1月1日开始实施。该制度适用于中央和地方各级政府财政部门的总预算会计，但是，各级财政部门社会保险基金预算资金的会计核算以及各级财政部门管理的国际金融组织和外国政府赠款的会计核算不适用本制度。新《制度》主要对财政总预算会计的总则、会计信息质量要求、会计要素的内容及确认和计量、会计科目及其核算内容、会计报表的格式及编制方法等内容进行了统一规范。

新《制度》是在1997年《财政总预算会计制度》（财预字〔1997〕287号，以下简称原《制度》）的基础上，为了进一步规范各级政府财政总预算会计核算，提高会计信息质量，充分发挥总预算会计的职能作用，根据《会计法》《预算法》和其他有关法律法规修订而成的。其主要有七个方面变化：

（1）重新定位财政总预算会计核算目标，不仅要反映预算执行情况，也要反映资产负债等财务状况。

（2）改进会计核算方法，参照行政事业单位会计制度的做法，广泛采用“双分录”会计核算方法，在核算预算收支的同时，也核算反映与预算收支变动密切相关的资产负债情况。

（3）完善资产核算内容，增设用于核算反映政府财政持有的债权、股权等资产的会计科目，如“借出款项”、“应收地方政府债券转贷款”、“股权投资”等。

（4）完善负债核算内容，增设用于核算反映不同类型政府财政负债的会计科目，如“应付长期政府债券”、“应付地方政府债券转贷款”、“应付政策性负债”、“应付代管资金”等。

（5）完善净资产核算内容，增设“资产基金”和“待偿债净资产”科目，分别反映因资产、负债的增减变动对净资产产生的影响。同时，修改部分净资产类会计科目的名称。

（6）完善财政收支核算内容，对部分收支类科目名称和核算内容做了调整。

（7）完善会计报表体系和报表格式，改进资产负债表和收入支出表的结构和项目。[①]

第三节 财政总预算会计的会计科目

一、财政总预算会计科目及其核算内容

按照新《制度》的规定，财政总预算会计科目共有59个，其中资产类科目15个、

① 财政部国库司.财政部国库司有关负责人就修订发布《财政总预算会计制度》答记者问[EB/OL].（2015-10-22）[2015-10-23].http://www.mof.gov.cn/mofhome/guokusi/zhengfuxinxi/gongzuodongtai/201510/t20151022_1517734.html.

负债类科目11个、净资产类科目9个、收入类科目12个和支出类科目12个。财政总预算会计科目及其核算内容见表4−1。

表4−1　**财政总预算会计科目及其核算内容**

序号	科目编号	会计科目名称	核算内容
一、资产类			
1	1001	国库存款	核算政府财政存放在国库单一账户的款项
2	1003	国库现金管理存款	核算政府财政实行国库现金管理业务存放在商业银行的款项
3	1004	其他财政存款	核算政府财政未列入“国库存款”、“国库现金管理存款”科目反映的各项存款
4	1005	财政零余额账户存款	核算财政国库支付执行机构在代理银行办理财政直接支付的业务
5	1006	有价证券	核算政府财政按照有关规定取得并持有的有价证券金额
6	1007	在途款	核算决算清理期和库款报解整理期内发生的需要通过本科目过渡处理的属于上年度收入、支出等业务的资金数
7	1011	预拨经费	核算政府财政预拨给预算单位尚未列为预算支出的款项
8	1021	借出款项	核算政府财政按照对外借款管理相关规定借给预算单位临时急需的，并需按期收回的款项
9	1022	应收股利	核算政府因持有股权投资应当收取的现金股利或利润
10	1031	与下级往来	核算本级政府财政与下级政府财政的往来待结算款项
11	1036	其他应收款	核算政府财政临时发生的其他应收、暂付、垫付款项。项目单位拖欠外国政府和国际金融组织贷款本息和相关费用导致相关政府财政履行担保责任，代偿的贷款本息费，也通过本科目核算
12	1041	应收地方政府债券转贷款	核算本级政府财政转贷给下级政府财政的地方政府债券资金的本金及利息
13	1045	应收主权外债转贷款	核算本级政府财政转贷给下级政府财政的外国政府和国际金融组织贷款等主权外债资金的本金及利息
14	1071	股权投资	核算政府持有的各类股权投资。包括国际金融组织股权投资、投资基金股权投资和企业股权投资等
15	1081	待发国债	核算为弥补中央财政预算收支差额，中央财政预计发行国债与实际发行国债之间的差额
二、负债类			
16	2001	应付短期政府债券	核算政府财政部门以政府名义发行的期限不超过1年（含1年）的国债和地方政府债券的应付本金和利息
17	2011	应付国库集中支付结余	核算政府财政采用权责发生制列支，预算单位尚未使用的国库集中支付结余资金
18	2012	与上级往来	核算本级政府财政与上级政府财政的往来待结算款项

续表

序号	科目编号	会计科目名称	核算内容
19	2015	其他应付款	核算政府财政临时发生的暂收、应付和收到的不明性质款项以及税务机关代征入库的社会保险费、项目单位使用并承担还款责任的外国政府和国际金融组织贷款
20	2017	应付代管资金	核算政府财政代为管理的、使用权属于被代管主体的资金
21	2021	应付长期政府债券	核算政府财政部门以政府名义发行的期限超过1年的国债和地方政府债券的应付本金和利息
22	2022	借入款项	核算政府财政部门以政府名义向外国政府和国际金融组织等借入的款项，以及经国务院批准的其他方式借入的款项
23	2026	应付地方政府债券转贷款	核算地方政府财政从上级政府财政借入的地方政府债券转贷款的本金和利息
24	2027	应付主权外债转贷款	核算本级政府财政从上级政府财政借入的主权外债转贷款的本金和利息
25	2045	其他负债	核算政府财政因有关政策明确要求其承担支出责任的事项而形成的应付未付款项
26	2091	已结报支出	核算政府财政国库支付执行机构已清算的国库集中支付支出数额
三、净资产类			
27	3001	一般公共预算结转结余	核算政府财政纳入一般公共预算管理的收支相抵形成的结转结余
28	3002	政府性基金预算结转结余	核算政府财政纳入政府性基金预算管理的收支相抵形成的结转结余
29	3003	国有资本经营预算结转结余	核算政府财政纳入国有资本经营预算管理的收支相抵形成的结转结余
30	3005	财政专户管理资金结余	核算政府财政纳入财政专户管理的教育收费等资金收支相抵后形成的结余
31	3007	专用基金结余	核算政府财政管理的专用基金收支相抵形成的结余
32	3031	预算稳定调节基金	核算政府财政设置的用于弥补以后年度预算资金不足的储备资金
33	3033	预算周转金	核算政府财政设置的用于调剂预算年度内季节性收支差额周转使用的资金
34	3081	资产基金	核算政府财政持有的应收地方政府债券转贷款、应收主权外债转贷款、股权投资和应收股利等资产（与其相关的资金收支纳入预算管理）在净资产中占用的金额
35	3802	待偿债净资产	核算政府财政因发生应付政府债券、借入款项、应付地方政府债券转贷款、应付主权外债转贷款、其他负债等负债（与其相关的资金收支纳入预算管理）相应需在净资产中冲减的金额

续表

序号	科目编号	会计科目名称	核算内容
四、收入类			
36	4001	一般公共预算本级收入	核算政府财政筹集的纳入本级一般公共预算管理的税收收入和非税收入
37	4002	政府性基金预算本级收入	核算政府财政筹集的纳入本级政府性基金预算管理的非税收入
38	4003	国有资本经营预算本级收入	核算政府财政筹集的纳入本级国有资本经营预算管理的非税收入
39	4005	财政专户管理资金收入	核算政府财政纳入财政专户管理的教育收费等资金收入
40	4007	专用基金收入	核算政府财政按照法律法规和国务院、财政部规定设置或取得的粮食风险基金等专用基金收入
41	4011	补助收入	核算上级政府财政按照财政体制规定或因专项需要补助给本级政府财政的款项，包括税收返还、转移支付等
42	4012	上解收入	核算按照体制规定由下级政府财政上交给本级政府财政的款项
43	4013	地区间援助收入	核算受援方政府财政收到援助方政府财政转来的可统筹使用的各类援助、捐赠等资金收入
44	4021	调入资金	核算政府财政为平衡某类预算收支、从其他类型预算资金及其他渠道调入的资金
45	4031	动用预算稳定调节基金	核算政府财政为弥补本年度预算资金的不足调用的预算稳定调节基金
46	4041	债务收入	核算政府财政按照国家法律、国务院规定以发行债券等方式取得的，以及向外国政府、国际金融组织等机构借款取得的纳入预算管理的债务收入
47	4042	债务转贷收入	核算省级以下（不含省级）政府财政收到上级政府财政转贷的债务收入
五、支出类			
48	5001	一般公共预算本级支出	核算政府财政管理的由本级政府使用的列入一般公共预算的支出
49	5002	政府性基金预算本级支出	核算政府财政管理的由本级政府使用的列入政府性基金预算的支出
50	5003	国有资本经营预算本级支出	核算政府财政管理的由本级政府使用的列入国有资本经营预算的支出
51	5005	财政专户管理资金支出	核算政府财政用纳入财政专户管理的教育收费等资金安排的支出
52	5007	专用基金支出	核算政府财政用专用基金收入安排的支出

续表

序号	科目编号	会计科目名称	核算内容
53	5011	补助支出	核算本级政府财政按财政体制规定或因专项需要补助给下级政府财政的款项，包括对下级的税收返还、转移支付等
54	5012	上解支出	核算本级政府财政按照财政体制规定上交给上级政府财政的款项
55	5013	地区间援助支出	核算援助方政府财政安排用于受援方政府财政统筹使用的各类援助、捐赠等资金支出
56	5021	调出资金	核算政府财政为平衡预算收支、从某类资金向其他类型预算调出的资金
57	5031	安排预算稳定调节基金	核算政府财政按照有关规定安排的预算稳定调节基金
58	5041	债务还本支出	核算政府财政偿还本级政府财政承担的纳入预算管理的债务本金支出
59	5042	债务转贷支出	核算本级政府财政向下级政府财政转贷的债务支出

二、财政总预算会计科目的使用要求

各级财政总预算会计应当按照下列规定运用会计科目：

1.各级财政总预算会计应当对有关法律、法规允许进行的经济活动，按照《财政总预算会计制度》的规定使用会计科目进行核算；不得以该制度规定的会计科目及使用说明作为进行有关经济活动的依据。

2.各级财政总预算会计应当按照《财政总预算会计制度》的规定设置和使用会计科目，不需使用的总账科目可以不用；在不影响会计处理和编报会计报表的前提下，各级财政总预算会计可以根据实际情况自行增设该制度规定以外的明细科目，或者自行减少、合并该制度规定的明细科目。

3.各级财政总预算会计应当使用《财政总预算会计制度》统一规定的会计科目编号，不得随意打乱重编。

复习思考

1.什么是财政总预算会计？其具有哪些特点？

2.我国的财政总预算会计分为哪几级？

3.财政总预算会计科目分为几类？共计多少个？

4.财政总预算会计科目的使用应符合哪些要求？

第五章

政府财政收入和支出的核算

学习目标

- 掌握政府财政收入和政府财政支出的概念及其包含的内容
- 熟悉政府财政收入的收缴方式和政府财政支出的支付方式
- 掌握各项政府财政收入和支出的概念及核算方法
- 了解一般公共预算本级收入和支出、政府性基金预算本级收入和支出、国有资本经营预算本级收入和支出的分类

本章主要阐述政府财政收入和支出的内容与账务处理方法。

第一节 政府财政收入

政府财政收入是指政府财政为实现政府职能，根据法律法规等所筹集的资金。包括一般公共预算本级收入、政府性基金预算本级收入、国有资本经营预算本级收入、财政专户管理资金收入、专用基金收入、转移性收入、债务收入、债务转贷收入等。

政府财政收入的核算采用收付实现制，一般应当按照实际收到的金额入账；已建乡（镇）国库的地区，乡（镇）财政的本级收入以乡（镇）国库收到数为准；县（含县本级）以上各级财政的各项预算收入（含固定收入与共享收入）以缴入基层国库数额为准；未建乡（镇）国库的地区，乡（镇）财政的本级收入以乡（镇）财政总预算会计收到县级财政返回数额为准。

财政总预算会计应当加强各项收入的管理，严格会计核算手续。对于各项收入的账务处理必须以审核无误的国库入库凭证、预算收入日报表和其他合法凭证为依据。发现错误，应当按照相关规定及时通知有关单位共同更正。

一、一般公共预算本级收入

（一）一般公共预算收入及其分类

一般公共预算收入是指政府财政筹集的纳入一般公共预算管理的财政收入，主要包括一般公共预算本级收入、上级政府对本级政府的税收返还和转移支付、下级政府的上解收入等。

一般公共预算收入的具体划分和内容按照政府收支分类科目办理，其科目分为类、款、项、目四级。按照《2016年政府收支分类科目》的规定，一般公共预算收入分设4类。

1. 税收收入。分设20款：

（1）增值税。分设5项：国内增值税、进口货物增值税、出口货物退增值税、改征增值税、改征增值税出口退税。

（2）消费税。分设3项：国内消费税、进口消费品消费税、出口消费品退消费税。

（3）营业税。分设5项：金融保险业营业税（中央）、金融保险业营业税（地方）、一般营业税、营业税税款滞纳金罚款收入、营业税退税。

（4）企业所得税。分设48项：国有冶金工业所得税、国有有色金属工业所得税、国有煤炭工业所得税、国有电力工业所得税、国有石油和化学工业所得税、国有机械工业所得税、国有汽车工业所得税、国有核工业所得税、国有航空工业所得税、国有航天工业所得税、国有电子工业所得税、国有兵器工业所得税、国有船舶工业所得税、国有建筑材料工业所得税、国有烟草企业所得税、国有纺织企业所得税、国有铁道企业所得税、国有交通企业所得税、国有邮政企业所得税、国有民航企业所得税、国有海洋石油天然气企业所得税、国有外贸企业所得税、国有银行所得税、国有非银行金融企业所得税、国有保险企业所得税、国有文教企业所得税、国有水产企业所得税、国有森林工业企业所得税、国有电信企业所得税、国有农垦企业所得税、其他国有企业所得税、集体企业所得税、股份制企业所得税、联营企业所得税、港澳台和外商投资企业所得税、私营企业所得税、其他企业所得税、分支机构预缴所得税、总机构预缴所得税、总机构汇算清缴所得税、企业所得税待分配收入、跨市县分支机构预缴所得税、跨市县总机构预缴所得税、跨市县总机构汇算清缴所得税、省以下企业所得税待分配收入、跨市县分支机构汇算清缴所得税、分支机构汇算清缴所得税和企业所得税查补税款滞纳金罚款收入等。

（5）企业所得税退税。分设37项：国有冶金工业所得税退税、国有有色金属工业所得税退税、国有煤炭工业所得税退税、国有电力工业所得税退税、国有石油和化学工业所得税退税、国有机械工业所得税退税、国有汽车工业所得税退税、国有核工业所得税退税、国有航空工业所得税退税、国有航天工业所得税退税、国有电子工业所得税退税、国有兵器工业所得税退税、国有船舶工业所得税退税、国有建筑材料工业所得税退税、国有烟草企业所得税退税、国有纺织企业所得税退税、国有铁道企业所得税退税、国有交通企业所得税退税、国有邮政企业所得税退税、国有民航企业所得税退税、海洋石油天然气企业所得税退税、国有外贸企业所得税退税、国有银行所得税退税、国有非银行金融企业所得税退税、国有保险企业所得税退税、国有文教企业所得税退税、国有水产企业所得税退税、国有森林工业企业所得税退税、国有电信企业所得税退税、其他国有企业所得税退税、集体企业所得税退税、股份制企业所得税退税、联营企业所得税退税、私营企业所得税退税、跨市县总分机构企业所得税退税、跨市县总分机构企业所得税退税、其他企业所得税退税等。

（6）个人所得税。分设2项：个人所得税、个人所得税税款滞纳金罚款收入。

（7）资源税。分设3项：海洋石油资源税、其他资源税、资源税税款滞纳金罚款收入。

（8）城市维护建设税。分设11项：国有企业城市维护建设税、集体企业城市维护建设税、股份制企业城市维护建设税、联营企业城市维护建设税、港澳台和外商投资企业城市维护建设税、私营企业城市维护建设税、中国铁路总公司集中缴纳的铁路运输企业城市维护建设税待分配收入、其他企业城市维护建设税、城市维护建设税税款滞纳金罚款收入、成品油价格和税费改革城市维护建设税划出、成品油价格和燃油税费改革城市维护建设税划入等。

（9）房产税。分设8项：国有企业房产税、集体企业房产税、股份制企业房产税、联营企业房产税、港澳台和外商投资企业房产税、私营企业房产税、其他房产税、房产税税款滞纳金罚款收入等。

（10）印花税。分设3项：证券交易印花税、其他印花税、印花税税款滞纳金罚款收入。

（11）城镇土地使用税。分设8项：国有企业城镇土地使用税、集体企业城镇土地使用税、股份制企业城镇土地使用税、联营企业城镇土地使用税、私营企业城镇土地使用税、港澳台和外商投资企业城镇土地使用税、其他城镇土地使用税、城镇土地使用税税款滞纳金罚款收入等。

（12）土地增值税。分设8项：国有企业土地增值税、集体企业土地增值税、股份制企业土地增值税、联营企业土地增值税、港澳台和外商投资企业土地增值税、私营企业土地增值税、其他土地增值税、土地增值税税款滞纳金罚款收入等。

（13）车船税。分设2项：车船税、车船税税款滞纳金罚款收入。

（14）船舶吨税。分设2项：船舶吨税、船舶吨税税款滞纳金罚款收入。

（15）车辆购置税。分设2项：车辆购置税、车辆购置税税款滞纳金罚款收入。

（16）关税。分设4项：关税、特别关税、关税和特别关税税款滞纳金罚款收入、关税退税。

（17）耕地占用税。分设3项：耕地占用税、耕地占用税退税、耕地占用税税款滞纳金罚款收入。

（18）契税。分设2项：契税、契税税款滞纳金罚款收入。

（19）烟叶税。分设2项：烟叶税、烟叶税税款滞纳金罚款收入。

（20）其他税收收入。

上述有关税收收入的项级科目，再根据具体情况分设若干目级科目。比如，“国内增值税”项级科目下分设“国有企业增值税”、“集体企业增值税”、“股份制企业增值税”、“联营企业增值税”、“港澳台和外商投资企业增值税”、“私营企业增值税”等目级科目。

2.非税收入。分设7款：

（1）专项收入。分设18项：排污费收入、水资源费收入、教育费附加收入、铀产品出售收入、三峡库区移民专项收入、国家留成油上缴收入、场外核应急准备收入、草原植被恢复费收入、矿产资源专项收入、地方教育费附加收入、文化事业建设费收入、残疾人就业保障金收入、教育资金收入、农田水利建设资金收入、育林基金收入、森林植被恢复费收入、水利建设专项收入、其他专项收入等。

（2）行政事业性收费。分设60项：公安行政事业性收费收入、法院行政事业性收费收入、司法行政事业性收费收入、外交行政事业性收费收入、工商行政事业性收费收入、商贸行政事业性收费收入、财政行政事业性收费收入、税务行政事业性收费收入、海关行政事业性收费收入、审计行政事业性收费收入、人口和计划生育行政事业性收费收入、国管局行政事业性收费收入、外专局行政事业性收费收入、保密行政事业性收费收入、质量监督检验检疫行政事业性收费收入、出版行政事业性收费收入、安全生产行政事业性收费收入、档案行政事业性收费收入、港澳办行政事业性收费收入、贸促会行政事业性收费收入、宗教行政事业性收费收入、人防办行政事业性收费收入、中直管理局行政事业性收费收入、文化行政事业性收费收入、教育行政事业性收费收入、科技行政事业性收费收入、体育行政事业性收费收入、发展与改革（物价）行政事业性收费收入、统计行政事业性收费收入、国土资源行政事业性收费收入、建设行政事业性收费收入、知识产权行政事业性收费收入、环保行政事业性收费收入、旅游行政事业性收费收入、海洋行政事业性收费收入、测绘行政事业性收费收入、铁路行政事业性收费收入、交通运输行政事业性收费收入、工业和信息产业行政事业性收费收入、农业行政事业性收费收入、林业行政事业性收费收入、水利行政事业性收费收入、卫生行政事业性收费收入、食品药品监管行政事业性收费收入、民政行政事业性收费收入、人力资源和社会保障行政事业性收费收入、证监会行政事业性收费收入、银监会行政事业性收费收入、保监会行政事业性收费收入、电力市场监管行政事业性收费收入、仲裁委行政事业性收费收入、编办行政事业性收费收入、党校行政事业性收费收入、监察行政事业性收费收入、外文局行政事业性收费收入、南水北调办行政事业性收费收入、国资委行政事业性收费收入、其他行政事业性收费收入等。

（3）罚没收入。分设4项：一般罚没收入、缉私罚没收入、缉毒罚没收入、罚没收入退库。

（4）国有资本经营收入。分设7项：利润收入、股利股息收入、产权转让收入、清算收入、国有资本经营收入退库、国有企业计划亏损补贴、其他国有资本经营收入等。

（5）国有资源有偿使用收入。分设12项：海域使用金收入、场地和矿区使用费收入、特种矿产品出售收入、专项储备物资销售收入、利息收入、非经营性国有资产收入、出租车经营权有偿出让和转让收入、无居民海岛使用金收入、转让政府还贷道路收费权收入、石油特别收益金专项收入、动用国家储备物资上缴财政收入、其他国有资源（资产）有偿使用收入。

（6）捐赠收入。分设2项：国外捐赠收入和国内捐赠收入等。

（7）其他收入。分设6项：主管部门集中收入、免税商品特许经营费收入、基本建设收入、差别电价收入、债务管理收入、其他收入等。

上述有关非税收入的项级科目根据具体情况再分设若干目级科目。比如，“教育行政事业性收费收入”项级科目下分设“教师资格考试费”、“普通话水平测试费”等目级科目。

3.债务收入。分设2款：

（1）中央政府债务收入。分设2项：中央政府国内债务收入和中央政府国外债务收入。

（2）地方政府债务收入。设1项：一般债务收入。

上述的债务收入除了中央政府国内债务收入外，其他项级科目均设置目级科目。比如，“中央政府国外债务收入” 项级科目下分设“中央政府境外发行主权债券收入”、“中央政府向外国政府借款收入”、“中央政府向国际组织借款收入”等目级科目。“一般债务收入” 项级科目下分设“地方政府一般债券收入”、“地方政府向外国政府借款收入”、“地方政府向国际组织借款收入”等目级科目。

4.转移性收入。分设7款：

（1）返还性收入。分设4项：增值税和消费税税收返还收入、所得税基数返还收入、成品油价格和税费改革税收返还收入、其他税收返还收入。

（2）一般性转移支付收入。分设21项：体制补助收入、均衡性转移支付收入、老少边穷转移支付收入、县级基本财力保障机制奖补资金收入、结算补助收入、体制上解收入、出口退税专项上解收入、化解债务补助收入、资源枯竭城市转移支付补助收入、企业事业单位划转补助收入、成品油价格和税费改革转移支付补助收入、成品油价格和税费改革专项上解收入、基层公检法司转移性收入、义务教育等转移支付收入、基本养老保险和低保等转移支付收入、新型农村合作医疗等转移支付收入、农村综合改革转移支付收入、产粮（油）大县奖励资金收入、重点生态功能区转移支付收入、固定数额补助收入、其他一般性转移支付收入等。

（3）专项转移支付收入。分设21项：一般公共服务、外交、国防、公共安全、教育、科学技术、文化体育与传媒、社会保障和就业、医疗卫生、节能环保、城乡社区、农林水、交通运输、资源勘探电力信息等、商业服务业等、金融、国土海洋气象等、住房保障、粮油物资储备、专项上解、其他收入等。

（4）上年结余收入。设1项：一般公共预算上年结余收入。

（5）调入资金。设1项：一般公共预算调入资金。

（6）债务转贷收入。设1项：地方政府一般债务转贷收入。

（7）接受其他地区援助收入。无项级科目。接受其他地区援助收入是受援方政府接受的统筹使用的各类援助、捐赠等资金收入。该款级科目反映的是以受援方政府名义接受的、援助方政府安排且没有限定用途的公共预算援助资金。该款级科目使用主体为各级财政部门，其他部门不得使用；反映内容为公共预算资金，其他性质的资金不在本科目反映。各地按照国家统一要求安排的对口支援西藏、新疆、青海藏区的资金，不在本科目反映。

上述转移性收入除了"地方政府一般债务转贷收入"项级科目下分设"地方政府一般债券转贷收入"、"地方政府向外国政府借款转贷收入"、"地方政府向国际组织借款转贷收入"等目级科目外，其他均不设置目级科目。

需要说明的是，上述各类一般公共预算收入都是安排一般公共预算支出的资金来源，在编制一般公共预算时都按一般公共预算收入来处理。但是，在财政总预算会计中，纳入一般公共预算的各类一般公共预算收入在发生时并非都通过"一般公共预算本级收入"科目核算。比如，政府财政筹集的纳入本级一般公共预算管理的税收收入和除了国有资本经营收入以外的非税收入通过"一般公共预算本级收入"科目核算，政府财政筹集的纳入本级国有资本经营预算管理的国有资本经营收入通过"国有经营预算本级收入"科目核算；债务收入则通过"债务收入"科目核算；转移性收入则分别不同情况通过"补助收入"、"上解收入"、"调入资金"、"债务转贷收入"等科目核算。这些都说明政府收支分类科目和财政总预算会计科目有着不同的反映对象和功能，两者相互联系，但绝不能相互取代。这种现象在政府性基金预算和国有资本经营预算中同样存在。

（二）一般公共预算收入的收纳、划分、报解和退库

按照《预算法》规定，政府全部收入实行国库集中收缴。各级国库应当按照国家有关规定，及时准确地办理预算收入的收纳、划分、留解、退付和预算支出的拨付。

1.一般公共预算收入的收纳

一般公共预算收入的收纳是一般公共预算收入缴入国库的业务处理过程。按照国库集中收缴制度的规定，一般公共预算收入的收纳方式有两种：直接缴库和集中汇缴。

（1）直接缴库。是指由缴款单位或缴款人按法律法规规定，直接将应缴收入缴入国库单一账户。实行这种入库方式的有：税收收入、非税收入等。

（2）集中汇缴。是指由征收机关和依法享有征收权限的单位按法律法规规定，将所收取的应缴收入汇总缴入国库单一账户。实行这种入库方式的有：小额零散税收和非税收入中的现金缴款。

2.一般公共预算收入的划分

各级国库对收到的已经收纳的一般公共预算收入，应根据现行财政预算管理体制的要求，按照预算级次逐级划分，即将各项预算收入在中央财政和地方财政，以及地方各

级财政之间进行划分。

按照现行分税制财政管理体制的规定，在中央与地方之间，税收收入分为：中央固定收入、地方固定收入、中央与地方共享收入。

（1）中央固定收入全部归中央财政，地方财政不参与分成。中央固定收入主要包括：关税，海关代征消费税和增值税，消费税，铁道部门、各银行总行、各保险公司总公司等集中缴纳的收入（包括营业税、利润和城市维护建设税），未纳入共享范围的中央企业所得税、证券交易印花税等。

（2）地方固定收入。地方固定收入全部归地方财政，中央财政不参与分成。地方固定收入主要包括：营业税（不含铁道部门、各银行总行、各保险公司总公司集中缴纳的营业税），城镇土地使用税，城市维护建设税（不含铁道部门、各银行总行、各保险公司总公司集中缴纳的部分），房产税，车船税，印花税，耕地占用税，契税，遗产和赠与税，烟叶税，土地增值税等。

（3）中央与地方共享收入。中央与地方共享收入由中央财政与地方财政分成。中央与地方共享收入主要包括：国内增值税，中央分享75%，地方分享25%；纳入共享范围的企业所得税和个人所得税，中央分享60%，地方分享40%；资源税按不同的资源品种划分，海洋石油资源税为中央收入，其余资源税为地方收入。

税收收入在地方各级财政之间的划分，分为上级固定收入、本级固定收入、上级和本级共享收入三种。上级固定收入，本级不参与分成；本级固定收入，上级不参与分成。上级和本级共享收入比照中央与地方共享收入的处理方法办理。具体划分收入的方法，按照各地方财政管理体制的规定执行。

需要指出的是，税收收入在中央和地方之间的划分在政府收支分类科目中也有说明。比如，按照《2016年政府收支分类科目》的规定，被划分为“中央收入科目”的一般公共预算收入科目有“增值税——进口货物增值税”、“消费税”、“营业税——金融保险业营业税（中央）”、“企业所得税——国有邮政企业所得税”、“个人所得税——军队个人所得税”、“资源税——海洋石油资源税”、“船舶吨税”、“车辆购置税”、“关税”、“印花税——证券交易印花税”、“专项收入——铀产品出售收入”、“专项收入——三峡库区移民专项收入”、“专项收入——国家留成油上缴收入”、“行政事业性收费收入——海关行政事业性收费收入”、“行政事业性收费收入——港澳办行政事业性收费收入”、“行政事业性收费收入——中直管理局行政事业性收费收入”、“行政事业性收费收入——铁路行政事业性收费收入”、“罚没收入——缉私罚没收入”等；被划分为“地方收入科目”的一般公共预算收入科目有“营业税——一般营业税”、“企业所得税——省级以下企业所得税待分配收入”、“资源税——其他资源税”、“城市维护建设税——集体企业城市维护建设税”、“房产税”、“城镇土地使用税”、“土地增值税”、“车船税”、“耕地占用税”、“契税”、“烟叶税”、“国有资源（资产）有偿使用收入——出租车经营权有偿出让和转让收入”等；被划分为“中央与地方共用收入科目”的一般公共预算本级收入科目有“增值税——国内企业增值税——国有企业增值税”、“增值税——国内企业增值税——集体企业增值税”、“企业所得税——国有冶金工业所得税”、“企业所得税——联营企业所得税”、“个人所得税——储蓄存款利息所得税”、“专项收入——排污费收入”、“行政事业性收费收入——财政行政事业性收费收入”、“罚没收入——缉毒罚没收入”等。

3. 一般公共预算收入的报解

一般公共预算收入的报解，是指国库要向各级财政部门报告一般公共预算收入的执行情况，并将属于各级财政的一般公共预算收入解缴到各级国库。

一般公共预算收入的报解包含“报”和“解”两层含义。“报”就是各级国库要向同级财政部门报告预算收入的执行情况，以便同级财政部门了解掌握预算收入的进度；“解”就是国库在对预算收入进行划分的基础上，编制“预算收入日报表”和“分成收入计算日报表”（其基本格式分别参见5-1和表5-2），并据此将财政库款解缴到本级和上级财政的国库存款账户上。各级一般公共预算收入的报解原则上采取逐级划分报解的办法。

表5-1　　**预算收入日报表**

级次　　年　月　日　　第　号

预算科目	本日收入金额	预算科目	本日收入金额

人民银行国库盖章　　复核　　制表

表5-2　　**分成收入计算日报表**

年　月　日　　第　号

分成项目	本日收入	本年累计
收入总额		
%中央分成		
%省级分成		
%地（市）级分成		
%县（市）级分成		

人民银行国库盖章　　复核　　制表

4. 一般公共预算收入的退库

（1）退库范围

政府财政对于已缴入国库一般公共预算收入退库（付），要严格把关、强化监督。凡不属于国家规定的退库（付）项目，一律不得冲退收入。属于国家规定的退库（付）事项，具体退库（付）程序按财政部的有关规定办理。

按照国家有关规定，属于下列范围的一般公共预算收入，可以办理退库：①由于对工作疏忽，发生技术性差错需要退库的。②改变企业隶属关系办理财务结算需要退库的。③企业按计划上缴税利，超过应缴数额需要退库的；按规定可以从预算收入中退库的国有企业计划亏损补贴。④财政部明文规定或专项批准的其他退库项目。凡是不符合规定的收入退库，各级财政机关、税务机关不得办理审批手续，各级国库对不合规定的退库有权拒绝办理。预算收入的退库，由各级国库办理，国库经收处只办理库款收纳，不办理预算收入的退付。

（2）退库应注意的问题

一般公共预算收入的退库应注意以下问题：①收入库款的退库，应按预算收入的级次办理。中央政府预算收入退库，从中央级库款中退付；地方各级预算固定收入的退库，从地方各级库款中退付；各种分成收入的退库（包括总额分成和固定比例分成收入的退库），按规定的分成比例，分别从上级和本级库款中退付。②各单位和个人申请退库，应向财政、征收机关填具"退库申请书"。各级财政机关和征收机关，应当严格审查，不得随意填发"收入退还书"。国库收到财政、征收机关签发的"收入退还书"，在审查办理退付时，可要求批准机关提供有关文件和"退库申请书"。③各级预算收入的退库，原则上通过转账办理，不支付现金。对个别特殊情况，必须退付现金时，财政、征收机关应从严审查核实后，在收入退还书上加盖"退付现金"的明显戳记，由收款人持向指定的国库按规定审查退款。

（三）一般公共预算本级收入的核算

一般公共预算本级收入是指政府财政筹集的纳入本级一般公共预算管理的税收收入和非税收入。一般公共预算本级收入应当按照实际收到的金额入账。

为了核算一般公共预算本级收入，财政总预算会计设置"一般公共预算本级收入"科目。本科目应当根据政府收支分类科目中"一般公共预算收入科目"规定进行明细核算。本科目平时贷方余额反映一般公共预算本级收入的累计数。

一般公共预算本级收入发生后，财政总预算会计以国库报来的"预算收入日报表"、"分成收入计算日报表"及所附的"缴款书"等作为原始凭证。政府财政收到款项时，根据当日预算收入日报表所列一般公共预算本级收入数，借记"国库存款"等科目，贷记本科目。年终转账时，本科目贷方余额全数转入"一般公共预算结转结余"科目，借记本科目，贷记"一般公共预算结转结余"科目。年终结转后，本科目无余额。

【例5-1】某省财政收到国库报来的预算收入日报表，所列当日预算收入600 000元，其中国有企业房产税500 000元，海洋工程排污费收入100 000元。该省财政总预算会计的账务处理如下：

借：国库存款　　600 000

　贷：一般公共预算本级收入

　　　——税收收入——房产税——国有企业房产税　　500 000

　　　——非税收入——专项收入——排污费收入——海洋工程排污费收入　　100 000

【例5-2】某省财政收到国库报来的分成收入日报表，列示当日国有企业增值税收入1 000 000元，中央财政分成收入750 000元，省分库已解缴到中央总库。该省财政总预算会计的账务处理如下：

借：国库存款　　1 000 000

　贷：一般公共预算本级收入

　　　——税收收入——增值税——国内增值税——国有企业增值税　　1 000 000

借：上解支出　　750 000

　贷：国库存款　　750 000

【例5-3】年终，某省财政“一般公共预算本级收入”账户贷方余额为955 000元，年终结账时，该省财政总预算会计的账务处理如下：

借：一般公共预算本级收入　　955 000

　贷：一般公共预算结转结余　　955 000

二、政府性基金预算本级收入

（一）政府性基金预算收入及其分类

政府性基金预算收入是指政府财政筹集的纳入政府性基金预算管理的财政收入，主要包括政府性基金预算本级收入、上级转移支付收入和下级上解收入。

所谓政府性基金，是指各级政府及其所属部门根据法律、行政法规规定并经国务院或财政部批准，向公民、法人和其他组织征收的具有专项用途的财政资金。政府性基金实行中央一级审批制度，遵循统一领导、分级管理的原则；政府性基金作为政府非税收入，全额纳入财政预算，实行“收支两条线”管理。

政府性基金预算收入的具体划分和内容按照政府收支分类科目办理，其科目分为类、款、项、目四级。按照《2016年政府收支分类科目》，政府性基金预算收入分为非税收入、债务收入和转移性收入三类。

1.非税收入。设1款：政府性基金收入。

“政府性基金收入”款级科目分设40项，包括：农网还贷资金收入、铁路建设基金收入、民航发展基金收入、海南省高等级公路车辆通行附加费收入、港口建设费收入、散装水泥专项资金收入、新型墙体材料专项基金收入、旅游发展基金收入、国家电影事业发展专项资金收入、新菜地开发建设基金收入、新增建设用地土地有偿使用费收入、南水北调工程基金收入、政府住房基金收入、城市公用事业附加收入、国有土地收益基金收入、农业土地开发资金收入、国有土地使用权出让收入、大中型水库移民后期扶持基金收入、大中型水库库区基金收入、三峡水库库区基金收入、中央特别国债经营基金收入、中央特别国债经营基金财务收入、彩票公益金收入、城市基础设施配套费收入、小型水库移民扶助基金收入、国家重大水利工程建设基金收入、车辆通行费、核电站乏燃料处理处置基金收入、可再生能源电价附加收入、船舶油污损害赔偿基金收入、铁路资产变现收入、电力改革预留资产变现收入、无线电频率占用费、废弃电器电子产品处理基金收入、水土保持补偿费收入、烟草企业上缴专项收入、污水处理收入、彩票发行机构和彩票销售机构的业务费用、其他政府性基金收入等。

上述政府性基金收入中，只有“农网还贷资金收入”、“新增建设用地土地有偿使用费收入”、“政府住房基金收入”、“国有土地使用权出让收入”、“大中型水库库区基金收入”、“彩票公益金收入”、“国家重大水利工程建设基金收入”、“废弃电器电子产品处理基金收入”、“彩票发行机构和彩票销售机构的业务费用”等9个项级科目设置了目级科目。

2.债务收入。设1款：地方政府债务收入。

“地方政府债务收入”款级科目设1项：专项债务收入。

“专项债务收入”项级科目分设21目，包括：海南省高等级公路车辆通行附加费债务收入、港口建设费债务收入、散装水泥专项资金债务收入、新型墙体材料专项基金债务收入、国家电影事业发展专项资金债务收入、新菜地开发建设基金债务收入、新增建设用地土地有偿使用费债务收入、南水北调工程基金债务收入、政府住房基金债务收入、城市公用事业附加债务收入、国有土地收益基金债务收入、农业土地开发资金债务收入、国有土地使用权出让金债务收入、大中型水库库区基金债务收入、彩票公益金债务收入、城市基础设施配套费债务收入、小型水库移民扶助基金债务收入、国家重大水利工程建设基金债务收入、车辆通行费债务收入、污水处理债务收入、其他政府性基金债务收入等。

3.转移性收入。分设4款：

（1）政府性基金转移收入。分设2项：政府性基金补助收入、政府性基金上解收入。

（2）上年结余收入。设1项：政府性基金预算上年结余收入。

（3）调入资金。分设2项：调入政府性基金预算资金和调入专项收入。

（4）债务转贷收入。设1项：地方政府专项债务转贷收入。

转移性收入的项级科目除了调入专项收入和地方政府专项债务转贷收入外都不设置目级科目。调入专项收入是地方政府为弥补基金收入不足从公益性项目单位调入的用于偿付债务本金的收入，其目级科目包括“海南省高等级公路车辆通行附加费调入专项收入”、“港口建设费调入专项收入”等；地方政府专项债务转贷收入是下级政府收到上级政府转贷的专项债务收入，其目级科目包括“海南省高等级公路车辆通行附加费债务转贷收入”、“港口建设费债务转贷收入”等。

需要说明的是，上述各政府性基金预算收入都是安排政府性基金预算支出的资金来源，在编制政府性基金预算时都按政府性基金预算收入来处理。但是，在财政总预算会计中，纳入政府性基金预算的各类政府性基金预算收入在发生时并非都通过“政府性基金预算本级收入”科目核算。比如，非税收入——政府性基金收入通过“政府性基金预算本级收入”科目核算；债务收入——地方政府债务收入则通过“债务收入”科目核算；转移性收入则分别不同情况通过“补助收入”、“上解收入”、“调入资金”、“债务转贷收入”等科目核算。

（二）政府性基金预算收入的收纳、划分、报解和退库

政府性基金预算收入的收纳、报解和退库比照一般公共预算收入进行。

政府性基金预算收入的划分是各级国库对收到的已经收纳的政府性基金预算收入，依据各项基金管理办法等规定，按照预算级次进行的，划分为中央收入、中央与地方共享收入和地方收入。政府性基金预算本级收入在中央与地方之间的划分在政府收支分类科目中也有说明。按照《2016年政府收支分类科目》，政府性基金预算本级收入科目划分为中央收入科目、地方收入科目、中央与地方共用收入科目。其各自包括的主要项目如下：

（1）中央收入，包括中央农网还贷资金收入、铁路建设基金收入、民航发展基金收入、旅游发展基金收入、国家电影事业发展专项资金收入、中央新增建设用地土地有偿使用费债务收入、大中型水库移民后期扶持基金收入、中央大中型水库库区基金收入、三峡水库库区基金收入、中央特别国债经营基金收入、中央特别国债经营基金财务收入、核电站乏燃料处理处置基金收入、可再生能源电价附加收入、船舶油污损害赔偿基金收入、铁路资产变现收入、电力改革预留资产变现收入、废弃电器电子产品处理基金收入、彩票发行机构的业务费用等。

（2）地方收入，包括地方农网还贷资金收入、海南省高等级公路车辆通行附加费收入、散装水泥专项资金收入、新型墙体材料专项基金收入、新菜地开发建设基金收入、城市公用事业附加收入、国有土地收益基金收入、农业土地开发资金收入、国有土地使用权出让收入、地方大中型水库库区基金收入、小型水库移民扶助基金收入、车辆通行费、彩票销售机构的业务费用等。

（3）中央与地方共享收入，包括港口建设费收入、南水北调工程基金收入、政府住房基金收入、彩票公益金收入、国家重大水利工程建设基金收入、无线电频率占用费、水土保持补偿费收入、彩票兑奖周转金等。

（三）政府性基金预算本级收入的核算

政府性基金预算本级收入是指政府财政筹集的纳入本级政府性基金预算管理的非税收入。政府性基金预算本级收入应当按照实际收到的金额入账。

为了核算政府性基金预算本级收入，财政总预算会计设置“政府性基金预算本级收入”科目。本科目应当根据政府收支分类科目中“政府性基金预算收入科目”规定进行明细核算。本科目平时贷方余额反映政府性基金预算本级收入的累计数。

政府性基金预算本级收入发生后，各级财政总预算会计以国库报来的“预算收入日报表”及所附的“缴款书”等作为原始凭证。政府财政收到款项时，根据当日预算收入日报表所列政府性基金预算本级收入数，借记“国库存款”等科目，贷记本科目；年终转账时，本科目贷方余额全数转入“政府性基金预算结转结余”科目，借记本科目，贷记“政府性基金预算结转结余”科目。年终结转后，本科目无余额。

【例5-4】某省财政收到国库报来预算收入日报表，列示当日预算收入250 000元，其中国有土地收益基金收入200 000元，国有土地使用权出让收入50 000元。该省财政

总预算会计的账务处理如下：

借：国库存款　　250 000

　贷：政府性基金预算本级收入——国有土地收益基金收入　　200 000

　　　　　　　　　　　　　　——国有土地使用权出让收入　　50 000

【例5-5】年终，某省财政“政府性基金预算本级收入”账户贷方余额为800 000元，年终结账时，该省财政总预算会计的账务处理如下：

借：政府性基金预算本级收入　　800 000

　贷：政府性基金预算结转结余　　800 000

三、国有资本经营预算本级收入

（一）国有资本经营预算收入及其分类

国有资本经营预算收入是指政府财政筹集的纳入国有资本经营预算管理的财政收入，主要包括国有资本经营预算本级收入和上级转移性收入。

国有资本经营预算收入的具体划分和内容按照政府收支分类科目办理，其科目分为类、款、项、目四级。按照《2016年政府收支分类科目》的规定，国有资本经营预算收入分为非税收入和转移性收入设2类。

1.非税收入。设1款：国有资本经营收入。

“国有资本经营收入”款级科目分设5项：

（1）利润收入。分设31目：烟草企业利润收入、石油石化企业利润收入、电力企业利润收入、电信企业利润收入、煤炭企业利润收入、有色冶金采掘企业利润收入、钢铁企业利润收入、化工企业利润收入、运输企业利润收入、电子企业利润收入、机械企业利润收入、投资服务企业利润收入、纺织轻工企业利润收入、贸易企业利润收入、建筑施工企业利润收入、房地产企业利润收入、建材企业利润收入、境外企业利润收入、对外合作企业利润收入、医药企业利润收入、农林牧渔企业利润收入、邮政企业利润收入、军工企业利润收入、转制科研院所利润收入、地质勘查企业利润收入、卫生体育福利企业利润收入、教育文化广播企业利润收入、科学研究企业利润收入、机关团体所属企业利润收入、金融企业利润收入（国资预算）、其他国有资本经营预算企业利润收入等。

（2）股利、股息收入。分设4目：国有控股公司股利、股息收入，国有参股公司股利、股息收入，金融企业股利、股息收入（国资预算），其他国有资本经营预算企业股利、股息收入。

（3）产权转让收入。分设5目：国有股减持收入，国有股权、股份转让收入，国有独资企业产权转让收入，金融企业产权转让收入，其他国有资本经营预算企业产权转让收入等。

（4）清算收入。分设3目：国有股权、股份清算收入，国有独资企业清算收入，其他国有资本经营预算企业清算收入。

（5）其他国有资本经营预算本级收入。无目级科目。

2.转移性收入。设1款：国有资本经营预算转移支付收入。该款级科目下设1项：国有资本经营预算转移支付收入，反映下级政府收到上级政府的国有资本经营预算转移支付收入。

需要说明的是，上述各类国有资本经营预算收入都是安排国有资本经营预算支出的资金来源，在编制国有资本经营预算时都要按国有资本经营预算收入来处理。但在财政总预算会计中，各类国有资本经营预算收入在发生时并非都通过“国有资本经营预算本级收入”科目核算。比如非税收入——国有资本经营收入通过“国有资本经营预算本级收入”科目核算，转移性收入——国有资本经营预算转移支付收入则通过“补助收入”科目核算。但是，如果经本级人民代表大会或者其常务委员会批准，设区的市、自治州以下各级政府可以根据实际情况不单独编制本级国有资本经营预算的，相关收入事项将纳入一般公共预算。在这种情况下，非税收入——国有资本经营收入将通过“一般公共预算本级收入”科目核算。

（二）国有资本经营预算收入的收纳、报解和退库

国有资本经营预算收入的收纳、报解和退库比照一般公共预算收入进行。

需要说明的是，国有资本经营预算收入是各级政府及其部门、机构履行出资人职责的企业（即一级企业）上缴的国有资本收益，各级政府依照拥有的股权比例获取，不存在像税收收入和政府性基金在中央政府和地方政府之间的划分。但是，按照《2016年政府收支分类科目》的规定，国有资本经营预算收入科目也划分为中央收入科目、中央与地方共用收入科目。上述国有资本经营预算收入中的目级科目除了烟草企业利润收入和国有股减持收入属于中央收入科目外，其他各项收入均属于中央与地方共用收入科目。

（三）国有资本经营预算本级收入的核算

国有资本经营预算本级收入是指政府财政筹集的纳入本级国有资本经营预算管理的非税收入。国有资本经营预算本级收入应当按照实际收到的金额入账。

为了核算国有资本经营预算本级收入，财政总预算会计设置“国有资本经营预算本级收入”科目。本科目应当根据政府收支分类科目中“国有资本经营预算收入科目”的规定进行明细核算。本科目平时贷方余额反映国有资本经营预算本级收入的累计数。

国有资本经营预算本级收入发生后，各级财政总预算会计以国库报来的“预算收入日报表”及所附的“缴款书”等作为原始凭证。政府财政收到款项时，根据当日预算收入日报表所列国有资本经营预算本级收入数，借记“国库存款”等科目，贷记本科目。年终转账时，本科目贷方余额全数转入“国有资本经营预算结转结余”科目，借记本科目，贷记“国有资本经营预算结转结余”科目。年终结转后，本科目无余额。

【例5-6】某市财政收到国库报来的预算收入日报表，列示当日国有资本经营预算本级收入1 000 000元，其中电信企业利润收入300 000元、国有控股公司股利股息收入200 000元、国有独资企业产权转让收入500 000元。该市财政总预算会计的账务处理如下：

借：国库存款　　1 000 000
　贷：国有资本经营预算本级收入
　　　　——利润收入——电信企业利润收入　　300 000
　　　　——股利股息收入——国有控股公司股利股息收入　　200 000
　　　　——产权转让收入——国有独资企业产权转让收入　　500 000

【例5-7】年终，某市财政“国有资本经营预算本级收入”账户贷方余额为1 000 000元。年终结账时，该市财政总预算会计的账务处理如下：

借：国有资本经营预算本级收入　　1 000 000
　贷：国有资本经营预算结转结余　　1 000 000

四、财政专户管理资金收入

（一）财政专户管理资金收入的概念

财政专户管理资金收入是指政府财政纳入财政专户管理的教育收费等资金收入。该收入主要包括实行财政专户管理的高中以上学费、住宿费，高校委托培养费，函大、电大、夜大及短训班培训费等教育收费。

（二）财政专户管理资金收入的核算

财政专户管理资金收入应当按照实际收到的金额入账。

为了核算政府财政纳入财政专户管理的教育收费等资金收入，本科目应当按照政府收支分类科目中收入分类科目的规定进行明细核算。同时，根据管理需要，按部门（单位）等进行明细核算。本科目平时贷方余额反映当年财政专户管理的资金收入的累计数。

财政总预算会计收到财政专户管理资金时，借记“其他财政存款”科目，贷记本科目。年终转账时，本科目贷方余额全数转入“财政专户管理资金结余”科目，借记本科目，贷记“财政专户管理资金结余”科目。年终结转后，本科目无余额。

【例5-8】中央财政收到教育部缴入财政专户的教育收费500 000元，其中，高校委托培养费300 000元、住宿费200 000元。中央财政总预算会计的账务处理如下：

借：其他财政存款　　500 000
　贷：财政专户管理资金收入
　　　　——教育部——教育收费——高校委托培养费　　300 000
　　　　　　　　　　　　　　——高校住宿费　　200 000

【例5-9】年终，中央财政“财政专户管理资金收入”科目贷方余额500 000元。年终转账时，中央财政总预算会计的账务处理如下：

借：财政专户管理资金收入　　500 000
　贷：财政专户管理资金结余　　500 000

五、专用基金收入

（一）专用基金收入的概念

专用基金收入是指政府财政根据法律法规等规定设立的各项专用基金（包括粮食风

险基金等）取得的资金收入。粮食风险基金，是指中央和地方政府用于平抑粮食市场价格，维护粮食正常流通秩序，实施经济调控的专项资金。粮食风险基金始建于1994年，从1999年开始，中央财政对各省、自治区、直辖市粮食风险基金补助款实行总额包干。由此，省级政府粮食风险基金来源包括中央财政补助和本级一般公共预算安排两部分。粮食风险基金实行农业发展银行专户管理。中央财政对地方粮食风险基金包干补助款，按季均衡拨付到各省级财政部门在省级农业发展银行开设的粮食风险基金专户；地方应配套的粮食风险基金，要按季均衡到位，拨付到省级粮食风险基金专户；粮食风险基金经同级财政部门审核后通过农业发展银行按季拨付给粮食购销企业。

（二）专用基金收入的核算

专用基金收入应当按照实际收到的金额入账。

为了核算政府财政按照法律法规和国务院、财政部规定设置或取得的粮食风险基金等专用基金收入，财政总预算会计设置“专用基金收入”科目。本科目应当按照专用基金的种类进行明细核算。本科目平时贷方余额表示专用基金收入的累计数。

政府财政通过预算支出安排取得专用基金收入转入财政专户的，借记“其他财政存款”科目，贷记本科目；同时，借记“一般公共预算本级支出”等科目，贷记“国库存款”、“补助收入”等科目。退回专用基金收入时，借记本科目，贷记“其他财政存款”科目。通过预算支出安排取得专用基金收入仍存在国库的，借记“一般公共预算本级支出”等科目，贷记“专用基金收入”科目。年终转账时，本科目贷方余额全数转入“专用基金结余”科目，借记本科目，贷记“专用基金结余”科目。结转后，本科目无余额。

【例5-10】某省财政收到中央财政拨付的粮食风险基金100 000元。该省财政总预算会计的账务处理如下：

借：其他财政存款　　100 000

　贷：专用基金收入——粮食风险基金　　100 000

同时，

借：一般公共预算本级支出　　100 000

　贷：补助收入　　100 000

【例5-11】某省财政通过一般公共预算支出安排取得粮食风险基金150 000元并转入财政专户。该省财政总预算会计的账务处理如下：

借：其他财政存款　　150 000

　贷：专用基金收入——粮食风险基金　　150 000

同时，

借：一般公共预算本级支出　　150 000

　贷：国库存款　　150 000

【例5-12】年终，某省财政“专用基金收入”账户贷方余额为250 000元，年终结账时，该省财政总预算会计的账务处理如下：

借：专用基金收入 250 000
　贷：专用基金结余 250 000

六、转移性收入

（一）转移性收入的概念

转移性收入是指在各级政府财政之间进行资金调拨以及在本级政府财政不同类型资金之间调剂所形成的收入，包括补助收入、上解收入、调入资金和地区间援助收入、动用预算稳定调节基金等。

财政资金调拨与调剂是指按财政管理体制规定，在中央与地方之间、地方上下级不同财政之间调拨资金，及同级财政内部不同资金项目之间调剂资金，以平衡各级预算收支的一种手段。资金调拨是因共享收入的分配、体制结算和转移支付等原因而产生的上下级财政资金调拨，该种资金调拨通过补助、上解、债务转贷、地区间援助等形式实现；资金调剂是同级财政内部因平衡本级预算收支而发生在一般公共预算资金、政府性基金预算资金以及国有资本经营预算资金之间的调剂，这种资金调剂通过调入、调出等形式实现。

资金调拨与调剂是健全财政职能、贯彻执行财政管理体制、合理分配财力、促进预算收支平衡、保证预算圆满实现的必要手段。从某级财政来看，上下级之间的财政资金调拨可使本级财政因获得补助收入、上解收入、债务转贷收入、地区间援助收入等而增加财力（可支配财政资金），或因补助支出、上解支出、债务转贷支出、地区间援助支出等而减少财力，但从全国范围来看，一级财政财力的增加必然导致另一级财政财力的减少，而上下级财政的财力总量保持不变，并非实质的财政收入和财政支出。而同级财政内不同资金项目之间的资金调剂，只能影响本级财政内部一般公共预算资金、政府性基金预算资金、国有资本经营预算资金的数额，但既不影响本级财政的财力，也不影响上下级财政的财力总量，更不会影响全国的财政收入和财政支出。

（二）转移性收入的核算

转移性收入应当按照财政体制的规定或实际发生的金额入账。

1.补助收入

补助收入是指上级政府财政按照财政体制规定或因专项需要补助给本级政府财政的款项，包括上级税收返还收入、转移支付收入等。其中转移支付收入主要包括体制补助收入和专项补助收入。上级财政形成补助支出，本级财政形成补助收入。

为了核算补助收入，财政总预算会计设置“补助收入”科目。本科目应当按照不同的资金性质设置“一般公共预算补助收入”、“政府性基金预算补助收入”等明细科目。本科目平时贷方余额反映上级补助收入累计数。本级财政的“补助收入”与上级财政的“补助支出”数额相等。

（1）收到补助款。政府财政收到上级政府财政拨入的补助款时，借记“国库存款”、“其他财政存款”等科目，贷记本科目。专项转移支付资金实行特设专户管理的，政府财政应当根据上级政府财政下达的预算文件确认补助收入，年度当中收到资金时，借记“其他财政存款”科目，贷记“与上级往来”等科目；年度终了，根据专项转移支付资金预算文件，借记“与上级往来”科目，贷记本科目。从“与上级往来”科目转入本科目时，借记“与上级往来”科目，贷记本科目。

（2）收到主权外债。有主权外债业务的财政部门，贷款资金由本级政府财政同级部门（单位）使用，且贷款的最终还款责任由上级政府财政承担的，本级政府财政部门收到贷款资金时，借记“其他财政存款”科目，贷记本科目；外方将贷款资金直接支付给供应商或用款单位时，借记“一般公共预算本级支出”，贷记本科目。

（3）年终财政结算。年终与上级政府财政结算时，根据预算文件，按照尚未收到的补助款金额，借记“与上级往来”科目，贷记本科目。退还或核减补助收入时，借记本科目，贷记“国库存款”、“与上级往来”等科目。

（4）年终转账。年终转账时，本科目贷方余额应根据不同资金性质分别转入对应的结转结余科目，借记本科目，贷记“一般公共预算结转结余”、“政府性基金预算结转结余”等科目。年终结转后，本科目无余额。

【例5-13】某省财政收到中央财政拨来的补助款350 000元，其中体制补助收入200 000元，政府性基金补助收入150 000元。该省财政总预算会计的账务处理如下：

借：国库存款　350 000
　贷：补助收入——一般公共预算补助收入　200 000
　　　　　　　——政府性基金预算补助收入　150 000

【例5-14】某省财政收到中央财政拨来的实行特设专户管理的一般公共服务专项补助收入300 000元。该省财政总预算会计的账务处理如下：

• 年度中收到款项时，

借：其他财政存款　300 000
　贷：与上级往来　300 000

• 年终根据上级政府财政下达的预算文件确认补助收入时，

借：与上级往来　300 000
　贷：补助收入——一般公共预算补助收入　300 000

【例5-15】某市财政收到省财政转贷的国际金融组织贷款500 000元。该贷款资金由该市农业局使用，但省财政承担贷款的最终还款责任。该市财政总预算会计的账务处理如下：

借：其他财政存款　500 000
　贷：补助收入——一般公共预算补助收入　500 000

【例5-16】假设上例中的国际金融组织将贷款直接支付市农业局，则该市财政总预算会计的账务处理如下：

借：一般公共预算支出　500 000
　贷：补助收入——一般公共预算补助收入　500 000

【例5-17】某省财政年终与中央政府财政结算，根据预算文件，确认尚未收到的税收返还金额150 000元。该省财政总预算会计的账务处理如下：

借：与上级往来 150 000

贷：补助收入——一般公共预算补助收入 150 000

【例5-18】年终，某省财政“补助收入”科目的贷方余额1 300 000元，有关明细科目贷方余额为：“一般公共预算补助收入”1 150 000元、“政府性基金预算补助收入”150 000元。年终结账时，该省财政总预算会计的账务处理如下：

借：补助收入 1 300 000

贷：一般公共预算结转结余 1 150 000

政府性基金预算结转结余 150 000

2.上解收入

上解收入是指按照财政体制规定由下级政府财政上交给本级政府财政的款项，主要包括体制上解收入和专项上解收入。下级财政形成上解支出，本级财政形成上解收入。

为了核算上解收入，财政总预算会计设置“上解收入”科目。本科目下应当按照不同资金性质设置“一般公共预算上解收入”、“政府性基金预算上解收入”等明细科目。同时，还应当按照上解地区进行明细核算。本科目平时贷方余额反映下级上解收入的累计数。本级财政“上解收入”应与所属下级财政“上解支出”的数额相等。

（1）收到上解款。政府财政收到下级政府财政的上解款时，借记“国库存款”等科目，贷记本科目。

（2）年终财政结算。年终与下级政府财政结算时，根据预算文件，按照尚未收到的上解款金额，借记“与下级往来”科目，贷记本科目。退还或核减上解收入时，借记本科目，贷记“国库存款”、“与下级往来”等科目。

（3）年终转账。年终转账时，本科目贷方余额应根据不同资金性质分别转入对应的结转结余科目，借记本科目，贷记“一般公共预算结转结余”、“政府性基金预算结转结余”等科目。年终结转后，本科目无余额。

【例5-19】某省财政收到下级财政上解给本级财政的款项200 000元，其中一般公共预算上解收入150 000元，政府性基金预算上解收入50 000元。该省财政总预算会计的账务处理如下：

借：国库存款 200 000

贷：上解收入——一般公共预算上解收入 150 000

——政府性基金预算上解收入 50 000

【例5-20】某省财政年终与下级政府财政结算，根据预算文件，确认尚未收到的体制上解款金额为150 000元。该省财政总预算会计的账务处理如下：

借：与下级往来 150 000

贷：上解收入——一般公共预算上解收入 150 000

【例5-21】年终，某省财政“上解收入”科目的贷方余额400 000元，有关明细科目贷方余额为：“一般公共预算上解收入”350 000元、“政府性基金预算上解收入”

50 000元。年终结账时，该省财政总预算会计的账务处理如下：

借：上解收入　　400 000

　贷：一般公共预算结转结余　　350 000

　　　政府性基金预算结转结余　　50 000

3. 调入资金

调入资金是指政府财政为平衡某类预算收支，从其他类型预算资金及其他渠道调入的资金。调入资金包括一般公共预算调入资金和政府性基金预算调入资金。

为了核算调入资金，财政总预算会计设置“调入资金”科目。本科目下应当按照不同资金性质设置“一般公共预算调入资金”、“政府性基金预算调入资金”等明细科目。本科目平时贷方余额反映调入资金的累计数。

（1）调入资金。政府财政从其他类型预算资金及其他渠道调入一般公共预算资金时，按照调入金额，借记“调出资金——政府性基金预算调出资金”、“调出资金——国有资本经营预算调出资金”、“国库存款”等科目，贷记本科目（一般公共预算调入资金）。从其他类型预算资金及其他渠道调入政府性基金预算资金时，按照调入金额，借记“调出资金——一般公共预算调出资金”、“国库存款”等科目，贷记本科目（政府性基金预算调入资金）。

（2）年终转账。年终转账时，本科目贷方余额分别转入相应的结转结余科目，借记本科目，贷记“一般公共预算结转结余”、“政府性基金预算结转结余”等科目。年终结转后，本科目无余额。

【例5-22】某县财政为平衡一般公共预算，从政府性基金预算调入资金500 000元、国有资本经营预算调入资金500 000元。该县财政总预算会计的账务处理如下：

借：调出资金——政府性基金预算调出资金　　500 000

　　　　　——国有资本经营预算调出资金　　500 000

　贷：调入资金——一般公共预算调入资金　　1 000 000

【例5-23】年终，某县财政“调入资金——一般公共预算调入资金”科目的贷方余额1 000 000元。年终结账时，该县财政总预算会计的账务处理如下：

借：调入资金　　1 000 000

　贷：一般公共预算结转结余　　1 000 000

4. 地区间援助收入

地区间援助收入是指受援方政府财政收到援助方政府财政转来的可统筹使用的各类援助、捐赠等资金收入。

为了核算地区间援助收入，财政总预算会计设置“地区间援助收入”科目。本科目应当按照援助地区及管理需要进行相应的明细核算。本科目平时贷方余额反映地区间援助收入的累计数。

政府财政收到援助方政府财政转来的资金时，借记“国库存款”科目，贷记本科目。年终转账时，本科目贷方余额全数转入“一般公共预算结转结余”科目，借记本科目，贷记“一般公共预算结转结余”科目。年终结转后，本科目无余额。

【例5-24】某自治区政府财政收到J省政府财政转来可统筹使用的捐助资金1 000 000元。该自治区财政总预算会计的账务处理如下：

借：国库存款　　1 000 000

　贷：地区间援助收入——J省财政　　1 000 000

【例5-25】年终，某自治区财政“地区间援助收入”科目的贷方余额1 000 000元。年终结账时，该自治区财政总预算会计的账务处理如下：

借：地区间援助收入　　1 000 000

　贷：一般公共预算结转结余　　1 000 000

5. 动用预算稳定调节基金

预算稳定调节基金是各级财政通过超收安排的用于弥补以后年度预算资金不足的具有储备性质的基金。

为了核算政府调用的预算稳定调节基金，财政总预算会计设置“动用预算稳定调节基金”科目。本科目平时贷方余额反映动用预算稳定调节基金的累计数。

政府财政调用预算稳定调节基金时，借记“预算稳定调节基金”科目，贷记本科目。年终转账时，本科目贷方余额全数转入“一般公共预算结转结余”科目，借记本科目，贷记“一般公共预算结转结余”科目。年终结转后，本科目无余额。

【例5-26】某省财政为弥补一般公共预算年度执行中出现的短收，调用预算稳定调节基金200 000元。该省财政总预算会计的账务处理如下：

借：预算稳定调节基金　　200 000

　贷：动用预算稳定调节基金　　200 000

【例5-27】年终，某省财政“动用预算稳定调节基金”科目贷方余额200 000元。年终转账时，该省财政总预算会计的账务处理如下：

借：动用预算稳定调节基金　　200 000

　贷：一般公共预算结转结余　　200 000

转移性收入中债务转贷收入的核算参见“债务转贷收入”。

七、债务收入和债务转贷收入

（一）债务收入

债务收入是指政府财政根据法律法规等规定，通过发行债券、向外国政府和国际金融组织借款等方式筹集的纳入预算管理的资金收入。债务收入应当按照实际发行额或借入的金额入账。

为了核算债务收入，财政总预算会计设置“债务收入”科目。本科目应当按照政府收支分类科目中“债务收入”科目的规定进行明细核算。本科目平时贷方余额反映债务收入的累计数。

1.政府债券发行

省级以上政府财政收到政府债券发行收入时，按照实际收到的金额，借记“国库存款”科目，按照政府债券实际发行额，贷记本科目，按照发行收入和发行额的差额，借记或贷记有关支出科目；根据债务管理部门转来的债券发行确认文件等相关资料，按照到期应付的政府债券本金金额，借记“待偿债净资产——应付短期政府债券/应付长期政府债券”科目，贷记“应付短期政府债券”、“应付长期政府债券”等科目。

【例5-28】中央财政贴现发行一年期国库券，发行面值金额10 000 000 000元、发行价格9 900 000 000元。国库收到款项9 900 000 000元。中央财政总预算会计账务处理如下：

借：国库存款　　9 900 000 000
　　一般公共预算本级支出　　100 000 000
　贷：债务收入——中央政府债务收入——中央政府国内债务收入　　10 000 000 000

同时，

借：待偿债净资产——应付短期政府债券　　10 000 000 000
　贷：应付短期政府债券　　10 000 000 000

【例5-29】某直辖市财政发行10年期市政府一般债券，发行面值金额1 700 000 000元，票面利率3.24%，国库收到款项1 700 000 000元。该直辖市财政总预算会计的账务处理如下：

借：国库存款　　1 700 000 000
　贷：债务收入——地方政府债务收入
　　　　——一般债务收入——一般债券收入　　1 700 000 000

同时，

借：待偿债净资产——应付长期政府债券　　1 700 000 000
　贷：应付长期政府债券　　1 700 000 000

2.借入主权外债

政府财政部门以政府名义向外国政府、国际金融组织等机构借入主权外债时，由于外方可能将贷款直接支付给借款的政府财政部门或者用款单位或供应商，由此带来了不同的账务处理方式。

（1）外方将贷款直接支付给借款的政府财政部门。政府财政部门向外国政府、国际金融组织等机构借款时，按照借入的金额，借记“国库存款”、“其他财政存款”等科目，贷记本科目；根据债务管理部门转来的相关资料，按照实际承担的债务金额，借记“待偿债净资产——借入款项”科目，贷记“借入款项”科目。

【例5-30】中央财政向国际金融组织借入款项200 000 000元。中央财政总预算会计账务处理如下：

借：其他财政存款　　200 000 000
　贷：债务收入——中央政府债务收入——中央政府国外债务收入
　　　　——中央政府向国际组织借款收入　　200 000 000

同时，

借：待偿债净资产——借入款项　　200 000 000

　贷：借入款项　　200 000 000

（2）外方将贷款资金直接支付给用款单位或供应商。本级政府财政借入主权外债，且由外方将贷款资金直接支付给用款单位或供应商时，应根据以下情况分别处理：

①本级政府财政承担还款责任，贷款资金由本级政府财政同级部门（单位）使用的，本级政府财政根据贷款资金支付相关资料，借记“一般公共预算本级支出”科目，贷记本科目；根据债务管理部门转来的相关资料，按照实际承担的债务金额，借记“待偿债净资产——借入款项”科目，贷记“借入款项”科目。

②本级政府财政承担还款责任，贷款资金由下级政府财政同级部门（单位）使用的，本级政府财政根据贷款资金支付相关资料及预算指标文件，借记“补助支出”科目，贷记本科目；根据债务管理部门转来的相关资料，按照实际承担的债务金额，借记“待偿债净资产——借入款项”科目，贷记“借入款项”科目。

③下级政府财政承担还款责任，贷款资金由下级政府财政同级部门（单位）使用的，本级政府财政根据贷款资金支付相关资料，借记“债务转贷支出”科目，贷记本科目；根据债务管理部门转来的相关资料，按照实际承担的债务金额，借记“待偿债净资产——借入款项”科目，贷记“借入款项”科目；同时，借记“应收主权外债转贷款”科目，贷记“资产基金——应收主权外债转贷款”科目。

【例5-31】某省财政通过财政部借入外国政府贷款200 000 000元，外方将贷款直接支付给用款单位。该省总预算会计账务处理如下：

• 如果省财政承担还款责任，贷款资金由农业厅使用，

借：一般公共预算本级支出　　200 000 000

　贷：债务收入——地方政府债务收入——一般债务收入

　　　　——地方政府向外国政府借款收入　　200 000 000

同时，

借：待偿债净资产——借入款项　　200 000 000

　贷：借入款项　　200 000 000

• 如果省财政承担还款责任，贷款资金由所属A市农业局使用，

借：补助支出　　200 000 000

　贷：债务收入——地方政府债务收入——一般债务收入

　　　　——地方政府向外国政府借款收入　　200 000 000

同时，

借：待偿债净资产——借入款项　　200 000 000

　贷：借入款项　　200 000 000

• 如果A市财政局承担还款责任，贷款资金由A市农业局使用，

借：债务转贷支出　　200 000 000

贷：债务收入——地方政府债务收入——一般债务收入

——地方政府向外国政府借款收入　　200 000 000

同时，

借：待偿债净资产——借入款项　　200 000 000

贷：借入款项　　200 000 000

借：应收主权外债转贷款　　200 000 000

贷：资产基金——应收主权外债转贷款　　200 000 000

3.年终转账

年终转账时，本科目下“专项债务收入”明细科目的贷方余额应按照对应的政府性基金种类分别转入“政府性基金预算结转结余”相应明细科目，借记本科目（专项债务收入明细科目），贷记“政府性基金预算结转结余”科目；本科目下其他明细科目的贷方余额全数转入“一般公共预算结转结余”科目，借记本科目（其他明细科目），贷记“一般公共预算结转结余”科目。结转后，本科目无余额。

【例5-32】年终，某省财政“债务收入”账户贷方余额为3 000 000 000元，有关明细科目贷方余额为：“一般债务收入”2 700 000 000元、“专项债务收入”300 000 000元。年终结账时，该省财政总预算会计的账务处理如下：

借：债务收入　　3 000 000 000

贷：一般公共预算结转结余　　2 700 000 000

政府性基金预算结转结余　　300 000 000

（二）债务转贷收入

债务转贷收入是指省级以下（不含省级）政府财政收到的上级政府财政转贷的债务收入。债务转贷收入应当按照实际收到的转贷金额入账。

为了核算债务转贷收入，省级以下财政总预算会计设置“债务转贷收入”科目。本科目下应当设置“地方政府一般债务转贷收入”、“地方政府专项债务转贷收入”明细科目。本科目平时贷方余额反映转贷债务收入的累计数。

1.地方政府债券转贷收入

省级以下（不含省级）政府财政收到地方政府债券转贷收入时，按照实际收到的金额，借记“国库存款”科目，贷记本科目；根据债务管理部门转来的相关资料，按照到期应偿还的转贷款本金金额，借记“待偿债净资产——应付地方政府债券转贷款”科目，贷记“应付地方政府债券转贷款”科目。

【例5-33】某市财政收到省财政转贷的彩票公益金资金收入1 500 000元。该市财政总预算会计的账务处理如下：

借：国库存款　　1 500 000

贷：债务转贷收入——地方政府专项债务转贷收入

——彩票公益金债务转贷收入　　1 500 000

同时，

借：待偿债净资产——应付地方政府债券转贷款　　1 500 000
　　贷：应付地方政府债券转贷款　　1 500 000

2. 主权外债转贷收入

省级以下（不含省级）政府财政收到主权外债转贷收入的具体账务处理如下：

（1）本级财政收到主权外债转贷资金时，借记“其他财政存款”科目，贷记本科目；根据债务管理部门转来的相关资料，按照实际承担的债务金额，借记“待偿债净资产——应付主权外债转贷款”科目，贷记“应付主权外债转贷款”科目。

（2）从上级政府财政借入主权外债转贷款，且由外方将贷款资金直接支付给用款单位或供应商时，应根据以下情况分别处理：

①本级政府财政承担还款责任，贷款资金由本级政府财政同级部门（单位）使用的，本级政府财政根据贷款资金支付相关资料，借记“一般公共预算本级支出”科目，贷记本科目；根据债务管理部门转来的相关资料，按照实际承担的债务金额，借记“待偿债净资产——应付主权外债转贷款”科目，贷记“应付主权外债转贷款”科目。

②本级政府财政承担还款责任，贷款资金由下级政府财政同级部门（单位）使用的，本级政府财政根据贷款资金支付相关资料及预算文件，借记“补助支出”科目，贷记本科目；根据债务管理部门转来的相关资料，按照实际承担的债务金额，借记“待偿债净资产——应付主权外债转贷款”科目，贷记“应付主权外债转贷款”科目。

③下级政府财政承担还款责任，贷款资金由下级政府财政同级部门（单位）使用的，本级政府财政根据转贷资金支付相关资料，借记“债务转贷支出”科目，贷记本科目；根据债务管理部门转来的相关资料，按照实际承担的债务金额，借记“待偿债净资产——应付主权外债转贷款”科目，贷记“应付主权外债转贷款”科目；同时，借记“应收主权外债转贷款”科目，贷记“资产基金——应收主权外债转贷款”科目。下级政府财政根据贷款资金支付相关资料，借记“一般公共预算本级支出”科目，贷记本科目；根据债务管理部门转来的相关资料，按照实际承担的债务金额，借记“待偿债净资产——应付主权外债转贷款”科目，贷记“应付主权外债转贷款”科目。

【例5-34】某市财政收到省财政转贷的外国政府借款收入2 800 000元。该市财政总预算会计的账务处理如下：

借：其他财政存款　　2 800 000
　　贷：债务转贷收入——地方政府一般债务转贷收入
　　　　　　　　　　——地方政府向外国政府借款转贷收入　　2 800 000

同时，

借：待偿债净资产——应付主权外债转贷款　　2 800 000
　　贷：应付主权外债转贷款　　2 800 000

【例5-35】假设上例中市财政的外国政府借款转贷款由外方将贷款直接支付给用款单位。该市财政总预算会计账务处理如下：

• 如果市财政承担还款责任，贷款资金由市交通运输局使用，

借：一般公共预算本级支出　　2 800 000

　贷：债务转贷收入——地方政府一般债务转贷收入

　　——地方政府向外国政府借款转贷收入　　2 800 000

同时，

借：待偿债净资产——应付主权外债转贷款　　2 800 000

　贷：应付主权外债转贷款　　2 800 000

• 如果市财政承担还款责任，贷款资金由所属B县交通运输局使用，

借：补助支出　　2 800 000

　贷：债务转贷收入——地方政府一般债务转贷收入

　　——地方政府向外国政府借款转贷收入　　2 800 000

同时，

借：待偿债净资产——应付主权外债转贷款　　2 800 000

　贷：应付主权外债转贷款　　2 800 000

• 如果由B县财政局承担还款责任，贷款资金由B县交通运输局使用，

借：债务转贷支出　　2 800 000

　贷：债务转贷收入——地方政府一般债务转贷收入

　　——地方政府向外国政府借款转贷收入　　2 800 000

同时，

借：待偿债净资产——应付主权外债转贷款　　2 800 000

　贷：应付主权外债转贷款　　2 800 000

借：应收主权外债转贷款　　2 800 000

　贷：资产基金——应收主权外债转贷款　　2 000 000

3.年终转账

年终转账时，本科目下“地方政府一般债务转贷收入”明细科目的贷方余额全数转入“一般公共预算结转结余”科目，借记本科目，贷记“一般公共预算结转结余”科目。本科目下“地方政府专项债务转贷收入”明细科目的贷方余额按照对应的政府性基金种类分别转入“政府性基金预算结转结余”相应明细科目，借记本科目，贷记“政府性基金预算结转结余”科目。结转后，本科目无余额。

【例5-36】年终，某市财政“债务转贷收入”账户贷方余额为4 500 000元，有关明细科目贷方余额为：“地方政府一般债务转贷收入”3 000 000元、“地方政府专项债务转贷收入”1 500 000元。年终结账时，该市财政总预算会计的账务处理如下：

借：债务转贷收入　　4 500 000

　贷：一般公共预算结转结余　　3 000 000

　　政府性基金预算结转结余　　1 500 000

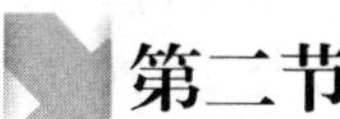

第二节　政府财政支出

政府财政支出是政府财政为实现政府职能对财政资金的分配和使用。包括一般公共预算本级支出、政府性基金预算本级支出、国有资本经营预算本级支出、财政专户管理资金支出、专用基金支出、转移性支出、债务还本支出、债务转贷支出等。

政府财政支出的核算一般采用收付实现制，但实行国库集中支付年终结余资金形成的财政支出则采用权责发生制。地方各级财政部门除国库集中支付结余外，不得采用权责发生制列支。权责发生制列支只限于年末采用，平时不得采用。凡是属于预拨经费的款项，到期转列支出时，应当按规定列报口径转列支出。对于收回当年已列支出的款项，应冲销当年支出。对于收回以前年度已列支出的款项，除财政部门另有规定外，应冲销当年支出。

一、一般公共预算本级支出

（一）政府预算支出的管理原则和支付方式

1. 政府预算支出的管理原则

各级财政总预算会计应当加强预算支出管理，并遵循下列原则：

（1）按照预算拨付，即各级财政总预算会计应当科学预测和调度资金，严格按照批准的年度预算和用款计划办理支出，严格审核拨付申请，严格按预算管理规定和拨付实际列报支出，不得办理无预算、无用款计划、超预算、超用款计划的支出，不得任意调整预算支出科目。

（2）按照规定的预算级次和程序拨付，即根据用款单位的申请，按照用款单位的预算级次和审定的用款计划，按照财政部门规定的预算资金拨付程序办理拨付，不得办理违反规定程序的资金拨付。

（3）按照进度拨付，即根据各用款单位的实际用款进度拨付资金。

（4）按照合法凭证处理，即各项支出的账务处理必须以审核无误的国库划款清算凭证、资金支付凭证和其他合法凭证为依据。

2.政府财政支出支付方式

按照《预算法》规定，政府全部支出实行国库集中支付。按照国库集中支付制度规定，政府财政支出的支付方式有财政直接支付、财政授权支付和财政实拨资金三种。

（1）财政直接支付

财政直接支付是指由政府财政部门开具支付令，通过财政零余额账户支付到收款人，财政零余额账户再与国库进行资金清算的支付方式。实行财政直接支付的资金范围包括工程采购支出、物品和服务采购支出、工资和离退休费支出、国有资本经营预算本级支出、转移支出等。比如，中央预算单位实行财政直接支付的资金范围包括：一般公共预算和政府性基金预算支出中年度财政投资1 000万元以上的工程采购支出（包括建筑安装工程、设备采购、工程监理、设计服务、移民征地拆迁和工程质量保证金等支出，不包括建设单位管理费等零星支出）；单位所在地在直辖市、省会城市和计划单列市市辖区的中央预算单位项目支出中，纳入政府采购预算且单个采购项目金额120万元以上的货物和服务采购支出（以部门报送的项目支出预算明细表为划分依据），未列明单个采购项目的，部门预算中所列采购项目金额200万元以上的货物和服务采购支出；纳入财政统发范围的工资、离退休费；能够直接支付到收款人或用款单位的转移性支出，包括拨付有关企业的补贴等；国有资本经营预算支出（财政部另有规定的除外）；财政部规定的其他支出。

（2）财政授权支付

财政授权支付是指预算单位根据本级政府财政部门授权，自行开具支付令，通过预算单位零余额账户支付到收款人，预算单位零余额账户再与国库进行资金清算的支付方式。实行财政授权支付的资金范围包括零星采购支出、特别紧急支出和经财政部门批准的其他支出。比如，中央预算单位实行财政授权支付的资金范围包括：未纳入财政直接支付的工程、货物、服务等采购支出，特别紧急支出，财政部规定的其他支出。

财政直接支付方式和财政授权支付方式适用于实行国库集中支付的财政资金拨付。

（3）财政实拨资金

财政实拨资金是指由财政部门将财政资金拨付到预算单位基本存款账户，预算单位直接从银行存款基本账户中使用财政资金的支付方式。这种支付方式适用于尚未实行国库集中支付的财政资金的拨付以及实拨专户资金的拨付。

（二）一般公共预算支出的含义及分类

一般公共预算支出是指政府财政使用的纳入一般公共预算管理的财政支出，主要包括一般公共预算本级支出、对下级政府的税收返还和转移支付支出、对上级政府上解支出等。

一般公共预算支出的具体划分和内容按照政府收支分类科目办理，其科目按照功能分为类、款、项三级。按照《2016年政府收支分类科目》的规定，一般公共预算支出分设26类。

1.一般公共服务支出。分设28款：人大事务、政协事务、政府办公厅（室）及相关机构事务、发展与改革事务、统计信息事务、财政事务、税收事务、审计事务、海关事务、人力资源事务、纪检监察事务、商贸事务、知识产权事务、工商行政管理事务、质量技术监督与检验检疫事务、民族事务、宗教事务、港澳台侨事务、档案事务、民主党派及工商联事务、群众团体事务、党委办公厅（室）及相关机构事务、组织事务、宣传事务、统战事务、对外联络事务、其他共产党事务、其他一般公共服务支出等。

2.外交支出。分设8款：外交管理事务、驻外机构、对外援助、国际组织、对外合作与交流、对外宣传、边界勘界联检、其他外交支出等。

3.国防支出。分设5款：现役部队、国防科研事业、专项工程、国防动员、其他国防支出。

4.公共安全支出。分设12款：武装警察、公安、国家安全、检察、法院、司法、监狱、强制隔离戒毒、国家保密、缉私警察、海警、其他公共安全支出等。

5.教育支出。分设10款：教育管理事务、普通教育、职业教育、成人教育、广播电视教育、留学教育、特殊教育、进修及培训、教育费附加安排的支出、其他教育支出等。

6.科学技术支出。分设10款：科学技术管理事务、基础研究、应用研究、技术研究与开发、科技条件与服务、社会科学、科学技术普及、科技交流与合作、科技重大专项、其他科学技术支出等。

7.文化体育与传媒支出。分设5款：文化、文物、体育、新闻出版广播影视、其他文化体育与传媒支出。

8.社会保障和就业支出。分设19款：人力资源和社会保障管理事务、民政管理事务、财政对社会保险基金的补助、补充全国社会保障基金、行政事业单位离退休、企业改革补助、就业补助、抚恤、退役安置、社会福利、残疾人事业、自然灾害生活救助、红十字事业、最低生活保障、临时救助、特困人员供养、补充道路交通事故社会救助基金、其他生活救助、其他社会保障和就业支出等。

9.医疗卫生与计划生育支出。分设9款：医疗卫生与计划生育管理事务、公立医院、基层医疗卫生机构、公共卫生、医疗保障、中医药、计划生育事务、食品和药品监督管理事务、其他医疗卫生支出等。

10.节能环保支出。分设15款：环境保护管理事务、环境监测与监察、污染防治、自然生态保护、天然林保护、退耕还林、风沙荒漠治理、退牧还草、已垦草原退耕还草、能源节约利用、污染减排、可再生能源、循环经济、能源管理事务、其他环境保护支出等。

11.城乡社区支出。分设6款：城乡社区管理事务、城乡社区规划与管理、城乡社区公共设施、城乡社区环境卫生、建设市场管理与监督、其他城乡社区支出等。

12.农林水支出。分设10款：农业、林业、水利、南水北调、扶贫、农业综合开发、农村综合改革、惠普金融负债、目标价格补贴、其他农林水事务支出等。

13.交通运输支出。分设7款：公路水路运输、铁路运输、民用航空运输、成品油价格改革对交通运输的补贴、邮政业支出、车辆购置税支出、其他交通运输支出等。

14.资源勘探电力信息等支出。分设8款：资源勘探开发、制造业、建筑业、工业和信息产业监管、安全生产监管、国有资产监管、支持中小企业发展和管理支出、其他资源勘探电力信息等支出等。

15.商业服务业等支出。分设4款：商业流通事务支出、旅游业管理与服务支出、涉外发展服务支出、其他商业服务业等支出。

16.金融支出。分设5款：金融部门行政支出、金融部门监管支出、金融发展支出、金融调控支出、其他金融监管等支出。

17.援助其他地区支出。分设9款：一般公共服务、教育、文化体育与传媒、医疗卫生、节能环保、农业、交通运输、住房保障、其他支出等。

18.国土海洋气象等支出。分设6款：国土资源事务、海洋管理事务、测绘事务、地震事务、气象事务、其他国土海洋气象等支出等。

19.住房保障支出。分设3款：保障性安居工程支出、住房改革支出、城乡社区住宅。

20.粮油物资储备支出。分设5款：粮油事务、物资事务、能源事务、粮油储备、重要商品储备。

21.预备费。①

22.其他支出。分设2款：年初预留、其他支出。

23.转移性支出。分设7款：返还性支出、一般性转移支付、专项转移支付、调出资金、年终结余、债务转贷支出、援助其他地区支出等。

24.债务还本支出。分设3款：中央政府国内债务还本支出、中央政府国外债务还本支出、地方政府一般债务还本支出。

25.债务付息支出。分设3款：中央政府国内债务付息支出、中央政府国外债务付息支出、地方政府一般债务付息支出。

26.债务发行费用支出。分设3款：中央政府国内债务发行费用支出、中央政府国外债务发行费用支出、地方政府一般债务发行费用支出。

上述有关一般公共预算支出的款级科目，再根据具体情况设置若干项级科目。比如，"人大事务"款级科目下分设"行政运行"、"一般行政管理事务"、"人大会议"、"人大立法"、"人大监督"等项级科目。需要说明的是，一般公共预算支出功能项级科目并没有完全按政府职能分类，而是根据预算细化和财政支出统计分析的需要，主要采用了两种不同的办法：一是按职能设置。如机关服务、小学教育、初中教育、高中教育、高等教育、中医医院、综合医院等。这类项级科目，着重于相关单位如机关服务中心、小学、初中、高中支出的完整反映。二是按活动设置。如"人大事务"款级科目下，按专门活动，单设"行政运行"、"机关服务"、"人大会议"、"代表培训"、"代表工作"等项级科目，比较细化，也比较透明。

需要指出的是，上述各类一般公共预算支出在编制一般公共预算时都按一般公共预算支出处理。但是，在财政总预算会计中，纳入一般公共预算的各类一般公共预算支出在发生时并非都通过"一般公共预算本级支出"科目核算。比如，转移性支出款级科目中的援助其他地区支出通过"地区间援助支出"科目核算，其他转移性支出则分别不同情况通过"补助支出"、"上解支出"和"调出资金"等科目核算；债务还本支出通过"债务还本支出"科目核算；预备费类和其他支出类中年初预留只有当政府分配或使用时才作为有关支出进行核算。除上述之外的各类一般公共预算支出才通过"一般公共预算本级支出"科目核算。这说明，政府支出科目与财政总预算会计的支出科目有着不同的反映对象和功能，两者相互联系，但绝不能相互替代。这种现象在政府性基金预算和

① 《预算法》第40条规定，各级一般公共预算应当按照本级一般公共预算支出额的1%～3%设置预备费，用于当年预算执行中的自然灾害等突发事件处理增加的支出及其他难以预见的开支。

国有资本经营预算中同样存在。

（三）一般公共预算本级支出的核算

一般公共预算本级支出是指政府财政管理的由本级政府使用的列入一般公共预算的支出。一般公共预算本级支出一般应当按照实际支付的金额入账，年末可采用权责发生制将国库集中支付结余列支入账。

为核算一般公共预算本级支出，财政总预算会计设置“一般公共预算本级支出”科目。本科目应当根据政府收支分类科目中的支出功能分类科目设置明细科目。同时，根据管理需要，按照支出经济分类科目、部门等进行明细核算。本科目平时借方余额反映一般公共预算本级支出的累计数。

政府财政实际发生一般公共预算本级支出时，借记本科目，贷记“国库存款”、“其他财政存款”等科目。

年度终了，对纳入国库集中支付管理、当年未支而需结转下一年度支付的款项（国库集中支付结余），采用权责发生制确认支出时，借记本科目，贷记“应付国库集中支付结余”科目。相关举例参见“应付国库集中支付结余”科目的核算。

年终转账时，本科目借方余额应全数转入“一般公共预算结转结余”科目，借记“一般公共预算结转结余”科目，贷记本科目。年终结转后，本科目无余额。

【例5-37】某省财政支付省人大办公费200 000元。该省财政总预算会计的账务处理如下：

借：一般公共预算本级支出——一般公共服务支出
——人大事务——行政运行　200 000
贷：国库存款　200 000

【例5-38】某省财政将预拨给省教育局的义务教育费500 000元列报一般公共预算本级支出，其中小学教育300 000元、初中教育200 000元。该省财政总预算会计的账务处理如下：

借：一般公共预算本级支出——教育支出——普通教育
——小学教育　300 000
——初中教育　200 000
贷：预拨经费　500 000

【例5-39】年终，某省财政“一般公共预算本级支出”科目借方余额6 000 000元。年终转账时，该省财政总预算会计的账务处理如下：

借：一般公共预算结转结余　6 000 000
贷：一般公共预算本级支出　6 000 000

二、政府性基金预算本级支出

（一）政府性基金预算支出的含义及其分类

政府性基金预算支出是指政府财政使用的纳入政府性基金预算管理的财政支出，主要包括政府性基金预算本级支出、对下级政府转移支出和上解上级支出等。政府性基金

预算支出范围，按照法律、行政法规和国务院的规定执行。

政府性基金预算支出的具体划分和内容按照政府收支分类科目办理，其科目按照功能分为类、款、项三级。按照《2016政府收支分类科目》的规定，政府性基金预算支出分设15类。

1.科学技术支出。设1款：核电站乏燃料处理处置基金支出。

2.文化体育与传媒支出。分设1款：国家电影事业发展专项资金及对应专项债务收入安排的支出。

3.社会保障和就业支出。分设2款：大中型水库移民后期扶持基金支出、小型水库移民扶持基金及对应专项债务收入安排的支出。

4.节能环保支出。分设2款：可再生能源电价附加收入安排的支出、废弃电器电子产品处理基金支出。

5.城乡社区支出。分设8款：政府住房基金及对应专项债务收入安排的支出、国有土地使用权出让收入及对应专项债务收入安排的支出、城市公用事业附加及对应专项债务收入安排的支出、国有土地收益基金及对应专项债务收入安排的支出、农业土地开发资金及对应专项债务收入安排的支出、新增建设用地有偿事业费及对应专项债务收入安排的支出、城市基础设施配套费及对应专项债务收入安排的支出、污水处理费及对应专项债务收入安排的支出等。

6.农林水支出。分设6款：新采地开发建设基金及对应专项债务收入安排的支出、大中型水库库区基金及对应专项债务收入安排的支出、三峡水库库区基金支出、南水北调工程基金及对应专项债务收入安排的支出、国家重大水利工程建设基金及对应专项债务收入安排的支出、水土保持费安排的支出等。

7.交通运输支出。分设7款：铁路运输、海南省高等级公路车辆通行附加费及对应专项债务收入安排的支出、车辆通行费及对应专项债务收入安排的支出、港口建设费及对应专项债务收入安排的支出、铁路建设基金支出、船舶油污损害赔偿基金支出、民航发展基金支出等。

8.资源勘探电力信息等支出。分设5款：工业和信息产业监管、散装水泥专项资金及对应专项债务收入安排的支出、新型墙体材料专项基金及对应专项债务收入安排的支出、农网还贷资金支出、电力改革预留资产变现收入安排的支出。

9.商业服务业等支出。设1款：旅游发展基金支出。

10.金融支出。设1款：金融调控支出。

11.其他支出。分设4款：其他政府性基金及对应专项债务收入安排的支出、彩票发行销售机构业务费安排的支出、彩票公益金及对应专项债务收入安排的支出、烟草企业上缴专项收入安排的支出。

12.转移性支出。分设4款：政府性基金转移性支付、调出资金、年终结余、债务转贷支出。

13.债务还本支出。设1款：地方政府专项债务还本支出。

14.债务付息支出。设1款：地方政府专项债务付息支出。

15.债务发行费用支出。设1款：地方政府专项债务发行费用支出。

上述有关政府性基金预算支出的款级科目，再根据具体情况设置若干项级科目。比如，“政府住房基金及对应专项债务收入安排的支出”款级科目下分设“管理费用支出”、“廉租住房支出”、“公共租赁住房支出”等项级科目。

需要说明的是，上述各类政府性基金预算支出在编制政府性基金预算时都按政府性基金预算支出处理。但是，在财政总预算会计中，纳入政府性基金预算的各类政府性基金预算支出在发生时并非都通过“政府性预算本级支出”科目核算。比如，转移性支出分别不同情况通过“补助支出”、“上解支出”和“调出资金”科目核算；债务还本支出通过“债务还本支出”科目核算；除上述之外的各类政府性基金预算支出才通过“政府性预算本级支出”科目核算。

（二）政府性基金预算本级支出的核算

政府性基金预算本级支出是指政府财政管理的由本级政府使用的列入政府性基金预算的支出。政府性基金预算本级支出一般应当按照实际支付的金额入账，年末可采用权责发生制将国库集中支付结余列支入账。

为了核算政府性基金预算本级支出，财政总预算会计设置“政府性基金预算本级支出”科目。本科目应当按照政府收支分类科目中支出功能分类科目设置明细科目。同时，根据管理需要，按照支出经济分类科目、部门等进行明细核算。本科目平时借方余额反映政府性基金预算本级支出的累计数。

政府财政实际发生政府性基金预算本级支出时，借记本科目，贷记“国库存款”科目。

年度终了，对纳入国库集中支付管理、当年未支而需结转下一年度支付的款项（国库集中支付结余），采用权责发生制确认支出时，借记本科目，贷记“应付国库集中支付结余”科目。相关举例参见“应付国库集中支付结余”科目的核算。

年终转账时，本科目借方余额应全数转入“政府性基金预算结转结余”科目，借记“政府性基金预算结转结余”科目，贷记本科目。年终结转后，本科目无余额。

【例5-40】中央财政支付用民航发展基金收入安排的支出500 000元，其中用于民航机场建设400 000元、航线与机场补贴100 000元。中央财政总预算会计的账务处理如下：

借：政府性基金预算本级支出

——交通运输支出——民航发展基金支出——民航机场建设　　400 000

——航线与机场补贴　　100 000

贷：国库存款　　500 000

【例5-41】年终，某省财政“政府性基金预算本级支出”科目的借方余额800 000元。年终转账时，该省财政总预算会计的账务处理如下：

借：政府性基金预算结转结余　　800 000

贷：政府性基金预算本级支出　　　　800 000

三、国有资本经营预算本级支出

（一）国有资本经营预算支出的含义及分类

国有资本经营预算支出是指政府财政使用的纳入国有资本经营预算管理的财政支出，主要包括国有资本经营预算本级支出、对下级政府转移支付支出等。国有资本经营预算支出范围，按照法律、行政法规和国务院的规定执行。

国有资本经营预算支出的具体划分和内容按照政府收支分类科目办理，其科目按功能分为类、款、项三级。按照《2016年政府收支分类科目》的规定，国有资本经营预算支出分设3类：

1.社会保障和就业支出。设1款：补充全国社会保障基金。

2.国有资本经营预算支出。分设5款：解决历史遗留问题及改革成本支出、国有企业资本金注入、国有企业政策性补贴、金融国有资本经营预算支出、其他国有资本经营预算支出。

3.转移性支出。分设2款：国有资本经营预算转移支付、调出资金。

上述有关国有资本经营预算支出的款级科目，再根据具体情况设置若干项级科目。比如，“解决历史遗留问题及改革成本支出”款级科目下分设“厂办大集体改革支出”、“国有企业办职教幼教年补助支出”、“国有企业退休人员社会化管理补助支出”等项级科目。

需要说明的是，上述各类国有资本经营预算支出在编制国有资本经营预算时都按国有资本经营预算支出处理。但是，在财政总预算会计中，纳入国有资本经营预算的各类国有资本经营预算支出在发生时并非都通过“国有资本经营预算本级支出”科目核算。比如，转移性支出分别不同情况通过“补助支出”和“调出资金”科目核算；除此之外的国有资本经营支出才通过“国有资本经营预算本级支出”科目核算。但是，如果经本级人民代表大会或者其常务委员会批准，设区的市、自治州以下各级政府可以根据实际情况不单独编制本级国有资本经营预算的，相关支出事项将纳入一般公共预算。在这种情况下，除了转移性支出以外的各类国有资本经营支出将通过“一般公共预算本级支出”科目核算。

（二）国有资本经营预算本级支出的核算

国有资本经营预算本级支出是指政府财政管理的由本级政府使用的列入国有资本经营预算的支出。国有资本经营预算本级支出一般应当按照实际支付的金额入账，年末可采用权责发生制将国库集中支付结余列支入账。

为了核算国有资本经营预算本级支出，财政总预算会计设置“国有资本经营预算本级支出”科目。本科目应当按照政府收支分类科目中支出功能分类科目设置明细科目。同时，根据管理需要，按照支出经济分类科目、部门等进行明细核算。本科目平时借方余额反映国有资本经营预算本级支出的累计数。

政府财政实际发生国有资本经营预算本级支出时，借记本科目，贷记“国库存款”

科目。

年度终了，对纳入国库集中支付管理、当年未支而需结转下一年度支付的款项（国库集中支付结余），采用权责发生制确认支出时，借记本科目，贷记“应付国库集中支付结余”科目。相关举例参见“应付国库集中支付结余”科目的核算。

年终转账时，本科目借方余额应全数转入“国有资本经营预算结转结余”科目，借记“国有资本经营预算结转结余”科目，贷记本科目。年终结转后，本科目无余额。

【例5-42】某市财政根据批准的国有资本经营预算拨付国有资本经营预算资金800 000元，其中补充全国社会保障基金200 000元、支付国有企业政策性补贴600 000元。该市财政总预算会计的账务处理如下：

借：国有资本经营预算本级支出
　　　　——社会保障和就业支出——补充全国社会保障基金
　　——国有资本经营预算补充社保基金支出　　200 000
　　——国有资本经营预算支出——国有企业政策性补贴
　　　　——国有企业政策性补贴　　600 000
　贷：国库存款　　800 000

【例5-43】年终，某市财政“国有资本经营预算本级支出”科目的借方余额800 000元。年终转账时，该市财政总预算会计的账务处理如下：

借：国有资本经营预算结转结余　　800 000
　贷：国有资本经营预算本级支出　　800 000

四、财政专户管理资金支出

财政专户管理资金支出是指政府财政用纳入财政专户管理的教育收费等资金安排的支出。财政专户管理资金支出应当按照实际支付的金额入账。

为了核算财政专户管理资金支出，财政总预算会计设置“财政专户管理资金支出”科目。本科目应当按照政府收支分类科目中支出功能分类科目设置相应明细科目。同时，根据管理需要，按照支出经济分类科目、部门（单位）等进行明细核算。本科目平时借方余额反映财政专户管理资金支出的累计数。

政府财政发生财政专户管理资金支出时，借记本科目，贷记“其他财政存款”等有关科目。年终转账时，本科目借方余额全数转入“财政专户管理资金结余”科目，借记“财政专户管理资金结余”科目，贷记本科目。年终结转后，本科目无余额。

【例5-44】中央财政支付用纳入财政专户管理的教育收费安排支出200 000元。中央财政总预算会计的账务处理如下：

借：财政专户管理资金支出　　200 000
　贷：其他财政存款　　200 000

【例5-45】年终，中央财政“财政专户管理资金支出”科目的借方余额6 000 000元。年终转账时，中央财政总预算会计的账务处理如下：

借：财政专户管理资金结余　　6 000 000

　贷：财政专户管理资金支出　　6 000 000

五、专用基金支出

专用基金支出是指政府财政用专用基金收入安排的支出。专用基金支出应当按照实际支付的金额入账。

为了核算政府财政用专用基金收入安排的支出，财政总预算会计设置“专用基金支出”科目。本科目应当根据专用基金的种类设置明细科目。同时，根据管理需要，按部门等进行明细核算。本科目平时借方余额反映专用基金支出的累计数。

政府财政发生专用基金支出时，借记本科目，贷记“其他财政存款”等有关科目。退回专用基金支出时，做相反的会计分录。年终转账时，本科目借方余额全数转入“专用基金结余”科目，借记“专用基金结余”科目，贷记本科目。年终结转后，本科目无余额。

【例5-46】某省财政通过粮食风险基金专户向粮食购销企业拨付粮食风险基金200 000元。该省财政总预算会计的账务处理如下：

借：专用基金支出——粮食风险基金　　200 000

　贷：其他财政存款　　200 000

【例5-47】年终，某市财政“专用基金支出”科目的借方余额200 000元。年终转账时，该市财政总预算会计的账务处理如下：

借：专用基金结余　　200 000

　贷：专用基金支出　　200 000

六、转移性支出

转移性支出是指在各级政府财政之间进行资金调拨以及在本级政府财政不同类型资金之间调剂所形成的支出，包括补助支出、上解支出、调出资金、地区间援助支出等。转移性支出应当按照财政体制的规定或实际发生的金额入账。

（一）补助支出

补助支出是指本级政府财政按财政体制规定或因专项需要补助给下级政府财政的款项，主要包括税收返还支出、体制补助支出和专项补助支出等。

为了核算补助支出，财政总预算会计设置“补助支出”科目。本科目下应当按照不同资金性质设置“一般公共预算补助支出”、“政府性基金预算补助支出”等明细科目，同时还应当按照补助地区进行明细核算。本科目平时借方余额反映补助支出的累计数。本级财政的“补助支出”和所属下级财政的“补助收入”的数额相等。

1.发生补助支出。政府财政发生补助支出或从“与下级往来”科目转入时，借记本科目，贷记“国库存款”、“其他财政存款”、“与下级往来”等科目。专项转移支付资金实行特设专户管理的，本级政府财政应当根据本级政府财政下达的预算文件确认补助支出，借记本科目，贷记“国库存款”、“与下级往来”等科目。

2.支付主权外债贷款资金。有主权外债业务的财政部门，贷款资金由下级政府财政同级部门（单位）使用，且贷款最终还款责任由本级政府财政承担的，本级政府财政部门支付贷款资金时，借记本科目，贷记“其他财政存款”科目；外方将贷款资金直接支付给用款单位或供应商时，借记本科目，贷记“债务收入”、“债务转贷收入”等科目；根据债务管理部门转来的相关外债转贷管理资料，按照实际支付的金额，借记“待偿债净资产”科目，贷记“借入款项”、“应付主权外债转贷款”等科目。

3. 年终财政结算。年终与下级政府财政结算时，按照尚未拨付的补助金额，借记本科目，贷记“与下级往来”科目。退还或核减补助支出时，借记“国库存款”、“与下级往来”等科目，贷记本科目。

4. 年终转账。年终转账时，本科目借方余额应根据不同资金性质分别转入对应的结转结余科目，借记“一般公共预算结转结余”、“政府性基金预算结转结余”等科目，贷记本科目。年终结转后，本科目无余额。

【例5-48】某省财政拨付所属下级财政补助款200 000元，其中体制补助150 000元、政府性基金补助50 000元。该省财政总预算会计的账务处理如下：

借：补助支出——一般公共预算补助支出　150 000
　　　　　——政府性基金预算补助支出　50 000
　贷：国库存款　200 000

【例5-49】中央财政拨付C省财政实行特设专户管理的一般公共服务的专项转移支付资金300 000元。中央财政总预算会计的账务处理如下：

- 年度中拨付时，

借：与下级往来　300 000
　贷：国库存款　300 000

- 年终根据本级政府财政下达的预算文件确认补助支出时，

借：补助支出——一般公共预算补助支出　300 000
　贷：与下级往来　300 000

【例5-50】某省财政将通过财政部借入的国际金融组织的贷款资金5 000 000元支付给所属A市农业局使用。如果该贷款资金最终还款责任由省级财政承担，该省财政总预算会计的账务处理如下：

借：补助支出——一般公共预算补助支出　5 000 000
　贷：其他财政存款　5 000 000

【例5-51】假设上例中的国际金融组织将贷款直接支付给A市农业局，该省财政总预算会计的账务处理如下：

借：补助支出——一般公共预算补助支出　5 000 000
　贷：债务收入　5 000 000

同时，

借：待偿债净资产——借入款项　5 000 000
　贷：借入款项　5 000 000

【例5-52】中央政府财政年终与某省财政结算，根据预算文件，确认尚未拨付的补助金额为150 000元。中央财政总预算会计的账务处理如下：

借：补助支出——一般公共预算补助支出　150 000

　贷：与下级往来　150 000

【例5-53】年终，某省财政“补助支出”科目的贷方余额1 300 000元，有关明细科目贷方余额为：“一般公共预算补助支出”1 150 000元、“政府性基金预算补助支出”150 000元。年终结账时，该省财政总预算会计的账务处理如下：

借：一般公共预算结转结余　1 150 000

　　政府性基金预算结转结余　150 000

　贷：补助支出　1 300 000

（二）上解支出

上解支出是指按照财政体制规定由本级政府财政上交给上级政府财政的款项，主要包括体制上解支出和专项上解支出。

为了核算上解支出，财政总预算会计设置“上解支出”科目。本科目下应当按照不同资金性质设置“一般公共预算上解支出”、“政府性基金预算上解支出”等明细科目。本科目平时借方余额反映上解支出的累计数。本级财政的“上解支出”和上级财政的“上解收入”的数额相等。

1.发生上解支出。政府财政发生上解支出时，借记本科目，贷记“国库存款”、“与上级往来”等科目。

2.年终财政结算。年终与上级政府财政结算时，按照尚未支付的上解金额，借记本科目，贷记“与上级往来”科目。退还或核减上解支出时，借记“国库存款”、“与上级往来”等科目，贷记本科目。

3.年终转账。年终转账时，本科目借方余额应根据不同资金性质分别转入对应的结转结余科目，借记“一般公共预算结转结余”、“政府性基金预算结转结余”等科目，贷记本科目。年终结转后，本科目无余额。

【例5-54】某省财政按体制规定上解中央财政增值税收入500 000元、彩票公益金收入50 000元。该省财政总预算会计的账务处理如下：

借：上解支出——一般公共预算上解支出　500 000

　　　　　　——政府性基金预算上解支出　50 000

　贷：国库存款　550 000

【例5-55】某省财政年终与中央政府财政结算，根据预算文件，确认尚未支付的体制上解金额为150 000元。该省财政总预算会计的账务处理如下：

借：上解支出——一般公共预算上解支出　150 000

　贷：与上级往来　150 000

【例5-56】年终，某省财政“上解支出”科目的借方余额600 000元，有关明细科目借方余额为：“一般公共预算上解支出”500 000元，“政府性基金预算上解支出”

100 000元。年终转账时，该省财政总预算会计的账务处理如下：

借：一般公共预算结转结余　500 000
　　政府性基金预算结转结余　100 000
　贷：上解支出　600 000

（三）调出资金

调出资金是指政府财政为平衡预算收支从某类资金向其他类型预算调出的资金。调出资金包括一般公共预算调出资金、政府性基金预算调出资金和国有资本经营预算调出资金。

为了调出资金，财政总预算会计设置“调出资金”科目。本科目下应当设置“一般公共预算调出资金”、“政府性基金预算调出资金”和“国有资本经营预算调出资金”等明细科目。本科目平时借方余额反映调出资金的累计数。

1.调出资金。政府财政从一般公共预算调出资金时，按照调出的金额，借记本科目（一般公共预算调出资金），贷记“调入资金”相关明细科目。从政府性基金预算调出资金时，按照调出的金额，借记本科目（政府性基金预算调出资金），贷记“调入资金”相关明细科目。从国有资本经营预算调出资金时，按照调出的金额，借记本科目（国有资本经营预算调出资金），贷记“调入资金”相关明细科目。

2.年终转账。年终转账时，本科目借方余额分别转入相应的结转结余科目，借记“一般公共预算结转结余”、“政府性基金预算结转结余”和“国有资本经营预算结转结余”等科目，贷记本科目。年终结转后，本科目无余额。

【例5-57】某省财政为了平衡政府性基金预算，从一般公共预算调出资金30 000元、从国有资本经营预算调出资金50 000元。该省财政总预算会计的账务处理如下：

借：调出资金——一般公共预算调出资金　30 000
　　　　　　——国有资本经营预算调出资金　50 000
　贷：调入资金——政府性基金预算调入资金　80 000

【例5-58】年终，某省财政“调出资金”科目的借方余额80 000元，有关明细科目借方余额为：“一般公共预算调出资金”30 000元、“国有资本经营预算调出资金”50 000元。年终转账时，该省财政总预算会计的账务处理如下：

借：一般公共预算结转结余　30 000
　　国有资本经营预算结转结余　50 000
　贷：调出资金　80 000

（四）地区间援助支出

地区间援助支出是指援助方政府财政安排用于受援方政府财政统筹使用的各类援助、捐赠等资金支出。

为了核算地区间援助支出，财政总预算会计设置“地区间援助支出”科目。本科目应当按照受援地区及管理需要进行相应明细核算。本科目平时借方余额反映地区间援助支出的累计数。

政府财政发生地区间援助支出时，借记本科目，贷记“国库存款”科目。年终转账时，本科目借方余额全数转入“一般公共预算结转结余”科目，借记“一般公共预算结转结余”科目，贷记本科目。年终结转后，本科目无余额。

【例5-59】某沿海省政府财政向G自治区政府财政支付可统筹使用的捐助资金1 000 000元。该省财政总预算会计的账务处理如下：

借：地区间援助支出——G自治区　　1 000 000

　贷：国库存款　　1 000 000

【例5-60】年终，某省财政“地区间援助支出”科目的借方余额1 000 000元。年终结账时，该省财政总预算会计的账务处理如下：

借：一般公共预算结转结余　　1 000 000

　贷：地区间援助支出　　1 000 000

（五）安排预算稳定调节基金

为了核算政府财政按照有关规定安排的预算稳定调节基金，财政总预算会计设置“安排预算稳定调节基金”科目。本科目平时借方余额反映安排预算稳定调节基金的累计数。

政府财政补充预算稳定调节基金时，借记本科目，贷记“预算稳定调节基金”科目。

年终转账时，本科目借方余额全数转入“一般公共预算结转结余”科目，借记“一般公共预算结转结余”科目，贷记本科目。年终结转后，本科目无余额。

【例5-61】某省财政从财政超收收入中安排预算稳定调节基金200 000元。该省财政总预算会计的账务处理如下：

借：安排预算稳定调节基金　　200 000

　贷：预算稳定调节基金　　200 000

【例5-62】年终，某省财政“安排预算稳定调节基金”科目的借方余额200 000元。年终转账时，该省财政总预算会计的账务处理如下：

借：一般公共预算结转结余　　200 000

　贷：安排预算稳定调节基金　　200 000

转移性支出中债务转贷支出的核算参见“债务转贷支出”。

七、债务还本支出和债务转贷支出

（一）债务还本支出

债务还本支出是指政府财政偿还本级政府承担的债务本金支出。

为了核算债务还本支出，财政总预算会计设置“债务还本支出”科目。本科目应当根据政府收支分类科目中“债务还本支出”的有关规定设置明细科目。本科目平时借方余额反映债务还本支出的累计数。

1. 偿还本级政府财政承担的债务本金。政府财政偿还本级政府财政承担的政府债券、主权外债等纳入预算管理的债务本金时，借记本科目，贷记“国库存款”、“其他财政存款”等科目；根据债务管理部门转来相关资料，按照实际偿还的本金金额，借记“应付短期政府债券”、“应付长期政府债券”、“借入款项”、“应付地方政府债券转贷款”、“应付主权外债转贷款”等科目，贷记“待偿债净资产”科目。

2. 偿还本级政府财政承担的存量债务本金。偿还截至2014年12月31日本级政府财政承担的存量债务本金时，借记本科目，贷记“国库存款”、“其他财政存款”等科目。

3. 年终转账。年终转账时，本科目下“专项债务还本支出”明细科目的借方余额应按照对应的政府性基金种类分别转入“政府性基金预算结转结余”相应明细科目，借记“政府性基金预算结转结余”科目，贷记本科目（专项债务还本支出）。本科目下其他明细科目的借方余额全数转入“一般公共预算结转结余”科目，借记“一般公共预算结转结余”科目，贷记本科目（其他明细科目）。结转后，本科目无余额。

【例5-63】某省财政偿还到期的3年期地方政府一般债券本金500 000 000元。该省财政总预算会计的账务处理如下：

借：债务还本支出——地方政府一般债务还本支出
　　　　——地方政府一般债券还本支出　　500 000 000
　贷：国库存款　　500 000 000

同时，

借：应付长期政府债券　　500 000 000
　贷：待偿债净资产——应付长期政府债券　　500 000 000

【例5-64】年终，某省财政“债务还本支出”科目的借方余额600 000 000元，有关明细科目借方余额为：“一般债务还本支出” 500 000 000元、“专项债务还本支出” 100 000 000元。年终转账时，该省财政总预算会计的账务处理如下：

借：一般公共预算结转结余　　500 000 000
　　政府性基金预算结转结余　　100 000 000
　贷：债务还本支出　　600 000 000

（二）债务转贷支出

债务转贷支出是指本级政府财政向下级政府财政转贷的债务支出。

为了核算债务转贷支出，财政总预算会计设置“债务转贷支出”科目。本科目下应当设置“地方政府一般债务转贷支出”、“地方政府专项债务转贷支出”明细科目，同时还应当按照转贷地区进行明细核算。本科目平时借方余额反映债务转贷支出的累计数。

1. 转贷地方政府债券

本级政府财政向下级政府财政转贷地方政府债券资金时，借记本科目，贷记“国库存款”科目；根据债务管理部门转来的相关资料，按照到期应收回的转贷款本金金额，借记“应收地方政府债券转贷款”科目，贷记“资产基金——应收地方政府债券转贷款”科目。

【例5-65】某省财政向所属市级财政转贷地方政府专项债券资金1 500 000元。该省财政总预算会计的账务处理如下：

借：债务转贷支出——地方政府专项债务转贷支出　　1 500 000

　贷：国库存款　　1 500 000

同时，

借：应收地方政府债券转贷款　　1 500 000

　贷：资产基金——应收地方政府债券转贷款　　1 500 000

2.转贷主权外债资金

本级政府财政向下级政府财政转贷主权外债资金，且主权外债最终还款责任由下级政府财政承担的，相关账务处理如下：

（1）本级政府财政支付转贷资金时，根据转贷资金支付相关资料，借记“债务转贷支出”科目，贷记“其他财政存款”科目；根据债务管理部门转来的相关资料，按照实际持有的债权金额，借记“应收主权外债转贷款”科目，贷记“资产基金——应收主权外债转贷款”科目。

（2）外方将贷款资金直接支付给用款单位或供应商时，本级政府财政根据转贷资金支付相关资料，借记本科目，贷记“债务收入”、“债务转贷收入”科目；根据债务管理部门转来的相关资料，按照实际持有的债权金额，借记“应收主权外债转贷款”科目，贷记“资产基金——应收主权外债转贷款”科目；同时，借记“待偿债净资产”科目，贷记“借入款项”、“应付主权外债转贷款”等科目。

【例5-66】某省财政向所属市级财政转贷外国政府借款2 000 000元，该贷款由市级财政承担偿还责任、市交通运输局使用。该省财政总预算会计账务处理如下：

• 将贷款资金支付给市财政部门时，

借：债务转贷支出——地方一般债务转贷支出

　　　　——地方政府向外国政府借款转贷支出　　2 000 000

　贷：其他财政存款　　2 000 000

同时，

借：应收主权外债转贷款　　2 000 000

　贷：资产基金——应收主权外债转贷款　　2 000 000

• 如果外方将贷款直接支付给市交通运输局时，

借：债务转贷支出——地方一般债务转贷支出

　　　　——地方政府向外国政府借款转贷支出　　2 000 000

　贷：债务收入　　2 000 000

同时，

借：应收主权外债转贷款　　2 000 000

　　贷：资产基金——应收主权外债转贷款　　2 000 000
　借：待偿债净资产——应付主权外债转贷款　　2 000 000
　　贷：借入款项　　2 000 000

3. 年终转账

年终转账时，本科目下“地方政府一般债务转贷支出”明细科目的借方余额全数转入“一般公共预算结转结余”科目，借记“一般公共预算结转结余”科目，贷记“债务转贷支出（地方政府一般债务转贷支出）”科目。本科目下“地方政府专项债务转贷支出”明细科目的借方余额全数转入“政府性基金预算结转结余”科目，借记“政府性基金预算结转结余”科目，贷记“债务转贷支出（地方政府专项债务转贷支出）”科目。结转后，本科目无余额。

【例5-67】年终，某省财政“债务转贷支出”账户借方余额为3 500 000元，有关明细科目贷方余额为：“地方政府一般债务转贷支出”2 000 000元、“地方政府专项债务转贷支出”1 500 000元。年终结账时，该省财政总预算会计的账务处理如下：

　借：一般公共预算结转结余　　2 000 000
　　　政府性基金预算结转结余　　1 500 000
　　贷：债务转贷支出　　3 500 000

复习思考

1. 什么是政府财政收入和政府财政支出？它们各自包含哪些内容？
2. 政府财政收入的缴库方式有哪几种？各自的含义是什么？
3. 政府财政支出的支付方式有哪几种？各自的含义是什么？
4. 政府预算收入的退库范围是什么？
5. 什么是财政资金调拨？其形式是什么？资金调拨收入和支出各自包含哪些内容？
6. 政府财政收入在财政总预算会计中通过哪些会计科目进行核算？
7. 政府财政支出在财政总预算会计中通过哪些会计科目进行核算？
8. 政府收支分类科目中的转移性收入在财政总预算会计中通过哪些会计科目进行核算？
9. 政府收支分类科目中的转移性支出在财政总预算会计中通过哪些会计科目进行核算？
10. 与政府债务核算有关的收入和支出会计科目有哪些？

操作练习

题一：

目的：练习政府财政收入的核算。

资料：某省财政20×1年发生如下经济业务：

1. 收到国库报来的预算收入日报表，所列一般公共预算本级收入500 000元。

2.收到国库报来的预算收入日报表，所列政府性基金预算本级收入20 000元。

3.收到国库报来的预算收入日报表，所列国有资本经营预算本级收入100 000元。

4.通过一般公共预算支出安排取得粮食风险基金150 000元并转入财政专户。

5.收到省教育厅缴入财政专户的教育收费100 000元。

6.收到上级财政拨来的补助款150 000元，其中一般公共预算补助100 000元、政府性基金预算补助50 000元。

7.收到下级财政上解给本级财政的款项500 000元，其中一般公共预算上解300 000元，政府性预算上解200 000元。

8.为平衡一般公共预算，从政府性基金预算调入资金50 000元、国有资本经营预算调入资金50 000元。

9.年度终了为弥补一般公共预算执行中出现的支出缺口，调用预算稳定调节基金60 000元。

10.收到A省政府财政转来可统筹使用的捐助资金800 000元。

11.发行3年期地方政府一般债券，收到发行款700 000 000元。

要求：根据上述经济业务编制相应的会计分录，对于涉及转移性收支科目的要求列出二级明细科目。

题二：

目的：练习政府财政支出的核算。

资料：某省财政20×1年发生如下经济业务：

1.根据一般公共预算，支付省物价厅办公费200 000元。

2.将之前预拨给省农业厅的教育费50 000元列报一般公共预算本级支出。

3.根据政府性基金预算，支付用地方水利建设基金收入安排的支出100 000元，用地方教育附加安排的支出80 000元。

4.根据国有资本经营预算，拨付国有资本经营预算资金500 000元。

5.从粮食风险基金专户中安排使用粮食风险基金200 000元。

6.向所属市财政拨付补助款100 000元，其中一般公共预算80 000元、政府性基金预算20 000元。

7.向中央财政上解增值税收入50 000元、政府性基金收入30 000元。

8.调出一般公共预算资金30 000元用于平衡政府性基金预算。

9.从国有资本经营预算调出资金20 000元用于平衡一般公共预算。

10.按有关规定，用纳入财政专户管理的资金安排支出50 000元。

11.向某自治区政府财政支付可统筹使用的捐助资金200 000元。

12.从财政超收收入中安排预算稳定调节基金300 000元。

13.偿还5年期地方政府一般债券本金50 000 000元、专项债券本金40 000 000元。

14.向所属市级财政转贷地方政府专项债券资金1 500 000元。

15.向所属市级财政转贷国际金融组织转贷款2 000 000元。

要求：根据上述经济业务编制相应的会计分录，对于涉及转移性收支科目的要求列出二级明细科目。

第六章

政府财政资产、负债和净资产的核算

学习目标

- 掌握财政资产、负债、净资产的概念和内容
- 熟悉流动资产和非流动资产的内容
- 熟悉流动负债和非流动负债的内容
- 掌握各项资产、负债和净资产的核算方法
- 理解政府财政债权和债务形成的方式
- 理解上下级往来产生的原因
- 掌握实行“双分录”核算方法的经济业务

政府财政资产是政府财政占有或控制的，能以货币计量的经济资源；政府财政负债是政府财政所承担的能以货币计量、需以资产偿付的债务；政府财政净资产是政府财政资产减去负债的差额。本章主要阐述政府财政资产、负债和净资产的内容及账务处理方法。

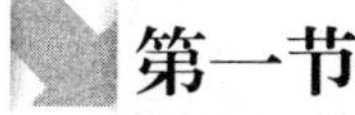

第一节 政府财政资产

政府财政资产是指政府财政占有或控制的，能以货币计量的经济资源，包括财政存款、有价证券、应收股利、借出款项、暂付及应收款项、预拨经费、应收转贷款和股权投资等。

财政总预算会计对符合政府财政资产定义的经济资源，应当在取得对其相关的权利，并且能够可靠地进行货币计量时确认。符合资产定义并确认的资产项目，应当列入资产负债表。政府财政资产应当按照取得或发生时的实际金额进行计量。

政府财政资产按照流动性，分为流动资产和非流动资产。

一、流动资产

流动资产是指预计在1年内（含1年）变现的资产，包括财政存款、有价证券、在途款、预拨经费、借出款项、应收股利、暂付及应收款项等。

（一）财政存款

1.财政存款的概念和管理原则

财政存款是指政府财政部门代表政府管理的国库存款、国库现金管理存款以及其他财政存款等。

对财政存款的管理，财政总预算会计应当遵循以下原则：

（1）财政存款的支配权属于同级政府财政部门，并由财政总预算会计负责管理。

（2）统一在国库或选定的银行开立存款账户，统一收付。

（3）在财政存款余额内支付，不得透支。

（4）财政存款只能转账结算，不得提取现金。

2.财政存款的核算

（1）国库存款

国库存款是政府财政存放在国库单一账户的款项，包括一般公共预算存款、政府性基金预算存款和国有资本经营预算存款。政府财政预算收入经过各级国库的收纳、划分、报解和上下级财政之间的调拨，形成各级财政部门的财政存款。

为了核算国库存款，财政总预算会计设置“国库存款”科目。本科目期末借方余额反映政府财政国库存款的结存数。

政府财政收到预算收入时，借记本科目，贷记有关预算收入科目。当日收入数为负数时，以红字记入（采用计算机记账的，用负数反映）。国库库款减少时，按照实际支付的金额，借记有关科目，贷记本科目。

收到国库存款利息收入时，借记本科目，贷记“一般公共预算本级收入”科目。收到缴入国库的来源不清的款项时，借记本科目，贷记“其他应付款”等科目。

【例6-1】某省财政收到国库报来“预算收入日报表”，列示本日一般公共预算本级收入为100 000元、政府性基金预算本级收入50 000元、国有资本经营预算本级收入60 000元。该省财政总预算会计的账务处理如下：

	借方	贷方
借：国库存款	210 000	
贷：一般公共预算本级收入		100 000
政府性基金预算本级收入		50 000
国有资本经营预算本级收入		60 000

【例6-2】某省财政向省政协拨付办公费100 000元。该省财政总预算会计的账务处理如下：

	借方	贷方
借：一般公共预算本级支出	100 000	

贷：国库存款　100 000

【例6-3】某省财政支付用城市公用事业附加收入安排的支出150 000元。该省财政总预算会计的账务处理如下：

借：政府性基金预算本级支出　150 000

贷：国库存款　150 000

【例6-4】某省财政支付用国有资本经营预算本级收入安排的支出200 000元。该省财政总预算会计的账务处理如下：

借：国有资本经营预算本级支出　200 000

贷：国库存款　200 000

（2）国库现金管理存款

国库现金是政府财政实行国库现金管理业务存放在商业银行的款项。

为了核算国库现金管理存款，财政总预算会计设置“国库现金管理存款”科目。本科目期末借方余额反映政府财政实行国库现金管理业务持有的存款。

政府财政按照国库现金管理有关规定，将库款转存商业银行时，按照存入商业银行的金额，借记本科目，贷记“国库存款”科目。国库现金管理存款收回国库时，按照实际收回的金额，借记“国库存款”科目，按照原存入商业银行的存款本金金额，贷记本科目，按照两者的差额，贷记“一般公共预算本级收入”科目。

【例6-5】中央财政按照国库现金管理有关规定，将库款5 000 000元转存商业银行。中央财政总预算会计账务处理如下：

借：国库现金管理存款　5 000 000

贷：国库存款　5 000 000

【例6-6】中央财政将到期的国库现金管理存款收回国库，本金为5 000 000元，利息200 000元。中央财政总预算会计账务处理如下：

借：国库存款　5 200 000

贷：国库现金管理存款　5 000 000

一般公共预算本级收入　200 000

（3）其他财政存款

其他财政存款是政府财政未列入国库存款和国库现金管理存款的各项存款，包括实行财政专户管理的资金存款、未设国库的乡（镇）财政在专业银行的预算资金存款等。

为了核算其他财政存款，财政总预算会计设置“其他财政存款”科目。本科目应当按照资金性质和存款银行等进行明细核算。本科目期末借方余额反映政府财政持有的其他财政存款。

财政专户收到款项时，按照实际收到的金额，借记本科目，贷记有关科目。其他财政存款减少时，按照实际支付的金额，借记有关科目，贷记本科目。

其他财政存款产生的利息收入，除规定作为专户资金收入外，其他利息收入都应缴入国库纳入一般公共预算管理。取得其他财政存款利息收入时，需按照实际获得的利息金额，根据情况分别处理：按规定作为专户资金收入的，借记本科目，贷记“应付代管资金”或有关收入科目；按规定应缴入国库的，借记本科目，贷记“其他应付款”科目。将其他财政存款利息收入缴入国库时，借记“其他应付款”科目，贷记本科目；同时，借记“国库存款”科目，贷记“一般公共预算本级收入”科目。

【例6-7】中央财政收到向外国政府借入的款项50 000 000元。中央财政总预算会计的账务处理如下：

借：其他财政存款——外国政府借款　　50 000 000
　贷：债务收入　　50 000 000
借：待偿债净资产——借入款项　　50 000 000
　贷：借入款项　　50 000 000

【例6-8】中央财政收到教育收费300 000元。中央财政总预算会计的账务处理如下：

借：其他财政存款——教育收费存款　　300 000
　贷：财政专户管理资金收入　　300 000

【例6-9】中央财政支付用教育收费安排的支出300 000元。中央财政总预算会计的账务处理如下：

借：财政专户管理资金支出　　300 000
　贷：其他财政存款——教育收费存款　　300 000

【例6-10】未设国库的某乡财政收到县财政返回的一般公共预算本级收入200 000元、政府性基金预算本级收入50 000元、国有资本经营预算本级收入50 000元。该乡财政总预算会计的账务处理如下：

借：其他财政存款——一般预算存款　　200 000
　　　　　　　——基金预算存款　　50 000
　　　　　　　——国有资本经营预算存款　　50 000
　贷：一般公共预算本级收入　　200 000
　　　政府性基金预算本级收入　　50 000
　　　国有资本经营预算本级收入　　50 000

【例6-11】未设国库的某乡财政支付镇政府职工工资50 000元。该乡财政总预算会计的账务处理如下：

借：一般公共预算本级支出　　50 000
　贷：其他财政存款——一般公共预算存款　　50 000

（4）财政零余额账户存款

财政零余额账户是由财政部门在商业银行开设，用于财政直接支付与国库单一账户清算的账户，由财政国库支付执行机构负责管理。

为了核算财政国库支付执行机构在代理银行办理财政直接支付的业务，财政总预算会计设置“财政零余额账户存款”科目。财政国库支付执行机构未单设的地区不使用本科目。本科目当日资金结算后一般应无余额。

财政国库支付执行机构为预算单位直接支付款项时，借记有关预算支出科目，贷记本科目。财政国库支付执行机构每日将按部门分类、款、项汇总的预算支出结算清单等结算单与中国人民银行国库划款凭证核对无误后，送财政总预算会计结算资金，按照结算的金额，借记本科目，贷记“已结报支出”科目。

【例6-12】中央财政国库支付中心通过财政部零余额账户为交通运输部门支付办公设备购置费2 000 000元，民航机场建设费1 000 000元。中央财政国库支付执行机构会计账务处理如下：

借：一般公共预算本级支出	2 000 000	
政府性基金预算本级支出	1 000 000	
贷：财政零余额账户存款		3 000 000

【例6-13】某日汇总清算后，中央财政国库支付中心将当日按部门分类、款、项汇总的预算支出结算清单等结算单与中国人民银行国库划款凭证核对无误后，送财政总预算会计结算资金，当日的一般公共预算本级支出2 200 000元，政府性基金预算本级支出1 000 000元。其中一般公共预算本级支出中200 000元为财政授权支付，其他支出均为财政直接支付。中央财政国库支付执行机构会计账务处理如下：

借：财政零余额账户存款	3 000 000	
一般公共预算本级支出	200 000	
贷：已结报支出		3 200 000

（二）有价证券

有价证券是指政府财政按照有关规定取得并持有的政府债券。政府财政购入政府债券，属于债权投资。

为了核算有价证券，财政总预算会计设置“有价证券”科目。本科目应按有价证券种类和资金性质进行明细核算。本科目期末借方余额反映政府财政持有的有价证券金额。

政府财政购入有价证券时，按照实际支付的金额，借记本科目，贷记“国库存款”、“其他财政存款”等科目。政府财政转让或到期兑付有价证券时，按照实际收到的金额，借记“国库存款”、“其他财政存款”等科目，按照该有价证券的账面余额，贷记本科目，按其差额，贷记“一般公共预算本级收入”等科目。

【例6-14】某市财政使用一般公共预算结余和政府性基金预算结余各50 000元购买1年期国库券100 000元。该市财政总预算会计的账务处理如下：

借：有价证券——国库券——一般公共预算结余购入	50 000	
——政府性基金预算结余购入	50 000	
贷：国库存款		100 000

【例6-15】上例中市财政购买的国库券到期，收到兑付本金100 000元，利息5 000

元。该市财政总预算会计的账务处理如下：

借：国库存款　　105 000
　贷：有价证券——国库券——一般公共预算结余购入　　50 000
　　　　　　　　　　　——政府性基金预算结余购入　　50 000
　　　一般公共预算本级收入　　2 500
　　　政府性基金预算本级收入　　2 500

（三）**在途款**

在途款是一种在途未达款项，是决算清理期和库款报解整理期内发生的上下年度收入、支出及需要过渡处理的待结算资金。

新年度开始的一定时期（一般为10天，由上级财政具体规定）内，通常设定为整理期。在整理期内，有些属于上年度的收入需要补充缴库，有些不合规的支出需要收回。这些会计事项发生在新年度，从发生时间来看，属于已达款项，但从上年度来看，这些款项却是未达款项。这些上下年度间的交接资金需要通过设置“在途款”科目进行过渡核算。

为了核算在途款，财政总预算会计设置“在途款”科目。本科目期末借方余额反映政府财政持有的在途款。

政府财政在决算清理期和库款报解整理期内收到属于上年度收入时，在上年度账务中，借记本科目，贷记有关收入科目；收回属于上年度拨款或支出时，在上年度账务中，借记本科目，贷记“预拨经费”或有关支出科目。冲转在途款时，在本年度账务中，借记“国库存款”科目，贷记本科目。

【例6-16】某市财政在决算整理期间收到国库报来的预算收入日报表，列示上年度的一般公共预算本级收入40 000元、政府性基金预算本级收入20 000元、国有资本经营预算本级收入50 000元。该市财政总预算会计的账务处理如下：

• 在上年度账上记，

借：在途款　　110 000
　贷：一般公共预算本级收入　　40 000
　　　政府性基金预算本级收入　　20 000
　　　国有资本经营预算本级收入　　50 000

• 在新年度账上记，

借：国库存款　　110 000
　贷：在途款　　110 000

【例6-17】某市财政在决算整理期间收回上年度已列支的一般公共预算本级支出40 000元。该市财政总预算会计的账务处理如下：

• 在上年度账上记，

借：在途款　　40 000
　贷：一般公共预算本级支出　　40 000

● 在新年度账上记，

借：国库存款　　40 000

　贷：在途款　　40 000

【例6-18】某市财政在决算整理期间收回属于上年度的预拨市教育局款项40 000元。该市财政总预算会计的账务处理如下：

● 在上年度账上记，

借：在途款　　40 000

　贷：预拨经费　　40 000

● 在新年度账上记，

借：国库存款　　40 000

　贷：在途款　　40 000

（四）预拨经费

预拨经费是指政府财政在年度预算执行中预拨出应在以后各月列支以及会计年度终了前根据“二上”预算预拨出的下年度预算资金。预拨经费（不含预拨下年度预算资金）应在年终前转列支出或清理收回。

为了核算预拨经费，本科目应当按照预拨经费的种类、预算单位等进行明细核算。本科目期末借方余额反映政府财政年末尚未转列支出或尚待收回的预拨经费数。

政府财政拨出款项时，借记本科目，贷记“国库存款”科目。转列支出或收回预拨款项时，借记“一般公共预算本级支出”、“政府性基金预算本级支出”、“国库存款”等科目，贷记本科目。

【例6-19】某市财政3月份预拨4月份所属甲单位经费50 000元。该市财政总预算会计的账务处理如下：

借：预拨经费——甲单位　　50 000

　贷：国库存款　　50 000

【例6-20】上例中的市财政4月份将预拨所属甲单位经费40 000元转为一般公共预算本级支出，国库收回余款10 000元。该市财政总预算会计的账务处理如下：

借：一般公共预算本级支出　　40 000

　　国库存款　　10 000

　贷：预拨经费——甲单位　　50 000

（五）借出款项

借出款项是指政府财政按照对外借款管理相关规定借给预算单位应对临时急需并需按期收回的款项。

根据国家有关规定，各级财政部门要严格按照批准的年度预算和用款计划拨款，对于年度预算执行中确需新增的支出项目，应按规定通过动支预备费或调整当年预算解决，不得对外借款。各级政府财政部门不得将国库库款和财政专户资金借给任何部门、单位、企业或者个人，但经本级政府批准临时应对重大突发事件确需出借的临时急需款项，应严格限定借款对象、用途和期限。借款对象应限于纳入本级预算管理的一级预算单位（本级政府所属部门和直属事业单位，不含企业），不得对非预算单位及未纳入年度预算的项目给予借款和垫付财政资金，且应仅限于临时性资金周转或者为应对社会影响较大的突发事件的临时急需垫款。借款期限不得超过一年。各级政府应当将财政对外借款情况向本级人民代表大会常务委员会报告。政府所属部门、直属事业单位应当按时归还借款。超期未还的，应当责令改正。

为了核算借出款项，财政总预算会计设置“借出款项”科目。本科目应当按照借款单位等进行明细核算。本科目期末借方余额反映政府财政借给预算单位尚未收回的款项。

政府财政将款项借出时，按照实际支付的金额，借记本科目，贷记“国库存款”等科目。收回借款时，按照实际收到的金额，借记“国库存款”等科目，贷记本科目。

【例6-21】经批准，某省教育厅因遇重大突发事件临时急需款项向省财政借款500 000元，省财政通知国库拨款。该省财政总预算会计的账务处理如下：

	借方	贷方
借：借出款项——教育厅	500 000	
贷：国库存款		500 000

【例6-22】上例中的省财政收回借给省教育厅的500 000元。该省财政总预算会计的账务处理如下：

	借方	贷方
借：国库存款	500 000	
贷：借出款项——教育厅		500 000

（六）*应收股利*

应收股利是指政府因持有股权投资应当收取的现金股利或利润。

为了核算应收股利，财政总预算会计设置“应收股利”科目。本科目应当按照被投资主体进行明细核算。本科目期末借方余额反映政府尚未收回的现金股利或利润。

政府财政持有股权投资期间被投资主体宣告发放现金股利或利润的，按应上缴政府财政的部分，借记本科目，贷记“资产基金——应收股利”科目；按照相同的金额，借记“资产基金——股权投资”科目，贷记“股权投资（损益调整）”科目。实际收到现金股利或利润，借记“国库存款”等科目，贷记有关收入科目；按照相同的金额，借记“资产基金——应收股利”科目，贷记本科目。

【例6-23】2015年5月30某上市公司发布2015年利润分配实施公告，公布2015年分配现金股利5 000 000元，现金股利发放日为6月10日。中央政府在该公司持有股份比例为20%。中央财政总预算会计账务处理如下：

• 宣告发放股利时，

	借方	贷方
借：应收股利	5 000 000	
贷：资产基金——应收股利		5 000 000
借：资产基金——股权投资	5 000 000	
贷：股权投资——损益调整		5 000 000

• 实际收到现金股利时，

借：国库存款　　5 000 000

　贷：国有资本经营预算本级收入　　5 000 000

借：资产基金——应收股利　　5 000 000

　贷：应收股利　　5 000 000

（七）暂付及应收款项

暂付及应收款项是指政府财政业务活动中形成的债权，包括与下级往来和其他应收款等。暂付及应收款项应当及时清理结算，不得长期挂账。

1. 与下级往来

与下级往来是指本级政府财政与下级政府财政的往来待结算款项。该款项主要是在预算执行过程中因本级政府财政借给下级财政款项、体制结算等事项而形成的待结算资金，其形成本级政府财政的债权、下级政府财政的债务。

为了核算与下级往来，县级（含县级）以上各级财政总预算会计设置“与下级往来”科目。本科目应当按照下级政府财政、资金性质等进行明细核算。本科目期末借方余额反映下级政府财政欠本级政府财政的款项；期末贷方余额反映本级政府财政欠下级政府财政的款项。

本级政府财政借给下级政府财政款项时，借记本科目，贷记“国库存款”科目。借款收回、转作补助支出或体制结算应当补助下级政府财政的支出，借记“国库存款”、“补助支出”等有关科目，贷记本科目。发生补助多补应当退回的，按照应当退回的金额，借记本科目，贷记“补助支出”科目。体制结算中应当由下级政府财政上交的收入数，借记本科目，贷记“上解收入”科目。发生上解多交应当退回的，按照应当退回的金额，借记“上解收入”科目，贷记本科目。

【例6-24】某市财政借给所属A县财政急需款项500 000元，已通知国库拨款。该市财政总预算会计的账务处理如下：

借：与下级往来——A县　　500 000

　贷：国库存款　　500 000

【例6-25】上例中的市财政经研究决定借给A县财政的500 000元要求收回300 000元，剩余部分作为对该县的补助。国库已通知收到A县财政归还300 000元。该市财政总预算会计的账务处理如下：

借：国库存款　　300 000

　　补助支出　　200 000

　贷：与下级往来——A县　　500 000

【例6-26】某市财政根据年终财政结算单将所属B县财政所欠上解资金500 000元记账。该市财政总预算会计的账务处理如下：

借：与下级往来——B县　　500 000

　贷：上解收入　　500 000

2.其他应收款

其他应收款是政府财政临时发生的其他应收、暂付、垫付款项。

为了核算其他应收款，财政总预算会计设置“其他应收款”科目。项目单位拖欠外国政府和国际金融组织贷款本息和相关费用导致相关政府财政履行担保责任，代偿的贷款本息，也通过本科目核算。本科目应当按照资金性质、债务单位等进行明细核算。本科目应及时清理结算。年终，原则上应无余额。

政府财政发生其他应收款项时，借记本科目，贷记“国库存款”、“其他财政存款”等科目。收回或转作预算支出时，借记“国库存款”、“其他财政存款”或有关支出科目，贷记本科目。

政府财政对使用外国政府和国际金融组织贷款资金的项目单位履行担保责任，代偿贷款本息费时，借记本科目，贷记“国库存款”、“其他财政存款”等科目。政府财政行使追索权，收回项目单位贷款本息费时，借记“国库存款”、“其他财政存款”等科目，贷记本科目。政府财政最终未收回项目单位贷款本息费，经核准列支时，借记“一般公共预算本级支出”等科目，贷记本科目。

【例6-27】某市级事业单位拟采购一批办公设备，所需资金500 000元。根据政府采购合同，款项由一般公共预算资金和单位自筹资金共担，其中财政部门承担300 000元，单位自筹资金200 000元。该项采购采用财政全额直接拨付方式支付政府采购资金。该市财政总预算会计应进行如下账务处理：

• 该市财政总预算会计根据政府采购合同等文件的规定，将预算资金300 000元划入政府采购资金专户时，

借：其他应收款——政府采购款　　300 000

　贷：国库存款　　300 000

同时，

借：其他财政存款　　300 000

　贷：其他应付款——政府采购款　　300 000

• 该事业单位根据政府采购合同等文件的规定，将单位自筹资金200 000元划入政府采购资金专户时，

借：其他财政存款　　200 000

　贷：其他应付款——政府采购配套资金——某事业单位　　200 000

• 财政总预算会计根据政府采购合同等有关文件，将政府采购款500 000元划入供应商账户时，

借：其他应付款——政府采购款　　300 000

　　　　　　——政府采购配套资金——某事业单位　　200 000

　贷：其他财政存款　　500 000

• 财政总预算会计将安排的政府采购预算资金300 000元列报支出时，

借：一般公共预算本级支出　　300 000

贷：其他应收款——政府采购款　300 000

【例6-28】中央财政对使用国际金融组织贷款资金的A项目单位履行担保责任，发生代偿贷款本息210 000元，其中本金200 000元、利息10 000元。中央财政总预算会计账务处理如下：

借：其他应收款　210 000
　贷：其他财政存款　200 000
　　　国库存款　10 000

【例6-29】上例中的中央财政行使追索权，收回项目单位贷款本息210 000元。则中央财政总预算会计账务处理如下：

借：其他财政存款　200 000
　　国库存款　10 000
　贷：其他应收款　210 000

如果中央财政最终未收回项目单位贷款本息费，经核准列入一般公共预算支出，则中央财政总预算会计账务处理如下：

借：一般公共预算本级支出　210 000
　贷：其他应收款　210 000

二、非流动资产

非流动资产是指流动资产以外的资产，包括应收转贷款、股权投资和待发国债。

（一）应收转贷款

应收转贷款是指政府财政将借入的资金转贷给下级政府财政的款项，包括应收地方政府债券转贷款、应收主权外债转贷款等。

1.应收地方政府债券转贷款

应收地方政府债券转贷款是地方政府财政将地方政府债券转贷给下级政府财政形成的转贷款。

为了核算应收地方政府债券转贷款的本金及利息，省级以下（含省级）财政总预算会计设置“应收地方政府债券转贷款”。本科目下应当设置“应收地方政府一般债券转贷款”和“应收地方政府专项债券转贷款”明细科目，其下分别设置“应收本金”和“应收利息”两个明细科目，并按照转贷对象进行明细核算。本科目期末借方余额反映政府财政应收未收的地方政府债券转贷款本金和利息。

（1）发生转贷地方政府债券。本级政府财政向下级政府财政转贷地方政府债券资金时，按照转贷的金额，借记“债务转贷支出”科目，贷记“国库存款”科目；根据债务管理部门转来的相关资料，按照到期应收回的转贷本金金额，借记本科目，贷记“资产基金——应收地方政府债券转贷款”科目。

（2）期末确认应收利息。期末确认地方政府债券转贷款的应收利息时，根据债务管理部门计算出的转贷款本期应收未收利息金额，借记本科目，贷记“资产基金——应收地方政府债券转贷款”科目。

（3）收回本息。收回下级政府财政偿还的转贷款本息时，按照收回的金额，借记“国库存款”等科目，贷记“其他应付款”或“其他应收款”科目；根据债务管理部门转来的相关资料，按照收回的转贷款本金及已确认的应收利息金额，借记“资产基金——应收地方政府债券转贷款”科目，贷记本科目。

（4）扣缴本息。扣缴下级政府财政的转贷款本息时，按照扣缴的金额，借记“与下级往来”科目，贷记“其他应付款”或“其他应收款”科目；根据债务管理部门转来的相关资料，按照扣缴的转贷款本金及已确认的应收利息金额，借记“资产基金——应收地方政府债券转贷款”科目，贷记本科目。

【例6-30】某省财政向所属A市财政转贷3年期、票面利率为2.5%的地方政府一般债券6 000 000元 。该债券分年付息、到期一次还本。该省财政总预算会计账务处理如下：

• 发生地方政府一般债券转贷时，

借：债务转贷支出　6 000 000

　贷：国库存款　6 000 000

借：应收地方政府债券转贷款——应收地方政府一般债券转贷款

　　——应收本金　6 000 000

　贷：资产基金——应收地方政府债券转贷款　6 000 000

• 月末确认应收利息时，

年应收利息=6 000 000×2.5%=150 000（元）

月末应收利息=150 000÷12=12 500（元）

借：应收地方政府债券转贷款——应收地方政府一般债券转贷款

　　——应收利息　12 500

　贷：资产基金——应收地方政府债券转贷款　12 500

• 每年收回利息时，

借：国库存款　150 000

　贷：其他应付款　150 000

借：资产基金——应收地方政府债券转贷款　150 000

　贷：应收地方政府债券转贷款

　　——应收地方政府一般债券转贷款——应收利息　150 000

• 转贷债券到期，收回本金6 000 000元、到期当年利息150 000元，

借：国库存款　6 150 000

　贷：其他应付款　6 150 000

借：资产基金——应收地方政府债券转贷款　6 150 000

　贷：应收地方政府债券转贷款

　　——应收地方政府一般债券转贷款——应收利息　150 000

　　——应收本金　6 000 000

● 如果A市财政在债券到期时未能按时偿还本息，包括本金6 000 000元和到期当年利息150 000元，省财政予以扣缴时，

借：与下级往来　　6 150 000
　贷：其他应付款　　6 150 000
借：资产基金——应收地方政府债券转贷款　　6 150 000
　贷：应收地方政府债券转贷款
　　——应收地方政府一般债券转贷款——应收利息　　150 000
　　　　　　　　　　　　　　　　　——应收本金　　6 000 000

2.应收主权外债转贷款

应收主权外债转贷款是本级政府财政将外国政府和国际金融组织贷款转贷给下级政府财政而形成的转贷款。

为了核算应收主权外债转贷款，财政总预算会计设置“应收主权外债转贷款”科目。本科目下应当设置“应收本金”和“应收利息”两个明细科目，并按照转贷对象进行明细核算。本科目期末借方余额反映政府财政应收未收的主权外债转贷款本金和利息。

（1）发生转贷主权外债。本级政府财政向下级政府财政转贷主权外债资金，且主权外债最终还款责任由下级政府财政承担的，相关账务处理如下：①本级政府财政支付转贷资金时，根据转贷资金支付相关资料，借记“债务转贷支出”科目，贷记“其他财政存款”科目；根据债务管理部门转来的相关资料，按照实际持有的债权金额，借记本科目，贷记“资产基金——应收主权外债转贷款”科目。②外方将贷款资金直接支付给用款单位或供应商时，本级政府财政根据转贷资金支付相关资料，借记“债务转贷支出”科目，贷记“债务收入”或“债务转贷收入”科目；根据债务管理部门转来的相关资料，按照实际持有的债权金额，借记本科目，贷记“资产基金——应收主权外债转贷款”科目；同时，借记“待偿债净资产”科目，贷记“借入款项”或“应付主权外债转贷款”科目。

（2）期末确认应收利息。期末确认主权外债转贷款的应收利息时，根据债务管理部门计算出转贷款的本期应收未收利息金额，借记本科目，贷记“资产基金——应收主权外债转贷款”科目。

（3）收回本息。收回转贷给下级政府财政主权外债的本息时，按照收回的金额，借记“其他财政存款”科目，贷记“其他应付款”或“其他应收款”科目；根据债务管理部门转来的相关资料，按照实际收回的转贷款本金及已确认的应收利息金额，借记“资产基金——应收主权外债转贷款”科目，贷记本科目。

（4）扣缴本息。扣缴下级政府财政的转贷款本息时，按照扣缴的金额，借记“与下级往来”科目，贷记“其他应付款”或“其他应收款”科目；根据债务管理部门转来的相关资料，按照扣缴的转贷款本金及已确认的应收利息金额，借记“资产基金——应收主权外债转贷款”科目，贷记本科目。

【例6-31】某省财政向所属D市财政支付外国政府借款转贷资金2 000 000元，贷款期限20年、利率3%，到期一次还本付息。该转贷款由D市财政承担还款责任、D市交通运输局使用。该省财政总预算会计账务处理如下：

• 发生转贷时，

借：债务转贷支出　　2 000 000
　贷：其他财政存款　　2 000 000
借：应收主权外债转贷款——应收本金——D市　　2 000 000
　贷：资产基金——应收主权外债转贷款　　2 000 000

如果外方将贷款资金直接支付给了D市交通运输局，则该省财政总预算会计账务处理如下：

借：债务转贷支出　　2 000 000
　贷：债务收入　　2 000 000
借：应收主权外债转贷款　　2 000 000
　贷：资产基金——应收主权外债转贷款　　2 000 000

同时，

借：待偿债净资产——借入款项　　2 000 000
　贷：借入款项　　2 000 000

• 月末确认应付利息时，

年应收利息=2 000 000×3%=60 000（元）

月末应收利息=60 000÷12=5 000（元）

借：应收主权外债转贷款——应收利息——D市　　5 000
　贷：资产基金——应收主权外债转贷款　　5 000

• 转贷款到期，收回本金2 000 000元、利息1 800 000元，

借：其他财政存款　　3 800 000
　贷：其他应付款　　3 800 000
借：资产基金——应收主权外债转贷款　　3 800 000
　贷：应收主权外债转贷款——应收本金　　2 000 000
　　　　　　　　　　　　——应收利息　　1 800 000

• 如果D市财政在转贷款到期时未能按时偿还本息，包括本金2 000 000元和利息1 800 000元，省财政予以扣缴时，

借：与下级往来　　3 800 000
　贷：其他应付款　　3 800 000
借：资产基金——应收主权外债转贷款　　3 800 000
　贷：应收主权外债转贷款——应收本金　　2 000 000
　　　　　　　　　　　　——应收利息　　1 800 000

（二）股权投资

股权投资是指政府持有的各类股权投资资产，包括国际金融组织股权投资、投资基金股权投资、国有企业股权投资等。股权投资一般采用权益法进行核算。

为了核算股权投资，财政总预算会计设置“股权投资”科目。本科目应当按照“国际金融组织股权投资”、“投资基金股权投资”、“企业股权投资”设置一级明细科目，在一级明细科目下，可根据管理需要，按照被投资主体进行明细核算。对每一被投资主体还可按“投资成本”、“收益转增投资”、“损益调整”、“其他权益变动”进行明细核算。本科目期末借方余额反映政府持有的各种股权投资金额。

1.国际金融组织股权投资

国际金融组织股权投资是政府财政代表国家以会员国认缴国际金融组织股本所形成的股权投资。

政府财政代表政府认缴国际金融组织股本时，按照实际支付的金额，借记“一般公共预算本级支出”等科目，贷记“国库存款”科目；根据股权投资确认相关资料，按照确定的股权投资成本，借记本科目，贷记“资产基金——股权投资”科目。从国际金融组织撤出股本时，按照收回的金额，借记“国库存款”科目，贷记“一般公共预算本级支出”科目；根据股权投资清算相关资料，按照实际撤出的股本，借记“资产基金——股权投资”科目，贷记本科目。

【例6-32】中央财政代表国家认缴某国际金融组织股本50 000 000元。中央财政总预算会计账务处理如下：

科目	借方	贷方
借：一般公共预算本级支出	50 000 000	
贷：国库存款		50 000 000
借：股权投资——国际金融组织股权投资	50 000 000	
贷：资产基金——股权投资		50 000 000

2.投资基金股权投资

投资基金股权投资是指政府财政代表政府入股投资基金所形成的股权投资。根据《政府投资基金暂行管理办法》（财预〔2015〕210号）的规定，政府投资基金是指由各级政府通过预算安排，以单独出资或与社会资本共同出资设立，采用股权投资等市场化方式，引导社会各类资本投资经济社会发展的重点领域和薄弱环节，支持相关产业和领域发展的资金。其中，政府出资是指财政部门通过一般公共预算、政府性基金预算、国有资本经营预算等安排的资金。各级财政部门一般应在以下领域设立投资基金：①支持创新创业；②支持中小企业发展；③支持产业转型升级和发展；④支持基础设施和公共服务领域。设立政府投资基金，可采用公司制、有限合伙制和契约制等不同组织形式。

（1）进行投资基金股权投资。政府财政对投资基金进行股权投资时，按照实际支付的金额，借记“一般公共预算本级支出”等科目，贷记“国库存款”等科目；根据股权投资确认相关资料，按照实际支付的金额，借记本科目（投资成本），按照确定的在被投资基金中占有的权益金额与实际支付金额的差额，借记或贷记本科目（其他权益变动），按照确定的在被投资基金中占有的权益金额，贷记“资产基金——股权投资”科目。

（2）投资基金损益调整。主要包括以下情形：①年末，根据政府财政在被投资基金当期净利润或净亏损中占有的份额，借记或贷记本科目（损益调整），贷记或借记“资产基金——股权投资”科目。②政府财政将归属财政的收益留作基金滚动使用时，借记本科目（收益转增投资），贷记本科目（损益调整）。③被投资基金宣告发放现金股利或利润时，按照应上缴政府财政的部分，借记“应收股利”科目，贷记“资产基金——应收股利”科目；同时按照相同的金额，借记“资产基金——股权投资”科目，贷记本科目（损益调整）。④被投资基金发生除净损益以外的其他权益变动时，按照政府财政持股比例计算应享有的部分，借记或贷记本科目（其他权益变动），贷记或借记“资产基金——股权投资”科目。

（3）投资基金收回。投资基金存续期满、清算或政府财政从投资基金退出需收回出资时，政府财政按照实际收回的资金，借记“国库存款”等科目，按照收回的原实际出资部分，贷记“一般公共预算本级支出”等科目，按照超出原实际出资的部分，贷记“一般公共预算本级收入”等科目；根据股权投资清算相关资料，按照因收回股权投资而减少在被投资基金中占有的权益金额，借记“资产基金——股权投资”科目，贷记本科目。

【例6-33】某省财政使用一般公共预算资金与社会资本结合创立中小企业发展投资基金，出资500 000元，在投资基金中占有的权益金额为490 000元，占2%。该省财政总预算会计账务处理如下：

• 向中小企业投资基金拨付资金时，

借：一般公共预算本级支出　　500 000
　贷：国库存款　　500 000
借：股权投资——投资基金股权投资——投资成本　　500 000
　贷：资产基金——股权投资　　490 000
　　　股权投资——其他权益变动　　10 000

• 假设投资基金当年实现净利润1 000 000元，年末进行投资基金损益调整时，

借：股权投资——损益调整　　20 000
　贷：资产基金——股权投资　　20 000

• 将20 000元收益留作基金滚动使用时，

借：股权投资——收益转增投资　　20 000
　贷：股权投资——损益调整　　20 000

• 投资基金宣告发放现金股利，拟分配当年净利润的30%，

借：应收股利　　6 000
　贷：资产基金——应收股利　　6 000

借：资产基金——股权投资　　6 000
　贷：股权投资——损益调整　　6 000

• 假设投资基金存续期满，省财政实际收回资金550 000元，

借：国库存款　　550 000
　贷：一般公共预算本级支出　　500 000
　　　一般公共预算本级收入　　50 000
借：资产基金——股权投资　　490 000
　贷：股权投资　　490 000

3. 企业股权投资

企业股权投资是政府财政代表政府入股国有企业所形成的股权投资。

企业股权投资的账务处理，根据管理条件和管理需要，参照投资基金股权投资的账务处理。

（三）待发国债

待发国债是指为弥补中央财政预算收支差额，中央财政预计发行国债与实际发行国债之间的差额。

为了核算待发国债，财政总预算会计设置“待发国债”科目。本科目期末借方余额反映中央财政尚未使用的国债发行额度。

年度终了，实际发行国债收入用于债务还本支出后，小于为弥补中央财政预算收支差额中央财政预计发行国债时，按两者的差额，借记本科目，贷记相关科目；实际发行国债收入用于债务还本支出后，大于为弥补中央财政预算收支差额中央财政预计发行国债时，按两者的差额，借记相关科目，贷记本科目。

第二节　政府财政负债

政府财政负债是政府财政所承担的能以货币计量、需以资产偿付的债务，具体包括应付国库集中支付结余、暂收及应付款项、应付政府债券、借入款项、应付转贷款、其他负债、应付代管资金等。

财政总预算会计对符合政府财政负债定义的债务，应当在对其承担偿还责任，并且能够可靠地进行货币计量时确认。符合负债定义并确认的负债项目，应当列入资产负债表。政府财政承担或有责任（偿债责任需要通过未来不确定事项的发生或不发生予以证实）的负债，不列入资产负债表，但应当在报表附注中披露。政府财政负债应当按照承担的相关合同金额或实际发生金额进行计量。

政府财政负债按照流动性，分为流动负债和非流动负债。

一、流动负债

流动负债是指预计在1年内（含1年）偿还的负债，包括应付短期政府债券、应付国库集中支付结余、暂收及应付款项、应付代管资金、已结报支出等。

（一）应付短期政府债券

应付政府债券是指政府财政采用发行政府债券方式筹集资金而形成的负债，包括应付短期政府债券和应付长期政府债券。

应付短期政府债券是政府财政部门以政府名义发行的期限不超过1年（含1年）的国债和地方政府债券。

为了核算应付短期政府债券，财政总预算会计设置“应付短期政府债券”科目。本科目下应当设置“应付国债”、“应付地方政府一般债券”、“应付地方政府专项债券”等一级明细科目，在一级明细科目下，再分别设置“应付本金”、“应付利息”明细科目，分别核算政府债券的应付本金和利息。债务管理部门应当设置相应的辅助账，详细记录每期政府债券金额、种类、期限、发行日、到期日、票面利率、偿还本金及付息情况等。本科目期末贷方余额，反映政府财政尚未偿还的短期政府债券本金和利息。

（1）收到发行收入。政府财政实际收到短期政府债券发行收入时，按照实际收到的金额，借记“国库存款”科目，按照短期政府债券实际发行额，贷记“债务收入”科目，按照发行收入和发行额的差额，借记或贷记有关支出科目；根据债券发行确认文件等相关债券管理资料，按照到期应付的短期政府债券本金金额，借记“待偿债净资产——应付短期政府债券”科目，贷记本科目。

（2）期末确认应付利息。期末确认短期政府债券的应付利息时，根据债务管理部门计算出的本期应付未付利息金额，借记“待偿债净资产——应付短期政府债券”科目，贷记本科目。

（3）实际还本付息。实际支付本级政府财政承担的短期政府债券利息时，借记“一般公共预算本级支出”或“政府性基金预算本级支出”科目，贷记“国库存款”等科目；实际支付利息金额中属于已确认的应付利息部分，还应根据债券兑付确认文件等相关债券管理资料，借记本科目，贷记“待偿债净资产——应付短期政府债券”科目。实际偿还本级政府财政承担的短期政府债券本金时，借记“债务还本支出”科目，贷记“国库存款”等科目；根据债券兑付确认文件等相关债券管理资料，借记本科目，贷记“待偿债净资产——应付短期政府债券”科目。

（4）发行短期地方政府债券置换存量债务。省级财政部门采用定向承销方式发行短期地方政府债券置换存量债务时，根据债权债务确认相关资料，按照置换本级政府存量债务的额度，借记“债务还本支出”科目，贷记“债务收入”科目；根据债务管理部门转来的相关资料，按照置换本级政府存量债务的额度，借记“待偿债净资产——应付短期政府债券”科目，贷记本科目。

【例6-34】中央财政发行1年期国债15 000 000 000元，实际收到发行金额15 000 000 000元，票面利率2.4%，到期一次还本付息。中央财政总预算会计账务处理如下：

• 收到发行收入时，

借：国库存款　　15 000 000 000

贷：债务收入　15 000 000 000

借：待偿债净资产——应付短期政府债券　15 000 000 000

贷：应付短期政府债券——应付国债——应付本金　15 000 000 000

• 每月末确认应付利息时，

应付年利息=15 000 000 000×2.4%=360 000 000（元）

每月末应付利息=360 000 000÷12=30 000 000（元）

借：待偿债净资产——应付短期政府债券　30 000 000

贷：应付短期政府债券——应付国债——应付利息　30 000 000

• 国债到期还本付息时，实际支付利息金额360 000 000元中含最后一个月已确认的应付利息30 000 000元，

借：待偿债净资产——应付短期政府债券　30 000 000

贷：应付短期政府债券——应付国债——应付利息　30 000 000

借：债务还本支出　15 000 000 000

一般公共预算本级支出　360 000 000

贷：国库存款　15 360 000 000

借：应付短期政府债券——应付国债——应付本金　15 000 000 000

——应付利息　360 000 000

贷：待偿债净资产——应付短期政府债券　15 360 000 000

【例6-35】某省财政发行1年期地方政府一般债券600 000 000元，实际收到发行金额600 000 000元，票面利率2.5%，到期一次还本付息；发行6个月地方政府专项债券300 000 000元，实际收到发行金额300 000 000元，票面利率2%，到期一次还本付息。该省财政总预算会计账务处理如下：

• 收到发行收入时，

借：国库存款　900 000 000

贷：债务收入　900 000 000

借：待偿债净资产——应付短期政府债券　900 000 000

贷：应付短期政府债券——应付地方政府一般债券——应付本金　600 000 000

——应付地方政府专项债券——应付本金　300 000 000

• 每月末确认应付利息时，

地方政府一般债券年应付利息=600 000 000×2.5%=15 000 000（元）

每月末应付利息=15 000 000÷12=1 250 000（元）

地方政府专项债券半年应付利息=300 000 000×2%÷2=3000 000（元）

每月末应付利息=3 000 000÷6=500 000（元）

借：待偿债净资产——应付短期政府债券　1 750 000

贷：应付短期政府债券——应付地方政府一般债券——应付利息　1 250 000

——应付地方政府专项债券——应付利息　500 000

• 地方政府债券到期还本付息时，地方政府一般债券实际支付利息15 000 000元中含最后一个月的已确认的应付利息1 250 000元，地方政府专项债券实际支付利息3 000 000元中含最后一个月的已确认的应付利息500 000元，

借：待偿债净资产——应付短期政府债券　　1 750 000
　贷：应付短期政府债券——应付地方政府一般债券——应付利息　　1 250 000
　　　　　　　　　　　——应付地方政府专项债券——应付利息　　500 000

借：债务还本支出　　900 000 000
　　一般公共预算本级支出　　15 000 000
　　政府性基金预算本级支出　　3 000 000
　贷：国库存款　　918 000 000

借：应付短期政府债券
　　——应付地方政府一般债券——应付本金　　600 000 000
　　　　　　　　　　　　　——应付利息　　15 000 000
　　——应付地方政府专项债券——应付本金　　300 000 000
　　　　　　　　　　　　　——应付利息　　3 000 000
　贷：待偿债净资产——应付短期政府债券　　918 000 000

【例6-36】某直辖市财政经市政府批准，采用定向承销方式发行1年期地方政府专项置换债券，实际收到发行金额200 000 000元置换本级政府存量债务200 000 000元。该直辖市财政总预算会计账务处理如下：

借：债务还本支出　　200 000 000
　贷：债务收入　　200 000 000

借：待偿债净资产——应付短期政府债券　　200 000 000
　贷：应付短期政府债券——应付地方政府专项债券——应付本金　　200 000 000

（二）应付国库集中支付结余

应付国库集中支付结余是指国库集中支付中，按照财政部门批复的部门预算，当年未支而需结转下一年度支付的款项采用权责发生制列支后形成的债务。

为了核算应付国库集中支付结余，财政总预算会计设置“应付国库集中支付结余”科目。本科目应当根据管理需要，按照政府收支分类科目等进行相应明细核算。本科目期末贷方余额反映政府财政尚未支付的国库集中支付结余。

年末，对当年形成的国库集中支付结余采用权责发生制列支时，借记有关支出科目，贷记本科目。以后年度实际支付国库集中支付结余资金时，分别情况处理：按原结转预算科目支出的，借记本科目，贷记“国库存款”科目；调整支出预算科目的，应当按原结转预算科目做冲销处理，借记本科目，贷记有关支出科目。同时，按实际支出预算科目做列支账务处理，借记有关支出科目，贷记“国库存款”科目。

【例6-37】年末，中央财政经对账确认中央预算单位尚未使用的国库集中支付结余资金5 000 000元，其中一般公共预算资金3 000 000元，政府性基金预算资金2 000 000

元。中央财政总预算会计账务处理如下：

借：一般公共预算本级支出　　3 000 000
　　政府性基金预算本级支出　　2 000 000
　贷：应付国库集中支付结余　　5 000 000

【例6-38】下年度初，中央财政向中央预算单位实际支付国库集中支付结余资金5 000 000元，其中一般公共预算资金3 000 000元，政府性基金预算资金2 000 000元。该国库集中支付结余资金全部按原结转预算科目支出。中央财政总预算会计账务处理如下：

借：应付国库集中支付结余　　5 000 000
　贷：国库存款　　5 000 000

（三）暂收及应付款项

暂收及应付款项是指政府财政业务活动中形成的债务，包括与上级往来和其他应付款等。暂收及应付款项应当及时清理结算。

1.与上级往来

与上级往来是指本级政府财政与上级政府财政的往来待结算款项。该款项主要是在预算执行过程中因本级政府财政向上级政府财政借款或体制结算等事项而形成的待结算资金，其形成本级政府财政的债务、上级政府财政的债权。

为了核算与上级往来，财政总预算会计设置“与上级往来”科目。本科目应当按照往来款项的类别和项目等进行明细核算。本科目期末贷方余额反映本级政府财政欠上级政府财政的款项；借方余额反映上级政府财政欠本级政府财政的款项。

本级政府财政从上级政府财政借入款或体制结算中发生应上交上级政府财政款项时，借记“国库存款”、“上解支出”等科目，贷记本科目。本级政府财政归还借款、转作上级补助收入或体制结算中应由上级补给款项时，借记本科目，贷记“国库存款”、“补助收入”等科目。

【例6-39】某市财政因临时需要向上级财政借入一般公共预算款项500 000元。该市财政总预算会计的账务处理如下：

借：国库存款　　500 000
　贷：与上级往来——一般公共预算资金　　500 000

【例6-40】上例中的市财政接到上级财政通知，要求归还500 000元借款中的200 000元，剩余作本级财政的补助收入。该市财政总预算会计的账务处理如下：

借：与上级往来——一般公共预算资金　　500 000
　贷：国库存款　　200 000
　　　补助收入　　300 000

【例6-41】某市财政根据年终结算单尚欠上级财政一般公共预算上解资金400 000元。该市财政总预算会计的账务处理如下：

借：上解支出　　400 000
　贷：与上级往来——一般公共预算资金　　400 000

【例6-42】某市财政总预算会计根据年终结算单将上级尚欠的政府性基金补助资金200 000元记账。该市财政总预算会计的账务处理如下：

借：与上级往来——政府性基金预算资金　　200 000

　贷：补助收入　　200 000

2. 其他应付款

其他应付款是政府财政临时发生的暂收、应付和收到的不明性质的款项。

为了核算其他应付款，财政总预算会计设置“其他应付款”科目。税务机关代征入库的社会保险费、项目单位使用并承担还款责任的外国政府和国际金融组织贷款，也通过本科目核算。本科目应当按照债权单位或资金来源等进行明细核算。本科目期末贷方余额反映政府财政尚未结清的其他应付款项。

（1）发生暂存款。政府财政收到暂存款项时，借记“国库存款”、“其他财政存款”等科目，贷记本科目。将暂存款项清理退还或转作收入时，借记本科目，贷记“国库存款”、“其他财政存款”或有关收入科目。

【例6-43】某市财政收到A单位不明性质款项200 000元。该市财政总预算会计的账务处理如下：

借：国库存款　　200 000

　贷：其他应付款——不明性质款项——A单位　　200 000

【例6-44】上例中的不明性质款项经查明属于一般公共预算本级收入。该市财政总预算会计的账务处理如下：

借：其他应付款——不明性质款项——A单位　　200 000

　贷：一般公共预算本级收入　　200 000

（2）发生代征社会保险费。社会保险费代征入库时，借记“国库存款”科目，贷记本科目。社会保险费国库缴存社保基金财政专户时，借记本科目，贷记“国库存款”科目。

【例6-45】某市税务局将代征的社会保险费500 000元缴入国库。该市财政总预算会计的账务处理如下：

借：国库存款　　500 000

　贷：其他应付款——社会保险费代征入库　　500 000

【例6-46】上例中的市级国库将税务局代征的社会保险费缴存社保基金财政专户。该财政总预算会计的账务处理如下：

借：其他应付款——社会保险费代征入库　　500 000

　贷：国库存款　　500 000

（3）发生项目单位承担还款责任的主权外债。收到项目单位承担还款责任的外国政府和国际金融组织贷款资金时，借记“其他财政存款”科目，贷记本科目；付给项目单位时，借记本科目，贷记“其他财政存款”科目。收到项目单位偿还贷款资金时，借记“其他财政存款”科目，贷记本科目；付给外国政府和国际金融组织项目单位还款资金时，借记本科目，贷记“其他财政存款”科目。

【例6-47】中央财政收到A项目单位承担还款责任的国际金融组织的贷款资金1 000 000元。中央财政总预算会计的账务处理如下：

• 收到国际金融组织的贷款资金时，

借：其他财政存款　　1 000 000

　贷：其他应付款——A单位　　1 000 000

• 付给A项目单位时，

借：其他应付款——A单位　　1 000 000

　贷：其他财政存款　　1 000 000

• 收到A项目单位偿还贷款资金时，

借：其他财政存款　　1 000 000

　贷：其他应付款——国际金融组织　　1 000 000

• 偿还给国际金融组织时，

借：其他应付款——国际金融组织　　1 000 000

　贷：其他财政存款　　1 000 000

（四）应付代管资金

财政代管资金是政府财政通过开设财政代管资金专户，将预算单位自有资金实行统一管理集中支付的资金。

应付代管资金是指政府财政代为管理的，使用权属于被代管主体的资金。

为了核算应付代管资金，财政总预算会计设置“应付代管资金”科目。本科目应当根据管理需要进行相关明细核算。本科目期末贷方余额反映政府财政尚未支付的代管资金。

政府财政收到代管资金时，借记“其他财政存款”等科目，贷记本科目。支付代管资金时，借记本科目，贷记“其他财政存款”等科目。代管资金产生的利息收入按照相关规定仍属于代管资金的，借记“其他财政存款”等科目，贷记本科目。

【例6-48】某县财政对县教育局的自有资金通过设立财政代管资金专户实行统一管理集中支付。收到县教育局缴入财政代管资金专户资金200 000元。该县财政总预算会计账务处理如下：

借：其他财政存款　　200 000

　贷：应付代管资金　　200 000

（五）已结报支出

为了核算政府财政国库支付执行机构已清算的国库集中支付支出数额，财政总预算会计设置“已结报支出”科目。财政国库支付执行机构未单设的地区，不使用该科目。

每日汇总清算后，财政国库支付执行机构会计根据有关划款凭证回执联和按部门分类、款、项汇总的“预算支出结算清单”，对于财政直接支付，借记“财政零余额账户存款”科目，贷记本科目；对于财政授权支付，借记“一般公共预算本级支出”、“政府性基金预算本级支出”、“国有资本经营预算本级支出”等科目，贷记本科目。相关举例参见例6-13。

年终财政国库支付执行机构按照累计结清的支出金额，与有关方面核对一致后转账时，借记本科目，贷记“一般公共预算本级支出”、“政府性基金预算本级支出”、“国有资本经营预算本级支出”等科目。

【例6-49】年终，某市国库支付中心累计出已经结清的一般公共预算本级支出50 000 000元、政府性基金预算本级支出40 000 000元、国有资本经营预算本级支出10 000 000元，与有关方面核对一致后转账。该市财政国库支付执行机构会计账务处理如下：

借：已结报支出	100 000 000	
贷：一般公共预算本级支出		50 000 000
政府性基金预算本级支出		40 000 000
国有资本经营预算本级支出		10 000 000

二、非流动负债

非流动负债是指流动负债以外的负债，包括应付长期政府债券、借入款项、应付转贷款、其他负债等。

（一）应付长期政府债券

应付长期政府债券是政府财政部门以政府名义发行的期限超过1年（含1年）的国债和地方政府债券。

为了核算应付长期政府债券的本金和利息，财政总预算会计设置“应付长期政府债券”科目。本科目下应当设置“应付国债”、“应付地方政府一般债券”、“应付地方政府专项债券”等一级明细科目，在一级明细科目下，再分别设置“应付本金”、“应付利息”明细科目，分别核算政府债券的应付本金和利息。债务管理部门应当设置相应的辅助账，详细记录每期政府债券金额、种类、期限、发行日、到期日、票面利率、偿还本金及付息情况等。本科目期末贷方余额反映政府财政尚未偿还的长期政府债券本金和利息。

（1）收到发行收入。政府财政实际收到长期政府债券发行收入时，按照实际收到的金额，借记“国库存款”科目，按照长期政府债券实际发行额，贷记“债务收入”科目，按照发行收入和发行额的差额，借记或贷记有关支出科目；根据债券发行确认文件等相关债券管理资料，按照到期应付的长期政府债券本金金额，借记“待偿债净资产——应付长期政府债券”科目，贷记本科目。

（2）确认期末应付利息。期末确认长期政府债券的应付利息时，根据债务管理部门计算出的本期应付未付利息金额，借记“待偿债净资产——应付长期政府债券”科目，贷记本科目。

（3）实际支付本息。实际支付本级政府财政承担的长期政府债券利息时，借记“一般公共预算本级支出”或“政府性基金预算本级支出”科目，贷记“国库存款”等科目；实际支付利息金额中属于已确认的应付利息部分，还应根据债券兑付确认文件等相关债券管理资料，借记本科目，贷记“待偿债净资产——应付长期政府债券”科目。实际偿还本级政府财政承担的长期政府债券本金时，借记“债务还本支出”科目，贷记“国库存款”等科目；根据债券兑付确认文件等相关债券管理资料，借记本科目，贷记“待偿债净资产——应付长期政府债券”科目。

（4）偿还下级政府财政承担的地方政府债券本息。本级政府财政偿还下级政府财政承担的地方政府债券本息时，借记“其他应付款”或“其他应收款”科目，贷记“国库存款”科目；根据债券兑付确认文件等相关债券管理资料，按照实际偿还的长期政府债券本金及已确认的应付利息金额，借记本科目，贷记“待偿债净资产——应付长期政府债券”科目。

（5）发行长期地方政府债券置换存量债务。省级财政部门采用定向承销方式发行长期地方政府债券置换存量债务时，根据债权债务确认相关资料，按照置换本级政府存量债务的额度，借记“债务还本支出”科目，按照置换下级政府存量债务的额度，借记“债务转贷支出”科目，按照置换存量债务的总额度，贷记“债务收入”科目；根据债务管理部门转来的相关资料，按照置换存量债务的总额度，借记“待偿债净资产——应付长期政府债券”科目，贷记本科目。同时，按照置换下级政府存量债务额度，借记“应收地方政府债券转贷款”科目，贷记“资产基金——应收地方政府债券转贷款”科目。

【例6-50】中央财政发行10年期国债30 000 000 000元，实际收到发行金额30 000 000 000元，票面利率4%，分年付息，到期一次还本。中央财政总预算会计账务处理如下：

• 收到发行收入时，

	借方	贷方
借：国库存款	30 000 000 000	
贷：债务收入		30 000 000 000
借：待偿债净资产——应付长期政府债券	30 000 000 000	
贷：应付长期政府债券——应付国债——应付本金		30 000 000 000

• 每月末确认应付利息时，

应付年利息=30 000 000 000×4%=1 200 000 000（元）

每月末应付利息=1 200 000 000÷12=100 000 000（元）

	借方	贷方
借：待偿债净资产——应付长期政府债券	100 000 000	
贷：应付长期政府债券——应付国债——应付利息		100 000 000

• 每年实际支付利息时，

	借方	贷方
借：一般公共预算本级支出	1 200 000 000	
贷：国库存款		1 200 000 000
借：应付长期政府债券——应付国债——应付利息	1 200 000 000	
贷：待偿债净资产——应付长期政府债券		1 200 000 000

●国债到期还本付息时，实际支付的当年利息1 200 000 000元中含最后一个月的已确认的应付利息100 000 000元，

借：待偿债净资产——应付长期政府债券　　100 000 000
　贷：应付长期政府债券——应付国债——应付利息　　100 000 000

借：债务还本支出　　30 000 000 000
　　一般公共预算本级支出　　1 200 000 000
　贷：国库存款　　31 200 000 000

借：应付长期政府债券——应付国债——应付本金　　30 000 000 000
　　　　　　　　　　——应付国债——应付利息　　1 200 000 000
　贷：待偿债净资产——应付长期政府债券　　31 200 000 000

【例6-51】某省财政发行10年期地方政府一般债券300 000 000元，实际收到发行金额300 000 000元，票面利率3.5%，分年付息，到期一次还本；发行5年地方政府专项债券300 000 000元，实际收到发行金额200 000 000元，票面利率3%，到期一次还本付息。该省财政总预算会计账务处理如下：

●收到发行收入时，

借：国库存款　　500 000 000
　贷：债务收入　　500 000 000

借：待偿债净资产——应付长期政府债券　　500 000 000
　贷：应付长期政府债券——应付地方政府一般债券——应付本金　　300 000 000
　　　　　　　　　　　　　　　　　　　　——应付本金　　200 000 000

●每月末确认应付利息时，

地方政府一般债券应付年利息=300 000 000×3.5%=10 500 000（元）

每月末应付利息=10 500 000÷12=875 000（元）

地方政府专项债券应付年利息=200 000 000×3%=6 000 000（元）

每月末应付利息=6000 000÷12=500 000（元）

借：待偿债净资产——应付长期政府债券　　1 375 000
　贷：应付长期政府债券——应付地方政府一般债券——应付利息　　875 000
　　　　　　　　　　——应付地方政府专项债券——应付利息　　500 000

●每年实际支付利息时，

借：一般公共预算本级支出　　10 500 000
　　政府性基金预算本级支出　　6 000 000
　贷：国库存款　　16 500 000

借：应付长期政府债券
　　——应付地方政府一般债券——应付利息　　10 500 000
　　——应付地方政府专项债券——应付利息　　6 000 000
　贷：待偿债净资产——应付长期政府债券　　16 500 000

● 地方政府债券到期还本付息，

地方政府一般债券实际支付利息10 500 000元中含最后一个月的已确认的应付利息875 000元；地方政府专项债券已支付利息6 000 000元中含最后一个月的已确认的应付利息500 000元。

借：待偿债净资产——应付长期政府债券　　1 375 000
　贷：应付长期政府债券——应付地方政府一般债券——应付利息　　875 000
　　　　　　　　　　　——应付地方政府专项债券——应付利息　　500 000

借：债务还本支出　　500 000 000
　　一般公共预算本级支出　　10 500 000
　　政府性基金预算本级支出　　6 000 000
　贷：国库存款　　516 500 000

借：应付长期政府债券
　　——应付地方政府一般债券——应付本金　　300 000 000
　　——应付地方政府一般债券——应付利息　　10 500 000
　　——应付地方政府专项债券——应付本金　　200 000 000
　　——应付地方政府专项债券——应付利息　　30 000 000
　贷：待偿债净资产——应付短期政府债券　　540 500 000

【例6-52】某直辖市通过财政经市政府批准，采用定向承销方式发行5年期地方政府专项置换债券，实际收到发行金额200 000 000元。其中置换本级政府存量债务的额度150 000 000元、置换下级政府存量债务的额度50 000 000元。该直辖市财政总预算会计账务处理如下：

借：债务还本支出　　150 000 000
　　债务转贷支出　　50 000 000
　贷：债务收入　　200 000 000

借：待偿债净资产——应付长期政府债券　　200 000 000
　贷：应付长期政府债券——应付地方政府专项债券——应付本金　　200 000 000

借：应收地方政府债券转贷款　　50 000 000
　贷：资产基金——应收地方政府债券转贷款　　50 000 000

（二）借入款项

借入款项是指政府财政部门以政府名义向外国政府、国际金融组织等借入的款项，以及通过经国务院批准的其他方式借款形成的负债，包括借入主权外债和其他借入款项。

为了核算借入款项，财政总预算会计设置“借入款项”科目。本科目下应当设置“应付本金”、“应付利息”明细科目，分别对借入款项的应付本金和利息进行明细核算，还应当按照债权人进行明细核算。债务管理部门应当设置相应的辅助账，详细记录每笔借入款项的期限、借入日期、偿还及付息情况等。本科目期末贷方余额反映本级政府财政尚未偿还的借入款项本金和利息。

1. 主权外债

主权外债是政府财政部门以政府名义向外国政府、国际金融组织等借入的款项。

（1）借入主权外债。本级政府财政部门借入主权外债应根据下列情况分别处理：

一种情况是，本级政府财政收到借入的主权外债资金时，借记“其他财政存款”科目，贷记“债务收入”科目；根据债务管理部门转来的相关资料，按照实际承担的债务金额，借记“待偿债净资产——借入款项”科目，贷记本科目。

另一种情况是，本级政府财政借入主权外债且由外方将贷款资金直接支付给用款单位或供应商。本级政府财政借入主权外债，且由外方将贷款资金直接支付给用款单位或供应商时，根据以下三种情况分别处理：

其一，本级政府财政承担还款责任，贷款资金由本级政府财政同级部门（单位）使用的，本级政府财政部门根据贷款资金支付相关资料，借记“一般公共预算本级支出”等科目，贷记“债务收入”科目；根据债务管理部门转来的相关资料，按照实际承担的债务金额，借记“待偿债净资产——借入款项”科目，贷记本科目。

其二，本级政府财政承担还款责任，贷款资金由下级政府财政同级部门（单位）使用的，本级政府财政部门根据贷款资金支付相关资料及预算指标文件，借记“补助支出”科目，贷记“债务收入”科目；根据债务管理部门转来的相关资料，按照实际承担的债务金额，借记“待偿债净资产——借入款项”科目，贷记本科目。

其三，下级政府财政承担还款责任，贷款资金由下级政府财政同级部门（单位）使用的，本级政府财政部门根据贷款资金支付相关资料，借记“债务转贷支出”科目，贷记“债务收入”科目；根据债务管理部门转来的相关资料，按照实际承担的债务金额，借记“待偿债净资产——借入款项”科目，贷记本科目；同时，借记“应收主权外债转贷款”科目，贷记“资产基金——应收主权外债转贷款”科目。

（2）期末确认应付利息。期末确认借入主权外债的应付利息时，根据债务管理部门计算出的本期应付未付利息金额，借记“待偿债净资产——借入款项”科目，贷记本科目。

（3）偿还本息。偿还本级政府财政承担的借入主权外债本金时，借记“债务还本支出”科目，贷记“国库存款”、“其他财政存款”等科目；根据债务管理部门转来的相关资料，按照实际偿还的本金金额，借记本科目，贷记“待偿债净资产——借入款项”科目；偿还本级政府财政承担的借入主权外债利息时，借记“一般公共预算本级支出”等科目，贷记“国库存款”、“其他财政存款”等科目；实际偿还利息金额中属于已确认的应付利息部分，还应根据债务管理部门转来的相关资料，借记本科目，贷记“待偿债净资产——借入款项”科目；偿还下级政府财政承担的借入主权外债的本息时，借记“其他应付款”或“其他应收款”科目，贷记“国库存款”、“其他财政存款”等科目；根据债务管理部门转来的相关资料，按照实际偿还的本金及已确认的应付利息金额，借记本科目，贷记“待偿债净资产——借入款项”科目。

（4）被上级政府财政扣缴主权外债本息。被上级政府财政扣缴借入主权外债的本息时，借记“其他应收款”科目，贷记“与上级往来”科目；根据债务管理部门转来的相关资料，按照实际扣缴的本金及已确认的应付利息金额，借记本科目，贷记“待偿债净资产——借入款项”科目。列报支出时，对应由本级政府财政承担的还本支出，借记“债务还本支出”科目，贷记“其他应收款”科目；对应由本级政府财政承担的利息支出，借记“一般公共预算本级支出”等科目，贷记“其他应收款”科目。

（5）债权人豁免主权外债本息。债权人豁免本级政府财政承担的主权外债本息的偿还责任时，根据债务管理部门转来的相关资料，按照被豁免的本金及已确认的应付利息金额，借记本科目，贷记“待偿债净资产——借入款项”科目。债权人豁免下级政府财政承担的偿还责任时，根据债务管理部门转来的相关资料，按照被豁免的本金及已确认的应付利息金额，借记本科目，贷记“待偿债净资产——借入款项”科目；同时，借记“资产基金——应收主权外债转贷款”科目，贷记“应收主权外债转贷款”科目。

【例6-53】某省财政通过财政部向外国政府借入款项200 000 000元，贷款期限10年，利率3%，到期一次还本付息。该省财政总预算会计账务处理如下：

■收到外国政府借款时，

借：其他财政存款　　200 000 000
　贷：债务收入　　200 000 000
借：待偿债净资产——借入款项　　200 000 000
　贷：借入款项——应付本金——外国政府　　200 000 000

■如果外方将贷款直接支付给由用款单位时，应根据以下情况分别处理，

• 省财政承担还款责任，贷款资金由省水利厅使用

借：一般公共预算本级支出　　200 000 000
　贷：债务收入　　200 000 000
借：待偿债净资产——借入款项　　200 000 000
　贷：借入款项——应付本金——外国政府　　200 000 000

• 省财政承担还款责任，贷款资金由所属E市水利局使用

借：补助支出　　200 000 000
　贷：债务收入　　200 000 000
借：待偿债净资产——借入款项　　200 000 000
　贷：借入款项——应付本金——外国政府　　200 000 000

• 由E市财政承担还款责任，贷款资金由E市水利局使用

借：债务转贷支出　　200 000 000
　贷：债务收入　　200 000 000

借：待偿债净资产——借入款项　200 000 000
　贷：借入款项——应付本金——外国政府　200 000 000
借：应收主权外债转贷款　200 000 000
　贷：资产基金——应收主权外债转贷款　200 000 000

■每月末确认借入款项应付利息时，

年应付利息=200 000 000×3%=6 000 000（元）

月末应付利息=6 000 000÷12=500 000（元）

借：待偿债净资产——借入款项　500 000
　贷：借入款项——应付利息——外国政府　500 000

■外国政府贷款到期，偿还本金200 000 000元，支付利息60 000 000元，其中含当月应确认的利息500 000元，应根据以下情况分别处理，

• 省财政承担还款责任，贷款资金由省水利厅使用时

借：待偿债净资产——借入款项　500 000
　贷：借入款项——应付利息——外国政府　500 000
借：一般公共预算本级支出　60 000 000
　　债务还本支出　200 000 000
　贷：国库存款　260 000 000
借：借入款项——应付本金——外国政府　200 000 000
　　　　　　——应付利息——外国政府　60 000 000
　贷：待偿债净资产——借入款项　260 000 000

• E市财政已经将应偿还本息缴入省财政，省财政偿还E市财政承担的本息时

借：其他应付款　260 000 000
　贷：其他财政存款　260 000 000
借：借入款项——应付本金——外国政府　200 000 000
　　　　　　——应付利息——外国政府　60 000 000
　贷：待偿债净资产——借入款项　260 000 000

■如果外方豁免借款本息，应根据以下情况分别处理，

• 省级财政承担偿还责任时

借：借入款项——应付本金——国际货币基金组织　200 000 000
　　　　　　——应付利息——国际货币基金组织　60 000 000
　贷：待偿债净资产——借入款项　260 000 000

• E市财政承担偿还责任时

借：借入款项——应付本金——国际货币基金组织　200 000 000
　　　　　　——应付利息——国际货币基金组织　60 000 000
　贷：待偿债净资产——借入款项　260 000 000
借：资产基金——应收主权外债转贷款　260 000 000

贷：应收主权外债转贷款 260 000 000

2.其他借入款项

其他借入款项是政府财政通过经国务院批准的其他方式借款形成的负债。其他借入款项账务处理参照本科目使用说明中借入主权外债业务的账务处理。

（三）应付转贷款

应付转贷款是指地方政府财政向上级政府财政借入转贷资金而形成的负债，包括应付地方政府债券转贷款和应付主权外债转贷款等。

1.应付地方政府债券转贷款

应付地方政府债券转贷款是指地方政府财政从上级政府财政借入的地方政府债券转贷资金。

为了核算应付地方政府债券转贷款的本金和利息，财政总预算会计设置“应付地方政府债券转贷款”科目。本科目下应当设置“应付地方政府一般债券转贷款”和“应付地方政府专项债券转贷款”一级明细科目，在一级明细科目下再分别设置“应付本金”和“应付利息”两个明细科目，分别对应付本金和利息进行明细核算。本科目期末贷方余额反映本级政府财政尚未偿还的地方政府债券转贷款的本金和利息。

（1）收到转贷款。政府财政收到上级政府财政转贷的地方政府债券资金时，借记“国库存款”科目，贷记“债务转贷收入”科目；根据债务管理部门转来的相关资料，按照到期应偿还的转贷款本金金额，借记“待偿债净资产——应付地方政府债券转贷款”科目，贷记本科目。

（2）期末确认应付利息。期末确认地方政府债券转贷款的应付利息时，根据债务管理部门计算出的本期应付未付利息金额，借记“待偿债净资产——应付地方政府债券转贷款”科目，贷记本科目。

（3）偿还本息。偿还本级政府财政承担的地方政府债券转贷款本金时，借记“债务还本支出”科目，贷记“国库存款”等科目；根据债务管理部门转来的相关资料，按照实际偿还的本金金额，借记本科目，贷记“待偿债净资产——应付地方政府债券转贷款”科目。偿还本级政府财政承担的地方政府债券转贷款的利息时，借记“一般公共预算本级支出”或“政府性基金预算本级支出”科目，贷记“国库存款”等科目；实际支付利息金额中属于已确认的应付利息部分，还应根据债务管理部门转来的相关资料，借记本科目，贷记“待偿债净资产——应付地方政府债券转贷款”科目。偿还下级政府财政承担的地方政府债券转贷款的本息时，借记“其他应付款”或“其他应收款”科目，贷记“国库存款”等科目；根据债务管理部门转来的相关资料，按照实际偿还的本金及已确认的应付利息金额，借记本科目，贷记“待偿债净资产——应付地方政府债券转贷款”科目。

（4）被上级政府财政扣缴本息。被上级政府财政扣缴地方政府债券转贷款本息时，借记“其他应收款”科目，贷记“与上级往来”科目；根据债务管理部门转来的相关资料，按照实际扣缴的本金及已确认的应付利息金额，借记本科目，贷记“待偿债净资产——应付地方政府债券转贷款”科目。列报支出时，对本级政府财政承担的还本支出，借记“债务还本支出”科目，贷记“其他应收款”科目；对本级政府财政承担的利息支出，借记“一般公共预算本级支出”或“政府性基金预算本级支出”科目，贷记“其他应收款”科目。

（5）发行地方政府债券置换存量债务。采用定向承销方式发行地方政府债券置换存量债务时，省级以下（不含省级）财政部门根据上级财政部门提供的债权债务确认相关资料，按照置换本级政府存量债务的额度，借记“债务还本支出”科目，按照置换下级政府存量债务的额度，借记“债务转贷支出”科目，按照置换存量债务的总额度，贷记“债务转贷收入”科目；根据债务管理部门转来的相关资料，按照置换存量债务的总额度，借记“待偿债净资产——应付地方政府债券转贷款”科目，贷记本科目。同时，按照置换下级政府存量债务额度，借记“应收地方政府债券转贷款”科目，贷记“资产基金——应收地方政府债券转贷款”科目。

【例6-54】某市财政收到省财政转贷的3年期地方政府一般债券6 000 000元，票面利率2.5%，债券分年付息、到期一次还本。该市财政总预算会计账务处理如下：

• 收到转贷的地方政府一般债券资金时，

借：国库存款　6 000 000
　贷：债务转贷收入　6 000 000
借：待偿债净资产——应付地方政府债券转贷款　6 000 000
　贷：应付地方政府债券转贷款
　　——应付地方政府一般债券转贷款——应付本金　6 000 000

• 每月末确认应付利息时，

年应付利息=6 000 000×2.5%=150 000（元）

月末应付利息=150 000÷12=12 500（元）

借：待偿债净资产——应付地方政府债券转贷款　12 500
　贷：应付地方政府债券转贷款
　　——应付地方政府一般债券转贷款——应付利息　12 500

• 每年支付利息时，

借：一般公共预算本级支出　150 000
　贷：国库存款　150 000

• 地方政府一般债券转贷款到期，支付本金6 000 000元、当年利息150 000元（含最后一个月的已确认的应付利息12 500元）时，

借：待偿债净资产——应付地方政府债券转贷款　12 500
　贷：应付地方政府债券转贷款
　　——应付地方政府一般债券转贷款——应付利息　12 500
借：债务还本支出　6 000 000

借：一般公共预算本级支出　　150 000
　贷：国库存款　　6 150 000
借：应付地方政府债券转贷款
　——应付地方政府一般债券转贷款——应付本金　　6 000 000
　——应付地方政府一般债券转贷款——应付利息　　150 000
　贷：待偿债净资产——应付地方政府债券转贷款　　6 150 000

• 假设市财政偿还县级财政承担的地方债券转贷款本息205 000元，其中本金200 000元，利息5 000元时，

借：其他应付款　　205 000
　贷：国库存款　　205 000
借：应付地方政府债券转贷款
　——应付地方政府一般债券转贷款——应付本金　　200 000
　——应付地方政府一般债券转贷款——应付利息　　5 000
　贷：待偿债净资产——应付地方政府债券转贷款　　205 000

【例6-55】假设上例中的市财政在债券到期时未按时支付本息，被省级财政扣缴地方政府债券转贷款本息6 150 000元。该市财政总预算会计账务处理如下：

• 扣缴时，

借：其他应收　　6 150 000
　贷：与上级往来　　6 150 000
借：应付地方政府债券转贷款
　——应付地方政府一般债券转贷款——应付本金　　6 000 000
　——应付地方政府一般债券转贷款——应付利息　　150 000
　贷：待偿债净资产——应付地方政府债券转贷款　　6 150 000

• 市级财政将扣缴的地方政府债券转贷款本息列报支出时，

借：债务还本支出　　6 000 000
　一般公共预算本级支出　　150 000
　贷：其他应收款　　6 150 000

2. 应付主权外债转贷款

应付主权外债转贷款是指本级政府财政从上级政府财政借入的主权外债转贷资金。

为了核算应付主权外债转贷款，财政总预算会计设置“应付主权外债转贷款”科目。本科目下应当设置“应付本金”和“应付利息”两个明细科目，分别对应付本金和利息进行明细核算。本科目期末贷方余额反映本级政府财政尚未偿还的主权外债转贷款本金和利息。

（1）本级政府财政收到转贷款。收到上级政府财政转贷的主权外债资金时，借记“其他财政存款”科目，贷记“债务转贷收入”科目；根据债务管理部门转来的相关资料，按照实际承担的债务金额，借记“待偿债净资产——应付主权外债转贷款”科目，

贷记本科目。

（2）本级政府财政借入，但外方将贷款资金直接支付给用款单位或供应商。从上级政府财政借入主权外债转贷款，且由外方将贷款资金直接支付给用款单位或供应商时，应根据以下情况分别处理：①本级政府财政承担还款责任，贷款资金由本级政府财政同级部门（单位）使用的，本级政府财政根据贷款资金支付相关资料，借记“一般公共预算本级支出”等科目，贷记“债务转贷收入”科目；根据债务管理部门转来的相关资料，按照实际承担的债务金额，借记“待偿债净资产——应付主权外债转贷款”科目，贷记本科目。②本级政府财政承担还款责任，贷款资金由下级政府财政同级部门（单位）使用的，本级政府财政部门根据贷款资金支付相关资料及预算指标文件，借记“补助支出”科目，贷记“债务转贷收入”科目；根据债务管理部门转来的相关资料，按照实际承担的债务金额，借记“待偿债净资产——应付主权外债转贷款”科目，贷记本科目。③下级政府财政承担还款责任，贷款资金由下级政府财政同级部门（单位）使用的，本级政府财政部门根据贷款资金支付相关资料，借记“债务转贷支出”科目，贷记“债务转贷收入”；根据债务管理部门转来的相关资料，按照实际承担的债务金额，借记“待偿债净资产——应付主权外债转贷款”科目，贷记本科目；同时，借记“应收主权外债转贷款”科目，贷记“资产基金——应收主权外债转贷款”科目。

（3）期末确认应付利息。期末确认主权外债转贷款的应付利息时，按照债务管理部门计算出的本期应付未付利息金额，借记“待偿债净资产——应付主权外债转贷款”科目，贷记本科目。

（4）偿还本级政府财政承担的借入主权外债转贷款的本金时，借记“债务还本支出”科目，贷记“其他财政存款”等科目；根据债务管理部门转来的相关资料，按照实际偿还的本金金额，借记本科目，贷记“待偿债净资产——应付主权外债转贷款”科目。

（5）偿还本息时，应根据以下情况分别处理：①偿还本级政府财政承担的借入主权外债转贷款的利息时，借记“一般公共预算本级支出”等科目，贷记“其他财政存款”等科目；实际偿还利息金额中属于已确认的应付利息部分，还应根据债务管理部门转来的相关资料，借记本科目，贷记“待偿债净资产——应付主权外债转贷款”科目。②偿还下级政府财政承担的借入主权外债转贷款的本息时，借记“其他应付款”或“其他应收款”科目，贷记“其他财政存款”等科目；根据债务管理部门转来的相关资料，按照实际偿还的本金及已确认的应付利息金额，借记本科目，贷记“待偿债净资产——应付主权外债转贷款”科目。③被上级政府财政扣缴借入主权外债转贷款的本息时，借记“其他应收款”科目，贷记“与上级往来”科目；根据债务管理部门转来的相关资料，按照被扣缴的本金及已确认的应付利息金额，借记本科目，贷记“待偿债净资产——应付主权外债转贷款”科目。列报支出时，对本级政府财政承担的还本支出，借记“债务还本支出”科目，贷记“其他应收款”科目；对本级政府财政承担的利息支出，借记“一般公共预算本级支出”等科目，贷记“其他应收款”科目。

（6）豁免本息。上级政府财政豁免主权外债转贷款本息时，根据以下情况分别处理：①豁免本级政府财政的主权外债转贷款本息时，根据债务管理部门转来的相关资料，按照豁免转贷款的本金及已确认的应付利息金额，借记本科目，贷记“待偿债净资产——应付主权外债转贷款”科目。②豁免下级政府财政的主权外债转贷款本息时，根据债务管理部门转来的相关资料，按照豁免转贷款的本金及已确认的应付利息金额，借记本科目，贷记“待偿债净资产——应付主权外债转贷款”科目；同时，借记“资产基金——应收主权外债转贷款”科目，贷记“应收主权外债转贷款”科目。

【例6-56】某市财政收到省财政转贷的外国政府贷款2 000 000元，贷款期限3年，利率3%，到期一次还本付息。该市财政总预算会计账务处理如下：

■收到转贷的外国政府贷款时，

借：其他财政存款　　2 000 000
　贷：债务转贷收入　　2 000 000
借：待偿债净资产——应付主权外债转贷款　　2 000 000
　贷：应付主权外债转贷款——应付本金——外国政府转贷款　　2 000 000

■如果外方将转贷款直接支付给由市交通运输局时，应根据不同情况分别处理，

• 如果市财政承担还款责任，贷款资金由市交通运输局使用

借：一般公共预算本级支出　　2 000 000
　贷：债务转贷收入　　2 000 000
借：待偿债净资产——应付主权外债转贷款　　2 000 000
　贷：应付主权外债转贷款——应付本金——外国政府转贷款　　2 000 000

• 如果市财政承担还款责任，贷款资金由所属县交通运输局使用

借：补助支出　　2 000 000
　贷：债务转贷收入　　2 000 000
借：待偿债净资产——应付主权外债转贷款　　2 000 000
　贷：应付主权外债转贷款——应付本金——外国政府转贷款　　2 000 000

• 如果由所属县财政厅承担还款责任，贷款资金由县交通运输局使用

借：债务转贷支出　　2 000 000
　贷：债务转贷收入　　2 000 000
借：待偿债净资产——应付主权外债转贷款　　2 000 000
　贷：应付主权外债转贷款——应付本金——外国政府转贷款　　2 000 000
借：应收主权外债转贷款　　2 000 000
　贷：资产基金——应收主权外债转贷款　　2 000 000

■每月末确认外国政府转贷款应付利息时，

年应付利息=2 000 000×3%=60 000（元）

月末应付利息=60 000÷12=5 000（元）

借：待偿债净资产——应收主权外债转贷款　　5 000
　贷：应付主权外债转贷款——应付利息——外国政府转贷款　　5 000

■外国政府转贷款到期，市财政偿还本金2 000 000元、利息180 000元（含当月应确认的利息5 000元），

借：待偿债净资产——应收主权外债转贷款　　5 000
　贷：应付主权外债转贷款——应付利息——外国政府转贷款　　5 000

借：债务还本支出　　2 000 000
　　一般公共预算本级支出　　180 000
　贷：其他财政存款　　2 180 000

借：应付主权外债转贷款——应付本金——外国政府转贷款　　2 000 000
　　　　　　　　　　　——应付利息——外国政府转贷款　　180 000
　贷：待偿债净资产——应付主权外债转贷款　　2 180 000

■市财政偿还县财政承担借入的外国政府转贷款本息时，

借：其他应付款　　2 180 000
　贷：其他财政存款　　2 180 000

借：应付主权外债转贷款——应付本金——外国政府转贷款　　2 000 000
　　　　　　　　　　　——应付利息——外国政府转贷款　　180 000
　贷：待偿债净资产——应付主权外债转贷款　　2 180 000

【例6-57】假设上例中的市财政未按时支付外国政府转贷款本息，被省财政扣缴偿还本息2 180 000元。该市财政总预算会计账务处理如下：

• 扣缴时，

借：其他应收款　　2 180 000
　贷：与上级往来　　2 180 000

借：应付主权外债转贷款——应付本金——外国政府转贷款　　2 000 000
　　　　　　　　　　　——应付利息——外国政府转贷款　　180 000
　贷：待偿债净资产——应付主权外债转贷款　　2 180 000

• 省级财政将扣缴的外国政府转贷款本息列报支出时，

借：债务还本支出　　2 00 000
　　一般公共预算本级支出　　180 000
　贷：其他应收款　　2 180 000

【例6-58】假设上例中的市财政借入的外国政府转贷款本息2 180 000元被省财政豁免。该市财政总预算会计账务处理如下：

• 豁免市财政承担偿还责任的外国政府转贷款本息时，

借：应付主权外债转贷款——应付本金——外国政府转贷款　　2 000 000

借：应付主权外债转贷款——应付利息——外国政府转贷款　　180 000
　贷：待偿债净资产——应付主权外债转贷款　　2 180 000

● 豁免县财政承担偿还责任的外国政府转贷款本息时，

借：应付主权外债转贷款——应付本金——外国政府转贷款　　2 000 000
　　　　　　　　　　　——应付利息——外国政府转贷款　　180 000
　贷：待偿债净资产——应付主权外债转贷款　　2 180 000
借：资产基金——应收主权外债转贷款　　2 18 000
　贷：应收主权外债转贷款　　2 180 000

（四）其他负债

其他负债是指政府财政因有关政策明确要求其承担支出责任的事项而形成的应付未付款项。

为了核算其他负债，财政总预算会计设置“其他负债”科目。本科目应当按照债权单位和项目等进行明细核算。本科目贷方余额反映政府财政承担的尚未支付的其他负债余额。

有关政策已明确政府财政承担的支出责任，按照确定应承担的负债金额，借记“待偿债净资产”科目，贷记本科目。实际偿还负债时，借记有关支出等科目，贷记“国库存款”等科目，同时，按照相同的金额，借记本科目，贷记“待偿债净资产”科目。

第三节　政府财政净资产

财政净资产是政府财政所掌管的资产净值，是政府财政资产减去负债的差额，包括一般公共预算结转结余、政府性基金预算结转结余、国有资本经营预算结转结余、财政专户管理资金结余、专用基金结余、预算稳定调节基金、预算周转金、资产基金和待偿债净资产。

一、结转结余

结转结余是政府财政收支的执行结果，包括一般公共预算结转结余、政府性基金预算结转结余、国有资本经营预算结转结余、财政专户管理资金结余和专用基金结余。各项结余需要分别计算和核算，不得混淆。

各项结转结余应每年结算一次。年终，将各项本年收入与相应的支出冲销后，即为该项资金的本年结转结余。本年结转结余加年初结转结余为年末结转结余。

按照《预算法》的规定，各级政府上一年预算的结转资金，应当在下一年用于结转项目的支出；连续两年未用完的结转资金，应当作为结余资金管理。其中，“连续两年未用完的结转资金”，是指预算安排的项目支出在下一年度终了时仍未用完的资金。一般公共预算连续两年未用完的结转资金，应当作为结余资金补充预算稳定调节基金；政府性基金预算、国有资本经营预算连续两年未用完的结转资金，应当作为结余资金，调入一般公共预算。

（一）一般公共预算结转结余

1.一般公共预算结转结余的含义

一般公共预算结转结余是指一般公共预算收支的执行结果，是用一般公共预算类收入减去一般公共预算类支出后的差额。其中，一般公共预算类收入包括一般公共预算本级收入、一般公共预算转移性收入（补助收入、上解收入、调入资金、地区间援助收入、动用预算稳定调节基金）、一般债务收入、地方政府一般债务转贷收入等；一般预算类支出包括一般公共预算本级支出、一般公共预算转移性支出（补助支出、上解支出、调出资金、地区间援助支出、安排预算稳定调节基金）、地方政府一般债务转贷支出、一般债务还本支出等。一般公共预算结转结余计算公式如下：

$$\text{本年一般公共预算结转结余}=\left(\text{一般公共预算本级收入}+\text{一般公共预算转移性收入}+\text{一般债务收入}+\text{一般债务转贷收入}\right)-\left(\text{一般公共预算本级支出}+\text{一般公共预算转移性支出}+\text{一般债务转贷支出}+\text{一般债务还本支出}\right)$$

年末一般公共预算结转结余=年初一般公共预算结转结余+本年一般公共预算结转结余

2.一般公共预算结转结余的核算

为了核算一般公共预算结转结余，财政总预算会计设置“一般公共预算结转结余”科目。本科目年终贷方余额反映一般公共预算收支相抵后的滚存结转结余。

年终转账时，将一般公共预算的有关收入科目贷方余额转入本科目的贷方，借记“一般公共预算本级收入”、“补助收入——一般公共预算补助收入”、“上解收入——一般公共预算上解收入”、“地区间援助收入”、“调入资金——一般公共预算调入资金”、“债务收入（一般债务收入）”、“债务转贷收入（地方政府一般债务转贷收入）”、“动用预算稳定调节基金”等科目，贷记本科目；将一般公共预算的有关支出科目借方余额转入本科目的借方，借记本科目，贷记“一般公共预算本级支出”、“上解支出——一般公共预算上解支出”、“补助支出——一般公共预算补助支出”、“地区间援助支出”、“调出资金——一般公共预算调出资金”、“安排预算稳定调节基金”、“债务转贷支出（地方政府一般债务转贷支出）”、“债务还本支出（一般债务还本支出）”等科目。

政府财政设置和补充预算周转金时，借记本科目，贷记“预算周转金”科目。

（二）政府性基金预算结转结余

1.政府性基金预算结转结余的含义

政府性基金预算结转结余是指政府性基金预算收支的执行结果，是用政府性基金预算类收入减去政府性基金预算类支出后的差额。其中，政府性基金预算类收入包括政府性基金预算本级收入、政府性基金预算转移性收入（补助收入、上解收入、调入资金）、专项债务收入、地方政府专项债务转贷收入等；政府性基金预算类支出包括政府性基金预算本级支出、政府性基金预算转移性支出（补助支出、上解支出、调出资金）、地方政府专项债务转贷支出、专项债务还本支出等。政府性基金预算结转结余计算公式如下：

本年政府性基金预算结转结余=（政府性基金预算本级收入+政府性基金预算转移性收入+专项债务收入+专项债务转贷收入）−（政府性基金预算本级支出+政府性基金预算调拨支出+专项债务转贷支出+专项债务还本支出）

年末政府性基金预算结转结余=年初政府性基金预算结转结余+本年政府性基金预算结转结余

2.政府性基金预算结转结余的核算

为了核算政府性基金预算结转结余，财政总预算会计设置"政府性基金预算结转结余"科目。本科目应当根据管理需要，按照政府性基金的种类进行明细核算。本科目年终贷方余额反映政府性基金预算收支相抵后的滚存结转结余。

年终转账时，应将政府性基金预算的有关收入科目贷方余额按照政府性基金种类分别转入本科目下相应明细科目的贷方，借记"政府性基金预算本级收入"、"补助收入——政府性基金预算补助收入"、"上解收入——政府性基金预算上解收入"、"调入资金——政府性基金预算调入资金"、"债务收入——专项债务收入"、"债务转贷收入——地方政府专项债务转贷收入"等科目，贷记本科目；将政府性基金预算的有关支出科目借方余额按照政府性基金种类分别转入本科目下相应明细科目的借方，借记本科目，贷记"政府性基金预算本级支出"、"上解支出——政府性基金预算上解支出"、"补助支出——政府性基金预算补助支出"、"调出资金——政府性基金预算调出资金"、"债务还本支出——专项债务还本支出"、"债务转贷支出——地方政府专项债务转贷支出"等科目。

（三）国有资本经营预算结转结余

1.国有资本经营预算结转结余的含义

国有资本经营预算结转结余是指国有资本经营预算收支的执行结果，是国有资本经营预算类收入减去国有资本经营预算类支出后的差额。其中国有资本经营预算类收入包括国有资本经营预算本级收入，国有资本经营预算类支出包括国有资本经营预算本级支出和国有资本经营预算调出资金。国有资本经营预算结转结余计算公式如下：

本年国有资本经营预算结转结余=国有资本经营预算本级收入−（国有资本经营预算本级支出+国有资本经营预算调出资金）

年末国有资本经营预算结转结余=年初国有资本经营预算结转结余+本年国有资本经营预算结转结余

2.国有资本经营预算结转结余的核算

为了核算国有资本经营预算结转结余，财政总预算会计设置"国有资本经营预算结转结余"科目。年终贷方余额反映国有资本经营预算收支相抵后的滚存结转结余。

年终转账时，应将国有资本经营预算的有关收入科目贷方余额转入本科目贷方，借记"国有资本经营预算本级收入"等科目，贷记本科目；将国有资本经营预算的有关支出科目借方余额转入本科目借方，借记本科目，贷记“国有资本经营预算本级支出”、“调出资金——国有资本经营预算调出资金”等科目。

（四）财政专户管理资金结余

1.财政专户管理资金结余的含义

财政专户管理资金结余是指纳入财政专户管理的教育收费等资金收支的执行结果，是财政专户管理资金收入减去财政专户管理资金支出后的差额。其计算公式如下：

本年财政专户管理资金结余=财政专户管理资金收入–财政专户管理资金支出

年末财政专户管理资金结余=年初财政专户管理资金结余+本年财政专户管理资金结余

2.财政专户管理资金结余的核算

为了核算财政专户管理资金结余，财政总预算会计设置“财政专户管理资金结余”科目。本科目应当根据管理需要，按照部门（单位）等进行明细核算。本科目年终贷方余额反映政府财政纳入财政专户管理的资金收支相抵后的滚存结余。

年终转账时，将财政专户管理资金的有关收入科目贷方余额转入本科目贷方，借记“财政专户管理资金收入”等科目，贷记本科目；将财政专户管理资金的有关支出科目借方余额转入本科目借方，借记本科目，贷记“财政专户管理资金支出”等科目。

（五）专用基金结余

1.专用基金结余的含义

专用基金结余是指专用基金收支的执行结果，是专用基金收入减去专用基金支出后的差额。其计算公式如下：

本年专用基金结余=专用基金收入–专用基金支出

年末专用基金结余=年初专用基金结余+本年专用基金结余

2.专用基金结余的核算

为了核算专用基金结余，财政总预算会计设置“专用基金结余”科目。本科目应当根据专用基金的种类进行明细核算。本科目年终贷方余额反映政府财政管理的专用基金收支相抵后的滚存结余。

年终转账时，将专用基金的有关收入科目贷方余额转入本科目贷方，借记“专用基金收入”等科目，贷记本科目；将专用基金的有关支出科目借方余额转入本科目借方，借记本科目，贷记“专用基金支出”等科目。

【例6–59】某市财政总预算会计20×1年度年终结账前有关收入类和支出类会计科目余额如下：

政府财政收入科目名称	贷方金额（元）	政府财政支出科目名称	借方金额（元）
一般公共预算本级收入	500 000	一般公共预算本级支出	500 000
政府性基金预算本级收入	220 000	政府性基金预算本级支出	180 000
国有资本经营预算本级收入	120 000	国有资本经营预算本级支出	100 000

续表

政府财政收入科目名称	贷方金额（元）	政府财政支出科目名称	借方金额（元）
专用基金收入	50 000	专用基金支出	45 000
财政专户管理资金收入	10 000	财政专户管理资金支出	9 000
补助收入——一般公共预算补助收入	50 000	补助支出——一般公共预算补助支出	55 000
补助收入——政府性基金预算补助收入	40 000	补助支出——政府性基金预算补助支出	35 000
上解收入——一般公共预算上解收入	50 000	上解支出——一般公共预算上解支出	50 000
上解收入——政府性基金预算上解收入	50 000	上解支出——政府性基金预算上解支出	60 000
调入资金——一般公共预算调入资金	20 000	调出资金——政府性基金预算调出资金	15 000
		调出资金——国有资本经营预算调出资金	5 000
合计	1 110 000	合计	1 054 000

该市财政总预算会计年终转账时，其账务处理如下：

• 将一般公共预算类收入科目贷方余额转入“一般公共预算结转结余”科目时，

借：一般公共预算本级收入　　500 000
　　补助收入——一般公共预算补助收入　　50 000
　　上解收入——一般公共预算上解收入　　50 000
　　调入资金——一般公共预算调入资金　　20 000
　贷：一般公共预算结转结余　　620 000

• 将一般公共预算类支出科目借方余额转入“一般公共预算结转结余”科目时，

借：一般公共预算结转结余　　605 000
　贷：一般公共预算本级支出　　500 000
　　　补助支出——一般公共预算补助支出　　55 000
　　　上解支出——一般公共预算上解支出　　50 000

• 将政府性基金预算类收入科目贷方余额转入“政府性基金预算结转结余”科目时，

借：政府性基金预算本级收入　　220 000
　　补助收入——政府性基金预算补助收入　　40 000
　　上解收入——政府性基金预算上解收入　　50 000
　贷：政府性基金预算结转结余　　310 000

• 将政府性基金预算类支出科目借方余额转入“政府性基金预算结转结余”科目时，

借：政府性基金预算结转结余　　290 000
　贷：政府性基金预算本级支出　　180 000
　　　补助支出——政府性基金预算补助支出　　35 000
　　　上解支出——政府性基金预算上解支出　　60 000
　　　调出资金——政府性基金预算调出资金　　15 000

•将国有资本经营预算类收入科目贷方余额转入“国有资本经营预算结转结余”科目时，

借：国有资本经营预算本级收入　　120 000

　贷：国有资本经营预算结转结余　　120 000

•将国有资本经营预算类支出科目借方余额转入“国有资本经营预算结转结余”科目时，

借：国有资本经营预算结转结余　　105 000

　贷：国有资本经营预算本级支出　　100 000

　　　调出资金——国有资本经营预算调出资金　　5 000

•将专用基金收入科目贷方余额转入“专用基金结余”科目时，

借：专用基金收入　　50 000

　贷：专用基金结余　　50 000

•将专用基金支出科目借方余额转入“专用基金结余”科目时，

借：专用基金结余　　45 000

　贷：专用基金支出　　45 000

•将财政专户管理资金收入科目贷方余额转入“财政专户管理资金结余”科目时，

借：财政专户管理资金收入　　10 000

　贷：财政专户管理资金结余　　10 000

•将财政专户管理资金支出科目借方余额转入“财政专户管理资金结余”科目时，

借：财政专户管理资金结余　　9 000

　贷：财政专户管理资金支出　　9 000

【例6-60】假设上例中市财政各项结转结余的年初余额分别为：一般公共预算结转结余2 000元、政府性基金预算结转结余8 000元、国有资本经营预算结转结余5 000元、专用基金结余2 000元、财政专户管理资金结余1 000元。该市财政各项结转结余的本年数和年末数计算如下：

•本年一般公共预算结转结余=620 000−605 000=15 000（元）

年末一般公共预算结转结余=2 000+15 000=17 000（元）

•本年政府性基金预算结转结余=310 000−290 000=20 000（元）

年末政府性基金预算结转结余=8 000+20 000=28 000（元）

•本年国有资本经营预算结转结余=120 000−105 000=15 000（元）

年末国有资本经营预算结转结余=5 000+15 000=20 000（元）

•本年专用基金结余=50 000−45 000=5 000（元）

本末年专用基金结转结余=2 000+5 000=7 000（元）

•本年财政专户管理资金结余=10 000−9 000=1 000（元）

年末财政专户管理资金结转结余=1 000+1 000=2 000（元）

二、各项基金

（一）预算稳定调节基金

1.预算稳定调节基金的设置

预算稳定调节基金是指政府财政安排用于弥补以后年度预算资金不足的储备资金。预算稳定调节基金主要来源于本级年度预算超收收入和本级当年一般公共预算结余；其主要用于弥补重大短收因素造成的资金缺口，应对不可预见的重大突发公共事件等，原则上不能用于年度中间出现的一般性预算支出，资金使用后仍有结余的，转入下年继续使用。

按照《预算法》规定，各级一般公共预算按照国务院的规定可以设置预算稳定调节基金，用于弥补以后年度预算资金的不足；各级一般公共预算年度执行中有超收收入的，只能用于冲减赤字或者补充预算稳定调节基金。各级一般公共预算的结余资金，应当补充预算稳定调节基金。

2.预算稳定调节基金的核算

为了核算预算稳定调节基金，财政总预算会计设置“预算稳定调节基金”科目。本科目期末贷方余额反映预算稳定调节基金的规模。

政府财政使用超收收入或一般公共预算结余资金补充预算稳定调节基金时，借记“安排预算稳定调节基金”科目，贷记本科目。将预算周转金调入预算稳定调节基金时，借记“预算周转金”科目，贷记本科目。调用预算稳定调节基金时，借记本科目，贷记“动用预算稳定调节基金”科目。

【例6-61】年度终了，某市财政使用财政超收收入补充预算稳定调节基金200 000元。该市财政总预算会计的账务处理如下：

	借方	贷方
借：安排预算稳定调节基金	200 000	
贷：预算稳定调节基金		200 000

【例6-62】年度终了，某县财政为弥补财政短收年份预算执行收支缺口，调用预算稳定调节基金150 000元。该市财政总预算会计的账务处理如下：

	借方	贷方
借：预算稳定调节基金	150 000	
贷：调入预算稳定调节基金		150 000

（二）预算周转金

1.预算周转金的设置和使用

预算周转金是指政府财政为调剂预算年度内季节性收支差额，保证及时用款而设置的库款周转资金。就整个预算年度而言，通常可以做到全年预算收支基本平衡，但是各月的预算收入与支出往往是不同步的，月份之间、季度之间总是不平衡的，不是收大于支就是支大于收。而且，收入是逐日收取入库的，每月的支出却是在月初就拨付。同时，财政资金从收纳、报解到支拨的途中运行又需要一定的时间。如果没有一定的周转金，要完成预算收支任务是难以想象的。各级财政为了平衡季节性收支，必须设置相应的预算周转金。

预算周转金应根据《预算法》要求设置。按照《预算法》规定，各级一般公共预算按照国务院的规定可以设置预算周转金，用于本级政府调剂预算年度内的季节性收支差额。各级预算周转金由本级政府财政部门管理，不得挪作他用。依照《预算法实施条例》，经本级政府批准，各级政府财政部门可以设置预算周转金，额度不得超过本级一般公共预算支出总额的1%。年度终了，各级政府财政部门应当将预算周转金全部收回，作为结余资金调入预算稳定调节基金。

预算周转金只作平衡预算收支临时周转使用，不能安排支出。预算周转金存入国库存款之中，不另立存款账户。预算周转金动用时，作为国库存款的减少，不能作为预算周转金的减少。如果国库存款余额小于预算周转金，即表明预算周转金已被动用。

2. 预算周转金的核算

为了核算预算周转金，财政总预算会计设置"预算周转金"科目。本科目期末贷方余额反映预算周转金的规模。

政府财政设置和补充预算周转金时，借记"一般公共预算结转结余"科目，贷记本科目；将预算周转金调入预算稳定调节基金时，借记本科目，贷记"预算稳定调节基金"科目。

【例6-63】某市财政从本级一般公共预算结转结余中补充预算周转资金50 000元。该市财政总预算会计的账务处理如下：

借：一般公共预算结转结余	50 000	
贷：预算周转金		50 000

【例6-64】某市财政年度终了，将预算周转金50 000元调入预算稳定调节基金。该市财政总预算会计的账务处理如下：

借：预算周转金	50 000	
贷：预算稳定调节基金		50 000

（三）资产基金

资产基金是指政府财政持有的债权和股权投资等资产（与其相关的资金收支纳入预算管理）在净资产中占用的金额。

为了核算政府财政持有的应收地方政府债券转贷款、应收主权外债转贷款、股权投资和应收股利等资产（与其相关的资金收支纳入预算管理）在净资产中占用的金额，财政总预算会计设置"资产基金"科目。本科目下应当设置"应收地方政府债券转贷款"、"应收主权外债转贷款"、"股权投资"、"应收股利"等明细科目，进行明细核算。本科目期末贷方余额，反映政府财政持有应收地方政府债券转贷款、应收主权外债转贷款、股权投资和应收股利等资产（与其相关的资金收支纳入预算管理）在净资产中占用的金额。

资产基金的账务处理和举例参见"应收地方政府债券转贷款"、"应收主权外债转贷款"、"股权投资"和"应收股利"等的科目核算。

三、待偿债净资产

待偿债净资产是指政府财政承担应付短期政府债券、应付长期政府债券、借入款项、应付地方政府债券转贷款、应付主权外债转贷款、其他负债等负债（与其相关的资金收支纳入预算管理）而相应需在净资产中冲减的金额。

为了核算政府财政因发生应付政府债券、借入款项、应付地方政府债券转贷款、应付主权外债转贷款、其他负债等负债（与其相关的资金收支纳入预算管理）相应需在净资产中冲减的金额，财政总预算会计设置“待偿债净资产”科目。本科目下应当设置“应付短期政府债券”、“应付长期政府债券”、“借入款项”、“应付地方政府债券转贷款”、“应付主权外债转贷款”、“其他负债”等明细科目，进行明细核算。本科目期末借方余额，反映政府财政承担应付政府债券、借入款项、应付地方政府债券转贷款、应付主权外债转贷款和其他负债等负债（与其相关的资金收支纳入预算管理）而相应需冲减净资产的金额。

待偿债净资产的账务处理和举例参见“应付短期政府债券”、“应付长期政府债券”、“借入款项”、“应付地方政府债券转贷款”、“应付主权外债转贷款”和“其他负债”等的科目核算。

复习思考

1. 什么是政府财政资产、政府财政负债和政府财政净资产？各自包含哪些内容？

2. 政府财政资产和政府财政负债的确认条件是什么？

3. 政府财政的流动资产和非流动资产、流动负债和非流动负债各自包括哪些内容？

4. 什么是财政存款？其管理应遵循哪些原则？

5. 财政存款的核算应设置哪些会计账户？它们分别核算什么内容？

6. 什么是在途款？

7. 借出款项与暂付及应收款项、借入款项与暂收及应付款项核算的内容有什么不同？

8. 什么是应收转贷款和应付转贷款？各自包括哪些内容？

9. 什么是股权投资？包括哪些内容？

10. 什么是应付政府债券？包括哪些内容？

11. 什么是应付国库集中支付结余？

12. 什么是政府财政结转结余？其包括哪些内容？

13. 结转一般公共预算结转结余、政府性基金预算结转结余和国有资本经营预算结转结余的收支各有哪些？

14. 什么是预算周转金和预算稳定调节基金？它们各自的资金来源和用途是什么？

15. 什么是资产基金？哪些会计科目的核算与其有关？

16. 什么是待偿债净资产？哪些会计科目的核算与其有关？

操作练习

题一：

目的：练习财政存款、有价证券的核算。

资料：某市财政20×1年发生如下经济业务：

1.收到国库报来的预算收入日报表，列示本日一般公共预算本级收入为100 000元、政府性基金预算本级收入50 000元、国有资本经营预算本级收入60 000元。

2.根据一般公共预算，向市人大拨付办公费80 000元。

3.根据政府性基金预算，支付以地方水利建设基金收入安排的支出100 000元。

4.收到地方政府专项债券转贷收入2 500 000元。

5.收到主权外债转贷资金收入800 000元。

6.向省级财政借入地方政府一般债券转贷款2 000 000元。

7.收到上级财政部门拨来的粮食风险基金50 000元。

8.根据有关规定，将粮食风险基金40 000元拨付给市粮食购销企业。

9.购买3年期国库券50 000元。

10.以前年度用一般公共预算结余购买的国库券到期，收到兑付本金200 000元，利息10 000元。

要求：根据上述经济业务编制相应的会计分录。

题二：

目的：练习预拨经费、上下级往来款项和借出款项的核算。

资料：中央财政20×1年12月发生如下经济业务：

1.根据“二上”预算，预拨中央直属单位下年度经费180 000元。

2.将上月预拨给农业部的事业费200 000元转列本月一般公共预算本级支出。

3.借给A省财政预算调度款100 000元。

4.将借给B省的财政预算调度款200 000元转作对该省的补助。

5.在年终体制结算中，所属B省财政应上解款项180 000元，并通知B省转账。

6.在年终体制结算中，应补助所属C省财政款项90 000元，并通知C省转账。

7.经批准借给教育部急需款200 000元。

8.将借给教育部的急需款150 000元转作一般公共预算本级支出，其余通过国库已收回。

要求：根据上述经济业务编制相应的会计分录。

题三：

目的：练习非流动资产的核算。

资料：某省财政20×1年发生如下经济业务：

1.向所属市级财政转贷地方政府一般债券5 000 000元。

2.收到市级财政到期偿还的地方政府债券转贷款本金400 000元，利息22 500元。

3.向市级财政转贷外国政府贷款5 000 000元。

4.使用一般公共预算资金对文化产业基金进行股权投资，实际支付金额300 000元，在被投资基金中占有的权益金额290 000元。

5.年末计算出本年应收未收地方政府一般债券转贷款利息50 000元。

6.年末省级B国有上市公司披露年度财务报告，该公司当年实现净利润2 000 000元，宣告发放当年净利润的30%的现金股利。该省政府在该公司中拥有20%的股权。

要求：根据上述经济业务编制相应的会计分录。

题四：

目的：练习财政负债的核算。

资料：某省财政20×1年发生如下经济业务：

1. 发行1年期地方政府一般债券600 000 000元，实际收到发行金额600 000 000元；5年期地方政府专项债券300 000 000元，实际收到发行金额300 000 000元。

2. 地方政府3年期的一般债券到期，实际支付本金5 000 000元、利息150 000元，利息中含最后一个月的已确认的应付利息12 500元。

3. 地方政府6个月专项债券到期，实际支付本金1 000 000元、利息300 000元，利息中含最后一个月的已确认的应付利息25 000元。

4. 收到国际货币基金组织贷款2 000 000元

5. 收到国家工商局未查明性质的预算缴款50 000元。

6. 查明国家工商局缴来的50 000元属于罚没收入。

7. 年末，经对账确认省级预算单位尚未使用的国库集中支付结余资金500 000元，其中一般公共预算200 000元，政府性基金预算300 000元。

8. 收到某直属单位的代管资金200 000元。

要求：根据上述经济业务编制相应的会计分录。

题五：

目的：练习财政结转结余、预算周转金和预算稳定调节基金的核算。

资料：某省财政20×1年12月31日年终结账前财政收入和财政支出各会计科目余额表如下：

财政收入和财政支出各会计科目余额表　　单位：元

政府财政收入科目名称	贷方金额	政府财政支出科目名称	借方金额
一般公共预算本级收入	500 000	一般公共预算本级支出	400 000
政府性基金预算本级收入	200 000	政府性基金预算本级支出	210 000
国有资本经营预算本级收入	120 000	国有资本经营预算本级支出	100 000
专用基金收入	50 000	专用基金支出	45 000
补助收入——一般公共预算补助收入	50 000	补助支出——一般公共预算补助支出	45 000
补助收入——政府性基金预算补助收入	40 000	补助支出——政府性基金预算补助支出	35 000
上解收入——一般公共预算上解收入	50 000	上解支出——一般公共预算上解支出	40 000
上解收入——政府性基金预算上解收入	50 000	上解支出——政府性基金预算上解支出	50 000
调入资金——政府性基金预算调入资金	5 000	调出资金——一般公共预算调出资金	5 000
合计	1 065 000	合计	930 000

要求：

1. 根据上表编制年终转账会计分录。

2. 假设年初一般公共预算结转结余20 000元、政府性基金结转结余3 000元、国有资本经营预算结转结余5 000元、专用基金结余2 000元。试计算各项结转结余的本年数和年末数。

3. 按照本年一般公共预算结余补充预算周转金13 000元，并编制会计分录。

4. 使用本年财政超收收入补充预算稳定调节基金6 500元，并编制会计分录。

第七章

财政总预算会计报表

学习目标

- 熟悉财政总预算会计报表的种类
- 了解财政总预算会计报表的编制要求
- 熟悉财政总预算会计年终清理结算、年终结账和年终财政结算的方法
- 掌握财政总预算会计资产负债表的编制方法
- 掌握财政总预算会计收入支出表的编制方法
- 熟悉财政总预算会计各种收支执行表的内容
- 了解财政总预算会计报表的分析内容和方法

财政总预算会计报表是反映政府财政预算收支执行结果和财务状况的书面文件。本章主要阐述财政总预算会计报表的种类、编制要求、编制方法，以及财政总预算会计报表汇总和分析的方法。

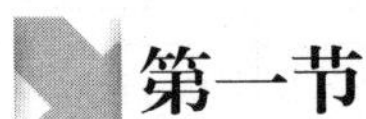

第一节 会计报表概述

一、财政总预算会计报表的构成和编制要求

（一）会计报表构成

财政总预算会计报表是反映政府财政预算收支执行结果和财务状况的书面文件。财政总预算会计报表是人民代表大会、政府及其有关部门、政府财政部门自身和其他会计信息使用者获取决策相关信息的依据，也是编制下年度政府财政预算的基础。

财政总预算会计报表由会计报表和附注构成。其中会计报表包括资产负债表、收入支出表、一般公共预算执行情况表、政府性基金预算执行情况表、国有资本经营预算执行情况表、财政专户管理资金收支情况表、专用基金收支情况表等会计报表。

附注是指对在会计报表中列示项目的文字描述或明细资料，以及对未能在会计报表中列示项目的说明。财政总预算会计报表附注应当至少披露下列内容：（1）遵循《财政总预算会计制度》的声明；（2）本级政府财政预算执行情况和财务状况的说明；（3）会计报表中列示的重要项目的进一步说明，包括其主要构成、增减变动情况等；（4）或有负债情况的说明；（5）有助于理解和分析会计报表的其他需要说明的事项。

（二）会计报表的分类

财政总预算会计报表按照不同标准，可分为不同种类。

1.按照编制时间，可分为旬报、月报和年报

旬报是反映政府财政从月初至本旬为止的预算收支执行情况的报表；月报是反映政府财政从年初至本月末止的财务状况、预算收支执行情况的报表；年报是反映年度预算收支的最终结果和财务状况的报表。

2.按照反映的经济内容，可分为资产负债表和预算执行情况表

资产负债表是反映政府财政在某一特定日期财务状况的报表；预算执行情况表是反映政府财政预算收支结余情况和收支执行情况的报表，包括收入支出表、一般公共预算执行情况表、政府性基金预算执行情况表、国有资本经营预算执行情况表、财政专户管理资金收支情况表、专用基金收支情况表等。

3.按照包括内容范围，可分为本级报表和汇总报表

本级报表是指本级政府财政编制的反映本级政府财务状况和预算执行情况的会计报表；汇总报表是本级政府财政根据本级财政总预算会计报表和经审核的所属下级政府财政总预算会计报送的会计报表汇总编制的，综合反映本级政府财务状况及预算收支执行情况的综合性会计报表。

（三）会计报表的编制要求

财政总预算会计应当按照下列规定编制会计报表：

1.一般公共预算执行情况表、政府性基金预算执行情况表、国有资本经营预算执行情况表应当按旬、月度和年度编制，财政专户管理资金收支情况表和专用基金收支情况表应当按月度和年度编制，收入支出表按月度和年度编制，资产负债表和附注应当至少按年度编制。旬报、月报的报送期限及编报内容应当根据上级政府财政具体要求和本行政区域预算管理的需要办理。

2.财政总预算会计应当根据《财政总预算会计制度》编制并提供真实、完整的会计报表，切实做到账表一致，不得估列代编、弄虚作假。

3.财政总预算会计要严格按照统一规定的种类、格式、内容、计算方法和编制口径填制会计报表，以保证全国统一汇总和分析。汇总报表的单位，要把所属单位的报表汇集齐全，防止漏报。

二、财政总预算会计在年报编审中的职责

财政总预算会计年度报表，反映年度预算收支的最终结果和财务状况。财政总预算会计参与或具体负责组织下列决算草案编审工作：

1. 参与组织制定决算草案编审办法。根据上级政府财政的统一要求和本行政区域预算管理的需要，提出年终收支清理、数字编列口径、决算审查和组织领导等具体要求，并对财政结算、结余处理等具体问题制定管理办法。

2. 根据上级政府财政的要求，结合本行政区域的具体情况制定本行政区域政府财政总决算统一表格。

3. 办理全年各项收支、预拨款项、往来款项等会计对账、结账工作。

4. 对下级政府财政布置决算草案编审工作，指导、督促其及时汇总报送决算。

5. 审核、汇总所属财政部门总决算草案，向上级政府财政部门报送本辖区汇总的财政总决算草案。

6. 编制决算说明和决算分析报告，向上级政府财政汇报决算编审工作情况，进行上下级政府财政之间的财政体制结算以及财政总决算的文件归档工作。

7. 各级政府财政应将汇总编制的本级决算草案及时报本级政府审定。各级政府财政应按照上级政府财政部门的要求，将经本级人民政府审定的本行政区域决算草案逐级及时报送备案。计划单列市的财政决算，除按规定报送财政部外，应按所在省的规定报所在省。

具体的决算编审工作，按照财政决算管理部门的相关规定执行。

三、财政总预算会计年报编制前的准备工作

财政总预算会计年报编制前必须做好三项主要的准备工作：年终清理、年终财政结算和年终结账。

（一）年终清理

年终清理是各级财政部门和预算执行单位在年终前，对全年各项预算资金的收支及有关财务活动进行全面清查、结算和核对的活动。其目的在于划清年度收支，核实收支数字，结清往来款项，以便如实反映全年预算执行结果，分析全年预算执行情况，总结预算管理的经验，检查财经纪律遵守情况。

政府财政部门应当及时进行年终清理。年终清理的主要事项如下：

1. 核对年度预算。预算是预算执行和办理会计结算的依据。年终前，财政总预算会计应配合预算管理部门将本级政府财政全年预算指标与上、下级政府财政总预算和本级各部门预算进行核对，及时办理预算调整和转移支付事项。本年预算调整和对下转移支付一般截止到11月底；各项预算拨款，一般截止到12月25日。

2. 清理本年预算收支。财政总预算会计认真清理本年预算收入，督促征收部门和国家金库年终前如数缴库。应在本年预算支领列报的款项，非特殊原因，应在年终前办理完毕，清理财政专户管理资金和专用基金收支。凡属应列入本年的收入，应及时催收，并缴入国库或指定财政专户。

3.组织征收部门和国家金库进行年度对账。

4.清理核对当年拨款支出。财政总预算会计对本级各单位的拨款支出应与单位的拨款收入核对无误。属于应收回的拨款，应及时收回，并按收回数相应冲减预算支出。属于预拨下年度的经费，不得列入当年预算支出。

5.核实股权、债权和债务。财政部门内部相关资产、债务管理部门应于12月20日前向财政总预算会计提供与股权、债权、债务等核算和反映相关的资料。财政总预算会计对股权投资、借出款项、应收股利、应收地方政府债券转贷款、应收主权外债转贷款、借入款项、应付短期政府债券、应付长期政府债券、应付地方政府债券转贷款、应付主权外债转贷款、其他负债等余额应与相关管理部门进行核对，记录不一致的要及时查明原因，按规定调整账务，做到账实相符、账账相符。

6.清理往来款项。政府财政要认真清理其他应收款、其他应付款等各种往来款项，在年度终了前予以收回或归还。应转作收入或支出的各项款项，要及时转入本年有关收支账。

财政总预算会计对年终决算清理期内发生的会计事项，应当划清会计年度。属于清理上年度的会计事项，记入上年度会计账；属于新年度的会计事项，记入新年度会计账，防止错记漏记。

（二）年终财政结算

年终财政结算，又称年终体制结算，是财政预算管理部门在年终清理的基础上，于次年元月底前结清上下级政府财政的转移支付收支和往来款项。财政总预算会计要按照财政管理体制的规定，根据预算结算单，与年度预算执行过程中已补助和已上解数额进行比较，结合往来款和借垫款情况，计算出全年最后应补或应退数额，填制“年终财政结算单”，经核对无误后，作为年终财政结算凭证，据以入账。

各级财政部门在财政管理体制执行过程中，由于企事业单位隶属关系的变化以及国家一些财政经济政策的执行，将使中央和地方及地方各级财政收支发生变化或转移，从而影响中央、地方及地方各级的应得财力。这种情况在财政管理体制确定后一般不调整原体制确定的上解或补助数额，而是采取年终单独结算处理的办法。中央财政和地方财政结算中，属于正常上解、补助和预算执行中一般上划、下划、追加、追减的事项，仍按现行财政管理体制的有关规定办理；属于国家统一政策，需要中央财政与地方财政单独结算的事项，财政部将另行下发具体结算办法。

1.财政总预算会计根据“年终财政结算单”将上级财政欠拨补助资金记账时，上级财政总预算会计借记“补助支出”科目，贷记“与下级往来”科目；下级财政总预算会计借记“与上级往来”科目，贷记“补助收入”科目。上级财政拨付年终结算欠拨下级财政补助资金时，新年度账中：上级财政总预算会计借记“与下级往来”科目，贷记“国库存款”；下级财政总预算会计借记“国库存款”科目，贷记“与上级往来”科目。

2.财政总预算会计根据“年终财政结算单”将下级财政所欠上解资金记账时，上级财政总预算会计借记“与下级往来”科目，贷记“上解收入”科目；下级财政总预算会计借记“上解支出”科目，贷记“与上级往来”科目。下级财政划拨年终结算所欠上级财政的应上解资金时，新年度账中：上级财政总预算会计借记“国库存款”科目，贷记“与下级往来”科目；下级财政总预算会计借记“与上级往来”科目，贷记“国库存款”科目。

【例7-1】根据“年终财政结算单”，某省财政本年度应上解中央财政款50 000 000元，而中央总库实收该省财政上解款45 000 000元；中央财政应补助该省财政款2 000 000元，而中央已拨付该省补助款1 500 000元。

中央财政欠该省财政补助款=2 000 000-1 500 000=500 000（元）

该省财政欠中央财政上解款=50 000 000-45 000 000=5 000 000（元）

该省财政应补上解中央财政款=5 000 000-500 000=4 500 000（元）

● 根据“年终财政结算单”将中央财政欠拨补助资金和本级财政欠上解资金记账时，该省财政总预算会计的账务处理如下：

借：与上级往来　　500 000

　贷：补助收入　　500 000

借：上解支出　　5 000 000

　贷：与上级往来　　5 000 000

“与上级往来”科目的贷方余额4 500 000元即为该省财政应补上解中央财政款。

● 中央财政总预算会计也要根据“年终财政结算单”通过“与下级往来”科目与该省级财政办理结算，其账务处理如下：

借：补助支出　　500 000

　贷：与下级往来　　500 000

借：与下级往来　　5 000 000

　贷：上解收入　　5 000 000

“与下级往来”科目的借方余额4 500 000元即为所属某省财政应补交的上解款。

（三）年终结账

财政总预算会计经过年终清理和结算，把各项结算收支入账后，即可办理年终结账。年终结账工作一般分为年终转账、结清旧账和记入新账三个步骤，依次做账。

1. 年终转账。计算出各科目12月份合计数和全年累计数，结出12月末余额，编制结账前的“资产负债表”，再根据收支余额填制记账凭证，将收支分别转入“一般公共预算结转结余”、“政府性基金预算结转结余”、“国有资本经营预算结转结余”、“专用基金结余”、“财政专户管理资金结余”等科目冲销。

2. 结清旧账。将各个收入和支出科目的借方、贷方结出全年总计数。对年终有余额的科目，在“摘要”栏内注明“结转下年”字样，表示转入新账。

3. 记入新账。根据年终转账后的总账和明细账余额编制年终“资产负债表”和有关明细表（不需填制记账凭证），将表列各科目余额直接记入新年度有关总账和明细账年初余额栏内，并在“摘要”栏注明“上年结转”字样，以区别新年度发生数。

决算经本级人民代表大会常务委员会（或人民代表大会）审查批准后，如需更正原报决算草案收入、支出时，则要相应调整有关账目，重新办理结账事项。

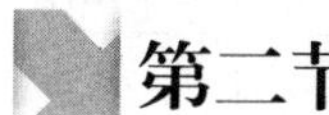

第二节 会计报表的编制

一、资产负债表

（一）概念及基本格式

资产负债表是反映政府财政在某一特定日期财务状况的报表，是财政总预算会计的主要会计报表之一，属于静态报表。通过资产负债表，可以提供政府财政：在某一特定日期的全部资产、负债和净资产的情况；某一日期资产的总额及其结构，表明政府财政拥有或控制的资源及其分布情况；某一日期负债总额及其结构，表明政府财政未来需要用多少资产清偿债务以及清偿时间；某一日期净资产的总额及其结构，表明政府财政拥有各项基金及结转结余情况。财政总预算会计的资产负债表按照编制时间分为月报和年报。

资产负债表应当按照资产、负债和净资产分类、分项列示，按照“资产=负债+净资产”的平衡公式设置，分为左右两方，左方列示资产各项目，反映资产的分布及存在形态；右方列示负债和净资产各项目，反映负债和净资产的内容及构成情况。资产负债表左右两方总计数相等。资产负债表一般格式如表7-1所示。

（二）填列方法

资产负债表有两栏数据：“年初余额”和“期末余额”。其中，“年初余额”栏内各项数字，应当根据上年末资产负债表“期末余额”栏内数字填列。如果本年度资产负债表规定的各个项目的名称和内容同上年度不相一致，应对上年末资产负债表各项目的名称和数字按照本年度的规定进行调整，填入本表“年初余额”栏内。“期末余额”栏内各项目数字，一般根据资产、负债和净资产类科目的期末余额填列。

资产负债表中“期末余额”栏各项目的内容和具体填列方法如下：

1.资产类项目

（1）“国库存款”项目，反映政府财政期末存放在国库单一账户的款项金额。本项目应当根据“国库存款”科目的期末余额填列。

（2）“国库现金管理存款”项目，反映政府财政期末实行国库现金管理业务持有的存款金额。本项目应当根据“国库现金管理存款”科目的期末余额填列。

（3）“其他财政存款”项目，反映政府财政期末持有的其他财政存款金额。本项目应当根据“其他财政存款”科目的期末余额填列。

（4）“有价证券”项目，反映政府财政期末持有的有价证券金额。本项目应当根据“有价证券”科目的期末余额填列。

（5）“在途款”项目，反映政府财政期末持有的在途款金额。本项目应当根据“在途款”科目的期末余额填列。

表7-1

资产负债表

会财政01表

编制单位： 年 月 日 单位：元

资 产	年初余额	期末余额	负债和净资产	年初余额	期末余额
流动资产：			流动负债：		
国库存款			应付短期政府债券		
国库现金管理存款			应付利息		
其他财政存款			应付国库集中支付结余		
有价证券			与上级往来		
在途款			其他应付款		
预拨经费			应付代管资金		
借出款项			一年内到期的非流动负债		
应收股利			流动负债合计		
应收利息			非流动负债：		
与下级往来			应付长期政府债券		
其他应收款			借入款项		
流动资产合计			应付地方政府债券转贷款		
非流动资产：			应付主权外债转贷款		
应收地方政府债券转贷款			其他负债		
应收主权外债转贷款			非流动负债合计		
股权投资			负债合计		
待发国债			一般公共预算结转结余		
非流动资产合计			政府性基金预算结转结余		
			国有资本经营预算结转结余		
			财政专户管理资金结余		
			专用基金结余		
			预算稳定调节基金		
			预算周转金		
			资产基金		
			减：待偿债净资产		
			净资产合计		
资产总计			负债和净资产总计		

（6）“预拨经费”项目，反映政府财政期末尚未转列支出或尚待收回的预拨经费金额。本项目应当根据“预拨经费”科目的期末余额填列。

（7）“借出款项”项目，反映政府财政期末借给预算单位尚未收回的款项金额。本项目应当根据“借出款项”科目的期末余额填列。

（8）“应收股利”项目，反映政府期末尚未收回的现金股利或利润金额。本项目应当根据“应收股利”科目的期末余额填列。

（9）“应收利息”项目，反映政府财政期末尚未收回应收利息金额。本项目应当根据“应收地方政府债券转贷款”科目和“应收主权外债转贷款”科目下“应收利息”明细科目的期末余额合计数填列。

（10）“与下级往来”项目，正数反映下级政府财政欠本级政府财政的款项金额；负数反映本级政府财政欠下级政府财政的款项金额。本项目应当根据“与下级往来”科目的期末余额填列，期末余额如为借方则以正数填列，如为贷方则以“-”号填列。

（11）“其他应收款”项目，反映政府财政期末尚未收回的其他应收款的金额。本项目应当根据“其他应收款”科目的期末余额填列。

（12）“应收地方政府债券转贷款”项目，反映政府财政期末尚未收回的地方政府债券转贷款的本金金额。本项目应当根据“应收地方政府债券转贷款”科目下“应收本金”明细科目的期末余额填列。

（13）“应收主权外债转贷款”项目，反映政府财政期末尚未收回的主权外债转贷款的本金金额。本项目应当根据“应收主权外债转贷款”科目下的“应收本金”明细科目的期末余额填列。

（14）“股权投资”项目，反映政府期末持有的股权投资的金额。本项目应当根据“股权投资”科目的期末余额填列。

（15）“待发国债”项目，反映中央政府财政期末尚未使用的国债发行额度。本项目应当根据“待发国债”科目的期末余额填列。

2.负债类项目

（16）“应付短期政府债券”项目，反映政府财政期末尚未偿还的发行期限不超过1年（含1年）的政府债券的本金金额。本项目应当根据“应付短期政府债券”科目下的“应付本金”明细科目的期末余额填列。

（17）“应付利息”项目，反映政府财政期末尚未支付的应付利息金额。本项目应当根据“应付短期政府债券”、“借入款项”、“应付地方政府债券转贷款”、“应付主权外债转贷款”科目下的“应付利息”明细科目期末余额，以及属于分期付息到期还本的“应付长期政府债券”的“应付利息”明细科目期末余额计算填列。

（18）“应付国库集中支付结余”项目，反映政府财政期末尚未支付的国库集中支付结余金额。本项目应当根据“应付国库集中支付结余”科目的期末余额填列。

（19）“与上级往来”项目，正数反映本级政府财政期末欠上级政府财政的款项金额；负数反映上级政府财政欠本级政府财政的款项金额。本项目应当根据“与上级往来”科目的期末余额填列，如为借方余额则以“-”号填列。

（20）“其他应付款”项目，反映政府财政期末尚未支付的其他应付款的金额。本项目应当根据“其他应付款”科目的期末余额填列。

（21）“应付代管资金”项目，反映政府财政期末尚未支付的代管资金金额。本项目应当根据“应付代管资金”科目的期末余额填列。

（22）“一年内到期的非流动负债”项目，反映政府财政期末承担的1年以内（含1年）到偿还期的非流动负债。本项目应当根据“应付长期政府债券”、“借入款项”、“应付地方政府债券转贷款”、“应付主权外债转贷款”、“其他负债”等科目的期末余额及债务管理部门提供的资料分析填列。

（23）“应付长期政府债券”项目，反映政府财政期末承担的偿还期限超过1年的长期政府债券的本金金额及到期一次还本付息的长期政府债券的应付利息金额。本项目应当根据“应付长期政府债券”科目的期末余额分析填列。

（24）“应付地方政府债券转贷款”项目，反映政府财政期末承担的偿还期限超过1年的地方政府债券转贷款的本金金额。本项目应当根据“应付地方政府债券转贷款”科目下“应付本金”明细科目的期末余额分析填列。

（25）“应付主权外债转贷款”项目，反映政府财政期末承担的偿还期限超过1年的主权外债转贷款的本金金额。本项目应当根据“应付主权外债转贷款”科目下“应付本金”明细科目的期末余额分析填列。

（26）“借入款项”项目，反映政府财政期末承担的偿还期限超过1年的借入款项的本金金额。本项目应当根据“借入款项”科目下“应付本金”明细科目的期末余额分析填列。

（27）“其他负债”项目，反映政府财政期末承担的偿还期限超过1年的其他负债金额。本项目应当根据“其他负债”科目的期末余额分析填列。

3.净资产类项目

（28）“一般公共预算结转结余”项目，反映政府财政期末滚存的一般公共预算结转金额。本项目应当根据“一般公共预算结转结余”科目的期末余额填列。

（29）“政府性基金预算结转结余”项目，反映政府财政期末滚存的政府性基金预算结转结余金额。本项目应当根据“政府性基金预算结转结余”科目的期末余额填列。

（30）“国有资本经营预算结转结余”项目，反映政府财政期末滚存的国有资本经营预算结转结余金额。本项目应当根据“国有资本经营预算结转结余”科目的期末余额填列。

（31）“财政专户管理资金结余”项目，反映政府财政期末滚存的财政专户管理资金结余金额。本项目应当根据“财政专户管理资金结余”科目的期末余额填列。

（32）“专用基金结余”项目，反映政府财政期末滚存的专用基金结余金额。本项目应当根据“专用基金结余”科目的期末余额填列。

（33）“预算稳定调节基金”项目，反映政府财政期末预算稳定调节基金的余额。本项目应当根据“预算稳定调节基金”科目的期末余额填列。

（34）“预算周转金”项目，反映政府财政期末预算周转金的余额。本项目应当根据“预算周转金”科目的期末余额填列。

（35）“资产基金”项目，反映政府财政期末持有的应收地方政府债券转贷款、应收主权外债转贷款、股权投资和应收股利等资产在净资产中占用的金额。本项目应当根据“资产基金”科目的期末余额填列。

（36）“待偿债净资产”项目，反映政府财政期末因承担应付短期政府债券、应付长期政府债券、借入款项、应付地方政府债券转贷款、应付主权外债转贷款、其他负债等负债相应需在净资产中冲减的金额。本项目应当根据“待偿债净资产”科目的期末借方余额以“-”号填列。

【例7-2】假设某市财政总预算会计20×1年12月31日的资产负债表如下（年初余额略）：

资产负债表

会财政01表

编制单位：××市财政局　　　　20×1年12月31日　　　　单位：万元

资产	年初余额	期末余额	负债和净资产	年初余额	期末余额
流动资产：			流动负债：		
国库存款		11 430 000	应付短期政府债券		
国库现金管理存款		630 000	应付利息		260 000
其他财政存款		4820 000	应付国库集中支付结余		2 980 000
有价证券			与上级往来		5 220 000
在途款		1830 000	其他应付款		910 000
预拨经费		960 000	应付代管资金		
借出款项			一年内到期的非流动负债		
应收股利		540 000	流动负债合计		9 370 000
应收利息		240 000	非流动负债：		
与下级往来		750 000	应付长期政府债券		
其他应收款		990 000	借入款项		
流动资产合计		22 190 000	应付地方政府债券转贷款		6 000 000
非流动资产：			应付主权外债转贷款		4 000 000
应收地方政府债券转贷款		5 000 000	其他负债		
应收主权外债转贷款		3 000 000	非流动负债合计		10 000 000
股权投资		1 070 000	负债合计		19 370 000
待发国债			一般公共预算结转结余		6 500 000

续表

资 产	年初余额	期末余额	负债和净资产	年初余额	期末余额
非流动资产合计		9 070 000	政府性基金预算结转结余		3 500 000
			国有资本经营预算结转结余		1 250 000
			财政专户管理资金结余		520 000
			专用基金结余		350 000
			预算稳定调节基金		80 000
			预算周转金		100 000
			资产基金		9 850 000
			减：待偿债净资产		−10 260 000
			净资产合计		11 890 000
资产总计		31 260 000	负债和净资产总计		31 260 000

假设市财政局20×2年12月31日的资产、负债和净资产会计科目余额如下：

会计科目余额表

编制单位：××市财政局　　　　20×2年12月31日　　　　单位：万元

资产类	借方余额	负债和净资产类	贷方余额
国库存款	15 800 000	应付国库集中支付结余	3 560 000
国库现金管理存款	1 030 000	与上级往来	7 620 000
其他财政存款	5 130 000	其他应付款	1 620 000
在途款	1 950 000	应付地方政府债券转贷款	6 210 000
预拨经费	2 460 000	其中：应付本金	6 000 000
借出款项	90 000	应付利息	210 000
应收股利	600 000	应付主权外债转贷款	4 080 000
与下级往来	820 000	其中：应付本金	4 000 000
其他应收款	850 000	应付利息	80 000
应收地方政府债券转贷款	5 150 000	一般公共预算结转结余	8 600 000
其中：应收本金	50 000 000	政府性基金预算结转结余	4 300 000
应收利息	150 000	国有资本经营预算结转结余	1 160 000
应收主权外债转贷款	3 045 000	财政专户管理资金结余	630 000
其中：应收本金	3 000 000	专用基金结余	420 000
应收利息	45 000	预算稳定调节基金	100 000
股权投资	1 070 000	预算周转金	120 000
		资产基金	9 865 000
		待偿债净资产	−10 290 000
合计	91190000	合计	48 645 000

根据上述资料编制的该市财政局20×2年12月31日的资产负债表如下：

资产负债表

会财政01表

编制单位：××市财政局　　20×2年12月31日　　单位：万元

资 产	年初余额	期末余额	负债和净资产	年初余额	期末余额
流动资产：			流动负债：		
国库存款	11 430 000	15 800 000	应付短期政府债券		
国库现金管理存款	630 000	1 030 000	应付利息	260 000	290 000
其他财政存款	4 820 000	5 130 000	应付国库集中支付结余	2 980 000	3 560 000
有价证券			与上级往来	5 220 000	7 620 000
在途款	1 830 000	1950000	其他应付款	910 000	1 620 000
预拨经费	96 0000	2460000	应付代管资金		
借出款项		90000	一年内到期的非流动负债		
应收股利	540 000	600000	流动负债合计	9 370 000	13 090 000
应收利息	240 000	195000	非流动负债：		
与下级往来	750 000	820000	应付长期政府债券		
其他应收款	990 000	850000	借入款项		
流动资产合计	22 190 000	28925000	应付地方政府债券转贷款	6 000 000	6 000 000
非流动资产：			应付主权外债转贷款	4 000 000	4 000 000
应收地方政府债券转贷款	5 000 000	5 000 000	其他负债		
应收主权外债转贷款	3 000 000	3 000 000	非流动负债合计	10 000 000	10 000 000
股权投资	1 070 000	1 070 000	负债合计	19 370 000	23 090 000
待发国债			一般公共预算结转结余	6 500 000	8 600 000
非流动资产合计	9 070 000	9 070 000	政府性基金预算结转结余	3 500 000	4 300 000
			国有资本经营预算结转结余	1 250 000	1 160 000
			财政专户管理资金结余	520 000	630000
			专用基金结余	350 000	420 000
			预算稳定调节基金	80 000	100 000
			预算周转金	100 000	120 000
			资产基金	9 850 000	9 865 000
			减：待偿债净资产	−10 260 000	−10 290 000
			净资产合计	11 890 000	14 905 000
资产总计	31 260 000	37 995 000	负债和净资产总计	31 260 000	37 995 000

二、收入支出表

（一）概念及基本格式

收入支出表是反映政府财政在某一会计期间各类财政资金收支余情况的报表，是财政总预算会计的主要会计报表之一，属于动态报表。通过收入支出表，可以提供政府财政在某一会计期间内各项收入、支出和结转结余情况。财政总预算会计的收入支出表按编制的时间分为月报和年报。

收入支出表根据资金性质按照收入、支出、结转结余的构成分类、分项列示。收入支出表的基本格式如表7-2所示。

表7-2　　**收入支出表**

会财政02表

编制单位：　　　　年　月　　　　单位：元

项目	一般公共预算		政府性基金预算		国有资本经营预算		财政专户管理资金		专用基金	
	本月数	本年累计数	本月数	本年累计数	本月数	本年累计数	本月数	本年累计数	本月数	本年累计数
年初结转结余										
收入合计										
本级收入										
其中：来自预算安排的收入	—	—	—	—	—	—	—	—		
补助收入					—	—	—	—	—	—
上解收入					—	—	—	—	—	—
地区间援助收入			—	—	—	—	—	—	—	—
债务收入					—	—	—	—	—	—
债务转贷收入					—	—	—	—	—	—
动用预算稳定调节基金			—	—	—	—	—	—	—	—
调入资金					—	—	—	—	—	—
支出合计										
本级支出										
其中：权责发生制列支							—	—	—	—
预算安排专用基金的支出			—	—	—	—	—	—	—	—
补助支出					—	—	—	—	—	—
上解支出					—	—	—	—	—	—
地区间援助支出			—	—	—	—	—	—	—	—
债务还本支出					—	—	—	—	—	—
债务转贷支出					—	—	—	—	—	—
安排预算稳定调节基金			—	—	—	—	—	—	—	—
调出资金							—	—	—	—
结余转出			—	—	—	—	—	—	—	—
其中：增设预算周转金			—	—	—	—	—	—	—	—
年末结转结余										

注：表中有“—”的部分不必填列。

（二）填列方法

收入支出表中的各项目都有两栏数据，即“本月数”和“本年累计数”。其中，“本月数”栏反映各项目的本月实际发生数，在编制年度收入支出表时，应将本栏改为“上年数”栏，反映上年度各项目的实际发生数；如果本年度收入支出表规定的各个项目的名称和内容同上年度不一致，应按照本年度的规定对上年度收入支出表各项目的名称和数字进行调整，填入本年度收入支出表的“上年数”栏。本表“本年累计数”栏反映各项目自年初起至报告期末止的累计实际发生数。编制年度收入支出表时，应当将本栏改为“本年数”。

收入支出表“本月数”栏各项目的内容和填列方法：

1.“年初结转结余”项目，反映政府财政本年初各类资金结转结余金额。其中，一般公共预算的“年初结转结余”应当根据“一般公共预算结转结余”科目的年初余额填列；政府性基金预算的“年初结转结余”应当根据“政府性基金预算结转结余”科目的年初余额填列；国有资本经营预算的“年初结转结余”应当根据“国有资本经营预算结转结余”科目的年初余额填列；财政专户管理资金的“年初结转结余”应当根据“财政专户管理资金结余”科目的年初余额填列；专用基金的“年初结转结余”应当根据“专用基金结余”科目的年初余额填列。

2.“收入合计”项目，反映政府财政本期取得的各类资金的收入合计金额。其中，一般公共预算的“收入合计”应当根据属于一般公共预算的“本级收入”、“补助收入”、“上解收入”、“地区间援助收入”、“债务收入”、“债务转贷收入”、“动用预算稳定调节基金”和“调入资金”各行项目金额的合计填列；政府性基金预算的“收入合计”应当根据属于政府性基金预算的“本级收入”、“补助收入”、“上解收入”、“债务收入”、“债务转贷收入”和“调入资金”各行项目金额的合计填列；国有资本经营预算的“收入合计”应当根据属于国有资本经营预算的“本级收入”项目的金额填列；财政专户管理资金的“收入合计”应当根据属于财政专户管理资金的“本级收入”项目的金额填列；专用基金的“收入合计”应当根据属于专用基金的“本级收入”项目的金额填列。

3.“本级收入”项目，反映政府财政本期取得的各类资金的本级收入金额。其中，一般公共预算的“本级收入”应当根据“一般公共预算本级收入”科目的本期发生额填列；政府性基金预算的“本级收入”应当根据“政府性基金预算本级收入”科目的本期发生额填列；国有资本经营预算的“本级收入”应当根据“国有资本经营预算本级收入”科目的本期发生额填列；财政专户管理资金的“本级收入”应当根据“财政专户管理资金收入”科目的本期发生额填列；专用基金的“本级收入”应当根据“专用基金收入”科目的本期发生额填列。

4.“补助收入”项目，反映政府财政本期取得的各类资金的补助收入金额。其中，一般公共预算的“补助收入”应当根据“补助收入”科目下的“一般公共预算补助收入”明细科目的本期发生额填列；政府性基金预算的“补助收入”应当根据“补助收入”科目下的“政府性基金预算补助收入”明细科目的本期发生额填列。

5.“上解收入”项目，反映政府财政本期取得的各类资金的上解收入金额。其中，一般公共预算的“上解收入”应当根据“上解收入”科目下的“一般公共预算上解收入”明细科目的本期发生额填列；政府性基金预算的“上解收入”应当根据“上解收入”科目下的“政府性基金预算上解收入”明细科目的本期发生额填列。

6.“地区间援助收入”项目，反映政府财政本期取得的地区间援助收入金额。本项目应当根据“地区间援助收入”科目的本期发生额填列。

7.“债务收入”项目，反映政府财政本期取得的债务收入金额。其中，一般公共预算的“债务收入”应当根据“债务收入”科目下除“专项债务收入”以外的其他明细科目的本期发生额填列；政府性基金预算的“债务收入”应当根据“债务收入”科目下的“专项债务收入”明细科目的本期发生额填列。

8.“债务转贷收入”项目，反映政府财政本期取得的债务转贷收入金额。其中，一般公共预算的“债务转贷收入”应当根据“债务转贷收入”科目下“地方政府一般债务转贷收入”明细科目的本期发生额填列；政府性基金预算的“债务转贷收入”应当根据“债务转贷收入”科目下的“地方政府专项债务转贷收入”明细科目的本期发生额填列。

9.“动用预算稳定调节基金”项目，反映政府财政本期调用的预算稳定调节基金金额。本项目应当根据“动用预算稳定调节基金”科目的本期发生额填列。

10.“调入资金”项目，反映政府财政本期取得的调入资金金额。其中，一般公共预算的“调入资金”应当根据“调入资金”科目下“一般公共预算调入资金”明细科目的本期发生额填列；政府性基金预算的“调入资金”应当根据“调入资金”科目下“政府性基金预算调入资金”明细科目的本期发生额填列。

11.“支出合计”项目，反映政府财政本期发生的各类资金的支出合计金额。其中，一般公共预算的“支出合计”应当根据属于一般公共预算的“本级支出”、“补助支出”、“上解支出”、“地区间援助支出”、“债务还本支出”、“债务转贷支出”、“安排预算稳定调节基金”和“调出资金”各行项目金额的合计填列；政府性基金预算的“支出合计”应当根据属于政府性基金预算的“本级支出”、“补助支出”、“上解支出”、“债务还本支出”、“债务转贷支出”和“调出资金”各行项目金额的合计填列；国有资本经营预算的“支出合计”应当根据属于国有资本经营预算的“本级支出”和“调出资金”项目金额的合计填列；财政专户管理资金的“支出合计”应当根据属于财政专户管理资金的“本级支出”项目的金额填列；专用基金的“支出合计”应当根据属于专用基金的“本级支出”项目的金额填列。

12.“补助支出”项目，反映政府财政本期发生的各类资金的补助支出金额。其中，一般公共预算的“补助支出”应当根据“补助支出”科目下的“一般公共预算补助支出”明细科目的本期发生额填列；政府性基金预算的“补助支出”应当根据“补助支出”科目下的“政府性基金预算补助支出”明细科目的本期发生额填列。

13.“上解支出”项目，反映政府财政本期发生的各类资金的上解支出金额。其中，一般公共预算的"上解支出"应当根据"上解支出"科目下的"一般公共预算上解支出"明细科目的本期发生额填列；政府性基金预算的"上解支出"应当根据"上解支出"科目下的"政府性基金预算上解支出"明细科目的本期发生额填列。

14."地区间援助支出"项目，反映政府财政本期发生的地区间援助支出金额。本项目应当根据"地区间援助支出"科目的本期发生额填列。

15."债务还本支出"项目，反映政府财政本期发生的债务还本支出金额。其中，一般公共预算的"债务还本支出"应当根据"债务还本支出"科目下除"专项债务还本支出"以外的其他明细科目的本期发生额填列；政府性基金预算的"债务还本支出"应当根据"债务还本支出"科目下的"专项债务还本支出"明细科目的本期发生额填列。

16."债务转贷支出"项目，反映政府财政本期发生的债务转贷支出金额。其中，一般公共预算的"债务转贷支出"应当根据"债务转贷支出"科目下"地方政府一般债务转贷支出"明细科目的本期发生额填列；政府性基金预算的"债务转贷支出"应当根据"债务转贷支出"科目下的"地方政府专项债务转贷支出"明细科目的本期发生额填列。

17."安排预算稳定调节基金"项目，反映政府财政本期安排的预算稳定调节基金金额。本项目根据"安排预算稳定调节基金"科目的本期发生额填列。

18."调出资金"项目，反映政府财政本期发生的各类资金的调出资金金额。其中，一般公共预算的"调出资金"应当根据"调出资金"科目下"一般公共预算调出资金"明细科目的本期发生额填列；政府性基金预算的"调出资金"应当根据"调出资金"科目下"政府性基金预算调出资金"明细科目的本期发生额填列；国有资本经营预算的"调出资金"应当根据"调出资金"科目下"国有资本经营预算调出资金"明细科目的本期发生额填列。

19."增设预算周转金"项目，反映政府财政本期设置和补充预算周转金的金额。本项目应当根据"预算周转金"科目的本期贷方发生额填列。

20."年末结转结余"项目，反映政府财政本年末的各类资金的结转结余金额。其中，一般公共预算的"年末结转结余"应当根据"一般公共预算结转结余"科目的年末余额填列；政府性基金预算的"年末结转结余"应当根据"政府性基金预算结转结余"科目的年末余额填列；国有资本经营预算的"年末结转结余"应当根据"国有资本经营预算结转结余"科目的年末余额填列；财政专户管理资金的"年末结转结余"应当根据"财政专户管理资金结余"科目的年末余额填列；专用基金的"年末结转结余"应当根据"专用基金结余"科目的年末余额填列。

【例7-3】假设某自治区财政20×1年一般公共预算结转结余5 000万元、政府性基金预算结转结余3 000万元、国有资本经营预算结转结余30 000万元、财政专户管理资金结余20万元、专用基金结余15万元（收入和支出项目数略）。20×2年末转账前有关收入类和支出类会计科目的发生额如下表所示：

收入类和支出类会计科目发生额

编制单位：××自治区财政厅　　　　20×1年　　　　单位：万元

收入类	贷方余额	支出类	借方余额
一般公共预算本级收入	25 500 000	一般公共预算本级支出	26 870 000
政府性基金预算本级收入	3 100 000	政府性基金预算本级支出	3 680 000
国有资本经营预算本级收入	2 300 000	国有资本经营预算本级支出	2 160 000
财政专户管理资金收入	700	财政专户管理资金支出	650
专用基金收入	800	专用基金支出	780
补助收入——一般公共预算补助收入	520 000	补助支出——一般公共预算补助支出	530 000
补助收入——政府性基金预算补助收入	150 000	补助支出——政府性基金预算补助支出	145 000
上解收入——一般公共预算上解收入	1 250 000	上解支出——一般公共预算上解支出	180 000
上解收入——政府性基金预算上解收入	520 000	上解支出——政府性基金预算上解支出	80 000
债务收入——一般债务收入	1 200 000	债务还本支出——一般债务还本支出	30 000
债务收入——专项债务收入	720 000	债务还本支出——专项债务还本支出	15 000
地区间援助收入	2 000	债务转贷支出——一般债务转贷支出	860 000
		债务转贷支出——专项债务转贷支出	540 000
		安排预算调节基金	25 000
动用预算调节基金	80000	调出资金——政府性基金预算调出资金	2000
调入资金——一般公共预算调入资金	5000	调出资金——国有资本经营预算调出资金	3000
合计	35 393 500	合计	35 166 430

根据上述资料编制该自治区财政厅20×2年度收入支出表如下：

收入支出表

会财政02表

编制单位：××自治区财政厅　　　　20×2年度　　　　单位：万元

项目	一般公共预算		政府性基金预算		国有资本经营预算		财政专户管理资金		专用基金	
	上年数	本年数	上年数	本年数	上年数	本年数	上年数	本年数	上年数	本年数
年初结转结余	5 000		3 000		300 000		20		15	
收入合计		28 552 000		4 490 000		2 300 000		700		800
本级收入		25 500 000		3 100 000		2 300 000		700		800
其中：来自预算安排的收入	—	—	—	—	—	—	—	—		800
补助收入		520 000		150 000	—	—	—	—	—	—
上解收入		1 200 000		520 000	—	—	—	—	—	—

续表

项目	一般公共预算		政府性基金预算		国有资本经营预算		财政专户管理资金		专用基金	
	上年数	本年数	上年数	本年数	上年数	本年数	上年数	本年数	上年数	本年数
地区间援助收入		2 000	—	—	—	—	—	—	—	—
债务收入		1 200 000		720 000	—	—	—	—	—	—
债务转贷收入					—	—	—	—	—	—
动用预算稳定调节基金		80000	—	—	—	—	—	—	—	—
调入资金		50000			—	—	—	—	—	—
支出合计		28 495 000		3 720 000		2 190 000		650		780
本级支出		26 870 000		2 920 000		2 160 000		650		780
其中：权责发生制列支							—	—	—	—
预算安排专用基金的支出			—	—	—	—	—	—	—	—
补助支出		530 000		145 000	—	—	—	—	—	—
上解支出		180 000		800 000	—	—	—	—	—	—
地区间援助支出			—	—	—	—	—	—	—	—
债务还本支出		30 000		15 000	—	—	—	—	—	—
债务转贷支出		860 000		540 000	—	—	—	—	—	—
安排预算稳定调节基金		25 000	—	—	—	—	—	—	—	—
调出资金				20 000		30000	—	—	—	—
结余转出			—	—	—	—	—	—	—	—
其中：增设预算周转金			—	—	—	—	—	—	—	—
年末结转结余		57 000		770 000		410 000		70		35

注：表中有“—”的部分不必填列。

三、收支执行情况表

收支执行情况表是反映政府各类财政资金收支执行结果的报表，包括一般公共预算执行情况表、政府性基金预算执行情况表、国有资本经营预算执行情况表、财政专户管理资金收支情况表、专用基金收支情况表。

（一）一般公共预算执行情况表

1.概念及基本格式

一般公共预算执行情况表是反映政府财政在某一会计期间一般公共预算收支执行结果的报表，按照政府收支分类科目中一般公共预算收支科目列示。按照编制时间，一般公共预算执行情况表分为旬报、月报和年报。一般公共预算执行情况表的基本格式如表7-3所示。

表7-3 **一般公共预算执行情况表**

会财政03-1表

编制单位： __年__月__旬 单位：元

项 目	本月（旬）数	本年（月）累计数
一般公共预算本级收入		
101 税收收入		
10101增值税		
1010101国内增值税		
⋮		
一般公共预算本级支出		
201 一般公共服务支出		
20101人大事务		
2010101行政运行		
⋮		

2.填列方法

一般公共预算执行情况表中的各项目都有两栏数据，即“本月（旬）数”和“本年（月）累计数”。各栏数据的具体填列方法如下：

（1）“一般公共预算本级收入”项目及所属各明细项目，应当根据“一般公共预算本级收入”科目及所属各明细科目的本期发生额填列。

（2）“一般公共预算本级支出”项目及所属各明细项目，应当根据“一般公共预算本级支出”科目及所属各明细科目的本期发生额填列。

（二）政府性基金预算执行情况表

1.概念及基本格式

政府性基金预算执行情况表是反映政府财政在某一会计期间政府性基金预算收支执行结果的报表，按照政府收支分类科目中政府性基金预算收支科目列示。按照编制时间，政府性基金预算执行情况表分为旬报、月报和年报。政府性基金预算执行情况表如表7-4所示。

2.填列方法

政府性基金预算执行情况表中的各项目都有两栏数据，即“本月（旬）数”和“本年（月）累计数”。各栏数据的具体填列方法如下：

（1）“政府性基金预算本级收入”项目及所属各明细项目，应当根据“政府性基金预算本级收入”科目及所属各明细科目的本期发生额填列。

（2）“政府性基金预算本级支出”项目及所属各明细项目，应当根据“政府性基金预算本级支出”科目及所属各明细科目的本期发生额填列。

表7-4　　**政府性基金预算执行情况表**

会财政03-2表

编制单位：　　__年__月__旬　　单位：元

项　目	本月（旬）数	本年（月）累计数
政府性基金预算本级收入		
10301政府性基金收入		
1030102农网还贷资金收入		
103010201中央农网还贷资金收入		
⋮		
政府性基金预算本级支出		
206 科学技术支出		
20610核电站乏燃料处理处置基金支出		
2061001乏燃料运输		
⋮		

（三）国有资本经营预算执行情况表

1.概念及基本格式

国有资本经营预算执行情况表是反映政府财政在某一会计期间国有资本经营预算收支执行结果的报表，按照政府收支分类科目中国有资本经营预算收支科目列示。按照编制时间，国有资本经营预算执行情况表分为旬报、月报和年报。国有资本经营预算执行情况表如表7-5所示。

表7-5　　**国有资本经营预算执行情况表**

会财政03-3表

编制单位：　　__年__月__旬　　单位：元

项　目	本月（旬）数	本年（月）累计数
国有资本经营预算本级收入		
10306国有资本经营收入		
1030601利润收入		
103060103 烟草企业利润收入		
⋮		
国有资本经营预算本级支出		
208 社会保障和就业支出		
20804 补充全国社会保障基金		
2080451 国有资本经营预算补充社保基金支出		
⋮		

2. 填列方法

国有资本经营预算执行情况表中的各项目都有两栏数据，即“本月（旬）数”和“本年（月）累计数”。各栏数据的具体填列方法如下：

（1）“国有资本经营预算本级收入”项目及所属各明细项目，应当根据“国有资本经营预算本级收入”科目及所属各明细科目的本期发生额填列。

（2）“国有资本经营预算本级支出”项目及所属各明细项目，应当根据“国有资本经营预算本级支出”科目及所属各明细科目的本期发生额填列。

（四）财政专户管理资金收支情况表

1. 概念及基本格式

财政专户管理资金收支情况表是反映政府财政在某一会计期间纳入财政专户管理的财政专户管理资金全部收支情况的报表，按照相关政府收支分类科目列示。按照编制时间，财政专户管理资金收支情况表分为月报和年报。财政专户管理资金收支情况表的基本格式如表7-6所示。

表7-6　**财政专户管理资金收支情况表**

会财政04表

编制单位：　__年__月　单位：元

项　目	本月数	本年累计数
财政专户管理资金收入		
财政专户管理资金支出		

2. 填列方法

财政专户管理资金收支情况表中的各项目都有两栏数据，即“本月（旬）数”和“本年（月）累计数”。各栏数据的具体填列方法如下：

（1）“财政专户管理资金收入”项目及所属各明细项目，应当根据“财政专户管理资金收入”科目及所属各明细科目的本期发生额填列。

（2）“财政专户管理资金支出”项目及所属各明细项目，应当根据“财政专户管理资金支出”科目及所属各明细科目的本期发生额填列。

四、专用基金收支情况表

1. 概念及基本格式

专用基金收支情况表是反映政府财政在某一会计期间专用基金全部收支情况的报

表，按照不同类型的专用基金分别列示。按照编制时间，专用基金收支情况表分为月报和年报。专用基金收支情况表的基本格式如表7-7所示。

表7-7　　专用基金收支情况表

会财政05表

编制单位：　　__年__月　　单位：元

项　目	本月数	本年累计数
专用基金收入		
粮食风险基金		
⋮		
专用基金支出		
粮食风险基金		
⋮		

2.填列方法

专用基金收支情况表中的各项目都有两栏数据，即“本月数”和“本年累计数”。各栏数据的具体填列方法如下：

（1）“专用基金收入”项目及所属各明细项目，应当根据“专用基金收入”科目及所属各明细科目的本期发生额填列。

（2）“专用基金支出”项目及所属各明细项目，应当根据“专用基金支出”科目及所属各明细科目的本期发生额填列。

第三节　会计报表的审核、汇总与分析

一、财政总预算会计报表的审核

财政总预算会计报表编制以后，为了保证会计报表的质量，维护财经纪律，各级财政总预算会计还应对会计报表进行认真的审核。对会计报表的审核内容一般包括两个方面：政策性审核与技术性审核。

政策性审核，是从贯彻政策、执行法规制度等方面，对各项预算收支执行情况及结果进行的审核。比如，在收入方面应重点审核各项预算收入的收纳是否按照国家有关政策法规，应缴入国库的各项预算收入是否及时足额上缴国库，各级预算收入的划分、报解是否正确，预算收入的退库是否符合国家有关政策规定；在支出方面应重点审核各项预算支出是否符合核定的预算，有无超支、挪用和浪费现象；各项支出的列支口径是否符合规定的要求；在结余方面应重点审核结转下年度使用的结余资金是否符合规定等。

技术性审核，是从会计报表的数字关系、数字计算的准确程度等方面，对各项预算

收支执行情况及其结果进行的审核。比如，审核总表与明细表的有关数字是否一致；上下年度有关数字是否一致；上下级财政之间报表的数字是否一致；财政决算报表的有关数字与征收机关、国库年报的有关数字是否一致等。

二、财政总预算会计报表的汇总

财政总预算会计报表经过审核后，县以上各级财政总预算会计要将本级报表和所属各级上报的会计报表进行汇总，编制汇总会计报表。各级财政部门应将汇总编制的本级决算草案及时报本级政府审定，并应按照上级财政部门规定的时限和份数，将经本级人民政府审定的本行政区域决算草案逐级及时报送备案。汇总报表种类、内容、格式与各级财政总预算会计编制的报表相同。

各级财政总预算会计编制的汇总报表主要是资产负债表和预算执行情况表。汇编的一般方法是：各级财政总预算会计应先编出本级财政的资产负债表和预算执行情况表，然后与经审核无误的所属下级财政总预算会计汇总的资产负债表和汇总的预算执行情况表汇总编成本地区财政汇总的资产负债表和汇总的预算执行情况表。在汇编中，为了避免上下级重复计列收入和支出，应将上下级之间对应科目的数字予以冲销。这些需要上下级财政冲销的项目是：本级财政的“与下级往来”和下级财政的“与上级往来”、本级财政的“上解收入”和下级财政的“上解支出”、本级财政的“补助支出”和下级财政的“补助收入”等。这些上下级对应项目的期末数相等且方向相反，要么属于上下级财政之间的资金调拨收支，要么属于上下级之间的待结算资金，它们并不影响全国年度财政收支实际数以及资产、负债和净资产的规模。除上下级财政冲销项目之外的其他各项目的数字应将本级报表和所属下级报表中的相同科目数字相加后直接填列归总报表有关科目数字。

三、财政总预算会计报表分析

财政总预算会计报表分析，是根据报表的资料，以国家各项财政方针政策为指导，以批准的预算、计划为依据，分析检查各项预算收支的完成情况，总结预算管理工作中所取得的成绩和经验，查明存在的问题及其原因，以便发扬成绩、采取措施、改进工作，提高预算管理水平。

（一）会计报表分析的方法

财政总预算会计报表分析一般采用比较分析法。比较分析法是通过两个有关可比指标进行对比，来分析指标之间互相联系的一种分析方法。通过指标对比，可以找出差距、揭露矛盾、分析原因，为解决问题提供线索。

在采用比较分析法进行分析时，通常是将本期实际数同以下几个指标进行对比分析：

1. 与预算数比较。通过本期实际数和预算数的对比，可以发现实际与预算之间的差异，反映预算执行情况和完成进度，发现可能存在的问题，找出影响预算执行的主要因素。

2. 与上期或上年同期的实际数比较。通过本期实际数与上期或上年同期的实际数比较，可以了解和分析本级政府不同时期预算收入与支出的增减变化趋势，了解和熟悉预算收支执行过程的规律。

3.与同类型其他先进地区的实际数比较。通过本期实际数与同类型其他先进地区的实际数比较，可以发现先进与落后的差距，便于找出本地区在预算管理中存在的问题，也有利于各地区交流预算管理经验，互相学习、取长补短。

（二）会计报表分析的主要内容

1.预算收支完成情况总体情况。预算收支完成的总体情况的分析，主要是从总体上对全年的预算收入和预算支出完成情况进行分析，评价全年各项预算收入和预算支出的实际完成情况，为今后年度预算收支变化趋势及平衡状况的预测提供依据。

2.各项预算收入完成情况。各项预算收入完成情况的分析，主要是对影响预算收入完成情况的主要收入项目，比如对各项税收完成情况以及影响税收完成情况的原因和因素进行分析。

3.各项预算支出完成情况。各项预算支出完成情况的分析，主要是对影响预算支出完成情况的主要支出项目，比如对基本建设支出完成情况以及影响基本建设支出完成情况的原因和因素、专项资金的使用情况等进行分析。

复习思考

1.财政总预算会计报表包括哪几类？
2.简述财政总预算会计年终清理的主要事项。
3.财政总预算会计的年终结账有几个环节？
4.财政总预算会计的资产负债表和收入支出表的含义是什么？
5.财政总预算会计的收支执行情况表包括哪些内容？
6.财政总预算会计的会计报表附注包括哪些内容？
7.编制汇总财政总预算会计报表时，上下级之间相互冲销的项目有哪些？

操作练习

目的：掌握资产负债表年报的编制方法。

资料：假设某市财政20×1年有关财务资料如下：

1.20×1年11月30日资产类、负债类、净资产类、收入类、支出类会计科目余额如下：

会计科目余额表

编制单位：××市财政局　　　20×1年11月30日　　　单位：元

资产类和支出类	借方余额	负债类、净资产类和收入类	贷方余额
国库存款	11 430 000	应付利息	260 000
国库现金管理存款	630 000	应付国库集中支付结余	2 980 000

续表

资产类和支出类	借方余额	负债类、净资产类和收入类	贷方余额
其他财政存款	4 820 000	与上级往来	5 220 000
预拨经费	960 000	其他应付款	910 000
借出款项	1 830 000	应付地方政府债券转贷款	6 000 000
应收股利	540 000	应付主权外债转贷款	4 000 000
应收利息	296 000	一般公共预算结转结余	6 500 000
与下级往来	750 000	政府性基金预算结转结余	3 500 000
其他应收款	990 000	国有资本经营预算结转结余	1 250 000
应收地方政府债券转贷款	5 000 000	财政专户管理资金结余	520 000
应收主权外债转贷款	3 000 000	专用基金结余	350 000
股权投资	1 070 000	预算稳定调节基金	80 000
一般公共预算本级支出	500 000	预算周转金	100 000
政府性基金预算本级支出	180 000	资产基金	9 850 000
国有资本经营预算本级支出	100 000	待偿债净资产	−10 260 000
专用基金支出	45 000	一般公共预算本级收入	500 000
财政专户管理资金支出	9 000	政府性基金预算本级收入	220 000
补助支出——一般公共预算补助支出	55 000	国有资本经营预算本级收入	120 000
补助支出——政府性基金预算补助支出	35 000	专用基金收入	50 000
上解支出——一般公共预算上解支出	50 000	财政专户管理资金收入	10 000
上解支出——政府性基金预算上解支出	60 000	补助收入——一般公共预算补助收入	50 000
调出资金——政府性基金预算调出资金	15 000	补助收入——政府性基金预算补助收入	40 000
调出资金——国有资本经营预算调出资金	5 000	上解收入——一般公共预算上解收入	50 000
		上解收入——政府性基金预算上解收入	50 000
		调入资金——一般公共预算调入资金	20 000
合计	32 370 000	合计	32 370 000

2. 20×1年12月该市财政局发生以下经济业务：

（1）收到国库报来的预算收入日报表，所列一般公共预算本级收入1 000 000元。

（2）收到国库报来的预算收入日报表，所列政府性基金预算本级收入800 000元。

（3）根据“二上”预算，预拨市农业局下年度经费200 000元。

（4）根据一般公共预算，支付市教育局办公费100 000元。

（5）根据政府性基金预算，拨付文教部门事业建设基金80 000元。

（6）经批准借给市教育局急需款50 000元。

（7）经对账确认市级预算单位尚未使用的国库集中支付结余资金500 000元，其中一般公共预算

200 000元，政府性基金预算300 000元。

（8）确认本月地方政府债券转贷款应付利息12 500元、主权外债转贷款应付利息25 000元。

（9）确认本年应收股利200 000元。

（10）从一般公共预算结余中补充预算周转金45 000元。

要求：

1.根据12月发生的经济业务编制相应的会计分录。

2.编制年终转账会计分录。

3.编制年度资产负债表。

第三篇

行政单位会计

第八章

行政单位会计概述

学习目标

- 理解行政单位会计的概念、组织系统和特点
- 熟悉行政单位会计核算应遵循的会计制度
- 熟悉行政单位会计的会计科目及核算内容

行政单位会计是行政单位核算、反映和监督本单位预算执行情况和财务状况的专业会计，是预算会计的重要组成部分。本章主要概述行政单位会计的概念、组织系统、特点、制度体系和会计科目。

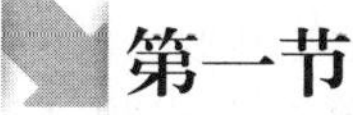

第一节　行政单位会计的特点和组织系统

一、行政单位会计的概念和特点

（一）行政单位和行政单位会计

行政单位，是指以社会的公共利益为目的，行使国家权力，依法管理国家事务的单位。在我国，行政单位是政府办事机构、政府职能的具体实施者。行政单位一般包括国家权力（立法）机关，即各级人民代表大会及其常务委员会；国家行政机关，即国务院和地方各级人民政府及其工作机构；审判机关和监察机关等。行政单位的人员列入国家行政编制，所需经费全部由国家财政拨款。此外，有些单位就其本身性质而言不属于行政单位，如政党组织、人民团体等，但因其经费来源主要为国家财政拨款，或财务收支业务与行政单位类似，也视同行政单位，实行与行政单位相类似的会计该算办法。由此，“行政单位”一词，是指所有行政单位以及视同行政单位的政党组织和人民团体，

其职能在于维护国家机器的正常运转，它们按预算取得和使用财政资金，使财政资金发挥其应有的社会效益。

行政单位会计是行政单位核算、反映和监督本单位预算执行情况和财务状况的专业会计，是政府会计的重要组成部分。行政单位会计适用于各级各类国家机关、政党组织。

（二）行政单位会计的特点

与其他会计相比，行政单位会计具有以下特点：

1.会计核算目标兼顾决策有用和受托责任。行政单位会计的核算目标是向会计信息使用者提供与行政单位财务状况、预算执行情况等有关的会计信息，反映行政单位受托责任的履行情况，有助于会计信息使用者进行管理、监督和决策。

2.会计核算一般采用收付实现制，特殊经济业务和事项采用权责发生制。

3.收入来源渠道单一，支出用途单一；收支核算必须严格服从预算管理。

4.不进行成本核算，但要讲求经济核算。

5.部分资产和负债采用"双分录"核算方法。

二、行政单位的会计组织系统

根据机构建制和经费领报关系，行政单位的会计组织系统可分为主管会计单位、二级会计单位和基层会计单位三级。

1.主管会计单位，向同级财政部门领报经费，并发生预算管理关系，下面有所属会计单位。

2.二级会计单位，向主管会计单位或上级会计单位领报经费，并发生预算管理关系，下面有所属会计单位。

3.基层会计单位，向上级会计单位领报经费，并发生预算管理关系，下面没有所属会计单位。向同级财政部门领报经费，并发生预算管理关系，下面没有所属会计单位的，视同基层会计单位。

主管会计单位、二级会计单位和基层会计单位实行独立会计核算，负责组织管理本部门、本单位的全部会计工作。不具备独立核算条件的行政单位，实行单据报账制度，作为"报销单位"管理。

在实行国库集中支付制度之前，以上三个级次的会计单位之间基本的财务关系是：主管会计单位的财政拨款由同级财政部门直接供给，二级会计单位的财政拨款由主管会计单位转拨，基层会计单位的财政拨款由上级会计单位转拨。而实行国库集中支付制度后，主管会计单位、二级会计单位、基层会计单位之间的资金领拨关系发生了变化，各行政单位财政拨款不再层层转拨，而是通过财政直接支付和财政授权支付方式获取。

第二节　行政单位会计的制度体系

我国行政单位会计制度经过60多年的发展已经形成体系，具体而言，现行的与行政单位会计核算相关的制度主要包括以下内容：

一、《行政单位会计制度》

现行的《行政单位会计制度》（财库〔2013〕218号，以下简称新《制度》），自2014年1月1日开始实施，适用于我国各级各类国家机关、政党组织，但是按规定执行《国家物资储备资金会计制度》的国家物资储备局及所属行政单位管理的储备物资的会计核算除外。该制度主要对行政单位会计核算的总则、会计信息质量要求、会计要素的内容及确认和计量、会计科目及其核算内容、会计报表的格式及编制方法等进行了统一规范。

新《制度》是在1998年《行政单位会计制度》（财预字〔1998〕49号，以下简称原《制度》）的基础上，适应公共财政管理和发展、单位财务管理以及提高单位会计信息质量等需要修订而来的。其主要变化有九个方面：（1）会计核算目标进一步明晰，不仅要反映行政单位预算执行情况，也要反映行政单位财务状况；（2）会计核算方法进一步改进，在原《制度》仅对固定资产采用“双分录”核算方法的基础上，将该方法的应用范围扩大到所有非货币性资产和部分负债；（3）更加完整地体现了财政改革对会计核算的要求；（4）进一步充实了资产核算内容，将原《制度》中的资产科目进行细分，新增了“无形资产”、“在建工程”等会计科目，增设了“政府储备物资”、“公共基础设施”等会计科目，增加了固定资产折旧和无形资产摊销的会计处理；（5）进一步充实了负债核算内容，对原《制度》中的负债科目进行细分，新增了“应缴税费”、“应付账款”、“其他应付款”、“应付政府补贴款”、“长期应付款”等会计科目；（6）明确规定基建会计信息要定期并入行政单位会计“大账”；（7）增设了“资产基金”和“待偿债净资产”科目，进一步完善了净资产核算；（8）进一步规范了单位收支会计核算；（9）完善了财务报表体系和结构，增加了财政拨款收入支出表，改进了资产负债表和收入支出表的结构和项目。①

二、《行政单位财务规则》

现行的《行政单位财务规则》（财政部令第71号，以下简称新《规则》），自2013年1月1日开始实施，适用于我国各级各类国家机关和政党组织的财务活动。该制度主要规范了行政单位资产、负债、净资产、收入和支出的内容和管理方法，统一了行政单位财务报告和财务分析内容。

新《规则》是在1998年《行政单位财务规则》（财政部令第9号）的基础上，适应公共财政管理和发展、单位财务管理形式和内容的变化等需要修订而来的。其主要有八个方面的变化：（1）扩大了适用范围，明确了各级各类行政单位的所有财务活动都要执行本规则。（2）增加了行政单位决算管理的内容。（3）删除了预算外资金收入管理的内容，明确了行政单位的各项收入和各项支出应当全部纳入单位预算，统一核算管理。（4）规范了行政单位结转和结余管理。（5）进一步完善了资产的分类和定义，规范了资产的配置、使用、处理管理。（6）规范了应缴款项管理；明确规定行政单位不得举借债

① 《财政部国库司有关负责人就修订发布〈行政单位会计制度〉答记者问》，2013年12月25日，财政部网站http://gks.mof.gov.cn/zhengfuxinxi/zhengcejiedu/201312/t20131225_1029255.html。

务，不得对外提供担保。(7) 充实了行政单位财务监督的内容。(8) 规范了行政单位财务分析的内容和指标。①

第三节 行政单位会计的会计科目

一、行政单位会计科目及其核算内容

按照《行政单位会计制度》的规定，行政单位会计科目共有34个，其中资产类科目17个、负债类科目8个、净资产类科目5个、收入类科目2个、支出类科目2个。行政单位会计科目及其核算内容如表8-1所示。

表8-1 行政单位会计科目及其核算内容

序号	编码	科目名称	核算内容
一、资产类			
1	1001	库存现金	核算行政单位的库存现金
2	1002	银行存款	核算行政单位存入银行及其他金融机构的各种存款
3	1011	零余额账户用款额度	核算实行国库集中支付的行政单位根据财政部门批复的用款计划收到和支用的零余额账户用款额度
4	1201	财政应返还额度	核算实行国库集中支付的行政单位应收财政返还的资金额度
5	1212	应收账款	核算行政单位出租资产、出售物资等应当收取的款项和商业汇票
6	1213	预付账款	核算行政单位按照购货、劳务合同规定预付给供应单位（或个人）的款项
7	1215	其他应收款	核算行政单位除应收账款、预付账款以外的其他各项应收及暂付款项,如职工预借的差旅费、拨付给内部有关部门的备用金、应向职工收取的各种垫付款项等
8	1301	存货	核算行政单位在开展业务活动及其他活动中为耗用而储存的各种材料、燃料、包装物、低值易耗品及达不到固定资产标准的用具、装具、动植物等的实际成本
9	1501	固定资产	核算行政单位各类固定资产的原价
10	1502	累计折旧	核算行政单位固定资产、公共基础设施计提的累计折旧
11	1511	在建工程	核算行政单位已经发生必要支出，但尚未完工交付使用的各种建筑(包括新建、改建、扩建、修缮等)、设备安装工程和信息系统建设工程的实际成本
12	1601	无形资产	核算行政单位各项无形资产的原价
13	1602	累计摊销	核算行政单位无形资产计提的累计摊销

① 《财政部有关负责人就制定新的〈行政单位财务规则〉有关问题答记者问》，2012年12月11日，财政部网站http://tfs.mof.gov.cn/zhengwuxinxi/zhengcejiedu/201212/t20121210_713172.html。

续表

序号	编码	科目名称	核算内容
14	1701	待处理财产损溢	核算行政单位待处理财产的价值及财产处理损溢
15	1801	政府储备物资	核算行政单位直接储存管理的各项政府应急或救灾储备物资等
16	1802	公共基础设施	核算由行政单位占有并直接负责维护管理、供社会公众使用的工程性公共基础设施资产，包括城市交通设施、公共照明设施、环保设施、防灾设施、健身设施、广场及公共构筑物等其他公共设施
17	1901	受托代理资产	核算行政单位接受委托方委托管理的各项资产，包括受托指定转赠的物资、受托储存管理的物资等
二、负债类			
18	2001	应缴财政款	核算行政单位取得的按规定应当上缴财政的款项，包括罚没收入、行政事业性收费、政府性基金、国有资产处理和出租收入等
19	2101	应缴税费	核算行政单位按照税法等规定应当缴纳的各种税费，包括营业税、城市维护建设税、教育费附加、车船税、房产税、城镇土地使用税等
20	2201	应付职工薪酬	核算行政单位按有关规定应付给职工及为职工支付的各种薪酬，包括基本工资、奖金、国家统一规定的津贴补贴、社会保险费、住房公积金等
21	2301	应付账款	核算行政单位因购买物资或服务、工程建设等而应付的偿还期限在1年以内(含1年)的款项
22	2302	应付政府补贴款	核算发放政府补贴的行政单位按照规定应当支付给政府补贴接受者的各种政府补贴款
23	2305	其他应付款	核算行政单位除应缴财政款、应缴税费、应付职工薪酬、应付政府补贴、应付账款以外的其他各项偿还期限在1年内(含1年)的应付及暂收款项，如收取的押金、保证金、未纳入行政单位预算管理的转拨资金、代扣代缴职工社会保险费和住房公积金等
24	2401	长期应付款	核算行政单位发生的偿还期限超过1年（不含1年）的应付款项，如跨年度分期付款购入固定资产的价款等
25	2901	受托代理负债	核算行政单位接受委托,取得受托管理资产时形成的负债
三、净资产类			
26	3001	财政拨款结转	核算行政单位滚存的财政拨款结转资金,包括基本支出结转和项目支出结转
27	3002	财政拨款结余	核算行政单位滚存的财政拨款项目支出结余资金
28	3101	其他资金结转、结余	核算行政单位除财政拨款收支以外的各项收支相抵后剩余滚存资金
29	3501	资产基金	核算行政单位的预付账款、存货、固定资产、在建工程、无形资产、政府储备物资、公共基础设施等非货币性资产在净资产中占有的金额

续表

序号	编码	科目名称	核算内容
30	3502	待偿债净资产	核算行政单位因发生应付账款和长期应付款而相应需在净资产中冲减的金额
四、收入类			
31	4001	财政拨款收入	核算行政单位从同级财政部门取得的财政预算资金
32	4011	其他收入	核算行政单位除财政拨款收入以外的各项收入,如从非同级财政部门、上级主管部门等取得的用于完成项目或专项任务的资金、库存现金溢余等
五、支出类			
33	5001	经费支出	核算行政单位开展业务活动发生的各项支出
34	5101	拨出经费	核算行政单位向所属单位拨出的纳入单位预算管理的非同级财政拨款资金,如拨给所属单位的专项经费和补助经费等

二、行政单位会计科目的使用要求

行政单位应当按照下列规定使用会计科目：

1.行政单位应当对有关法律、法规允许进行的经济活动，按照《行政单位会计制度》规定使用的会计科目进行核算；行政单位不得以该制度规定的会计科目及使用说明作为进行有关法律、法规禁止的经济活动的依据。

2.行政单位对基本建设投资的会计核算在执行《行政单位会计制度》的同时，还应当按照国家有关基本建设会计核算的规定单独建账、单独核算。

3.行政单位应当按照《行政单位会计制度》的规定设置和使用会计科目，因没有相关业务不需要使用的总账科目可以不设；在不影响会计处理和编报财务报表的前提下，行政单位可以根据实际情况自行增设该制度规定以外的明细科目，或者自行减少、合并该制度规定的明细科目。

4.按照财政部的规定对固定资产和公共基础设施计提折旧的，相关折旧的账务处理应当按照《行政单位会计制度》的规定执行；按照财政部的规定不对固定资产和公共基础设施计提折旧的，不设置该制度规定的“累计折旧”科目，在进行账务处理时不考虑该制度其他科目说明中涉及的“累计折旧”科目。

5.《行政单位会计制度》统一规定会计科目的编号，以便于填制会计凭证、登记账簿、查阅账目、实行会计信息化管理。行政单位不得随意打乱重编该制度规定的会计科目编号。

复习思考

1.什么是行政单位会计？其具有哪些特点？

2.行政单位会计分为哪几级？

3.行政单位的会计科目分为几类？每类各自包括哪些科目？

第九章

行政单位收入和支出的核算

学习目标

- 掌握行政单位收入和支出的概念及其包含的内容
- 熟悉行政单位收入和支出确认的标准
- 掌握行政单位财政拨款收入和其他收入的概念及核算方法
- 掌握行政单位经费支出和拨出经费的概念及核算方法

行政单位收入是指行政单位依法取得的非偿还性资金；行政单位支出是指行政单位为保障机构正常运转和完成工作任务所发生的资金耗费和损失。本章主要阐述行政单位收入和支出的内容、管理要求以及账务处理方法。

第一节 行政单位收入

行政单位收入是指行政单位依法取得的非偿还性资金，包括财政拨款收入和其他收入等。行政单位收入的核算一般采用收付实现制，国库集中支付的年终结余事项采用权责发生制。采用收付实现制核算的收入应当在收到款项时予以确认，并按照实际收到的金额进行计量。

一、财政拨款收入

财政拨款收入是指行政单位从同级财政部门获取的财政预算资金，是行政单位最主要的收入来源，也是行政单位开展业务活动的基本财力保障。

按照部门预算管理要求，财政拨款收入分为基本支出拨款和项目支出拨款。基本支出拨款是行政单位为了保障其正常运转、完成日常工作任务而从同级财政部门取得的拨款，包括人员经费和日常公用经费。项目支出拨款是行政单位为了完成特定工作任务和事业发展目标，在基本支出拨款之外从同级财政部门取得的拨款。行政单位从财政部门取得的项目支出拨款必须专款专用、单独核算、专项结报。

（一）财政拨款收入的管理

财政拨款收入作为行政单位开展业务活动的基本财力保障，其管理必须遵循以下要求：

1.按照核定预算和用款计划申请取得。行政单位应根据核定的预算编制分月用款计划，经同级财政部门或上级单位核定后分月获取财政拨款收入。

2.按规定用途申请取得。行政单位应按核定的预算用途使用财政拨款收入，未经同级财政部门批准，不得擅自改变用途。

3.按预算级次申请取得。行政单位应按规定的预算级次和经费领拨关系向上级单位或同级财政部门申请取得财政拨款收入；同级主管部门之间原则上不得发生经费领拨关系。

4.按规定的财政资金支付方式申请取得。行政单位在确定了年度预算和分月用款计划的同时也确定了财政资金的支付方式及支付金额。实行国库改革的行政单位通过财政直接支付方式和财政授权支付方式获取财政拨款收入；尚未实行国库集中支付改革的行政单位，通过财政实拨资金的方式获取财政拨款收入。

（二）财政拨款收入的确认

财政拨款收入的确认一般采用收付实现制，年终结余事项采用权责发生制。

1.在财政直接支付方式下，行政单位应在收到财政零余额账户代理银行转来的“财政直接支付入账通知书”时确认财政拨款收入。

2.在财政授权支付方式下，行政单位应在收到单位零余额账户代理银行转来的“财政授权支付额度到账通知书”时确认财政拨款收入。

3.在财政实拨资金方式下，行政单位应在收到开户银行转来的收款通知时确认财政拨款收入。

4.对于年终结余形成的财政拨款收入，行政单位应根据对账确认的本年度财政直接支付预算指标数与当年财政直接支付实际支出数的差额、本年度财政授权支付预算指标数与当年零余额账户用款额度下达数的差额予以确认。

（三）财政拨款收入的核算

为了核算从同级财政部门取得的财政预算资金，行政单位应设置“财政拨款收入”科目。本科目应当设置“基本支出拨款”和“项目支出拨款”两个明细科目，分别核算行政单位取得用于基本支出和项目支出的财政拨款资金；同时，按照政府收支分类科目中“支出功能分类科目”的项级科目进行明细核算；在“基本支出拨款”明细科目下按照“人员经费”和“日常公用经费”进行明细核算，在“项目支出拨款”明细科目下按照具体项目进行明细核算。有公共财政预算拨款、政府性基金预算拨款等两种或两种以上财政拨款的行政单位，还应当按照财政拨款的种类分别进行明细核算。本科目平时贷方余额，反映财政拨款收入本期累计数。

1.财政直接支付方式下的财政拨款收入。在财政直接支付方式下，行政单位根据收到的“财政直接支付入账通知书”及相关原始凭证，按照通知书中的直接支付入账金额，借记“经费支出”科目，贷记本科目；年末，根据本年度财政直接支付预算指标数与当年财政直接支付实际支出数的差额，借记“财政应返还额度——财政直接支付”科目，贷记本科目。

【例9-1】某行政单位是只有公共财政预算拨款的单位。某日收到“财政直接支付入账通知书”及相关原始凭证，列明采购技术设备支出100 000元，该设备直接投入使用。该行政单位的账务处理如下：

借：经费支出　　100 000

　贷：财政拨款收入——基本支出拨款　　100 000

同时，

借：固定资产　　100 000

　贷：资产基金——固定资产　　100 000

【例9-2】某行政单位是有公共财政预算拨款和政府性基金预算拨款的单位。某日收到“财政直接支付入账通知书”，列明当月公共财政预算安排的基本支出拨款800 000元、项目支出拨款200 000元；政府性基金预算安排的项目支出拨款300 000元。该行政单位的账务处理如下：

借：经费支出　　1 300 000

　贷：财政拨款收入——公共财政预算拨款——基本支出拨款　　800 000

　　　　　　　　——公共财政预算拨款——项目支出拨款　　200 000

　　　　　　　　——政府性基金预算拨款——项目支出拨款　　300 000

【例9-3】年末，例9-1中的行政单位通过对账确认本年度财政直接支付预算指标数为2 000 000元，当年财政直接支付实际支出数为1 800 000元，本年度财政直接支付预算指标数与当年财政直接支付实际支出数的差额为200 000元，该差额全部为基本支出拨款。该行政单位的账务处理如下：

借：财政应返还额度　　200 000

　贷：财政拨款收入——基本支出拨款　　200 000

上述财政拨款收入的确认采用了权责发生制。

2.财政授权支付方式下的财政拨款收入。在财政授权支付方式下，行政单位根据收到的“财政授权支付额度到账通知书”，按照通知书中的授权支付额度，借记“零余额账户用款额度”科目，贷记本科目；年末，行政单位本年度财政授权支付预算指标数大于零余额账户用款额度下达数的，根据两者间的差额，借记“财政应返还额度——财政授权支付”科目，贷记本科目。

【例9-4】某行政单位是只有公共财政预算拨款的单位。某日收到“财政授权支付额度到账通知书”，列明本月财政授权支付额度为500 000元，其中基本支出拨款

200 000元、项目支出拨款300 000元。该行政单位的账务处理如下：

借：零余额账户用款额度　　500 000

　贷：财政拨款收入——基本支出拨款　　200 000

　　　　　　　　　——项目支出拨款　　300 000

【例9-5】年度终了，上例中的行政单位通过对账确认本年度财政授权支付预算指标数为3 000 000元，当年零余额账户用款额度下达数为2 900 000元，本年度零余额账户用款额度未下达数为100 000元。该差额全部为项目支出拨款。该行政单位的账务处理如下：

借：财政应返还额度　　100 000

　贷：财政拨款收入——项目支出拨款　　100 000

3.财政实拨资金方式下的财政拨款收入。在财政实拨资金方式下，实际收到财政拨款收入时，按照实际收到的金额，借记"银行存款"等科目，贷记本科目。

【例9-6】某行政单位是只有公共财政预算拨款的单位。某日通过财政实拨资金方式收到财政部门拨来的经费500 000元，其中基本支出拨款300 000元、项目支出拨款200 000元。该行政单位的账务处理如下：

借：银行存款　　500 000

　贷：财政拨款收入——基本支出拨款　　300 000

　　　　　　　　　——项目支出拨款　　200 000

4.年终结账。年末，行政单位应将本科目本年发生额转入财政拨款结转，借记本科目，贷记"财政拨款结转"科目。年终结账后，本科目应无余额。

【例9-7】年末，例9-1中的行政单位"财政拨款收入"科目贷方余额600 000元，有关明细科目贷方余额为："基本支出拨款"500 000元、"项目支出拨款"100 000元。年终结账时，该行政单位的账务处理如下：

借：财政拨款收入——基本支出拨款　　500 000

　　　　　　　　——项目支出拨款　　100 000

　贷：财政拨款结转　　600 000

【例9-8】年末，例9-2中的行政单位"财政拨款收入"科目贷方余额1 500 000元，有关明细科目的贷方余额为："公共财政预算拨款——基本支出拨款"1 000 000元、"公共财政预算拨款——项目支出拨款"200 000元、"政府性基金预算拨款——项目支出拨款"300 000元。年末转账时，该行政单位的账务处理如下：

借：财政拨款收入——公共财政预算拨款——基本支出拨款　　1 000 000

　　　　　　　　——公共财政预算拨款——项目支出拨款　　200 000

　　　　　　　　——政府性基金预算拨款——项目支出拨款　　300 000

　贷：财政拨款结转　　1 500 000

二、其他收入

（一）其他收入的含义和分类

其他收入是指行政单位依法取得的除财政拨款收入以外的各项收入，如从非同级财政部门、上级主管部门等取得的用于完成项目或专项任务的资金、库存现金溢余等。

按照使用要求的不同，其他收入分为项目资金收入和非项目资金收入。项目资金收入是行政单位用于完成特定工作任务的其他收入。该部分其他收入的使用必须专款专用、单独核算、专项结报。非项目资金收入是行政单位用于保障其正常运转、完成日常工作任务的其他收入，无限定性用途。

（二）其他收入的核算

行政单位的其他收入，一般应当在收到款项时予以确认。

为核算取得的除财政拨款收入以外的其他各项收入，行政单位应设置“其他收入”科目。本科目应当按照其他收入的类别、来源单位、项目资金和非项目资金进行明细核算。对于项目资金收入，还应当按照具体项目进行明细核算。行政单位从非同级财政部门、上级主管部门等取得的指定转给其他单位，且未纳入本单位预算管理的资金，不通过本科目核算，应当通过“其他应付款”科目核算。本科目平时贷方余额，反映其他收入本期累计数。

行政单位收到属于其他收入的各种款项时，按照实际收到的金额，借记“银行存款”、“库存现金”等科目，贷记本科目。年末，将本科目本年发生额转入其他资金结转结余时，借记本科目，贷记“其他资金结转结余”科目。年终结账后，本科目应无余额。

【例9-9】某行政单位从上级主管部门取得甲科研项目经费50 000元，已存入银行。该行政单位的账务处理如下：

借：银行存款 50 000

贷：其他收入——甲科研项目 50 000

【例9-10】年末，某行政单位“其他收入”科目贷方余额110 000元，有关明细科目的贷方余额为：甲科研项目50 000元，乙科研项目60 000元。年终转账时，该行政单位的账务处理如下：

借：其他收入——甲科研项目 50 000

——乙科研项目 60 000

贷：其他资金结转结余 110 000

第二节 行政单位支出

行政单位支出是指行政单位为保障机构正常运转和完成工作任务所发生的资金耗费和损失，包括经费支出和拨出经费。行政单位支出的核算一般应当在支付款项时予以确认，并按照实际支付金额进行计量；采用权责发生制确认的支出，应当在其发生时予以确认，并按照实际发生额进行计量。

一、经费支出

经费支出是指行政单位自身开展业务活动时使用各项资金发生的基本支出和项目支

出，是行政单位为实现公共管理职能、完成行政任务所必须发生的各项资金耗费，属于非生产性支出。它是行政单位对财政拨款收入和其他收入等综合安排使用的结果，是行政单位在预算执行过程中的实际资金消耗数。经费支出是日常行政工作任务完成的重要财力保障。

（一）经费支出的分类

经费支出按照不同标准，可以分为不同类型。

1.按经济用途分类

按经济用途，经费支出分为工资福利支出、商品和服务支出、对个人和家庭的补助、基本建设支出和其他资本性支出。经费支出按经济用途分类的直接依据是政府收支分类科目中的“支出经济分类科目”。政府收支分类科目中的“支出经济分类科目”分为类、款两级科目。按照《2016年政府收支分类科目》中的“支出经济分类科目”，行政单位的经费支出主要可分为以下五类：

（1）工资福利支出，反映行政单位开支的在职职工和编制外长期聘用人员的各类劳动报酬，以及为上述人员缴纳的各项社会保险费。其款级科目包括：基本工资、津贴补贴、奖金、社会保障缴费、伙食补助费、其他工资福利支出等。

（2）商品和服务支出，反映单位购买商品和服务的支出（不包括用于购置固定资产的支出、战略性和应急性储备支出，但包括军事方面的耐用消费品和设备购置费、军事性建设费以及军事建筑物的购置费）。其款级科目包括：办公费、印刷费、咨询费、手续费、水费、电费、邮电费、取暖费、物业管理费、差旅费、因公出国（境）费、维修（护）费、租赁费、会议费、培训费、公务招待费、专用材料费、装备购置费、专用燃料费、劳务费、委托业务费、工会经费、福利费、公用车运行维护费、其他交通费、税金及附加费用、其他商品和服务支出等。

（3）对个人和家庭的补助，反映政府用于个人和家庭的补助支出。其款级科目包括：离休费、退休费、退职（役）费、抚恤金、生活补助、救济费、医疗费、助学金、奖励金、生产补贴、住房公积金、提租补贴、购房补贴、采暖补贴、物业服务补贴和其他对个人和家庭的补助支出等。

（4）基本建设支出，反映各级发展和改革部门集中安排的公共财政预算用于购置固定资产、战略性和应急性储备、土地和无形资产，以及购建基础设施、大型修缮所发生的支出。其款级科目包括：房屋建筑物购建、办公设备购置、专用设备购置、基础设施建设、大型修缮、信息网络及软件购置更新、物资储备、公务用车购置、其他交通工具购置和其他基本建设支出等。

（5）其他资本性支出，反映非各级发展与改革部门集中安排的用于购置固定资产、战略性和应急性储备、土地和无形资产，以及购建基础设施、大型修缮等所发生的支出。其款级科目主要包括：房屋建筑物购建、办公设备购置、专用设备购置、基础设施建设、大型修缮、信息网络及软件购置更新、物资储备、土地补偿、安置补助、地上附着物和青苗补偿、拆迁补偿、公务用车购置、其他交通工具购置和其他资本性支出等。

2.按部门预算管理要求分类

按部门预算管理要求，经费支出可分为基本支出和项目支出。

（1）基本支出，是指行政单位为保障正常运转和完成日常工作任务发生的支出，包括人员经费和日常公用经费。人员经费是指为了开展专业活动而用于个人方面的开支，如基本工资、津贴补贴及奖金、社会保障缴费、离休费、退休费、助学金、医疗费、住房补贴等。人员经费在“支出经济分类科目”中体现为“工资福利支出”和“对个人和家庭的补助”两部分。日常公用经费是指为了完成业务活动而用于公共管理方面的开支，包括办公费、印刷费、咨询费、水电费、邮电费、取暖费、物业管理费、差旅费、维修（护）费、租赁费等。日常公用经费在“支出经济分类科目”中体现为“商品和服务支出”、“其他资本性支出”等科目中属于基本支出的内容。

（2）项目支出，是行政单位为完成其特定的工作任务发生的支出，包括基本建设、专项业务、大型修缮、大型购置、大型会议等项目支出。项目支出在“支出经济分类科目”中体现为“基本建设支出”、“商品和服务支出”、“其他资本性支出”科目中属于项目支出的内容。项目支出具有专项性、独立性和完整性的特点。其中，专项性是指项目支出具有特定目标，为了完成特定工作任务，目标不同项目不同；独立性是指每个项目支出都有支出的明确范围，各项目之间支出不能交叉，项目支出与基本支出之间也不能交叉；完整性是指项目支出完整，体现为完成特定目标或任务的全部支出内容。

3.按资金类型分类

按资金类型，经费支出可分为财政拨款支出和其他资金支出。

（1）财政拨款支出，是指行政单位使用财政拨款收入安排的经费支出。

（2）其他资金支出，是指行政单位使用除财政拨款收入以外的其他资金安排的经费支出。

综合起来看，行政单位的经费支出一般先按不同的资金类型分为财政拨款支出和其他资金支出；再按部门预算管理要求分为基本支出和项目支出；基本支出和项目支出按政府收支分类科目中“支出功能分类科目”的末级科目分类后再按政府收支分类科目中“支出经济分类科目”的末级科目进行分类。

（二）经费支出的核算

为核算在开展业务活动中发生的各项支出，行政单位应设置“经费支出”科目。本科目应当分别按照“财政拨款支出”和“其他资金支出”、“基本支出”和“项目支出”等分类进行明细核算，并按照政府收支分类科目中“支出功能分类科目”的项级科目进行明细核算。“基本支出”和“项目支出”明细科目下应当按照政府收支分类科目中“支出经济分类科目”的款级科目进行明细核算，同时在“项目支出”明细科目下按照具体项目进行明细核算。有公共财政预算拨款、政府性基金预算拨款等两种或两种以上财政拨款的行政单位，还应当按照财政拨款的种类分别进行明细核算。本科目平时借方余额，反映经费支出本期累计数。

1.日常支付业务的核算

行政单位日常支付业务主要包括计提单位职工薪酬、支付外部人员劳务费、支付购买各项物资和工程款、发生预付账款、偿还应付款项等。

（1）计提单位职工薪酬时，按照计算出的金额，借记本科目，贷记“应付职工薪酬”科目。

（2）支付外部人员劳务费时，按照应当支付的金额，借记本科目，按照代扣代缴个人所得税的金额，贷记“应缴税费”科目，按照扣税后实际支付的金额，贷记“财政拨款收入”、“零余额账户用款额度”、“银行存款”等科目。

（3）支付购买存货、固定资产、无形资产、政府储备物资和工程结算的款项，按照实际支付的金额，借记本科目，贷记“财政拨款收入”、“零余额账户用款额度”、“银行存款”等科目；同时，按照采购或工程结算成本，借记“存货”、“固定资产”、“无形资产”、“在建工程”、“政府储备物资”等科目，贷记“资产基金”及其明细科目。

（4）发生预付账款时，按照实际预付的金额，借记本科目，贷记“财政拨款收入”、“零余额账户用款额度”、“银行存款”等科目；同时，借记“预付账款”科目，贷记“资产基金——预付款项”科目。

（5）偿还应付款项时，按照实际偿付的金额，借记本科目，贷记“财政拨款收入”、“零余额账户用款额度”、“银行存款”等科目；同时，借记“应付账款”、“长期应付款”科目，贷记“待偿债净资产”科目。

（6）发生其他各项支出时，按照实际支付的金额，借记本科目，贷记“财政拨款收入”、“零余额账户用款额度”、“银行存款”等科目。

【例9-11】某行政单位计提当月在编职工薪酬200 000元。该行政单位账务处理如下：

借：经费支出——财政拨款支出——基本支出　　200 000
　贷：应付职工薪酬　　200 000

【例9-12】某行政单位以银行存款支付外部人员劳务费30 000元，代扣个人所得税4 000元。该行政单位的账务处理如下：

借：经费支出——其他资金支出——基本支出　　30 000
　贷：银行存款　　26 000
　　　应缴税费　　4 000

【例9-13】某行政单位从“单位零余额账户”中支付差旅费5 000元。该行政单位的账务处理如下：

借：经费支出——财政拨款支出——基本支出　　5 000
　贷：零余额账户用款额度　　5 000

【例9-14】某行政单位通过“单位零余额账户”支用款项购买公务用车一辆，价值150 000元，直接交付使用。该行政单位的账务处理如下：

借：经费支出——财政拨款支出——项目支出　　150 000
　贷：零余额账户用款额度　　150 000

同时，

借：固定资产　　150 000
　贷：资产基金——固定资产　　150 000

其他更多有关经费支出核算的例题参见第十章相关内容的核算。

2. 发生支出收回的核算

行政单位因退货等原因发生支出收回的，属于当年支出收回的，借记“财政拨款收入”、“零余额账户用款额度”、“银行存款”等科目，贷记本科目；属于以前年度支出收回的，借记“财政应返还额度”、“零余额账户用款额度”、“银行存款”等科目，贷记“财政拨款结转”、“财政拨款结余”、“其他资金结转结余”等科目。

【例9-15】某行政单位采用财政直接支付方式采购的专用材料因质量问题予以退回，共计50 000元，其中属于上年度支付的款项30 000元，属于本年度支付的款项20 000元。该行政单位的账务处理如下：

借：财政应返还额度　　30 000
　　财政拨款收入　　20 000
　贷：财政拨款结转　　30 000
　　　经费支出——财政拨款支出——基本支出　　20 000

借：资产基金——存货　　50 000
　贷：存货　　50 000

3. 年终结账的核算

年末，将本科目本年发生额分别转入财政拨款结转和其他资金结转结余时，借记“财政拨款结转”、“其他资金结转结余”科目，贷记本科目。年终结账后，本科目应无余额。

【例9-16】年末，某行政单位“经费支出”科目借方余额900 000元，有关明细科目借方余额为：“财政拨款支出——基本支出”700 000元、“财政拨款支出——项目支出”100 000元、“其他资金支出——基本支出”100 000元。年终结账时，该行政单位的账务处理如下：

借：财政拨款结转　　800 000
　　其他资金结转结余　　100 000
　贷：经费支出——财政拨款支出——基本支出　　700 000
　　　　　　　——财政拨款支出——项目支出　　100 000
　　　　　　　——其他资金支出——基本支出　　100 000

二、拨出经费

（一）拨出经费的含义和分类

拨出经费是指行政单位纳入单位预算管理、拨付给所属单位的非同级财政拨款资金，如拨给所属单位的专项经费和补助经费等。

按部门预算管理要求，拨出经费可分为基本支出和项目支出。基本支出是指行政单位使用非同级财政拨款资金拨付给所属单位的补助经费。项目支出是指行政单位使用非同级财政拨款资金拨付给所属单位的专项经费。

（二）拨出经费的核算

为了核算纳入单位预算管理、拨付给所属单位的非同级财政拨款资金，行政单位应设置“拨出经费”科目。本科目应当分别按照“基本支出”和“项目支出”进行明细核算；还应当按照接受拨出经费的具体单位和款项类别等分别进行明细核算。本科目平时借方余额反映拨出经费本期累计数。

行政单位向所属单位拨付非同级财政拨款资金等款项时，借记本科目，贷记“银行存款”等科目；收回拨出经费时，借记“银行存款”等科目，贷记本科目。年末，将本科目本年发生额转入其他资金结转结余时，借记“其他资金结转结余”科目，贷记本科目。年终结账后，本科目应无余额。

【例9-17】某行政单位使用非同级财政拨款资金向所属单位拨付专项经费300 000元。该行政单位的账务处理如下：

借：拨出经费——项目支出　　300 000

　贷：银行存款　　300 000

【例9-18】某行政单位使用非同级财政拨款资金向所属单位拨付补助经费50 000元。该行政单位的账务处理如下：

借：拨出经费——基本支出　　50 000

　贷：银行存款　　50 000

【例9-19】年末，某行政单位“拨出经费”科目借方余额300 000元，有关明细科目借方余额为：“基本支出”200 000元，“项目支出”100 000元。年终结账时，该行政单位的账务处理如下：

借：其他资金结转结余　　300 000

　贷：拨出经费——基本支出　　200 000

　　　　　　——项目支出　　100 000

复习思考

1.什么是行政单位的收入和支出？它们各自包括哪些内容？

2.行政单位的收入和支出如何确认？

3.什么是财政拨款收入和其他收入？

4.什么是经费支出？可以分为哪几类？

5.什么是拨出经费？

操作练习

题一：

目的：练习行政单位各项收入的核算。

资料：某行政单位20×1年12月发生的经济业务如下：

1.收到“财政授权支付额度到账通知书”，列明本月授权支付额度为400 000元。

2.购买办公设备一批，价款150 000元，实行财政直接支付。办公设备直接交付使用。

3.购买专用材料100千克，每千克20 000元，材料款实行财政直接支付。材料已验收入库。

4.通过财政部门余额账户支付本月职工工资500 000元。

5.年末，通过对账确认本年度财政直接支付预算指标数与财政直接支付实际支出数的差额为50 000元，当年零余额账户用款额度尚未下达数20 000元。

6.从非同级财政部门获得科研项目经费200 000元。

要求：根据上述经济业务编制相应的会计分录。

题二：

目的：练习行政单位各项支出的核算。

资料：某行政单位20×1年12月发生的经济业务如下：

1.计提本月职工工资200 000元。

2.采用财政直接支付方式采购的专用材料因质量问题予以退回，共计80 000元，其中属于上年度支付的款项50 000元，属于本年度支付的款项30 000元。

3.职工报销差旅费，实际支出4 500元，退回现金500元。

4.从零余额账户支取款项购买办公用品一批，价值50 000元。

5.以银行存款支付职工培训费20 000元。

6.通过财政部门零余额账户预付购买政府储备物资款100 000元。

7.使用非同级财政拨款资金向所属单位拨付经费30 000元。

要求：根据上述经济业务编制相应的会计分录。

第十章

行政单位资产、负债和净资产的核算

学习目标

- 掌握行政单位资产、负债、净资产的概念和内容
- 掌握行政单位流动资产的概念和核算方法
- 掌握行政单位固定资产和无形资产的概念及核算方法
- 掌握行政单位在建工程、政府储备物资和公共基础设施的概念及核算方法
- 掌握行政单位待处理财产的概念和核算方法
- 掌握行政单位流动负债和非流动负债的概念及核算方法
- 掌握行政单位各项净资产的概念和核算方法

行政单位资产是行政单位占有或者使用的，能以货币计量的经济资源；负债是行政单位承担的能以货币计量的，需要以资产偿付的债务；净资产是行政单位资产减去负债的余额。本章主要阐述行政单位资产、负债和净资产的内容、管理要求以及账务处理方法。

第一节 行政单位资产

行政单位资产是行政单位占有或使用的，能以货币计量的经济资源，包括流动资产、固定资产、在建工程、无形资产、政府储备物资、公共基础设施、受托代理资产等。行政单位资产的特点有六个：一是资产属于国家所有，由行政单位占有或使用。二是对于符合资产定义的经济资源，应当在取得对其相关的权利并且能够可靠地进行货币计量时确认。符合资产定义并确认的资产项目，应当列入资产负债表。三是资产应当按

照取得时的实际成本进行计量。除国家另有规定外，行政单位不得自行调整其账面价值。其中，以支付对价方式取得的资产，应当按照取得资产时支付的现金或者现金等价物的金额，以及所付出的非货币性资产的评估价值等金额计量；取得资产时没有支付对价的，其计量金额应当按照有关凭据注明的金额加上相关税费、运输费等确定；没有相关凭据但依法经过资产评估的，其计量金额应当按照评估价值加上相关税费、运输费等确定；没有相关凭据也未经评估的，其计量金额比照同类或类似资产的市场价格加上相关税费、运输费等确定；没有相关凭据也未经评估，其同类或类似资产的市场价格无法可靠取得，所取得的资产应当按照名义金额（即人民币1元，下同）入账。四是出租、出借、减少资产必须报同级财政部门审批。五是不得以任何形式用占有、使用的国有资产对外投资或者举办经济实体。六是应当按照国家有关规定实行资产共享、装备共建。

一、流动资产

流动资产是指可以在1年以内（含1年）变现或者耗用的资产，包括库存现金、银行存款、零余额账户用款额度、财政应返还额度、应收及预付款项、存货等。

（一）库存现金

库存现金是指行政单位存放在其财务部门的可以随时支用的现金。

1.库存现金的管理

库存现金是流动性最强的资产，是可以立即投入流通的交换媒介。它最主要的特点是具有普遍可接受性，可以用其购买服务和商品、支付差旅费等。由于流动性最强，其最容易出现盗窃、挪用等现象。所以，行政单位必须加强对库存现金的管理。按照《现金管理暂行条例》及其实施细则的规定，行政单位现金的管理应遵循以下要求：

（1）按规定范围使用现金。行政单位可以在下列范围内使用现金：职工工资、津贴；个人劳务报酬；根据国家规定颁发给个人的科学技术、文化艺术、体育等各种奖金；各种劳保、福利费用以及国家规定的对个人的其他支出；向个人收购农副产品和其他物资的价款；出差人员必须随身携带的差旅费；结算起点以下的零星支出（结算起点为1 000元）；中国人民银行确定需要支付现金的其他支出。除上述业务可以用现金支付外，其他款项的支付应通过开户银行办理转账结算。

（2）严格库存现金限额的管理。库存现金限额是指为了保证单位日常零星开支的需要，允许单位留存现金的最高数额。这一限额由开户银行根据单位的实际需要和距离银行的远近予以核定。库存现金限额原则上为开户单位3～5天的日常零星开支所需，边远地区和交通不发达地区的开户单位的库存现金限额可以适当放宽，但最多不得超过15天的日常零星开支。经核定的库存现金限额，行政单位必须严格遵守，需要增加或者减少库存现金限额的，应当向开户银行提出申请，由开户银行核定。

（3）收支分开，不准坐支现金。行政单位的现金收入应当于当日送存开户银行，单位支付现金，可以从本单位库存现金限额中支付或者从开户银行提取，不得从本单位的现金收入中直接支付。用收入的现金直接支付支出的，称为“坐支”。行政单位因特殊情况需要坐支现金的，应当事先报经银行审查批准，由银行核定坐支范围和限额；未经银行批准，单位不得擅自坐支现金。

（4）加强现金收支的日常管理。一是实行钱账分管。出纳人员负责现金和银行存款的收付业务，登记库存现金和银行存款日记账，但不得兼管其他有关账目的记账工作。同样，负责其他有关账目的会计人员也不得兼管现金和银行存款的出纳工作。二是设置“现金日记账”。“现金日记账”要由出纳人员根据收付款凭证，按照业务的发生顺序逐笔登记。每日业务终了，应计算当日的现金收入合计数、现金支出合计数和结余数，并将结余数与实际库存数核对，做到账款相符。三是任何现金收付业务的办理，必须以合法的原始凭证为依据。不准用不符合财务制度的凭证顶替库存现金；不准单位之间相互借用现金，不准谎报用途套取现金；不准利用银行账户代其他单位和个人存入或支取现金；不准将单位收入的现金以个人名义储蓄；不准保留账外公款（即小金库）；禁止发行变相货币，不准以任何票券代替人民币在市场上流通。

2.库存现金的核算

为了核算库存现金，行政单位应设置“库存现金”科目。本科目借方余额反映行政单位库存现金数额。有外币现金的行政单位，应分别按人民币、各种外币设置“现金日记账”进行明细核算。

（1）现金的提取和存入。行政单位从银行等金融机构提取现金，按照实际提取的金额，借记本科目，贷记“银行存款”、“零余额账户用款额度”等科目；将现金存入银行等金融机构，借记“银行存款”科目，贷记本科目；将现金退回单位零余额账户，借记“零余额账户用款额度”科目，贷记本科目。

【例10-1】某行政单位从单位零余额账户提取现金20 000元，从银行基本户提取现金5 000元。该行政单位的账务处理如下：

	借方	贷方
借：库存现金	25 000	
贷：零余额账户用款额度		20 000
银行存款		5 000

（2）现金的借出。行政单位因支付内部职工出差款等所借的现金，借记“其他应收款”科目，贷记本科目；出差人员报销差旅费时，按照应报销的金额，借记有关科目，按照实际借出的现金金额，贷记“其他应收款”科目，按照其差额，借记或贷记本科目。

【例10-2】某行政单位职工张某借现金5 000元作为差旅费。该行政单位的账务处理如下：

	借方	贷方
借：其他应收款	5 000	
贷：库存现金		5 000

【例10-3】上例中的职工张某出差回来报销差旅费，实际支出4 500元，退回现金500元。该行政单位的账务处理如下：

	借方	贷方
借：经费支出	4 500	
库存现金	500	

贷：其他应收款　5 000

（3）现金收支。行政单位因开展业务或其他事项收到现金，借记本科目，贷记有关科目；因购买服务、商品或者其他事项支出现金，借记有关科目，贷记本科目。

【例10-4】某行政单位购买零星办公用品一批，价值900元，以现金支付。该行政单位的账务处理如下：

借：经费支出　900

贷：库存现金　900

（4）受托代理的现金。行政单位收到受托代理的现金时，借记本科目，贷记“受托代理负债”科目；支付受托代理的现金时，借记“受托代理负债”科目，贷记本科目。

【例10-5】某行政单位收到职工交来的转赠地震灾区的捐款20 000元（现金）。该行政单位的账务处理如下：

借：库存现金　20 000

贷：受托代理负债　20 000

【例10-6】上例中的行政单位将职工为地震灾区的捐款汇往灾区。该行政单位的账务处理如下：

借：受托代理负债　20 000

贷：库存现金　20 000

（5）外币业务。行政单位发生外币业务的，应当按照业务发生当日或当期期初的即期汇率，将外币金额折算为人民币金额记账，并登记外币金额和汇率。期末，各种外币账户的期末余额，应当按照期末的即期汇率折算为人民币，作为外币账户期末人民币余额。调整后的各种外币账户人民币余额与原账面余额的差额，作为汇兑损益计入当期支出。

【例10-7】某行政单位职工出国，预借美元现钞1 000美元，当日汇率为1美元=6.39808元人民币。该行政单位的账务处理如下：

借：其他应收款　6 398.08

贷：库存现金——美元　6 398.08

【例10-8】月末，上例中的行政单位“库存现金——美元户”账面余额为2 000美元，合人民币12 942.62元。月末美元对人民币的汇率为：1美元=6.51381元人民币。该行政单位的账务处理如下：

汇兑损益=2 000×6.51381−12 942.62=85（元）

借：经费支出　85

贷：库存现金　85

（6）现金盘点。行政单位每日终了结算现金收支，核对库存现金时发现有待查明原因的现金短缺或溢余，应通过“待处理财产损溢”科目核算。属于现金短缺的，应当按照实际短缺的金额，借记“待处理财产损溢”科目，贷记本科目；属于现金溢余的，应当按照实际溢余的金额，借记本科目，贷记“待处理财产损溢”科目。待查明原因后做如下处理：如为现金短缺，属于应由责任人赔偿或向有关人员追回的部分，借记“其他应收款”科目，贷记“待处理财产损溢”科目；如为现金溢余，属于应支付给有关人员或单位的，借记“待处理财产损溢”科目，贷记“其他应付款”科目。

【例10-9】某行政单位某月末盘点现金，发现现金溢余100元。该行政单位的账务处理如下：

借：库存现金　　100

　贷：待处理财产损溢　　100

如果经查明，现金溢余属职工张某的报销尾款，则：

借：待处理财产损溢　　100

　贷：其他应付款　　100

【例10-10】某行政单位年末盘点现金，发现短款50元。该行政单位的账务处理如下：

借：待处理财产损溢　　50

　贷：库存现金　　50

如果经查明，现金短款是由出纳人员工作失误造成的，由其赔偿，则：

借：其他应收款　　50

　贷：待处理财产损溢　　50

（二）银行存款

银行存款是行政单位存入银行或者其他金融机构的各种存款。

1.银行存款的管理

行政单位的银行存款应遵循以下管理要求：

（1）按照规定开设银行账户。行政单位开设银行存款账户，应当报同级财政部门审批，并由财务部门统一管理。行政单位的银行存款账户，一般包括基本存款账户、专用存款账户和一般存款账户。基本存款账户只能用于办理本单位预算资金、自筹以及往来资金等的日常转账结算和现金收付等业务。专用存款账户是按规定对有特定用途的资金进行专项管理和使用而开立的银行账户；专用存款账户一般不能支取现金，确需支取现金的需经中国人民银行营业管理部批准。一般存款账户是从基本存款账户和专用存款账户以外的开户银行取得借款而开立的账户，其只能用于办理转账结算和现金缴存，不能支取现金。

（2）严格管理银行账户。行政单位必须按照同级财政部门和人民银行规定的用途使用银行账户，不得将预算收入汇缴专用存款账户资金和财政拨款转为定期存款，不得以个人名义存放单位资金，不得出租、转让银行账户，不得为个人或其他单位提供信用。

（3）按规定和实际需要选择转账结算方式。行政单位除了可以使用现金的资金支付外，其他资金支付必须通过银行进行转账。行政单位经常使用的转账方式包括支票、汇兑、公务卡等。

（4）设置银行存款日记账。行政单位应当按开户银行或其他金融机构、存款种类及币种等分别设置“银行存款日记账”，由出纳人员根据收付款凭证，按照业务的发生顺序逐笔登记，每日终了应结出余额。“银行存款日记账”应定期与“银行对账单”核对，至少每月核对一次。月度终了，行政单位账面余额与银行对账单余额之间如有差额，必须逐笔查明原因并进行处理，按月编制“银行存款余额调节表”，调节相符。

2.银行存款的核算

为了核算存入银行或者其他金融机构的各种存款，行政单位应设置“银行存款”科目。本科目借方余额反映行政单位银行存款数额。有外币存款的行政单位，应当分别以人民币和各种外币设置“银行存款日记账”进行明细核算。

（1）银行存款的存入和支出。行政单位将款项存入银行或者其他金融机构，借记本科目，贷记“库存现金”、“其他收入”等有关科目。提取和支出存款时，借记有关科目，贷记本科目。收到银行存款利息，借记本科目，贷记“其他收入”等科目；支付银行手续费或银行扣收罚金等时，借记“经费支出”科目，贷记本科目。

【例10-11】某行政单位将现金50 000元存入银行。该行政单位的账务处理如下：

借：银行存款　　　　50 000

　贷：库存现金　　　　50 000

【例10-12】某行政单位以银行存款支付职工培训费20 000元。该行政单位的账务处理如下：

借：经费支出　　　　20 000

　贷：银行存款　　　　20 000

（2）受托代理的银行存款。行政单位收到受托代理的银行存款时，借记本科目，贷记“受托代理负债”科目；支付受托代理的存款时，借记“受托代理负债”科目，贷记本科目。

【例10-13】某行政单位银行存款基本户收到A单位转赠贫困地区的捐款50 000元。该行政单位的账务处理如下：

借：银行存款　　　　50 000

　贷：受托代理负债　　　　50 000

【例10-14】上例中的行政单位将A单位转赠贫困地区的捐款50 000元通过银行汇往贫困地区。该行政单位的账务处理如下：

借：受托代理负债　　　　50 000

　贷：银行存款　　　　50 000

（3）外币业务。行政单位发生外币业务的，应当按照业务发生当日或当期期初的即期汇率，将外币金额折算为人民币金额记账，并登记外币金额和汇率。期末，各种外币账户的期末余额应当按照期末的即期汇率折算为人民币，作为外币账户期末人民币余额。调整后的各种外币账户人民币余额与原账面余额的差额，作为汇兑损益计入当期支出。主要账务处理为：以外币购买物资、劳务等，按照购入当日或当期期初的即期汇率将支付的外币或应支付的外币金额折算为人民币金额，借记有关科目，贷记本科目、

"应付账款"等科目的外币账户；以外币收取相关款项等，按照收入确认当日或当期期初的即期汇率将收取的外币或应收取的外币金额折算为人民币金额，借记本科目、"应收账款"等科目的外币账户，贷记有关科目；期末，将各外币账户按期末汇率调整后的人民币余额与原账面人民币余额的差额作为汇兑损益，借记或贷记本科目、"应收账款"、"应付账款"等科目，贷记或借记"经费支出"等科目。

【例10-15】某行政单位收到某国外公益组织的捐款50 000美元。当日美元对人民币的汇率为：1美元=6.39808元人民币。该行政单位的账务处理如下：

借：银行存款　　319 904

　贷：其他收入　　319 904

【例10-16】月末，上例中的行政单位的"银行存款——美元户"账面余额为20 000美元，合人民币130 566.20元。月末美元对人民币的汇率为：1美元=6.51381元人民币。该行政单位的账务处理如下：

汇兑损益=20 000×6.51381−130 566.20=−290（元）

借：经费支出　　290

　贷：银行存款　　290

（三）零余额账户用款额度

1.单位零余额账户和零余额账户用款额度

行政单位的零余额账户是由同级财政部门为其在商业银行开设的用于本单位财政授权支付的账户。通过该账户，行政单位可以办理转账、汇兑、委托收款和提取现金等支付结算业务，但单位的非财政性资金不得进入。单位零余额账户是一个过渡账户，而不是实存账户。

零余额账户用款额度是指实行国库集中支付的行政单位根据财政部门批复的用款计划收到和支用的财政授权支付额度，具有与银行存款相同的支付结算功能。在此额度内，行政单位可按审批的分月用款计划开具支付令，使用零余额账户用款额度实现日常支付。零余额账户用款额度由财政部门按政府收支分类科目中的类、款、项，分基本支出和项目支出分别下达，类、款、项及基本支出和项目支出之间的用款额度不可调剂使用。需要单独核算的资金，可在零余额账户中分账核算。

零余额账户用款额度在年度内可累加使用。该账户的代理银行在用款额度累计余额内，根据行政单位支付指令，办理资金支付业务，并在规定时间内与国库单一账户清算。

2.零余额账户用款额度的核算

为了核算实行国库集中支付的行政单位根据财政部门批复的用款计划收到和支用的零余额账户用款额度情况，行政单位应设置"零余额账户用款额度"科目。本科目期末借方余额反映行政单位尚未支用的零余额账户用款额度。年度终了注销单位零余额账户用款额度后，本科目应无余额。

（1）财政授权支付额度的下达和支用。行政单位收到"财政授权支付额度到账通知书”时，根据通知书所列数额，借记本科目，贷记“财政拨款收入”科目；按规定支用额度时，借记“经费支出”等科目，贷记本科目。从零余额账户提取现金时，借记“库存现金”科目，贷记本科目。

【例10-17】某行政单位收到“财政授权支付额度到账通知书”，列明本月授权支付额度为1 000 000元。该行政单位的账务处理如下：

借：零余额账户用款额度　　1 000 000

　贷：财政拨款收入　　1 000 000

【例10-18】某行政单位从零余额账户中取款购买计算机一台，价款12 000元，计算机直接交付使用。该行政单位的账务处理如下：

借：经费支出　　12 000

　贷：零余额账户用款额度　　12 000

借：固定资产　　12 000

　贷：资产基金——固定资产　　12 000

【例10-19】某行政单位从零余额账户提取现金1 500元，并购买复印纸一批，价款1 000元。该行政单位的账务处理如下：

借：库存现金　　1 500

　贷：零余额账户用款额度　　1 500

同时，

借：经费支出　　1 000

　贷：库存现金　　1 000

（2）财政授权支付额度年终结余。年末，根据代理银行提供的对账单注销额度时，借记“财政应返还额度”科目，贷记本科目；根据本年度财政授权支付预算指标数与财政授权支付额度下达数的差额，借记“财政应返还额度”科目，贷记“财政拨款收入”科目。下年度年初，根据代理银行提供的额度恢复到账通知书，借记本科目，贷记“财政应返还额度”科目；收到财政部门批复的上年未下达零余额账户用款额度时，借记本科目，贷记“财政应返还额度”科目。相关例题参见“财政应返还额度的核算”。

（四）财政应返还额度

1.财政应返还额度的概念

财政应返还额度是指实行国库集中支付的行政单位应收财政返还的资金额度。

实行国库集中支付的行政单位，在年度支出预算被批准后，其年度财政直接支付和财政授权支付的预算指标数被确定下来。预算年度内行政单位对这些财政资金预算指标的使用，全部实行用款计划管理，并分别以财政直接支付和财政授权支付两种方式实现支付。在财政直接支付方式下，财政应返还额度（年末未使用资金额度）是当年财政直接支付预算指标数与财政直接支付实际支出数的差额。在财政授权支付方式下，财政应返还额度（年末尚未使用资金额度）包括未下达授权支付额度和未使用授权支付额度两个部分，其中未下达授权支付额度是当年财政授权支付预算指标数与零余额账户用款额度下达数的差额，未使用授权支付额度是当年零余额账户用款额度下达数与零余额账户用款额度支用数的差额。对于上述国库集中支付尚未使用资金额度和尚未下达授权支付额度，年末行政单位先返还财政部门，下年度初再由财政部门予以恢复或下达。

2.财政应返还额度的核算

为了核算实行国库集中支付的行政单位应收财政返还的资金额度，行政单位应设置“财政应返还额度”科目。本科目应当设置“财政直接支付”、“财政授权支付”两个明细科目进行明细核算。本科目期末借方余额反映行政单位应收财政下年度返还的资金额度。

（1）财政直接支付。年末，行政单位根据本年度财政直接支付预算指标数与财政直接支付实际支出数的差额，借记本科目（财政直接支付），贷记“财政拨款收入”科目；下年度初，行政单位使用以前年度的财政直接支付额度发生支出时，借记“经费支出”科目，贷记本科目（财政直接支付）。

【例10-20】某实行国库集中支付的行政单位，年末通过对账确认本年度财政直接支付预算指标数为1 000 000元，当年财政直接支付实际支出数为900 000元，存在尚未使用的财政直接支付预算指标100 000元。该行政单位的账务处理如下：

借：财政应返还额度 ——财政直接支付　　100 000

　贷：财政拨款收入　　100 000

【例10-21】上例中的行政单位下年度初收到代理银行转来的“财政直接支付入账通知书”，使用上年尚未使用的财政直接支付用款额度100 000元购买办公用笔记本电脑10台，已直接交付使用。该行政单位的账务处理如下：

借：经费支出　　100 000

　贷：财政应返还额度——财政直接支付　　100 000

借：固定资产　　100 000

　贷：资产基金——固定资产　　100 000

（2）财政授权支付。年末，根据代理银行提供的对账单注销额度时，借记本科目(财政授权支付)，贷记“零余额账户用款额度”科目；根据本年度财政授权支付预算指标数与零余额账户用款额度下达数的差额，借记本科目（财政授权支付），贷记“财政拨款收入”等科目。下年度初，根据代理银行提供的额度恢复到账通知书，借记“零余额账户用款额度”科目，贷记本科目（财政授权支付）；行政单位收到财政部门批复的上年未下达零余额账户用款额度时，借记“零余额账户用款额度”科目，贷记本科目(财政授权支付)。

【例10-22】某实行国库集中支付的行政单位，年末通过对账确认本年度财政授权支付预算指标数为500 000元，零余额账户用款额度下达数400 000元，零余额账户用款额度支用数350 000元。该行政单位的账务处理如下：

借：财政应返还额度——财政授权支付　　150 000

贷：零余额账户用款额度　50 000

财政拨款收入　100 000

【例10-23】上例中的行政单位下年度初收到代理银行转来的50 000元财政授权支付额度恢复到账通知书和上年度未下达零余额账户用款额度100 000元。该行政单位的账务处理如下：

借：零余额账户用款额度　150 000

贷：财政应返还额度——财政授权支付　150 000

（五）应收及预付款项

应收及预付款项是指行政单位在开展业务活动中形成的各项债权，包括应收账款、预付账款、其他应收款等。行政单位应当加强应收及暂付款项的管理，严格控制规模，并及时进行清理，不得长期挂账。应收及预付款项应当按照实际发生额计量。

1.应收账款的核算

应收账款是行政单位出租资产、出售物资等应当收取的款项。应收账款应当在资产已出租或物资已出售且尚未收到款项时确认。

为了核算出租资产、出售物资等应当收取的款项，行政单位应设置“应收账款”科目。行政单位收到的商业汇票，也通过本科目核算。本科目应当按照购货、接受服务的单位（或个人）或开出、承兑商业汇票的单位等进行明细核算。本科目期末借方余额，反映行政单位尚未收回的应收账款。

（1）出租资产发生的应收账款。行政单位出租资产尚未收到款项时，按照应收未收金额，借记本科目，贷记“其他应付款”科目；收回应收账款时，借记“银行存款”等科目，贷记本科目；同时，借记“其他应付款”科目，按照应缴的税费，贷记“应缴税费”科目，按照扣除应缴税费后的净额，贷记“应缴财政款”科目。

【例10-24】某行政单位经批准向A单位出租办公室1间，期限2个月，租金每月5 000元，尚未收到A单位租金。该行政单位的账务处理如下：

借：应收账款　10 000

贷：其他应付款　10 000

【例10-25】上例中的行政单位收到A单位交来的租金10 000元（假设不考虑相关税费），已存入银行。该行政单位的账务处理如下：

借：银行存款　10 000

贷：应收账款　10 000

同时，

借：其他应付款　10 000

贷：应缴财政款　10 000

（2）出售物资发生的应收账款 。行政单位物资已发出并到达约定状态但尚未收到款项时，按照应收未收金额，借记本科目，贷记“待处理财产损溢”科目；收回应收账款时，借记“银行存款”等科目，贷记本科目。

【例10-26】某行政单位经上级批准将不需用的材料出售，出售价款5 000元，材料已发出，但款项尚未收到（假设不考虑相关税费）。该行政单位的账务处理如下：

借：应收账款　　5 000
　贷：待处理财产损溢　　5 000

上述单位在收到价款时，

借：银行存款　　5 000
　贷：应收账款　　5 000

（3）收到商业汇票。行政单位出租资产收到商业汇票时，按照商业汇票的票面金额，借记本科目，贷记“其他应付款”科目；出售物资收到商业汇票时，按照商业汇票的票面金额，借记本科目，贷记“待处理财产损溢”科目；商业汇票到期收回款项时，借记“银行存款”等科目，贷记本科目。其中，出租资产收回款项的，还应当同时借记“其他应付款”科目，按照应缴的税费，贷记“应缴税费”科目，按照扣除应缴税费后的净额，贷记“应缴财政款”科目。行政单位应当设置“商业汇票备查簿”，逐笔登记应收商业汇票的种类、号数、出票日期、到期日、票面金额、交易合同号等相关信息资料。商业汇票到期结清票款或退票后，应当在备查簿内逐笔注销。

【例10-27】假设【例10-24】中的行政单位收到A单位签发的票面金额为10 000元的商业汇票。该行政单位的账务处理如下：

借：应收账款　　10 000
　贷：其他应付款　　10 000

（4）坏账的核销。行政单位逾期三年或以上、有确凿证据表明确实无法收回的应收账款，按规定报经批准后予以核销。核销的应收账款应在备查簿中保留登记。待核销的应收账款转入待处理财产损溢时，按照待核销的应收账款金额，借记“待处理财产损溢”科目，贷记本科目；已核销的应收账款在以后期间收回的，借记“银行存款”科目，贷记“应缴财政款”等科目。

【例10-28】某行政单位年初经核查确认三年之前向甲公司出租资产形成的应收账款5 000元因该公司破产确实无法收回。该行政单位的账务处理如下：

- 将待核销的应收账款转入待处理财产损溢时，

借：待处理财产损溢　　5 000
　贷：应收账款——甲公司　　5 000

- 报经批准予以核销时，

借：其他应付款　　5 000
　贷：待处理财产损溢　　5 000

- 假如上述已核销应收账款在年末又收回3 000元，

借：银行存款　　3 000
　贷：应缴财政款　　3 000

2. 预付账款的核算

预付账款是行政单位按照购货、服务合同规定预付给供应单位（或个人）的款项。预付账款应当在已支付款项且尚未收到物资或服务时确认。

为了核算按照购货、服务合同规定预付给供应单位（或个人）的款项，行政单位应设置“预付账款”科目。行政单位依据合同规定支付的定金，也通过本科目核算。行政单位支付可以收回的定金，不通过本科目核算，应当通过“其他应收款”科目核算。本科目应当按照供应单位（或个人）进行明细核算。本科目期末借方余额，反映行政单位实际预付但尚未结算的款项。

（1）预付账款的发生和退回。行政单位发生预付账款时，借记本科目，贷记“资产基金——预付款项”科目；同时，借记“经费支出”科目，贷记“财政拨款收入”、“零余额账户用款额度”、“银行存款”等科目。发生当年预付账款退回的，借记“资产基金——预付款项”科目，贷记本科目；同时，借记“财政拨款收入”、“零余额账户用款额度”、“银行存款”等科目，贷记“经费支出”科目。发生以前年度预付账款退回的，借记“资产基金——预付款项”科目，贷记本科目；同时，借记“财政应返还额度”、“零余额账户用款额度”、“银行存款”等科目，贷记“财政拨款结转”、“财政拨款结余”、“其他资金结转结余”等科目。

【例10-29】某行政单位通过财政直接支付方式向D公司采购办公用大巴车1辆，价值400 000元。按照合同规定预付货款50%，货到后结算其余货款。该单位通过财政部门零余额账户预付50%货款200 000元时，该行政单位的账务处理如下：

借：预付账款——D公司	200 000	
贷：资产基金——预付款项		200 000

同时，

借：经费支出	200 000	
贷：财政拨款收入		200 000

（2）收到所购物资或服务。行政单位收到所购物资或服务时，按照相应的预付账款金额，借记“资产基金——预付款项”科目，贷记本科目；发生补付款项的，按照实际补付的款项，借记“经费支出”科目，贷记“财政拨款收入”、“零余额账户用款额度”、“银行存款”等科目。收到物资的，同时按照收到所购物资的成本，借记有关资产科目，贷记“资产基金”及相关明细科目。

【例10-30】上例中的行政单位收到大巴车1辆，且通过财政部门零余额账户补付货款200 000元。该行政单位的账务处理如下：

借：资产基金——预付款项	200 000	
经费支出	200 000	
贷：预付账款——D公司		200 000
财政拨款收入		200 000

同时，

借：固定资产　　400 000

　贷：资产基金——固定资产　　400 000

（3）坏账的核销。行政单位逾期三年或以上、有确凿证据表明确实无法收到所购物资和服务，且无法收回的预付账款，按照规定报经批准后予以核销。核销的预付账款应在备查簿中保留登记。待核销的预付账款转入待处理财产损溢时，按照待核销的预付账款金额，借记“待处理财产损溢”科目，贷记本科目；已核销的预付账款在以后期间又收回的，借记“零余额账户用款额度”、“银行存款”等科目，贷记“财政拨款结转”、“财政拨款结余”、“其他资金结转结余”等科目。

【例10-31】某行政单位经核查确认，四年之前向E公司预付的采购技术设备款200 000元因其被撤销已无望再收到所购物资，也确实无法收回预付账款。该款项预付时使用的是财政授权支付方式，属于基本支出。该行政单位的账务处理如下：

• 待核销的预付账款转入待处理财产损溢时，

借：待处理财产损溢　　200 000

　贷：预付账款——E公司　　200 000

• 报经批准予以核销时，

借：资产基金——预付款项　　200 000

　贷：待处理财产损溢　　200 000

• 假如上述已核销预付账款在年末又全额收回，则，

借：零余额账户用款额度　　200 000

　贷：财政拨款结转　　200 000

3.其他应收款的核算

其他应收款是行政单位除应收账款、预付账款以外的其他各项应收及暂付款项，如职工预借的差旅费、拨付给内部有关部门的备用金、应向职工收取的各种垫付款项等。

为了核算除应收账款、预付账款以外的其他各项应收及暂付款项，行政单位应设置“其他应收款”科目。本科目应当按照其他应收款的类别以及债务单位（或个人）进行明细核算。本科目期末借方余额，反映行政单位尚未收回的其他应收款。

（1）其他应收款的发生和收回。行政单位发生其他应收及暂付款项时，借记本科目，贷记“零余额账户用款额度”、“银行存款”等科目；收回或转销上述款项时，借记“银行存款”、“零余额账户用款额度”或有关支出等科目，贷记本科目。

【例10-32】某行政单位通过单位零余额账户为职工代垫水电费50 000元。该行政单位的账务处理如下：

借：其他应收款——代垫水电费　　50 000

　贷：零余额账户用款额度　　50 000

【例10-33】上例中的行政单位从应付职工薪酬中代扣为职工垫付的水电费50 000元。该行政单位的账务处理如下：

借：应付职工薪酬　　50 000

　　贷：其他应收款——代垫水电费　　50 000

（2）备用金的发放。行政单位内部实行备用金制度的，有关部门使用备用金后应当及时到财务部门报销并补足备用金。财务部门核定并发放备用金时，借记本科目，贷记“库存现金”等科目。根据报销数用现金补足备用金定额时，借记“经费支出”科目，贷记“库存现金”等科目，报销数和拨补数都不再通过本科目核算。

【例10-34】某行政单位内部实行备用金制度，其财务部门以库存现金发放备用金20 000元。该行政单位的账务处理如下：

借：其他应收款——备用金　　20 000
　　贷：库存现金　　20 000

【例10-35】上例中的行政单位财务部门根据报销数用现金补足备用金定额50 000元。该行政单位的账务处理如下：

借：经费支出　　50 000
　　贷：库存现金　　50 000

（3）坏账的核销。行政单位逾期三年或以上、有确凿证据表明确实无法收回的其他应收款，按规定报经批准后予以核销。核销的其他应收款应在备查簿中保留登记。将待核销的其他应收款转入待处理财产损溢时，按照待核销的其他应收款金额，借记“待处理财产损溢”科目，贷记本科目；已核销的其他应收款在以后期间又收回的，如属于在核销年度内收回，借记“银行存款”等科目，贷记“经费支出”科目；如属于在核销年度以后收回，借记“银行存款”等科目，贷记“财政拨款结转”、“财政拨款结余”、“其他资金结转结余”等科目。

【例10-36】某行政单位年初经核查确认三年之前以非财政拨款收入为职工张某代垫的房租5 000元因其下落不明确实无法收回。该行政单位的账务处理如下：

• 将待核销的其他应收款转入待处理财产损溢时，

借：待处理财产损溢　　5 000
　　贷：其他收账款——代垫房租——张某　　5 000

• 报经批准予以核销时，

借：经费支出　　5 000
　　贷：待处理财产损溢　　5 000

• 假如年末张某回来偿还房租现金5 000元，

借：库存现金　　5 000
　　贷：经费支出　　5 000

（六）存货

存货是指行政单位在工作中为耗用而储存的资产，包括材料、燃料、包装物和低值易耗品等。存货应当在其到达存放地点并验收时确认。

为了核算在开展业务活动及其他活动中为耗用而储存的各种物资的实际成本，行政单位应设置“存货”科目。行政单位接受由委托人指定受赠人的转赠物资，应当通过

“受托代理资产”科目核算，不通过本科目核算。行政单位随买随用的零星办公用品等，可以在购进时直接列作支出，不通过本科目核算。本科目应当按照存货的种类、规格和保管地点等进行明细核算。行政单位有委托加工存货业务的，应当在本科目下设置“委托加工存货成本”科目。出租、出借的存货，应当设置备查簿进行登记。本科目期末借方余额，反映行政单位存货的实际成本。

1.存货取得的核算

行政单位取得存货的方式主要包括购入、置换换入、接受捐赠、无偿调入、委托加工等。行政单位在取得存货时，应当按照其实际成本入账。

（1）购入的存货。行政单位购入的存货，其成本包括购买价款、相关税费、运输费、装卸费、保险费以及其他使得存货达到目前场所和状态所发生的支出。行政单位购入的存货验收入库时，按照确定的成本，借记本科目，贷记“资产基金——存货”科目；同时，按照实际支付的金额，借记“经费支出”科目，贷记“财政拨款收入”、“零余额账户用款额度”、“银行存款”等科目；对于尚未付款的，应当按照应付未付的金额，借记“待偿债净资产”科目，贷记“应付账款”科目。

【例10-37】某行政单位购入专用甲材料1 000千克，每千克1 000元，增值税税额170 000元，材料款实行财政直接支付。另外，以银行存款支付运杂费1 500元。该行政单位的账务处理如下：

	借方	贷方
借：存货——甲材料	1 171 500	
贷：资产基金——存货		1 171 500

同时，

	借方	贷方
借：经费支出	1 171 500	
贷：财政拨款收入		1 170 000
银行存款		1 500

【例10-38】某行政单位通过单位零余额账户支付款项购买专用乙材料200千克，每千克50元，增值税税额1 700元。另外，以现金支付运杂费800元。该行政单位的账务处理如下：

	借方	贷方
借：存货——乙材料	12 500	
贷：资产基金——存货		12 500

同时，

	借方	贷方
借：经费支出	12 500	
贷：零余额账户用款额度		11 700
库存现金		800

（2）置换换入的存货。行政单位置换换入的存货，其成本按照换出资产的评估价值，加上支付的补价或减去收到的补价，加上为换入存货支付的其他费用（运输费等）确定。行政单位换入的存货验收入库时，按照确定的成本，借记本科目，贷记“资产基金——存货”科目；同时，按实际支付的补价、运输费等的金额，借记“经费支出”科目

目，贷记“财政拨款收入”、“零余额账户用款额度”、“银行存款”等科目。

【例10-39】某行政单位经批准以账面余额为50 000元、评估价值为40 000元的包装物置换F单位的丙材料。另外，以现金支付运杂费800元。对于置换换入的丙材料，该行政单位的账务处理如下：

借：存货——丙材料　40 800

　贷：资产基金——存货　40 800

同时，

借：经费支出　800

　贷：库存现金　800

（3）接受捐赠、无偿调入的存货。行政单位接受捐赠、无偿调入的存货，其成本按照有关凭据注明的金额加上相关税费、运输费等确定；没有相关凭据可供取得，但依法经过资产评估的，其成本应当按照评估价值加上相关税费、运输费等确定；没有相关凭据可供取得也未经评估的，其成本比照同类或类似存货的市场价格加上相关税费、运输费等确定；没有相关凭据也未经评估，且其同类或类似存货的市场价格无法可靠取得的，该存货按照名义金额入账。行政单位接受捐赠、无偿调入的存货验收入库时，按照确定的成本，借记本科目，贷记“资产基金——存货”科目；同时，按实际支付的相关税费、运输费等的金额，借记“经费支出”科目，贷记“财政拨款收入”、“零余额账户用款额度”、“银行存款”等科目。

【例10-40】某行政单位接受一公司捐赠的M材料一批，价值50 000元，发生运输费500元，以现金支付。该行政单位的账务处理如下：

借：存货——M材料　50 500

　贷：资产基金——存货　50 500

同时，

借：经费支出　500

　贷：库存现金　500

（4）委托加工的存货。行政单位委托加工的存货，其成本按照未加工存货的成本加上加工费用和往返运输费等确定。委托加工的存货出库时，借记本科目下的“委托加工存货成本”明细科目，贷记本科目下的相关明细科目。支付加工费用和相关运输费等时，借记“经费支出”科目，贷记“财政拨款收入”、“零余额账户用款额度”、“银行存款”等科目；同时，按照相同的金额，借记本科目下的“委托加工存货成本”明细科目，贷记“资产基金——存货”科目。委托加工完成的存货验收入库时，按照委托加工存货的成本，借记本科目下的相关明细科目，贷记本科目下的“委托加工存货成本”明细科目。

【例10-41】某行政单位使用A材料委托甲公司加工成C专用材料，领用的A材料的实际成本为5 000元，以银行存款支付加工费和运输费3 500元。C专用材料加工完成并已验收入库。该行政单位的账务处理如下：

●A材料出库时，

借：存货——委托加工存货成本　　5 000

　贷：存货——A材料　　5 000

●支付加工费和运输费时，

借：经费支出　　3 500

　贷：银行存款　　3 500

借：存货——委托加工存货成本　　3 500

　贷：资产基金——存货　　3 500

●加工完成验收入库时，

借：存货——C专用材料　　8 500

　贷：存货——委托加工存货成本　　8 500

2.存货发出的核算

行政单位存货发出的方式主要包括领用和发出、对外捐赠和无偿调出、对外销售和置换换出等。

（1）存货发出的计价方法。行政单位存货发出时，应当根据实际情况采用先进先出法、加权平均法或者个别计价法确定发出存货的实际成本。计价方法一经确定，不得随意变更。

先进先出法，是假定先购入的存货先发出，并按照这一假定确定发出存货和期末存货实际成本的方法。采用这种方法，先购入的存货成本在后购入存货成本之前转出。

加权平均法，是以当月全部购进存货数量加上月初存货数量，去除当月全部购进存货成本加上月初存货成本，计算出存货的加权平均单位成本，以此为基础计算当月发出存货的成本和期末存货的成本的一种方法。

$$\text{加权平均单位成本}=\frac{\text{月初结存存货实际成本}+\text{本月购进存货实际成本}}{\text{月初结存存货数量}+\text{本月购进存货数量}}$$

本月发出存货实际成本=本月发出存货数量×加权平均单价

月末结存存货实际成本=月末结存存货数量×加权平均单价

个别计价法，是假设存货的成本流转与实物流转相一致，按照各种存货逐一辨认各批发出存货和期末存货所属的购进批别或生产批别，分别以其购入或生产时所确定的单位成本作为计算各批发出存货和期末存货成本的方法，即把每一种存货的实际成本作为计算发出存货成本和期末存货成本的基础。

（2）存货的领用和发出。行政单位开展业务活动等领用、发出存货时，按照领用、发出存货的实际成本，借记“资产基金——存货”科目，贷记本科目。

【例10-42】某行政单位领用甲材料500千克，每千克平均单价为980元。该行政单位的账务处理如下：

借：资产基金——存货　　490 000

　贷：存货——甲材料　　490 000

（3）存货的对外捐赠、无偿调出。行政单位经批准对外捐赠、无偿调出存货时，按照对外捐赠、无偿调出存货的实际成本，借记“资产基金——存货”科目，贷记本科目。对外捐赠、无偿调出存货发生由行政单位承担的运输费等支出的，借记“经费支出”科目，贷记“财政拨款收入”、“零余额账户用款额度”、“银行存款”等科目。

【例10-43】某行政单位经批准向地震灾区捐赠B材料一批，该材料实际成本为58 500元。该行政单位的账务处理如下：

借：资产基金——存货　58 500

　贷：存货——B材料　58 500

（4）对外出售、置换换出存货。行政单位经批准对外出售、置换换出的存货，应当转入待处理财产损溢，按照相关存货的实际成本，借记“待处理财产损溢”科目，贷记本科目。

【例10-44】某行政单位经上级批准将不用的C材料出售，该材料的实际成本为10 000元，出售价款为5 000元，款项已存入银行。假设不考虑相关税费，该行政单位的账务处理如下：

• 将C材料转入待处理财产损溢时，

借：待处理财产损溢　10 000

　贷：存货——C材料　10 000

• 出售C材料时，

借：资产基金——存货　10 000

　贷：待处理财产损溢　10 000

• 取得出售价款时，

借：银行存款　5 000

　贷：待处理财产损溢　5 000

• 处理净收入时，

借：待处理财产损溢　5 000

　贷：应缴财政款　5 000

【例10-45】以【例10-39】为例，行政单位置换换出的包装物的账务处理如下：

• 将包装物转入待处理财产损溢时，

借：待处理财产损溢　50 000

　贷：存货——包装物　50 000

• 实现置换换出包装物时，

借：资产基金——存货　50 000

　贷：待处理财产损溢　50 000

3. 存货报废、毁损的核算

报废、毁损的存货，应当转入待处理财产损溢，按照相关存货的账面余额，借记“待处理财产损溢”科目，贷记本科目。相关例题参见【例10-44】。

4.存货盘点的核算

行政单位的存货应当定期进行清查盘点，每年至少盘点一次。对于发生的存货盘盈、盘亏，应当及时查明原因，按规定报经批准后进行账务处理。

（1）存货盘盈。行政单位盘盈的存货，按照取得同类或类似存货的实际成本确定入账价值；没有同类或类似存货的实际成本的，按照同类或类似存货的市场价格确定入账价值；同类或类似存货的实际成本或市场价格无法可靠取得的，按照名义金额入账。盘盈的存货，按照确定的入账价值，借记本科目，贷记“待处理财产损溢”科目。

【例10-46】某行政单位在年终清理中盘点存货，发现甲材料溢余20千克，每千克1 000元，尚未入账。该行政单位的账务处理如下：

借：存货——甲材料　　20 000
　贷：待处理财产损溢　　20 000

上述盘盈的甲材料报经批准予以处理时，其账务处理如下：

借：待处理财产损溢　　20 000
　贷：资产基金——存货　　20 000

（2）存货盘亏。行政单位盘亏的存货转入待处理财产损溢时，按照其账面余额，借记“待处理财产损溢”科目，贷记本科目。

【例10-47】某行政单位在年终清理中盘点存货，发现乙材料短缺40千克，每千克50元。该行政单位的账务处理如下：

借：待处理财产损溢　　2 000
　贷：存货——乙材料　　2 000

上述盘亏的乙材料报经批准予以核销时，其账务处理如下：

借：资产基金——存货　　20 000
　贷：待处理财产损溢　　20 000

二、固定资产

（一）固定资产的概念和分类

1.固定资产的概念

固定资产是指使用期限超过1年（不含1年），单位价值在规定标准以上，并且在使用过程中基本保持原有物质形态的资产。按《行政单位财务规则》的规定，行政单位固定资产的单位价值标准为：一般设备在1 000元以上、专用设备在1 500元以上；单位价值虽未达到规定标准，但是耐用时间在1年以上的大批同类物资，也作为固定资产进行核算与管理。

2.固定资产的分类

行政单位的固定资产可分为以下六类：

（1）房屋及建筑物。其是指行政单位占有和使用的房屋、建筑物及其附属设施。其中，房屋包括办公用房、生产经营用房、仓库、职工生产用房、食堂用房、锅炉房等；建筑物包括道路、围墙、水塔、雕塑等；附属设施包括房屋、建筑物内的电梯、通信线路、输电线路、水气管道等。

（2）专用设备。其是指行政单位根据业务的实际需要购置的各种具有专门性能和专门用途的设备。

（3）通用设备。其是指行政单位用于业务活动的办公和事务用的通用性设备、交通工具、通信工具等。

（4）文物和陈列品。其是指行政单位占有和使用的古玩、字画、纪念品、装饰品、展品、藏品等。

（5）图书、档案。其是指行政单位的图书馆（室）、阅览室的图书、资料以及档案馆（室）的档案等。

（6）家具、用具、装具及动植物。

（二）固定资产的管理

行政单位的固定资产管理应遵循以下要求：

1. 已经入账的固定资产，除发生下列情况外，不得任意变动：根据国家规定对固定资产价值进行重新估价的；增加补充设备或改良装置的；将固定资产的一部分拆除的；根据实际价值调整原来暂估价值的；发现原来记录的固定资产价值有错误的。

2. 固定资产报废、毁损、调拨和变卖、盘盈和盘亏，必须按规定的程序报经审批。

3. 行政单位应当根据业务工作的需要和单位财力的实际情况，以合理、节约、有效的原则，按照国家的有关规定对固定资产进行配置。

（三）固定资产的确认

行政单位的固定资产应当按照以下条件确认：

1. 购入、换入、无偿调入、接受捐赠不需要安装的固定资产，在固定资产验收合格时确认。

2. 购入、换入、无偿调入、接受捐赠需要安装的固定资产，在固定资产安装完成交付使用时确认。

3. 自行建造、改建、扩建的固定资产，在建造完成交付使用时确认。

4. 固定资产的各组成部分具有不同的使用寿命、适用不同折旧率的，应当分别将各组成部分确认为单项固定资产。

（四）固定资产会计科目的设置

为了核算各类固定资产的原价，行政单位应设置“固定资产”科目。行政单位应当根据固定资产的定义、有关主管部门对固定资产的统一分类，结合本单位的具体情况，制定适合本单位的固定资产目录、具体分类方法，作为进行固定资产核算的依据。行政单位应当设置“固定资产登记簿”和“固定资产卡片”，按照固定资产类别、项目和使用部门等进行明细核算。出租、出借的固定资产，应当设置备查簿进行登记。本科目期末借方余额，反映行政单位固定资产的原价。

行政单位“固定资产”科目核算的内容包括：

1.行政单位符合固定资产定义的固定资产通过本科目进行核算。

2.行政单位购入需要安装的固定资产，应当先通过“在建工程”科目核算，安装完毕交付使用时再转入本科目核算。

3.对于行政单位的软件，如果其构成相关硬件不可缺少的组成部分，应当将该软件的价值包括在所属的硬件价值中，一并作为固定资产，通过本科目进行核算；如果其不构成相关硬件不可缺少的组成部分，应当将该软件作为无形资产，通过“无形资产”科目核算。

4.行政单位购建房屋及构筑物不能分清支付价款中的房屋及构筑物与土地使用权部分的，应当全部作为固定资产，通过本科目核算；能够分清支付价款中的房屋及构筑物与土地使用权部分的，应当将其中的房屋及构筑物部分作为固定资产，通过本科目核算，将其中的土地使用权部分作为无形资产，通过“无形资产”科目核算；境外行政单位购买的具有所有权的土地，作为固定资产，通过本科目核算。

5.行政单位借入、以经营租赁方式租入的固定资产，不通过本科目核算，应当设置备查簿进行登记。

（五）固定资产取得的核算

行政单位固定资产取得的方式主要有：购入，自行建造或繁育，改建、扩建和修缮，置换取得，接受捐赠和无偿调入等。行政单位取得固定资产时，应当按照其成本入账。

1.购入的固定资产

行政单位购入的固定资产，其成本包括实际支付的购买价款、相关税费、使固定资产交付使用前所发生的可归属于该项资产的运输费、装卸费、安装费和专业人员服务费等。以一笔款项购入多项没有单独标价的固定资产，按照各项固定资产同类或类似资产市场价格的比例对总成本进行分配，分别确定各项固定资产的入账价值。

（1）购入不需要安装的固定资产，按照确定的固定资产成本，借记本科目，贷记“资产基金——固定资产”科目；同时，按照实际支付的金额，借记“经费支出”科目，贷记“财政拨款收入”、“零余额账户用款额度”、“银行存款”等科目。

（2）购入需要安装的固定资产，先通过“在建工程”科目核算。安装完工交付使用时，借记本科目，贷记“资产基金——固定资产”科目；同时，借记“资产基金——在建工程”科目，贷记“在建工程”科目。

（3）购入固定资产分期付款或扣留质量保证金的，在取得固定资产时，按照确定的固定资产成本，借记本科目（不需要安装）或“在建工程”科目（需要安装），贷记“资产基金——固定资产、在建工程”科目；同时，按照已实际支付的价款，借记“经费支出”科目，贷记“财政拨款收入”、“零余额账户用款额度”、“银行存款”等科目；按照应付未付的款项或扣留的质量保证金等的金额，借记“待偿债净资产”科目，贷记“应付账款”或“长期应付款”科目。

【例10-48】某行政单位购买办公用计算机一批，取得的增值税专用发票上注明的计算机价款为500 000元，增值税税额85 000元，支付运输费5 000元，款项实行财政直接支付。计算机直接交付使用。该行政单位的账务处理如下：

借：固定资产——通用设备　　590 000

　贷：资产基金——固定资产　　590 000

同时，

借：经费支出　　590 000

　贷：财政拨款收入　　590 000

行政单位购入需要安装的固定资产的核算举例参见【例10-64】。

【例10-49】某行政单位通过单位零余额账户支用款项购入公用汽车一辆，价值200 000元。汽车直接交付使用。该行政单位的账务处理如下：

借：经费支出　　200 000

　贷：零余额账户用款额度　　200 000

同时，

借：固定资产——通用设备　　200 000

　贷：资产基金——固定资产　　200 000

【例10-50】假设【例10-48】中购买计算机需要按照价款的10%扣留质量保证金50 000元，半年后无质量问题再返还质量保证金。该行政单位的账务处理如下：

借：固定资产——通用设备　　590 000

　贷：资产基金——固定资产　　590 000

同时，

借：经费支出　　540 000

　贷：财政拨款收入　　540 000

借：待偿债净资产　　50 000

　贷：应付账款　　50 000

2. 自行建造的固定资产

行政单位自行建造的固定资产，其成本包括从建造该项资产至交付使用前所发生的全部必要支出。固定资产的各组成部分需要分别核算的，按照各组成部分固定资产的造价确定其成本；没有各组成部分固定资产造价的，按照各组成部分固定资产的同类或类似固定资产市场造价的比例对总造价进行分配，确定各组成部分固定资产的成本。

行政单位工程完工交付使用时，按照自行建造过程中发生的实际支出，借记本科目，贷记“资产基金——固定资产”科目；同时，借记“资产基金——在建工程”科目，贷记“在建工程”科目；已交付使用但尚未办理竣工决算手续的固定资产，按照估计价值入账，待确定实际成本后再进行调整。

【例10-51】某行政单位以出包方式自行建造的办公楼工程完工交付使用。该办公楼在自行建造过程中共发生实际支出5 000 000元。该行政单位的账务处理如下：

借：固定资产——房屋及建筑物　　5 000 000

　贷：资产基金——固定资产　　5 000 000

同时，

借：资产基金——在建工程　　5 000 000

　贷：在建工程　　5 000 000

3.自行繁育的动植物

对于行政单位自行繁育的动植物，其成本包括在达到可使用状态前所发生的全部必要支出。

（1）购入需要繁育的动植物，按照购入的成本，借记本科目（未成熟动植物），贷记“资产基金——固定资产”科目；同时，按照实际支付的金额，借记“经费支出”科目，贷记“财政拨款收入”、“零余额账户用款额度”、“银行存款”等科目。

（2）发生繁育费用的，按照实际支付的金额，借记本科目（未成熟动植物），贷记“资产基金——固定资产”科目；同时，借记“经费支出”科目，贷记“财政拨款收入”、“零余额账户用款额度”、“银行存款”等科目。

（3）动植物达到可使用状态时，借记本科目（成熟动植物），贷记本科目（未成熟动植物）。

【例10-52】某行政单位为自行繁育优良品种羊购入种羊一批，价值100 000元，发生繁育费用20 000元，半年后优良品种羊成熟。优良品种羊繁育过程中发生的支出全部通过单位零余额账户支付。该行政单位的账务处理如下：

• 购入种羊和支付繁育费用时，

借：固定资产——未成熟动植物　　120 000

　贷：资产基金——固定资产　　120 000

同时，

借：经费支出　　120 000

　贷：零余额账户用款额度　　120 000

• 优良品种羊成熟时，

借：固定资产——成熟动植物　　120 000

　贷：固定资产——未成熟动植物　　120 000

4.改建、扩建、修缮的固定资产

行政单位在原有固定资产的基础上进行改建、扩建、修缮的固定资产，其成本按照原固定资产的账面价值（“固定资产”科目账面余额减去“累计折旧”科目账面余额后的净值）加上改建、扩建、修缮发生的支出，再扣除固定资产拆除部分账面价值后的金额确定。

行政单位将固定资产转入改建、扩建、修缮时，按照固定资产的账面价值，借记“在建工程”科目，贷记“资产基金——在建工程”科目；同时，按照固定资产的账面价值，借记“资产基金——固定资产”科目，按照固定资产已计提的折旧，借记“累计折旧”科目，按照固定资产的账面余额，贷记本科目。工程完工交付使用时，按照确定的固定资产成本，借记本科目，贷记“资产基金——固定资产”科目；同时，借记“资产基金——在建工程”科目，贷记“在建工程”科目。相关举例参见【例10-61】。

5.置换取得的固定资产

行政单位置换取得的固定资产，其成本按照换出资产的评估价值加上支付的补价或减去收到的补价，再加上为换入固定资产支付的其他费用（运输费等）确定，借记本科目（不需要安装）或“在建工程”科目（需安装），贷记“资产基金——固定资产、在建工程”科目；按照实际支付的补价、相关税费、运输费等，借记“经费支出”科目，贷记“财政拨款收入”、“零余额账户用款额度”、“银行存款”等科目。

【例10-53】某行政单位以账面价值100 000元、已计提折旧100 000元的汽车置换甲单位的通信工具。汽车的评估价值为80 000元，以零余额账户用款额度支付补价款40 000元。通信工具直接交付使用。对于置换换入的通信工具，该行政单位的账务处理如下：

借：固定资产——通用设备　　120 000
　贷：资产基金——固定资产　　120 000
借：经费支出　　40 000
　贷：零余额账户用款额度　　40 000

6.接受捐赠、无偿调入的固定资产

行政单位接受捐赠、无偿调入的固定资产，其成本按照有关凭据注明的金额加上相关税费、运输费等确定；没有相关凭据可供取得，但依法经过资产评估的，其成本应当按照评估价值加上相关税费、运输费等确定；没有相关凭据可供取得也未经评估的，其成本比照同类或类似固定资产的市场价格加上相关税费、运输费等确定；没有相关凭据也未经评估，其同类或类似固定资产的市场价格无法可靠取得的，应当按照名义金额入账。接受捐赠、无偿调入的固定资产，按照确定的成本，借记本科目（不需要安装）或“在建工程”科目（需要安装），贷记“资产基金——固定资产、在建工程”科目；按照实际支付的相关税费、运输费等，借记“经费支出”科目，贷记“财政拨款收入”、“零余额账户用款额度”、“银行存款”等科目。

【例10-54】某行政单位接受外单位捐赠专用设备一台，发票金额250 000元，发生与该设备有关的费用20 000元，以银行存款付讫。设备直接交付使用。该行政单位的账务处理如下：

借：固定资产——专用设备　　270 000
　贷：资产基金——固定资产　　270 000
借：经费支出　　20 000
　贷：银行存款　　20 000

【例10-55】某行政单位经批准从上级单位无偿调入图书一批，该批图书的市场价值为160 000元，签发现金支票支付运输费500元。该行政单位的账务处理如下：

借：固定资产——图书　　160 500
　贷：资产基金——固定资产　　160 500
借：经费支出　　500
　贷：银行存款　　500

（六）固定资产折旧的核算

1. 计提折旧的资产范围

行政单位可以建立折旧制度，对固定资产和公共基础设施计提折旧。行政单位对固定资产、公共基础设施是否计提折旧由财政部另行规定。固定资产、公共基础设施计提折旧是指在固定资产、公共基础设施预计使用寿命内，按照确定的方法对应折旧金额进行系统分摊。按照规定对固定资产、公共基础设施计提折旧的，折旧金额应当根据固定资产、公共基础设施的原价和折旧年限确定。

行政单位计提折旧的范围包括房屋及建筑物、通用设备、专用设备等固定资产和公共基础设施，但文物和陈列品、动植物、图书、档案、以名义金额计量的固定资产，境外行政单位持有的能够与房屋及构筑物区分、拥有所有权的土地等固定资产不计提折旧。

2. 计提折旧的方法

折旧方法是指将应折旧金额在固定资产、公共基础设施各使用期间进行分配时所采用的具体计算方法。行政单位一般应当采用年限平均法或工作量法计提固定资产、公共基础设施折旧。行政单位、公共基础设施的应折旧金额为其成本，计提固定资产、公共基础设施折旧不考虑预计净残值。

（1）年限平均法。它又称直线法，是指将固定资产、公共基础设施的应折旧金额均衡地分摊到其预计使用年限内的方法。采用这种方法计算的每期折旧额相等。其计算公式如下：

年折旧额=固定资产（或公共基础设施）原价÷预计使用年限

月折旧额=固定资产（或公共基础设施）年折旧额÷12

（2）工作量法。它是根据实际工作量计算每期应计提折旧额的一种方法。其计算公式如下：

单位工作量折旧额=固定资产（或公共基础设施）原价÷预计总工作量

某项固定资产（或公共基础设施）月折旧额=该项固定资产（或公共基础设施）当月工作量×单位工作量折旧额

3. 计提折旧应注意的问题

（1）行政单位应当根据固定资产、公共基础设施的性质和实际使用情况，合理确定其折旧年限。省级以上财政部门、主管部门对行政单位固定资产、公共基础设施折旧年限做出规定的，从其规定。

（2）行政单位一般应当按月计提固定资产、公共基础设施折旧。当月增加的固定资产、公共基础设施，当月不提折旧，从下月起计提折旧；当月减少的固定资产、公共基础设施，当月照提折旧，从下月起不提折旧。

（3）固定资产、公共基础设施提足折旧后，无论能否继续使用，均不再计提折旧；提前报废的固定资产、公共基础设施，也不再补提折旧；已提足折旧的固定资产、公共基础设施，可以继续使用的，应当继续使用，规范管理。

（4）固定资产、公共基础设施因改建、扩建或修缮等原因而提高使用效能或延长使用年限的，应当按照重新确定的固定资产、公共基础设施成本以及重新确定的折旧年限，重新计算折旧额。

4. 累计折旧会计科目的设置

为了核算固定资产、公共基础设施计提的累计折旧，行政单位应设置“累计折旧”科目。本科目应当按照固定资产、公共基础设施的类别、项目等进行明细核算。占有公共基础设施的行政单位，应当在本科目下设置“固定资产累计折旧”和“公共基础设施累计折旧”两个一级明细科目，分别核算对固定资产和公共基础设施计提的折旧。本科目期末贷方余额，反映行政单位计提的固定资产、公共基础设施折旧累计数。

行政单位固定资产和公共基础设施采用“虚提”折旧模式，在计提折旧时冲减相关净资产，而非计入当期支出。

5. 固定资产折旧的核算

行政单位按月计提固定资产折旧时，按照应计提折旧的金额，借记“资产基金——固定资产”科目，贷记本科目。

【例10-56】某行政单位的一台专用设备原价为45 000元，预计使用年限5年，该设备的折旧采用年限平均法。该设备月折旧额的计算及账务处理如下：

年折旧额=45 000÷5=9 000（元）

月折旧额=9 000÷12=750（元）

借：资产基金——固定资产　　750

　贷：累计折旧——固定资产累计折旧　　750

（七）与固定资产有关的后续支出的核算

行政单位与固定资产有关的后续支出，分以下情况处理：

1. 为提高固定资产使用效能或延长其使用寿命而发生的改建、扩建或修缮等后续支出，应当计入固定资产成本，通过“在建工程”科目核算，完工交付使用时转入本科目。有关账务处理参见“在建工程”科目。

2. 为维护固定资产正常使用而发生的日常修理等后续支出，应当计入当期支出，但不计入固定资产成本，借记“经费支出”科目，贷记“财政拨款收入”、“零余额账户用款额度”、“银行存款”等科目。

（八）固定资产无偿调出和对外捐赠的核算

行政单位经批准无偿调出、对外捐赠固定资产时，按照固定资产的账面价值，借记“资产基金——固定资产”科目，按照已计提折旧，借记“累计折旧”科目，按照固定资产的账面余额，贷记本科目。无偿调出、对外捐赠固定资产发生由行政单位承担的拆除费用、运输费等，按照实际支付的金额，借记“经费支出”科目，贷记“财政拨款收入”、“零余额账户用款额度”、“银行存款”等科目。

【例10-57】某行政单位将不需要的计算机捐赠给希望工程，计算机账面余额为40 000元，已计提折旧10 000元。假设没有其他费用发生。该行政单位的账务处理如下：

借：资产基金——固定资产　　30 000
　　累计折旧　　10 000
　贷：固定资产——通用设备　　40 000

（九）固定资产处理的核算

行政单位固定资产的处理方式主要包括出售、置换换出、报废、毁损、盘盈和盘亏等。

1.出售、置换换出的固定资产

行政单位经批准出售、置换换出的固定资产转入待处理财产损溢时，按照固定资产的账面价值，借记“待处理财产损溢”科目，按照已计提折旧，借记“累计折旧”科目，按照固定资产的账面余额，贷记本科目。

【例10-58】某行政单位经上级批准将不需要的动植物出售，其账面余额为400 000元，出售价款50 000元，款项已存入银行。假设不考虑相关税费。该行政单位的账务处理如下：

• 将动植物转入待处理财产损溢时，

借：待处理财产损溢　　400 000
　贷：固定资产——动植物　　400 000

• 实际出售动植物时，

借：资产基金——固定资产　　400 000
　贷：待处理财产损溢　　400 000

• 取得出售价款时，

借：银行存款　　50 000
　贷：待处理财产损溢　　50 000

• 处理净收入时，

借：待处理财产损溢　　50 000
　贷：应缴财政款　　50 000

【例10-59】【例10-53】中的行政单位对于置换换出的汽车，做如下账务处理：

• 将汽车转入待处理财产损溢时，

借：待处理财产损溢　　100 000
　　累计折旧　　100 000
　贷：固定资产——通用设备　　200 000

• 实现置换换出汽车时，

借：资产基金——固定资产　　100 000

　贷：待处理财产损溢　　100 000

2. 报废、毁损的固定资产

报废、毁损的固定资产转入待处理财产损溢时，按照固定资产的账面价值，借记"待处理财产损溢"科目，按照已计提折旧，借记"累计折旧"科目，按照固定资产的账面余额，贷记本科目。

【例10-60】某行政单位经上级批准报废已经无法使用的汽车一辆，其账面余额为200 000元，已计提折旧160 000元，出售价款10 000元，款项已存入银行，以现金支付相关费用500元。假设不考虑相关税费。该行政单位的账务处理如下：

• 将汽车转入待处理财产损溢时，

借：待处理财产损溢　　40 000

　　累计折旧　　160 000

　贷：固定资产——通用设备　　200 000

• 报经批准予以处理汽车时，

借：资产基金——固定资产　　40 000

　贷：待处理财产损溢　　40 000

• 取得出售价款时，

借：银行存款　　10 000

　贷：待处理财产损溢　　10 000

• 支付相关费用时，

借：待处理财产损溢　　500

　贷：库存现金　　500

• 处理净收入时，

借：待处理财产损溢　　9 500

　贷：应缴财政款　　9 500

3. 盘盈、盘亏的固定资产

行政单位的固定资产应当定期进行清查盘点，每年至少盘点一次。对于固定资产发生盘盈、盘亏的，应当及时查明原因，按照规定报经批准后进行账务处理。

（1）盘盈的固定资产。行政单位盘盈的固定资产，按照取得同类或类似固定资产的实际成本确定入账价值；没有同类或类似固定资产的实际成本的，按照同类或类似固定资产的市场价格确定入账价值；同类或类似固定资产的实际成本或市场价格无法可靠取得的，按照名义金额入账。盘盈的固定资产，按照确定的入账价值，借记本科目，贷记"待处理财产损溢"科目。

【例10-61】某行政单位年终在固定资产清查过程中，发现有一台电脑没有入账，该类电脑的市场价格为12 000元。该行政单位的账务处理如下：

• 将电脑转入待处理财产损溢时，

借：固定资产——通用设备　　12 000

　贷：待处理财产损溢　　12 000

• 报经批准予以处理时，

借：待处理财产损溢　　12 000

　贷：资产基金——固定资产　　12 000

（2）盘亏的固定资产。行政单位盘亏的固定资产，按照盘亏固定资产的账面价值，借记“待处理财产损溢”科目，按照已计提折旧，借记“累计折旧”科目，按照固定资产账面余额，贷记本科目。

【例10-62】某行政单位年终在固定资产清查过程中盘亏图书一批，其账面余额为5 000元。该行政单位的账务处理如下：

• 将图书转入待处理财产损溢时，

借：待处理财产损溢　　5 000

　贷：固定资产——图书　　5 000

• 报经批准予以处理时，

借：资产基金——固定资产　　5 000

　贷：待处理财产损溢　　5 000

三、在建工程

在建工程是指行政单位已经发生必要支出，但尚未完工交付使用的各种建筑（包括新建、改建、扩建、修缮等）、设备安装工程和信息系统建设工程。不能够提高固定资产、公共基础设施使用效能或延长其使用寿命的修缮、维护等，不属于在建工程。在建工程达到交付使用状态时，应当按照规定办理工程竣工财务决算和资产交付使用。在建工程应当在属于在建工程的成本发生时确认。

为了核算已经发生必要支出，但尚未达到交付使用状态的在建工程，行政单位应设置“在建工程”科目。本科目应当按照具体工程项目等进行明细核算；需要分摊计入不同工程项目的间接工程成本的，应当通过本科目下设置的“待摊投资”明细科目核算。行政单位的基本建设投资应当按照国家有关规定单独建账、单独核算，同时按照本制度的规定至少按月并入本科目及其他相关科目反映。行政单位应当在本科目下设置“基建工程”明细科目，核算由基建账套并入的在建工程成本。有关基建并账的具体账务处理另行规定。本科目期末借方余额，反映行政单位尚未完工的在建工程的实际成本。

（一）建筑工程的核算

1.建筑工程转入

行政单位将固定资产转入改建、扩建或修缮等时，按照固定资产的账面价值，借记本科目，贷记“资产基金——在建工程”科目；同时，按照固定资产的账面价值，借记“资产基金——固定资产”科目，按照固定资产已计提折旧，借记“累计折旧”科目，按照固定资产的账面余额，贷记“固定资产”科目。

2. 建筑工程部分拆除

行政单位将改建、扩建或修缮的建筑部分拆除时，按照拆除部分的账面价值（没有固定资产拆除部分的账面价值的，比照同类或类似固定资产的实际成本或市场价格及其拆除部分占全部固定资产价值的比例确定），借记“资产基金——在建工程”科目，贷记本科目。改建、扩建或修缮的建筑部分拆除获得残值收入时，借记“银行存款”等科目，贷记“经费支出”科目；同时，借记“资产基金——在建工程”科目，贷记本科目。

3. 工程价款结算

行政单位根据工程进度支付工程款时，按照实际支付的金额，借记“经费支出”科目，贷记“财政拨款收入”、“零余额账户用款额度”、“银行存款”等科目；同时，按照相同的金额，借记本科目，贷记“资产基金——在建工程”科目。根据工程价款结算账单与施工企业结算工程价款时，按照工程价款结算账单上列明的金额（扣除已支付的金额），借记本科目，贷记“资产基金——在建工程”科目；同时，按照实际支付的金额，借记“经费支出”科目，贷记“财政拨款收入”、“零余额账户用款额度”、“银行存款”等科目；按照应付未付的金额，借记“待偿债净资产”科目，贷记“应付账款”科目。支付工程价款结算账单以外的款项时，借记本科目，贷记“资产基金——在建工程”科目；同时，借记“经费支出”科目，贷记“财政拨款收入”、“零余额账户用款额度”、“银行存款”等科目。

4. 工程项目完工

行政单位建筑工程项目完工交付使用时，按照交付使用工程的实际成本，借记“资产基金——在建工程”科目，贷记本科目；同时，借记“固定资产”、“无形资产”科目（交付使用的工程项目中有能够单独区分成本的无形资产），贷记“资产基金——固定资产、无形资产”科目。建筑工程项目完工交付使用时扣留质量保证金的，按照扣留的质量保证金金额，借记“待偿债净资产”科目，贷记“长期应付款”等科目。

工程项目结束，需要分摊间接工程成本的，按照应当分摊到该项目的间接工程成本，借记本科目（××项目），贷记本科目（待摊投资）。为工程项目配套而建成的产权不归属本单位的专用设施，在其产权移交其他单位时，按照应当交付专用设施的实际成本，借记“资产基金——在建工程”科目，贷记本科目。工程完工但不能形成资产的项目，应当按照规定报经批准后予以核销。转入待处理财产损溢时，按照不能形成资产的工程项目的实际成本，借记“待处理财产损溢”科目，贷记本科目。

【例10-63】某行政单位对一幢办公楼进行扩建，该办公楼账面余额8 000 000元，已计提折旧6 000 000元。该办公楼用两个月完成扩建，共支付施工单位工程价款1 000 000元，全部实行财政直接支付。办公楼扩建完工后直接交付使用。该行政单位的账务处理如下：

● 转入扩建时，

借：在建工程——建筑工程——办公楼　　　　2 000 000

贷：资产基金——在建工程　2 000 000

同时，

借：资产基金——固定资产　2 000 000

累计折旧　6 000 000

贷：固定资产　8 000 000

• 支付工程价款时，

借：在建工程——建筑工程——办公楼　1 000 000

贷：资产基金——在建工程　1 000 000

同时，

借：经费支出　1 000 000

贷：财政拨款收入　1 000 000

• 扩建完工后直接交付使用时，

借：固定资产　3 000 000

贷：资产基金——固定资产　3 000 000

借：资产基金——在建工程　3 000 000

贷：在建工程——建筑工程——办公楼　3 000 000

（二）设备安装的核算

行政单位购入需要安装的设备，按照购入的成本，借记本科目，贷记“资产基金——在建工程”科目；同时，按照实际支付的金额，借记“经费支出”科目，贷记“财政拨款收入”、“零余额账户用款额度”、“银行存款”等科目。发生安装费用时，按照实际支付的金额，借记本科目，贷记“资产基金——在建工程”科目；同时，借记“经费支出”科目，贷记“财政拨款收入”、“零余额账户用款额度”、“银行存款”等科目。设备安装完工交付使用时，按照交付使用设备的实际成本，借记“资产基金——在建工程”科目，贷记本科目；同时，借记“固定资产”、“无形资产”科目（交付使用的设备中有能够单独区分成本的无形资产），贷记“资产基金——固定资产、无形资产”科目。

【例10-64】某行政单位购入一批专用技术设备，取得的增值税专用发票上注明的设备价款为2 00 000元，增值税税额34 000元，支付运输费1 000元，款项通过单位零余额账户支付；安装设备时，以银行存款支付安装费用800元。该行政单位的账务处理如下：

• 支付设备价款和税费时，

借：在建工程——设备安装——××设备　235 000

贷：资产基金——在建工程　235 000

同时，

借：经费支出　235 000

贷：零余额账户用款额度　235 000

• 支付安装费用时，

借：在建工程——设备安装——××设备　　800

　贷：资产基金——在建工程　　800

同时，

借：经费支出　　800

　贷：银行存款　　800

• 设备安装完工交付使用时，

借：固定资产　　235 800

　贷：资产基金——固定资产　　235 800

同时，

借：资产基金——在建工程　　235 800

　贷：在建工程——设备安装——××设备　　235 800

（三）信息系统建设的核算

行政单位发生各项建设支出时，按照实际支付的金额，借记本科目，贷记“资产基金——在建工程”科目；同时，借记“经费支出”科目，贷记“财政拨款收入”、“零余额账户用款额度”、“银行存款”等科目。信息系统建设完成交付使用时，按照交付使用信息系统的实际成本，借记“资产基金——在建工程”科目，贷记本科目；同时，借记“固定资产”、“无形资产”科目，贷记“资产基金——固定资产、无形资产”科目。

【例10-65】某行政单位进行会计信息系统建设，共发生各项建设支出235 000元，以银行存款支付，信息系统建设完工并交付使用。该行政单位的账务处理如下：

• 支付各项建设支出时，

借：在建工程——信息工程　　235 000

　贷：资产基金——在建工程　　235 000

同时，

借：经费支出　　235 000

　贷：银行存款　　235 000

• 会计信息系统完工交付使用时，

借：固定资产　　235 000

　贷：资产基金——固定资产　　235 000

同时，

借：资产基金——在建工程　　235 000

　贷：在建工程——信息工程　　235 000

（四）在建工程毁损的核算

行政单位毁损的在建工程成本，应当转入“待处理财产损溢”科目进行处理。转入待处理财产损溢时，借记“待处理财产损溢”科目，贷记本科目。

【例10-66】某行政单位一项设备在安装过程中发生毁损，该工程成本为20 000

元。该行政单位的账务处理如下：

• 转入待处理财产损溢时，

借：待处理财产损溢　　20 000

　贷：在建工程——设备安装　　20 000

• 报经批准予以核销时，

借：资产基金——在建工程　　20 000

　贷：待处理财产损溢　　20 000

四、无形资产

（一）无形资产的内容

无形资产是指不具有实物形态而能够为行政单位提供某种权利的非货币性资产，包括著作权、土地使用权、专利权、非专利技术等。

1.著作权，是指文学、艺术和科学作品等著作人对其作品依法享有的特殊权利，包括发表权、署名权、修改权、使用权、获得报酬权和保护作品完整权。

2.土地使用权，是指国家准许行政单位在一定期间内对国有土地享有开发和利用的权利。

3.专利权，是指政府依法授予行政单位对某一发明成果在一定期限内享有独占或专用的权利，包括发明专利权、实用新型专利权和外观设计专利权。

4.非专利技术，也称专有技术，是指行政单位在组织业务活动中取得的先进的、未经公开的，并可带来经济利益的专有知识、经验和技术。

此外，行政单位购入的不构成相关硬件不可缺少的组成部分的应用软件，也作为无形资产。

（二）无形资产的核算

无形资产应当在完成对其权属的规定登记或其他证明单位取得无形资产时确认。

为了核算各项无形资产的原价，行政单位应设置“无形资产”科目。本科目应当按照无形资产的类、项等进行明细核算。本科目期末借方余额，反映行政单位无形资产的原价。

1.无形资产的取得

行政单位取得无形资产的方式主要包括：外购、委托开发、自行开发、置换取得、接受捐赠、无偿调入等。行政单位取得无形资产时，应当按照其实际成本入账。

（1）外购的无形资产。其成本包括实际支付的购买价款、相关税费以及可归属于该项资产达到预定用途所发生的其他支出。外购的无形资产，按照确定的成本，借记本科目，贷记“资产基金——无形资产”科目；同时，按照实际支付的金额，借记“经费支出”科目，贷记“财政拨款收入”、“零余额账户用款额度”、“银行存款”等科目。外购无形资产尚未付款的，取得无形资产时，按照确定的成本，借记本科目，贷记“资产基金——无形资产”科目；同时，按照应付未付的款项金额，借记“待偿债净资产”科目，贷记“应付账款”科目。

【例10-67】某行政单位通过单位零余额账户支用款项购买专利权一项，价值200 000元。该行政单位的账务处理如下：

借：无形资产——专利权　　200 000
　贷：资产基金——无形资产　　200 000

同时，

借：经费支出　　200 000
　贷：零余额账户用款额度　　200 000

【例10-68】某行政单位经批准获取500平方米的土地使用权，价值2 000 000元，款项尚未支付。该行政单位的账务处理如下：

借：无形资产——土地使用权　　2 000 000
　贷：资产基金——无形资产　　2 000 000

同时，

借：待偿债净资产　　2 000 000
　贷：应付账款　　2 000 000

（2）委托开发的软件。行政单位委托软件公司开发软件，视同外购无形资产进行处理。软件开发前按照合同约定预付开发费用时，借记“预付账款”科目，贷记“资产基金——预付账款”科目；同时，借记“经费支出”科目，贷记“财政拨款收入”、“零余额账户用款额度”、“银行存款”等科目。软件开发完成交付使用并支付剩余或全部软件开发费用时，按照软件开发费用总额，借记本科目，贷记“资产基金——无形资产”科目；按照实际支付的金额，借记“经费支出”科目，贷记“财政拨款收入”、“零余额账户用款额度”、“银行存款”等科目；按照冲销的预付开发费用，借记“资产基金——预付账款”科目，贷记“预付账款”科目。

【例10-69】某行政单位委托软件公司开发财务软件，双方合同确定的开发费用总额为200 000元。按照合同约定，开发前预付开发费用100 000元，开发完成并交付使用时再付100 000元。全部款项采用财政直接支付。该行政单位的账务处理如下：

• 预付开发费用时，

借：预付账款　　100 000
　贷：资产基金——预付账款　　100 000

同时，

借：经费支出　　100 000
　贷：财政拨款收入　　100 000

• 软件开发完成交付使用并支付剩余开发费用时，

借：无形资产——财务软件　　200 000
　贷：资产基金——无形资产　　200 000
借：经费支出　　100 000
　贷：财政拨款收入　　100 000

借：资产基金——预付账款　　100 000
　贷：预付账款　　100 000

（3）自行开发取得的无形资产。行政单位自行开发并按法律程序申请取得的无形资产，按照依法取得时发生的注册费、聘请律师费等费用确定成本。取得无形资产时，按照确定的成本，借记本科目，贷记“资产基金——无形资产”科目；同时，按照实际支付的金额，借记“经费支出”科目，贷记“财政拨款收入”、“零余额账户用款额度”、“银行存款”等科目。依法取得前所发生的研究开发支出，应当于发生时直接计入当期支出，但不计入无形资产的成本。借记“经费支出”科目，贷记“财政拨款收入”、“零余额账户用款额度”、“财政应返还额度”、“银行存款”等科目。

【例10-70】某行政单位自行开发的一项专利已经通过法律程序申请取得。该专权在依法取得前共发生研究开发支出150 000元，款项通过单位零余额账户支付；申请时发生注册费、聘请律师费等费用50 000元，以银行存款付讫。该行政单位的账务处理如下：

• 依法取得专利权前所发生的研究开发支出，

借：经费支出　　150 000
　贷：零余额账户用款额度　　150 000

• 依法取得专利权时，

借：无形资产——专利权　　50 000
　贷：资产基金——无形资产　　50 000
借：经费支出　　50 000
　贷：银行存款　　50 000

（4）置换取得的无形资产。行政单位置换取得的无形资产，其成本按照换出资产的评估价值加上支付的补价或减去收到的补价，再加上为换入无形资产支付的其他费用（登记费等）确定。置换取得的无形资产，按照确定的成本，借记本科目，贷记“资产基金——无形资产”科目；按照实际支付的补价、相关税费等，借记“经费支出”科目，贷记“财政拨款收入”、“零余额账户用款额度”、“银行存款”等科目。

【例10-71】某行政单位以一项专利权置换一技术软件。该专利权的账面余额为200 000元，评估价值为80 000元，已计提摊销100 000元，通过单位零余额账户支付补价款10 000元。对于置换换入的技术软件，该行政单位的账务处理如下：

借：无形资产——技术软件　　90 000
　贷：资产基金——无形资产　　90 000
借：经费支出　　10 000
　贷：零余额账户用款额度　　10 000

（5）接受捐赠、无偿调入的无形资产。其成本按照有关凭据注明的金额加上相关税费确定；没有相关凭据可供取得，但依法经过资产评估的，其成本应当按照评估价值加上相关税费确定；没有相关凭据可供取得，也未经评估的，其成本比照同类或类似资产的市场价格加上相关税费确定；没有相关凭据也未经评估，其同类或类似无形资产的市场价格无法可靠取得的，应当按照名义金额入账。接受捐赠、无偿调入无形资产时，按照确定的无形资产成本，借记本科目，贷记“资产基金——无形资产”科目；按照发生的相关税费，借记“经费支出”科目，贷记“零余额账户用款额度”、“银行存款”等科目。

【例10-72】某行政单位获得政府无偿提供的5 000平方米的土地使用权，价格为每平方米7 000元。该行政单位的账务处理如下：

借：无形资产——土地使用权　　35 000 000

　贷：资产基金——无形资产　　35 000 000

2.无形资产摊销

（1）无形资产摊销的定义。无形资产摊销是指在无形资产使用寿命期内，按照确定的方法对应摊销金额进行系统分摊。

行政单位应当按照规定对无形资产进行摊销，以名义金额计量的无形资产除外。

（2）无形资产摊销的方法。行政单位应当采用年限平均法计提无形资产摊销。对无形资产计提摊销的金额，应当根据无形资产原价和摊销年限确定，应摊销金额为其成本。

年限平均法是指将无形资产的应摊销金额均衡地分摊到无形资产摊销期限内的方法。采用这种方法计算的每期摊销额相等。其计算公式如下：

年摊销额=无形资产原价÷预计使用年限

月摊销额=无形资产年摊销额÷12

行政单位应当按照以下原则确定无形资产的摊销年限：法律规定了有效年限的，以法律规定的有效年限作为摊销年限；法律没有规定有效年限的，以相关合同或单位申请书中的受益年限作为摊销年限；法律没有规定有效年限、相关合同或单位申请书也没有规定受益年限的，按照不少于10年的期限摊销；非大批量购入、单价小于1 000元的无形资产，可以于购买的当期，一次将成本全部摊销。

行政单位应当自无形资产取得当月起，按月计提摊销；无形资产减少的当月，不再计提摊销。无形资产提足摊销后，无论能否继续带来服务潜力或经济利益，均不再计提摊销；核销的无形资产，如果未提足摊销，也不再补提摊销。因发生后续支出而增加无形资产成本的，应当按照重新确定的无形资产成本，重新计算摊销额。

（3）无形资产摊销的核算。行政单位的无形资产采用“虚提”摊销模式，在计提摊销时冲减相关净资产，而非计入当期支出。

为了核算无形资产计提的累计摊销，行政单位应设置“累计摊销”科目。本科目应当按照无形资产的类别、项目等进行明细核算。本科目期末贷方余额，反映行政单位计提的无形资产摊销累计数。

行政单位按月计提无形资产摊销时，按照应计提摊销金额，借记“资产基金——无形资产”科目，贷记本科目。

【例10-73】某行政单位外购的一项专利权金额为60 000元，该专利权法律规定的有效年限为10年，则该专利权月摊销额的计算及账务处理如下：

月摊销额=60 000÷10÷12=500（元）

借：资产基金——无形资产	500	
贷：累计摊销——专利权		500

3. 与无形资产有关的后续支出

与无形资产有关的后续支出，行政单位应分以下情况处理：一是为提高无形资产使用效能而发生的后续支出，如对软件进行升级改造或扩展其功能等所发生的支出，应当计入无形资产的成本，借记本科目，贷记“资产基金——无形资产”科目；同时，借记“经费支出”科目，贷记“财政拨款收入”、“零余额账户用款额度”、“银行存款”等科目。二是为维护无形资产的正常使用而发生的后续支出，如对软件进行的漏洞修补、技术维护等所发生的支出，应当计入当期支出但不计入无形资产的成本，借记“经费支出”科目，贷记“财政拨款收入”、“零余额账户用款额度”、“银行存款”等科目。

4. 无偿调出、对外捐赠的无形资产

行政单位报经批准无偿调出、对外捐赠无形资产，按照其账面价值，借记“资产基金——无形资产”科目，按照已计提摊销，借记“累计摊销”科目，按照无形资产的账面余额，贷记本科目。无偿调出、对外捐赠无形资产发生由行政单位承担的相关费用支出时，按照实际支付的金额，借记“经费支出”科目，贷记“财政拨款收入”、“零余额账户用款额度”、“银行存款”等科目。

【例10-74】某行政单位经批准将一项非专利技术无偿调给兄弟单位，该非专利技术的账面余额为80 000元，已计提摊销64 000元。该行政单位的账务处理如下：

借：资产基金——无形资产	16 000	
累计摊销	64 000	
贷：无形资产——非专利技术		80 000

5. 无形资产的处理

无形资产的处理主要包括出售、置换换出、核销等。

行政单位报经批准出售、置换换出的无形资产转入待处理财产损溢时，按照待出售、置换换出无形资产的账面价值，借记“待处理财产损溢”科目；按照已计提摊销，借记“累计摊销”科目；按照无形资产的账面余额，贷记本科目。

行政单位预期无形资产不能为其带来服务潜力或经济利益的，应当按规定报经批准后将无形资产的账面价值予以核销。待核销的无形资产转入待处理财产损溢时，按照待核销无形资产的账面价值，借记“待处理财产损溢”科目；按照已计提摊销，借记“累计摊销”科目；按照无形资产的账面余额，贷记本科目。

【例10-75】某行政单位出售一项专利权，该专利权的账面余额为200 000元，已计提摊销120 000元，取得出售价款92 700元，款项已存入银行。假设该行政单位为增值税小规模纳税人。该行政单位的账务处理如下：

- 将专利权转入待处理财产损溢时，

借：待处理财产损溢　80 000
　　累计摊销　120 000
　贷：无形资产——专利权　200 000

- 实现出售专利权时，

借：资产基金——无形资产　80 000
　贷：待处理财产损溢　80 000

- 取得出售价款时，

借：银行存款　92 700
　贷：待处理财产损溢　92 700

- 计算相关税费时，

增值税=92 700÷（1+3%）×3%=2 700（元）

城市维护建设税=2 700×7%=189（元）

教育费附加=2 700×3%=81（元）

借：待处理财产损溢　2 970
　贷：应缴税费　2 970

- 处置净收入时，

借：待处理财产损溢　89 730
　贷：应缴财政款　89 730

【例10-76】承【例10-71】，行政单位对于置换换出的专利权做如下账务处理：

- 将专利权转入待处理财产损溢时，

借：待处理财产损溢　100 000
　　累计摊销　100 000
　贷：无形资产——专利权　200 000

- 实现置换换出专利权时，

借：资产基金——无形资产　100 000
　贷：待处理财产损溢　100 000

【例10-77】某行政单位经过调查研究及分析，预计6年前购入的一项专利权将不能再为该单位带来服务潜力，准备予以核销。该专利权的账面余额为300 000元，累计摊销180 000元。该行政单位的账务处理如下：

- 将待核销专利权转入待处理财产损溢时，

借：待处理财产损溢　120 000
　　累计摊销　180 000
　贷：无形资产——专利权　300 000

- 报经批准予以核销时，

借：资产基金——无形资产　120 000

贷：待处理财产损溢 120 000

五、政府储备物资

政府储备物资是指行政单位直接储存管理的各项政府应急或救灾储备物资等。其应当在到达存放地点并验收时确认。

为了核算直接储存管理的各项政府应急或救灾储备物资等，行政单位应设置“政府储备物资”科目。本科目应当按照政府储备物资的种类、品种、存放地点等进行明细核算。负责采购并拥有储备物资调拨权力的行政单位（简称“采购单位”）将政府储备物资交由其他行政单位（简称“代储单位”）代为储存的，由采购单位通过本科目核算，代储单位将受托代储的政府储备物资作为受托代理资产核算。本科目期末借方余额，反映行政单位管理的政府储备物资的实际成本。

（一）政府储备物资取得的核算

行政单位取得政府储备物资的方式主要包括：购入、接受捐赠、无偿调入。行政单位取得政府储备物资时，应当按照其成本入账。

1.购入的政府储备物资

行政单位购入的政府储备物资，其成本包括购买价款、相关税费、运输费、装卸费、保险费以及其他使政府储备物资达到目前场所和状态所发生的支出；单位支付的政府储备物资保管费、仓库租赁费等日常储备费用，不计入政府储备物资的成本。购入的政府储备物资验收入库时，按照确定的成本，借记本科目，贷记“资产基金——政府储备物资”科目；同时，按实际支付的金额，借记“经费支出”科目，贷记“财政拨款收入”、“零余额账户用款额度”、“银行存款”等科目。

【例10-78】某行政单位为地震灾区购入帐篷一批，取得的增值税专用发票上注明的价款为500 000元，增值税税额为85 000元，支付运输费和装卸费5 000元，款项实行财政直接支付。该行政单位的账务处理如下：

借：政府储备物资——救灾帐篷 590 000

贷：资产基金——政府储备物资 590 000

同时，

借：经费支出 590 000

贷：财政拨款收入 590 000

2.接受捐赠、无偿调入的政府储备物资

行政单位接受捐赠、无偿调入的政府储备物资，其成本按照有关凭据注明的金额加上相关税费、运输费等确定；没有相关凭据可供取得，但依法经过资产评估的，其成本应当按照评估价值加上相关税费、运输费等确定；没有相关凭据可供取得，也未经评估的，其成本比照同类或类似政府储备物资的市场价格加上相关税费、运输费等确定。接受捐赠、无偿调入的政府储备物资验收入库时，按照确定的成本，借记本科目，贷记“资产基金——政府储备物资”科目；由行政单位承担运输费用等的，按实际支付的相关税费、运输费等金额，借记“经费支出”科目，贷记“财政拨款收入”、“零余额账户用款额度”、“银行存款”等科目。

【例10-79】某行政单位收到某公司为地震灾区捐赠的大米1 000袋，每袋市场价格100元，支付运输费500元，款项通过单位零余额账户支付。该行政单位的账务处理如下：

借：政府储备物资——救灾大米　　100 500

　贷：资产基金——政府储备物资　　100 500

同时，

借：经费支出　　500

　贷：零余额账户用款额度　　500

（二）政府储备物资发出的核算

行政单位发出政府储备物资的方式主要包括：对外捐赠、无偿调出、出售。政府储备物资发出时，应当根据实际情况采用先进先出法、加权平均法或者个别计价法确定发出政府储备物资的实际成本。计价方法一经确定，不得随意变更。

1.对外捐赠、无偿调出的政府储备物资

行政单位经批准对外捐赠、无偿调出政府储备物资时，按照对外捐赠、无偿调出政府储备物资的实际成本，借记“资产基金——政府储备物资”科目，贷记本科目。对外捐赠、无偿调出政府储备物资发生由行政单位承担的运输费等支出时，借记“经费支出”科目，贷记“财政拨款收入”、“零余额账户用款额度”、“银行存款”等科目。

【例10-80】某行政单位经批准向某国捐赠医疗器械一批，实际成本500 000元，以银行存款支付运输费800元。该行政单位的账务处理如下：

借：资产基金——政府储备物资　　500 000

　贷：政府储备物资——医疗器械　　500 000

借：经费支出　　800

　贷：银行存款　　800

2.出售的政府储备物资

行政单位报经批准将不需储备的物资出售时，应当转入待处理财产损溢，按照相关储备物资的账面余额，借记“待处理财产损溢”科目，贷记本科目。

【例10-81】某行政单位经批准将不需储备的救灾帐篷出售，该物资的账面余额为100 000元，出售价款90 000元，款项已存入银行。假设没有发生相关税费，该行政单位的账务处理如下：

• 转入待处理财产损溢时，

借：待处理财产损溢　　100 000

　贷：政府储备物资——救灾帐篷　　100 000

• 实现出售时，

借：资产基金——政府储备物资　　100 000

　贷：待处理财产损溢　　100 000

• 取得出售价款时，

借：银行存款　　90 000

　贷：待处理财产损溢　　90 000

• 处理净收入时，

借：待处理财产损溢　　90 000

　贷：应缴财政款　　90 000

（三）政府储备物资的盘盈、盘亏或报废、毁损

行政单位管理的政府储备物资应当定期进行清查盘点，每年至少盘点一次。对于发生的政府储备物资盘盈、盘亏或者报废、毁损，应当及时查明原因，按规定报经批准后进行账务处理。

1.盘盈的政府储备物资

行政单位盘盈的政府储备物资，按照取得同类或类似政府储备物资的实际成本确定入账价值；没有同类或类似政府储备物资的实际成本的，按照同类或类似政府储备物资的市场价格确定入账价值。盘盈的政府储备物资，按照确定的入账价值，借记本科目，贷记“待处理财产损溢”科目。

【例10-82】某行政单位在年终盘点政府储备物资时，发现救灾帐篷溢余200套，每套市场价格1 000元，尚未入账。该行政单位的账务处理如下：

借：政府储备物资——救灾帐篷　　200 000

　贷：待处理财产损溢　　200 000

上述盘盈的救灾帐篷报经批准予以处理时，

借：待处理财产损溢　　200 000

　贷：资产基金——政府储备物资　　200 000

2.盘亏或者报废、毁损的政府储备物资

行政单位盘亏或者报废、毁损的政府储备物资，转入待处理财产损溢时，按照其账面余额，借记“待处理财产损溢”科目，贷记本科目。

【例10-83】某行政单位在年终盘点政府储备物资时发现救灾医疗器械短缺一批，其账面余额为100 000元。该行政单位的账务处理如下：

借：待处理财产损溢　　100 000

　贷：政府储备物资——救灾医疗器械　　100 000

上述盘亏的救灾医疗器械报经批准予以核销时，

借：资产基金——政府储备物资　　100 000

　贷：待处理财产损溢　　100 000

六、公共基础设施

公共基础设施是由行政单位占有并直接负责维护管理、供社会公众使用的工程性公共基础设施资产，包括城市交通设施、公共照明设施、环保设施、防灾设施、健身设施、广场及公共构筑物等其他公共设施。公共基础设施应当在对其取得占有权时确认。

为了核算占有并直接负责维护管理、供社会公众使用的工程性公共基础设施资产，行政单位应设置“公共基础设施”科目。与公共基础设施配套使用的修理设备、工具器具、车辆等动产，作为管理公共基础设施的行政单位的固定资产核算，不通过本科目核算。与公共基础设施配套、供行政单位在公共基础设施管理中自行使用的房屋构筑物等，能够与公共基础设施分开核算的，作为行政单位的固定资产核算，不通过本科目核算。本科目应当按照公共基础设施的类别和项目进行明细核算。行政单位应当结合本单位的具体情况，制定适合于本单位管理的公共基础设施目录、分类方法，作为进行公共基础设施核算的依据。本科目期末借方余额，反映行政单位管理的公共基础设施的实际成本。

（一）公共基础设施取得的核算

行政单位公共基础设施取得的方式主要包括：自行建设、接受其他单位移交。公共基础设施在取得时，应当按照其成本入账。

1. 自行建设的公共基础设施

行政单位自行建设的公共基础设施，其成本包括自建造该公共基础设施起至交付使用前所发生的全部必要支出。公共基础设施的各组成部分需要分别核算的，按照各组成部分（公共基础设施）的造价确定其成本；没有各组成部分造价的，按照各组成部分公共基础设施同类或类似市场造价的比例对总造价进行分配，确定各组成部分公共基础设施的成本。

公共基础设施建设完工交付使用时，按照确定的成本，借记本科目，贷记“资产基金——公共基础设施”科目；同时，借记“资产基金——在建工程”科目，贷记“在建工程”科目。已交付使用但尚未办理竣工决算手续的公共基础设施，按照估计价值入账，待确定实际成本后再进行调整。

【例10-84】某行政单位自行建造公共照明设施完工并交付使用，设施总造价200 000元。该行政单位的账务处理如下：

借：公共基础设施——公共照明设施	200 000	
贷：资产基金——公共基础设施		200 000
借：资产基金——在建工程	200 000	
贷：在建工程		200 000

2. 接受其他单位移交的公共基础设施

行政单位接受其他单位移交的公共基础设施，其成本按照公共基础设施的原账面价值确认，借记本科目，贷记“资产基金——公共基础设施”科目。

【例10-85】某行政单位接受A单位移交的防灾设施，原账面价值为100 000元。该行政单位的账务处理如下：

借：公共基础设施——防灾设施	100 000	
贷：资产基金——公共基础设施		100 000

（二）公共基础设施后续支出的核算

与公共基础设施有关的后续支出，分以下情况处理：

1. 为提高公共基础设施使用效能或延长其使用寿命而发生的改建、扩建或大型修缮等后续支出，应当计入公共基础设施成本，通过“在建工程”科目核算，完工交付使用时转入本科目。

2. 为维护公共基础设施的正常使用而发生的日常修理等后续支出，应当计入当期支出，借记有关支出科目，贷记“财政拨款收入”、“零余额账户用款额度”、“银行存款”等科目。

（三）公共基础设施处置的核算

行政单位公共基础设施的处置方式包括：移交、报废、毁损。行政单位管理的公共基础设施向其他单位移交、报废、毁损时，应当按照规定报经批准后进行账务处理。

1. 移交的公共基础设施

行政单位经批准向其他单位移交公共基础设施时，按照移交公共基础设施的账面价值，借记“资产基金——公共基础设施”科目，按照已计提折旧，借记“累计折旧”科目，按照公共基础设施的账面余额，贷记本科目。

【例10-86】某行政单位向B单位移交环保设施，该设施账面余额为300 000元，已计提折旧120 000元。该行政单位的账务处理如下：

	借方	贷方
借：资产基金——公共基础设施	180 000	
累计折旧	120 000	
贷：公共基础设施——环保设施		300 000

2. 报废、毁损的公共基础设施

行政单位报废、毁损的公共基础设施转入待处理财产损溢时，按照待处理公共基础设施的账面价值，借记“待处理财产损溢”科目，按照已计提折旧，借记“累计折旧”科目，按照公共基础设施的账面余额，贷记本科目。

【例10-87】某行政单位占有并直接负责维护管理的城市交通设施发生报废，该设施账面余额为5 000 000元，已计提折旧4 500 000元。在报废清理过程中发生变价收入80 000元，已存入银行；发生清理费用10 000元，以银行存款支付。假设不考虑相关税费，该行政单位的账务处理如下：

• 将城市交通设施转入待处理财产损溢时，

	借方	贷方
借：待处理财产损溢	500 000	
累计折旧	4 500 000	
贷：公共基础设施——城市交通设施		5 000 000

• 报经批准予以核销时，

	借方	贷方
借：资产基金——公共基础设施	500 000	
贷：待处理财产损溢		500 000

• 取得变价收入时，

	借方	贷方
借：银行存款	80 000	
贷：待处理财产损溢		80 000

• 支付清理费用时，

借：待处理财产损溢　10 000

　贷：银行存款　10 000

• 处置净收入时，

借：待处理财产损溢　70 000

　贷：应缴财政款　70 000

七、受托代理资产

受托代理资产是行政单位接受委托方委托管理的各项资产，包括受托指定转赠的物资、受托储存管理的物资等。受托代理资产应当在行政单位收到受托代理的资产时确认。

为了核算接受委托方委托管理的各项资产，行政单位应设置“受托代理资产”科目。行政单位收到的受托代理资产为现金和银行存款的，不通过本科目核算，应当通过“库存现金”、“银行存款”科目进行核算。本科目应当按照资产的种类和委托人进行明细核算；属于转赠资产的，还应当按照受赠人进行明细核算。本科目期末借方余额，反映单位受托代理资产中实物资产的价值。

（一）受托转赠物资的核算

行政单位接受委托人的委托转赠给受赠人的物资，其成本按照有关凭据注明的金额确定；没有相关凭据可供取得的，其成本比照同类或类似物资的市场价格确定。接受委托转赠的物资验收入库时，按照确定的成本，借记本科目，贷记“受托代理负债”科目；受托协议约定由行政单位承担相关税费、运输费等的，还应当按照实际支付的相关税费、运输费等的金额，借记“经费支出”科目，贷记“银行存款”等科目。将受托转赠物资交付受赠人时，按照转赠物资的成本，借记“受托代理负债”科目，贷记本科目。转赠物资的委托人取消了转赠要求，且不再收回转赠物资的，应当将转赠物资转为存货或固定资产，按照转赠物资的成本，借记“受托代理负债”科目，贷记本科目；同时，借记“存货”、“固定资产”科目，贷记“资产基金——存货、固定资产”科目。

【例10-88】某行政单位接受某基金会的委托，将一批地震灾区所需的药品转赠给地震灾区。该批药品的市场价格为50 000元，并已验收入库。假设没有发生任何税费，该行政单位的账务处理如下：

借：受托代理资产——某基金会——药品　50 000

　贷：受托代理负债　50 000

如果上述基金会取消了转赠要求，且不再收回转赠物资，则：

借：受托代理负债　50 000

　贷：受托代理资产——某基金会——药品　50 000

同时，

借：存货　50 000

　贷：资产基金——存货　50 000

（二）受托储存管理物资的核算

行政单位接受委托人的委托储存管理的物资，其成本按照有关凭据注明的金额确定。接受委托储存管理的物资验收入库时，按照确定的成本，借记本科目，贷记“受托代理负债”科目。支付由受托单位承担的与受托储存管理的物资相关的运输费、保管费等费用时，按照实际支付的金额，借记“经费支出”科目，贷记“银行存款”等科目。根据委托人的要求交付受托储存管理的物资时，按照受托储存管理物资的成本，借记“受托代理负债”科目，贷记本科目。

【例10-89】某行政单位接受上级单位的委托储存救灾物资，该物资发票金额为80 000元，并已验收入库。另外，以现金支付运输费900元。该行政单位的账务处理如下：

借：受托代理资产——救灾物资　　80 000
　贷：受托代理负债　　80 000
借：经费支出　　900
　贷：库存现金　　900

如果上级单位要求行政单位交付受托储存管理的物资，则：

借：受托代理负债　　80 000
　贷：受托代理资产——救灾物资　　80 000

八、资产处置

行政单位的资产处置，是指行政单位对其占有或使用的国有资产进行产权转移及核销的行为。其处置方式包括资产的出售、报废、毁损、盘盈、盘亏，以及货币性资产损失核销等。行政单位资产处置业务通过“待处理财产损溢”科目核算。

为了核算行政单位待处理财产的价值及财产处理损溢，行政单位应设置“待处理财产损溢”科目。本科目应当按照待处理财产项目进行明细核算；对于在财产处理过程中取得收入或发生相关费用的项目，还应当设置“待处理财产价值”、“处理净收入”等明细科目，进行明细核算。行政单位财产的处理，一般应当先记入本科目，按照规定报经批准后及时进行相应的账务处理。年终结账前一般应处理完毕。本科目期末如为借方余额，反映尚未处理完毕的各种财产的价值及净损失；期末如为贷方余额，反映尚未处理完毕的各种财产净溢余。年度终了，报经批准处理后，本科目一般应无余额。

（一）按照规定报经批准处理无法查明原因的现金短缺或溢余

1.属于无法查明原因的现金短缺，报经批准核销的，借记“经费支出”科目，贷记本科目。

2.属于无法查明原因的现金溢余，报经批准后，借记本科目，贷记“其他收入”科目。

（二）按照规定报经批准核销无法收回的应收账款、其他应收款

1.转入待处理财产损溢时，借记本科目，贷记“应收账款”、“其他应收款”科目。

2.报经批准对无法收回的其他应收款予以核销时，借记“经费支出”科目，贷记本

科目；对无法收回的应收账款予以核销时，借记“其他应付款”等科目，贷记本科目。

（三）按照规定报经批准核销预付账款、无形资产

1.转入待处理财产损溢时，借记本科目（核销无形资产的，还应借记“累计摊销”科目），贷记“预付账款”、“无形资产”科目。

2.报经批准予以核销时，借记“资产基金——预付账款、无形资产”科目，贷记本科目。

（四）出售、置换换出存货、固定资产、无形资产、政府储备物资等

1.转入待处理财产损溢时，借记本科目（待处理财产价值）；出售、置换换出固定资产的，还应当借记“累计折旧”科目；出售、置换换出无形资产的，还应当借记“累计摊销”科目；贷记“存货”、“固定资产”、“无形资产”、“政府储备物资”等科目。

2.实现出售、置换换出时，借记“资产基金”及相关明细科目，贷记本科目（待处理财产价值）。

3.出售、置换换出资产过程中收到价款、补价等收入的，借记“库存现金”、“银行存款”等科目，贷记本科目（处理净收入）。

4.出售、置换换出资产过程中发生相关费用的，借记本科目（处理净收入），贷记“库存现金”、“银行存款”、“应缴税费”等科目。

5.出售、置换换出完毕并收回相关的应收账款后，按照处理收入扣除相关税费后的净收入，借记本科目（处理净收入），贷记“应缴财政款”科目。处理净收入小于相关税费的，按照相关税费减去处理净收入后的净支出，借记“经费支出”科目，贷记本科目（处理净收入）。

（五）盘亏、毁损、报废各种实物资产

1.转入待处理财产损溢时，借记本科目（待处理财产价值）；处理固定资产、公共基础设施的，还应当借记“累计折旧”科目；贷记“存货”、“固定资产”、“在建工程”、“政府储备物资”、“公共基础设施”等科目。

2.报经批准予以核销时，借记“资产基金”及相关明细科目，贷记本科目（待处理财产价值）。

3.毁损、报废各种实物资产过程中取得的残值变价收入、发生的相关费用，以及取得的残值变价收入扣除相关费用后的净收入或净支出的账务处理，比照出售资产进行。

（六）核销不能形成资产的在建工程成本

转入待处理财产损溢时，借记本科目，贷记“在建工程”科目。报经批准予以核销时，借记“资产基金——在建工程”科目，贷记本科目。

（七）盘盈存货、固定资产、政府储备物资等实物资产

转入待处理财产损溢时，借记“存货”、“固定资产”、“政府储备物资”等科目，贷记本科目。报经批准予以处理时，借记本科目，贷记“资产基金”及相关明细科目。

财产处理举例参见“库存现金”、“应收账款”、“预付账款”、“其他应收款”、“存货”、“固定资产”、“无形资产”、“政府储备物资”、“公共基础设施”等内容中的相关例

题，不再赘述。

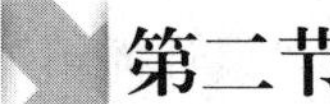第二节 行政单位负债

行政单位负债是行政单位承担的能以货币计量的、需要以资产偿付的债务，包括应缴财政款、应缴税费、应付职工薪酬、应付及暂存款项、应付政府补贴款、长期应付款等。行政单位负债的特点有三个：一是对符合负债定义的债务，在确定承担偿债责任并且能够可靠地进行货币计量时确认，符合负债定义并确认的负债项目，应当列入资产负债表；行政单位承担或有责任（偿债责任需要通过未来不确定事项的发生或不发生予以证实）的负债，不列入资产负债表，但应当在报表附注中披露。二是负债应当按照承担的相关合同金额或实际发生额进行计量。三是除法律、行政法规另有规定外，行政单位不得举借债务，不得对外提供担保。

行政单位的负债按照流动性，分为流动负债和非流动负债。

一、流动负债

流动负债是指预计在一年内（含一年）偿还的负债，包括应缴财政款、应缴税费、应付职工薪酬、应付及暂存款项、应付政府补贴款等。

（一）应缴财政款

1.应缴财政款的内容

应缴财政款是指行政单位按照规定取得的应当上缴财政的款项，包括罚没收入、行政事业性收费、政府性基金、国有资产处置和出租收入等。

（1）罚没收入，是行政单位依法收缴的罚款（罚金）、没收款、赃款、没收物资、赃物的变价收入。

（2）行政事业性收费，是行政单位根据国家法律、法规行使其管理职能，向公民、法人和其他组织收取的各项费用，包括管理性、资源性收费和证照性收费，如工本费、注册费、登记费等。

（3）政府性基金，是行政单位按照国家法律、法规的规定，向公民、法人和其他组织征收的具有专项用途的财政资金，如广电部门征收的国家电影事业发展专项资金收入、铁路运输部门征收的铁路建设基金收入等。

（4）国有资产处置收入，是指行政单位国有资产产权的转移或核销所产生的收入，包括国有资产的出售收入、出让收入、置换差价收入、报废报损残值变价收入等。

（5）国有资产出租收入，是指行政单位在保证完成正常工作的前提下，经审批同意，出租、出借国有资产所取得的收入。

应缴财政款是行政单位代行政府职能收取的财政资金，这些款项缴入国库或财政专户后，形成财政总预算会计的一般公共预算本级收入、政府性基金预算本级收入。对于应缴财政款项，行政单位不得缓缴、截留、挪用或自行坐支，年终必须将当年的应缴国库款项全部缴清。

2. 应缴财政款的核算

应缴财政款应当在收到应缴财政的款项时确认。

按照国库集中收缴制度的规定，行政单位应缴入国库或财政专户的款项，根据具体情况分别采用直接缴库和集中汇缴两种方式。由此，行政单位需要根据应缴财政款的不同收缴方式分别进行不同的账务处理。

（1）直接缴库。它是指行政单位按照规定开具“非税收入一般缴款书”，缴款人持“非税收入一般缴款书”在规定期限内将应缴财政款项直接缴入国库或财政专户。在直接缴库方式下，应缴财政款因不通过行政单位过渡账户汇总，所以在开具“非税收入一般缴款书”时，可不做会计分录，只登记收入台账。

（2）集中汇缴。它是指行政单位使用“行政事业性收费收据”向缴款人收取款项后在规定期限内按收入项目汇总开具“非税收入一般缴款书”，将应缴财政款项缴存国库或财政专户的缴款方式。在集中汇缴方式下，行政单位应缴财政款因要通过其过渡账户汇总，所以应设置“应缴财政款”科目，以核算取得的按规定应当上缴财政的款项。行政单位按照国家税法等的有关规定应当缴纳的各种税费，通过“应缴税费”科目核算，不在本科目核算。本科目应当按照应缴财政款项的类别进行明细核算。本科目贷方余额，反映行政单位应当上缴财政但尚未缴纳的款项。年终清缴后，本科目一般应无余额。

行政单位取得按照规定应当上缴财政的款项时，借记“银行存款”等科目，贷记本科目；上缴应缴财政的款项时，按照实际上缴的金额，借记本科目，贷记“银行存款”科目。处置资产取得应当上缴财政的处置净收入的账务处理，参见“待处理财产损溢”科目。

【例10-90】某行政单位按照规定征收政府性基金收入5 000元，该款项以集中汇缴方式上缴国库。该行政单位的账务处理如下：

	借方	贷方
借：银行存款	5 000	
贷：应缴财政款——政府性基金收入		5 000

【例10-91】上例中行政单位将收到的政府性基金收入5 000元通过银行上缴国库。该行政单位的账务处理如下：

	借方	贷方
借：应缴财政款——政府性基金收入	5 000	
贷：银行存款		5 000

上述款项如实行直接缴库，该行政单位在开具“非税收入一般缴款书”时，可不做会计分录，只登记收入台账。

行政单位国有资产处置净收入核算的相关举例参见存货、固定资产、无形资产、政府储备物资、公共基础设施等的核算。

（二）应缴税费

应缴税费是指行政单位按照国家税法等的有关规定应当缴纳的各种税费，包括营业税（自2016年5月1日全面实行“营改增”）、城市维护建设税、教育费附加、房产税、车船税、城镇土地使用税等。应缴税费应当在产生缴纳税费义务时确认。

为了核算按照国家税法等的有关规定应当缴纳的各种税费，行政单位应设置“应缴税费”科目。本科目应当按照应缴纳的税费种类进行明细核算。行政单位代扣代缴的个人所得税，也通过本科目核算。本科目期末贷方余额，反映行政单位应缴未缴的税费金额。

1.因资产处置发生的应缴税费

行政单位因资产处置等产生增值税、城市维护建设税、教育费附加等缴纳义务的，按照税法等的规定计算的应缴税费金额，借记“待处理财产损溢”科目，贷记本科目；实际缴纳时，借记本科目，贷记“银行存款”等科目。相关例题参见【例10-75】。

2.因出租资产发生的应缴税费

行政单位因出租资产等产生增值税、城市维护建设税、教育费附加等缴纳义务的，按照税法等的规定计算的应缴税费金额，借记“应缴财政款”等科目，贷记本科目；实际缴纳时，借记本科目，贷记“银行存款”等科目。

【例10-92】某行政单位出租会议室取得租金收入5 150元，已存入银行。假设该行政单位为增值税小规模纳税人，账务处理如下：

• 取得租金收入时，

借：银行存款　　5 150

　贷：应缴财政款　　5 150

• 计提增值税、城市维护建设税、教育费附加时，

增值税=5 150÷（1+3%）×3%=150（元）

城市维护建设税=150×7%=10.50（元）

教育费附加=150×3%=4.50（元）

借：应缴财政款　　165

　贷：应缴税费——应缴增值税　　150

　　　　　　——应缴城市维护建设税　　10.50

　　　　　　——应缴教育费附加　　4.50

• 实际缴纳时，

借：应缴税费——应缴增值税　　150

　　　　　——应缴城市维护建设税　　10.50

　　　　　——应缴教育费附加　　4.50

　贷：银行存款　　165

3.代扣代缴个人所得税

行政单位按照税法等的规定计算的应代扣代缴的个人所得税金额，借记“应付职工薪酬”科目（从职工工资中代扣个人所得税）或“经费支出”科目（从劳务费中代扣个人所得税），贷记本科目。实际缴纳时，借记本科目，贷记“财政拨款收入”、“零余额账户用款额度”、“银行存款”等科目。相关例题参见【例10-93】与

【例10-94】。

（三）应付职工薪酬

1.应付职工薪酬的内容

应付职工薪酬是行政单位按照有关规定应付给职工及为职工支付的各种薪酬，包括基本工资、奖金、国家统一规定的津贴补贴、社会保险费、住房公积金等。

基本工资是指行政单位按国家统一规定发放给工作人员的职务工资、级别工资、岗位工资、技术等级工资等。

奖金是指行政单位发放给工作人员的年终一次性奖金。

津贴补贴是行政单位按照国家规定发放给工作人员的艰苦边远地区津贴、地区附加津贴、岗位津贴等。

社会保险费是指行政单位按规定为职工缴纳并缴存社会保险管理机构的基本养老、基本医疗、失业、工伤、生育等社会保险费。

住房公积金是指行政单位按规定为职工缴纳并缴存住房公积金管理机构的长期住房公积金。

2.应付职工薪酬的核算

应付职工薪酬应当在规定支付职工薪酬的时间确认。

为了核算按照有关规定应付给职工及为职工支付的各种薪酬，行政单位应设置"应付职工薪酬"科目。本科目应当根据国家有关规定按照"工资（离退休费）"、"地方（部门）津贴补贴"、"其他个人收入"以及"社会保险费"、"住房公积金"等进行明细核算。本科目期末贷方余额，反映行政单位应付未付的职工薪酬。

（1）应付职工薪酬的计提。行政单位发生应付职工薪酬时，按照计算出的应付职工薪酬金额，借记"经费支出"科目，贷记本科目。

（2）应付职工薪酬的支付。行政单位向职工支付工资、津贴补贴等薪酬时，按照实际支付的金额，借记本科目，贷记"财政拨款收入"、"零余额账户用款额度"、"银行存款"等科目。从应付职工薪酬中代扣为职工垫付的水电费、房租等费用时，按照实际扣除的金额，借记本科目（工资），贷记"其他应收款"等科目。从应付职工薪酬中代扣代缴个人所得税时，按照代扣代缴的金额，借记本科目（工资），贷记"应缴税费"科目。从应付职工薪酬中代扣代缴社会保险费和住房公积金时，按照代扣代缴的金额，借记本科目（工资），贷记"其他应付款"科目。缴纳单位为职工承担的社会保险费和住房公积金时，借记本科目（社会保险费、住房公积金），贷记"财政拨款收入"、"零余额账户用款额度"、"银行存款"等科目。

【例10-93】某行政单位计算出本月应付职工基本工资总额450 000元、津贴300 000元，应付离退休人员离退休费50 000元，其他个人收入25 000元。其中，代扣个人所得税20 000元，代扣由职工个人承担的住房公积金54 000元，单位配套补贴住房公积金54 000元。该行政单位的账务处理如下：

借：经费支出　　879 000

贷：应付职工薪酬——工资（离退休费）　500 000
——地方（部门）津贴补贴　300 000
——其他个人收入　25 000
——住房公积金　54 000

借：应付职工薪酬——工资（离退休费）　74 000
贷：其他应付款——住房公积金　54 000
应缴税费——个人所得税　20 000

【例10-94】上例中的行政单位通过财政直接支付方式将应付职工薪酬款项分别转入个人工资账户、住房公积金账户和国库。该行政单位的账务处理如下：

借：应付职工薪酬——工资（离退休费）　426 000
——地方（部门）津贴补贴　300 000
——其他个人收入　25 000
——住房公积金　54 000
应缴税费——个人所得税　20 000
其他应付款——住房公积金　54 000
贷：财政拨款收入　879 000

（四）*应付及暂存款项*

应付及暂存款项是指行政单位在开展业务活动中发生的各项债务，包括应付账款、其他应付款等。

1.应付账款

应付账款是行政单位因购买物资或服务、工程建设等而应付的偿还期限在一年以内（含一年）的款项。应付账款应当在收到所购物资或服务、完成工程时确认。

为了核算因购买物资或服务、工程建设等而应付的偿还期限在一年以内（含一年）的款项，行政单位应设置“应付账款”科目。本科目应当按照债权单位（或个人）进行明细核算。本科目期末贷方余额，反映行政单位尚未支付的应付账款。

行政单位收到所购物资或服务、完成工程但尚未付款时，按照应付未付款项的金额，借记“待偿债净资产”科目，贷记本科目；偿付应付账款时，借记本科目，贷记“待偿债净资产”科目；同时，借记“经费支出”科目，贷记“财政拨款收入”、“零余额账户用款额度”、“银行存款”等科目；无法偿付或债权人豁免偿还的应付账款，应当按照规定报经批准后进行账务处理。经批准核销时，借记本科目，贷记“待偿债净资产”科目。核销的应付账款应在备查簿中保留登记。

【例10-95】某行政单位收到向甲公司采购的计算机一批，取得的增值税专用发票上注明计算机的价款为500 000元，增值税进项税额为85 000元，款项在两个月后支付。计算机直接交付使用。该行政单位的账务处理如下：

借：待偿债净资产　585 000
贷：应付账款——甲公司　585 000

同时，

借：固定资产　585 000

　贷：资产基金——固定资产　585 000

【例10-96】上例中的行政单位两个月后通过单位零余额账户偿付计算机款项585 000元。该行政单位的账务处理如下：

借：应付账款——甲公司　585 000

　贷：待偿债净资产　585 000

同时，

借：经费支出　585 000

　贷：零余额账户用款额度　585 000

2.其他应付款

其他应付款是行政单位除应缴财政款、应缴税费、应付职工薪酬、应付政府补贴款、应付账款以外的其他各项偿还期在一年以内（含一年）的应付及暂存款项，如收取的押金、保证金、未纳入行政单位预算管理的转拨资金、代扣代缴的职工社会保险费和住房公积金等。

为了核算其他各项偿还期在一年以内（含一年）的应付及暂存款项，行政单位应设置"其他应付款"科目。本科目应当按照其他应付款的类别以及债权单位（或个人）进行明细核算。本科目期末贷方余额，反映行政单位尚未支付的其他应付款。

行政单位发生其他各项应付及暂存款项时，借记"银行存款"等科目，贷记本科目；支付其他各项应付及暂存款项时，借记本科目，贷记"银行存款"等科目；因故无法偿付或债权人豁免偿还的其他应付款项，应当按规定报经批准后进行账务处理。经批准核销时，借记本科目，贷记"其他收入"科目。核销的其他应付款应在备查簿中保留登记。

【例10-97】某行政单位拟采购技术设备，在招标期间收到3家投标供应商缴纳的保证金各5 000元，款项已存入银行。该行政单位的账务处理如下：

借：银行存款　15 000

　贷：其他应付款——投标保证金　15 000

【例10-98】上例中的行政单位退还两家未中标供应商的投标保证金各5 000元。该行政单位的账务处理如下：

借：其他应付款——投标保证金　10 000

　贷：银行存款　10 000

如果因一家未中标供应商已被撤销，经批准核销无法偿付的投标保证金5 000元时，其账务处理如下：

借：其他应付款——投标保证金　5 000

　贷：其他收入　5 000

（五）应付政府补贴款

应付政府补贴款是指负责发放政府补贴的行政单位，按照有关规定应付给政府补贴接受者的各种政府补贴款。它应当在规定发放政府补贴的时间确认。

为了核算按照规定应当支付给政府补贴接受者的各种政府补贴款，负责发放政府补贴的行政单位应设置“应付政府补贴款”科目。本科目应当按照应支付的政府补贴种类进行明细核算。行政单位还应当按照补贴接受者建立备查簿，进行相应的明细核算。本科目期末贷方余额，反映行政单位应付未付的政府补贴金额。

行政单位发生应付政府补贴时，按照计算出的应付政府补贴金额，借记“经费支出”科目，贷记本科目；支付应付的政府补贴款时，借记本科目，贷记“零余额账户用款额度”、“银行存款”等科目。

【例10-99】某行政单位按照房改政策规定标准计算出职工提租补贴100 000元。该行政单位的账务处理如下：

借：经费支出　　100 000

　贷：应付政府补贴款——提租补贴　　100 000

【例10-100】上例中的行政单位通过单位零余额账户向职工支付提租补贴100 000元。该行政单位的账务处理如下：

借：应付政府补贴款——提租补贴　　100 000

　贷：零余额账户用款额度　　100 000

二、非流动负债

非流动负债是指流动负债以外的负债，主要指长期应付款。长期应付款是指行政单位发生的偿还期限超过一年（不含一年）的应付款项，如跨年度分期付款购入固定资产的价款等。

长期应付款应当按照以下条件确认：①因购买物资、服务等发生的长期应付款，应当在收到所购物资或服务时确认；②因其他原因发生的长期应付款，应当在承担付款义务时确认。

为了核算偿还期限超过一年（不含一年）的应付款项，行政单位应设置“长期应付款”科目。本科目应当按照长期应付款的类别以及债权单位（或个人）进行明细核算。本科目期末贷方余额，反映行政单位尚未支付的长期应付款。

行政单位发生长期应付款时，按照应付未付的金额，借记“待偿债净资产”科目，贷记本科目；偿付长期应付款时，借记“经费支出”科目，贷记“财政拨款收入”、“零余额账户用款额度”、“银行存款”等科目；同时，借记本科目，贷记“待偿债净资产”科目；无法偿付或债权人豁免偿还的长期应付款，应当按照规定报经批准后进行账务处理。经批准核销时，借记本科目，贷记“待偿债净资产”科目。核销的长期应付款应在备查簿中保留登记。

【例10-101】某行政单位20×1年6月30日购入专用设备一批，价值5 000 000元，当日通过财政部门零余额账户支付价款50%，余款将在20×2年11月30日通过财政部门零余额账户支付。专用设备已经收到并直接投入使用。该行政单位的账务处理如下，

- 20×1年6月30日收到专用设备并支付50%的货款时，

借：经费支出　　2 500 000
　贷：财政拨款收入　　2 500 000
借：固定资产　　5 000 000
　贷：资产基金——固定资产　　5 000 000
借：待偿债净资产　　2 500 000
　贷：长期应付款——专用设备价款　　2 500 000

• 20×2年11月30日支付另外的50%货款时，

借：经费支出　　2 500 000
　贷：财政拨款收入　　2 500 000

同时，

借：长期应付款　　2 500 000
　贷：待偿债净资产　　2 500 000

三、受托代理负债

受托代理负债是指行政单位接受委托，取得受托代理资产时形成的负债。受托代理负债应当在行政单位收到受托代理资产并产生受托代理义务时确认。

为了核算接受委托，取得受托代理资产时形成的负债，行政单位应设置“受托代理负债”科目。本科目应当按照委托人等进行明细核算；属于指定转赠物资和资金的，还应当按照指定受赠人进行明细核算。本科目期末贷方余额，反映行政单位尚未清偿的受托代理负债。

本科目的账务处理及举例参见“受托代理资产”、“库存现金”、“银行存款”等科目核算的相关例题。

第三节　行政单位净资产

行政单位净资产是行政单位资产减去负债的余额，包括财政拨款结转、财政拨款结余、其他资金结转结余、资产基金、待偿债净资产等。行政单位净资产的特点有两个：一是净资产主要包括结转和结余以及资产基金；二是结转和结余不存在分配问题。

一、结转和结余

结转和结余，是行政单位年度各项收入与各项支出相抵后的余额。其中：结转资金，是指当年预算已执行但未完成，或者因故未执行，下一年度需要按照原用途继续使用的资金；结余资金，是指当年预算工作目标已完成，或者因故终止，当年剩余的资金。结转资金在规定使用年限未使用或者未使用完的，视为结余资金。

（一）结转和结余的种类

行政单位的结转和结余按不同标准，可划分为不同种类。按资金来源，行政单位的结转和结余可分为财政拨款结转和结余、其他资金结转结余。

1.财政拨款结转和结余

财政拨款结转和结余，是指行政单位财政拨款收入与其相关支出相抵后剩余滚存的、需按规定管理和使用的结转和结余，包括财政拨款结转和财政拨款结余。财政拨款结转是行政单位滚存的财政拨款结转资金，包括基本支出结转和项目支出结转。基本支出结转，是指用于基本支出的财政拨款收入减去财政拨款支出后的差额，包括人员经费和日常公用经费。基本支出结转原则上结转下年继续使用，用于增人增编等的人员支出和公用支出。但在人员支出和公用支出间不得相互挪用，不得用于提高人员开支标准。项目支出结转，是用于尚未完成项目支出的财政拨款收入减去财政拨款支出后的差额，具体包括：项目当年已执行但尚未完成而形成的结转资金；项目因故当年未执行，需要推迟到下年执行形成的结转资金；项目需要跨年度执行，但项目支出预算已一次性安排形成的结转资金。项目支出结转资金结转下年按原用途继续使用。

财政拨款结余是行政单位滚存的财政拨款项目支出结余资金，是行政单位已经完成项目的财政拨款收入减去财政拨款项目支出后的差额，具体包括：项目完成形成的结余；由于受政策变化、计划调整等因素的影响，项目中止、撤销形成的结余；对某一预算年度安排的项目支出连续两年未使用，或者连续三年仍未使用完形成的剩余资金等。财政拨款结转和结余的管理，应当按照同级财政部门的规定执行。

2.其他资金结转结余

其他资金结转结余，是指行政单位除财政拨款收支以外的各项收支相抵后剩余的滚存资金。当年的其他资金结转结余应按规定缴回原项目资金出资单位或留归本单位使用。

（二）财政拨款结转和财政拨款结余的核算

1.财政拨款结转

为了核算滚存的财政拨款结转资金，行政单位应设置“财政拨款结转”科目。本科目应当设置“基本支出结转”、“项目支出结转”两个明细科目；在“基本支出结转”明细科目下按照“人员经费”和“日常公用经费”进行明细核算，在“项目支出结转”明细科目下按照具体项目进行明细核算。此外，本科目还应当按照政府收支分类科目中“支出功能分类科目”的项级科目进行明细核算。有公共财政预算拨款、政府性基金预算拨款等两种或两种以上财政拨款的行政单位，还应当按照财政拨款种类分别进行明细核算。本科目还可以根据管理需要按照财政拨款结转变动原因，设置“收支转账”、“结余转账”、“年初余额调整”、“归集上缴”、“归集调入”、“单位内部调剂”、“剩余结转”等明细科目，进行明细核算。本科目期末贷方余额，反映行政单位滚存的财政拨款结转资金数额。

（1）调整以前年度财政拨款结转。行政单位因发生差错更正、以前年度支出收回等情况需要调整财政拨款结转的，按照实际调增财政拨款结转的金额，借记有关科目，贷记本科目（年初余额调整）；按照实际调减财政拨款结转的金额，借记本科目（年初余额调整），贷记有关科目。

（2）从其他单位调入财政拨款结余资金。行政单位按照规定从其他单位调入财政拨款结余资金时，按照实际调增的额度数额或调入的资金数额，借记“零余额账户用款额度”、“银行存款”等科目，贷记本科目（归集调入）及其明细科目。

（3）上缴财政拨款结转。按照规定上缴财政拨款结转资金时，按照实际核销的额度数额或上缴的资金数额，借记本科目（归集上缴）及其明细科目，贷记“财政应返还额度”、“零余额账户用款额度”、“银行存款”等科目。

（4）单位内部调剂结余资金。行政单位经财政部门批准对财政拨款结余资金改变用途，调整用于其他未完成项目等的，按照调整的金额，借记“财政拨款结余”科目（单位内部调剂）及其明细科目，贷记本科目（单位内部调剂）及其明细科目。

（5）结转本年财政拨款收入和支出。年末，行政单位将财政拨款收入本年发生额转入本科目，借记“财政拨款收入——基本支出拨款、项目支出拨款”科目及其明细科目，贷记本科目（收支转账——基本支出结转、项目支出结转）及其明细科目；将财政拨款支出本年发生额转入本科目，借记本科目（收支转账——基本支出结转、项目支出结转）及其明细科目，贷记“经费支出——财政拨款支出——基本支出、项目支出”科目及其明细科目。

（6）将完成项目的结转资金转入财政拨款结余。年末完成上述财政拨款收支转账后，对各项目执行情况进行分析，按照有关规定将属于财政拨款结余性质的项目余额转入财政拨款结余，借记本科目（结余转账——项目支出结转）及其明细科目，贷记“财政拨款结余”（结余转账——项目支出结余）科目及其明细科目。

（7）年末冲销有关明细科目余额。年末收支转账后，将本科目所属“收支转账”、“结余转账”、“年初余额调整”、“归集上缴”、“归集调入”、“单位内部调剂”等明细科目余额转入“剩余结转”明细科目；转账后，本科目除“剩余结转”明细科目外，其他明细科目应无余额。

2.财政拨款结余

为了核算滚存的财政拨款项目支出结余资金，行政单位应设置“财政拨款结余”科目。本科目应当按照具体项目、政府收支分类科目中“支出功能分类科目”的项级科目等进行明细核算。有公共财政预算拨款、政府性基金预算拨款等两种或两种以上财政拨款的行政单位，还应当按照财政拨款的种类分别进行明细核算。此外，本科目还可以根据管理需要按照财政拨款结余变动原因，设置“结余转账”、“年初余额调整”、“归集上缴”、“单位内部调剂”、“剩余结余”等明细科目，进行明细核算。本科目期末贷方余额，反映行政单位滚存的财政拨款结余资金数额。

（1）调整以前年度财政拨款结余。行政单位因发生差错更正、以前年度支出收回等情况需要调整财政拨款结余的，按照实际调增财政拨款结余的金额，借记有关科目，贷记本科目（年初余额调整）；按照实际调减财政拨款结余的金额，借记本科目（年初余额调整），贷记有关科目。

（2）上缴财政拨款结余。行政单位按照规定上缴财政拨款结余时，按照实际核销的额度数额或上缴的资金数额，借记本科目（归集上缴）及其明细科目，贷记“财政应返还额度”、“零余额账户用款额度”、“银行存款”等科目。

（3）单位内部调剂结余资金。行政单位经财政部门批准将本单位完成项目结余资金调整用于基本支出或其他未完成项目支出时，按照批准调剂的金额，借记本科目（单位内部调剂）及其明细科目，贷记“财政拨款结转”（单位内部调剂）科目及其明细科目。

（4）将完成项目的结转资金转入财政拨款结余。年末，对财政拨款各项目的执行情况进行分析，按照有关规定将属于财政拨款结余性质的项目余额转入本科目，借记“财政拨款结转”（结余转账——项目支出结转）科目及其明细科目，贷记本科目（结余转账——项目支出结余）及其明细科目。

（5）年末冲销有关明细科目余额。年末，将本科目所属“结余转账”、“年初余额调整”、“归集上缴”、“单位内部调剂”等明细科目余额转入“剩余结余”明细科目；转账后，本科目除“剩余结余”明细科目外，其他明细科目应无余额。

【例10-102】某行政单位是只有公共财政预算拨款的单位。年终结账前有关财政拨款收入和支出科目本期发生额如下：

收入科目		贷方金额（元）	支出科目		借方金额（元）
财政拨款收入	基本支出	500 000	经费支出——财政拨款支出	基本支出	480 000
	项目支出（未完成项目）	200 000		项目支出（未完成项目）	190 000
	项目支出（已完成项目）	100 000		项目支出（已完成项目）	70 000

年终结账时，该行政单位的账务处理如下：

● 将“财政拨款收入”科目本期发生额转入“财政拨款结转”科目及其明细科目，

借：财政拨款收入　　800 000
　贷：财政拨款结转——收支转账——基本支出结转　　500 000
　　　　　　　　　——收支转账——项目支出结转　　300 000

● 将“经费支出”科目本期发生额转入“财政拨款结转”科目及其明细科目，

借：财政拨款结转——收支转账——基本支出结转　　480 000
　　　　　　　　——收支转账——项目支出结转　　260 000
　贷：经费支出　　740 000

● 将完成项目的结转资金转入“财政拨款结余”科目及其明细科目，

借：财政拨款结转——结余转账——项目支出结转　　30 000
　贷：财政拨款结余——结余转账——项目支出结余　　30 000

● 将“财政拨款结转”科目所属明细科目余额转入“剩余结转”明细科目，

借：财政拨款结转——收支转账　　60 000
　贷：财政拨款结转——剩余结转　　30 000
　　　　　　　　　——结余转账　　30 000

•将“财政拨款结余”科目所属“结余转账”明细科目余额转入“剩余结余”明细科目，

借：财政拨款结余——结余转账　　30 000

　贷：财政拨款结余——剩余结余　　30 000

（三）其他资金结转结余

为了核算除财政拨款收支以外的其他各项收支相抵后剩余的滚存资金，行政单位应设置“其他资金结转结余”科目。本科目应当设置“项目结转”和“非项目结余”明细科目，分别对项目资金和非项目资金进行明细核算。对于项目结转，还应当按照具体项目进行明细核算。本科目还可以根据管理需要按照其他资金结转结余变动原因，设置“收支转账”、“年初余额调整”、“结余调剂”、“剩余结转结余”等明细科目，进行明细核算。本科目期末贷方余额，反映行政单位滚存的各项非财政拨款资金结转结余数额。

1.调整以前年度其他资金结转结余的核算

行政单位因发生差错更正、以前年度支出收回等情况需要调整其他资金结转结余的，按照实际调增的金额，借记有关科目，贷记本科目（年初余额调整）及其相关明细科目；按照实际调减的金额，借记本科目（年初余额调整）及其相关明细科目，贷记有关科目。

2.结转本年其他资金收入和支出的核算

年末，行政单位将其他收入中的项目资金收入本年发生额转入本科目，借记“其他收入”科目及其明细科目，贷记本科目（项目结转——收支转账）及其明细科目；将其他收入中的非项目资金收入本年发生额转入本科目，借记“其他收入”科目及其明细科目，贷记本科目（非项目结余——收支转账）。将其他资金支出中的项目支出本年发生额转入本科目，借记本科目（项目结转——收支转账）及其明细科目，贷记“经费支出——其他资金支出”科目（项目支出）及其明细科目、“拨出经费”科目（项目支出）及其明细科目；将其他资金支出中的基本支出本年发生额转入本科目，借记本科目（非项目结余——收支转账），贷记“经费支出——其他资金支出”科目（基本支出）、“拨出经费”科目（基本支出）。

3.缴回或转出项目结余的核算

行政单位完成上述本年其他资金收入和支出转账后，对本年末各项目的执行情况进行分析，区分年末已完成项目和尚未完成项目，在此基础上，对完成项目的剩余资金根据不同情况进行账务处理：需要缴回原项目资金出资单位的，按照缴回的金额，借记本科目（项目结转——结余调剂）及其明细科目，贷记“银行存款”、“其他应付款”等科目；将项目剩余资金留归本单位用于其他非项目用途的，按照剩余的项目资金金额，借记本科目（项目结转——结余调剂）及其明细科目，贷记本科目（非项目结余——结余调剂）。

4.用非项目资金结余补充项目资金的核算

行政单位按照实际补充项目资金的金额，借记本科目（非项目结余——结余调剂），贷记本科目（项目结转——结余调剂）及其明细科目。

5.年末冲销有关明细科目余额的核算

年末收支转账后，将本科目所属“收支转账”、“年初余额调整”、“结余调剂”等明细科目余额转入“剩余结转结余”明细科目；转账后，本科目除“剩余结转结余”明细科目外，其他明细科目应无余额。

【例10-103】某行政单位是只有公共财政预算拨款的单位。年终结账前有关财政拨款收支以外的其他收入和支出科目本期发生额如下：

<table>
<tr><th colspan="3">收入科目</th><th>贷方金额（元）</th><th colspan="2">支出科目</th><th>借方金额（元）</th></tr>
<tr><td rowspan="4">其他收入</td><td colspan="2" rowspan="2">非项目资金收入</td><td rowspan="2">800 000</td><td rowspan="2">经费支出——其他资金支出</td><td>基本支出</td><td>700 000</td></tr>
<tr><td>项目支出（未完成项目）</td><td>120 000</td></tr>
<tr><td rowspan="2">项目资金收入</td><td>未完成项目</td><td>200 000</td><td rowspan="2">拨出经费</td><td>基本支出</td><td>50 000</td></tr>
<tr><td>已完成项目</td><td>150 000</td><td>项目支出（已完成项目）</td><td>140 000</td></tr>
</table>

假设已完成项目的剩余资金50%缴回原项目出资单位，50%留归本单位用于其他非项目用途；非项目结余用于补充项目资金。年终结账时，该行政单位的账务处理如下：

• 将“其他收入”科目本年发生额转入“其他资金结转结余”科目及其明细科目，

借：其他收入　　1 150 000

　贷：其他资金结转结余——非项目结余——收支转账　　800 000

　　　　　　　　　　——项目结转——收支转账　　350 000

• 将财政拨款支出以外的其他资金支出本期发生额转入“其他资金结转结余”科目及其明细科目，

借：其他资金结转结余——非项目结余——收支转账　　750 000

　　　　　　　　　——项目结转——收支转账　　260 000

　贷：经费支出——其他资金支出　　820 000

　　　拨出经费　　190 000

• 缴回和转出项目结余，

借：其他资金结转结余——项目结转——结余调剂　　10 000

　贷：其他应付款　　5 000

　　　其他资金结转结余——非项目结余——结余调剂　　5 000

• 用非项目结余资金补充项目资金，

借：其他资金结转结余——非项目结余——结余调剂　　50 000
　贷：其他资金结转结余——项目结转——结余调剂　　50 000

• 年末冲销有关明细科目余额，

借：其他资金结转结余——收支转账　　140 000
　贷：其他资金结转结余——剩余结转结余　　135 000
　　　　　　　　　　　——结余调剂　　5 000

二、资产基金

资产基金是指行政单位的非货币性资产在净资产中占用的金额，具体指行政单位的预付账款、存货、固定资产、在建工程、无形资产、政府储备物资、公共基础设施等非货币性资产在净资产中占用的金额。

为核算非货币性资产在净资产中占用的金额，行政单位应设置“资产基金”科目。本科目应当设置“预付款项”、“存货”、“固定资产”、“在建工程”、“无形资产”、“政府储备物资”、“公共基础设施”等明细科目，进行明细核算。本科目期末贷方余额，反映行政单位非货币性资产在净资产中占用的金额。

（一）资产基金发生的核算

资产基金应当在发生预付账款，取得存货、固定资产、在建工程、无形资产、政府储备物资、公共基础设施时确认。

1. 发生预付账款时，按照实际发生的金额，借记“预付账款”科目，贷记本科目（预付款项）；同时，按照实际支付的金额，借记“经费支出”科目，贷记“财政拨款收入”、“零余额账户用款额度”、“银行存款”等科目。

2. 取得存货、固定资产、在建工程、无形资产、政府储备物资、公共基础设施等资产时，按照取得资产的成本，借记“存货”、“固定资产”、“在建工程”、“无形资产”、“政府储备物资”、“公共基础设施”等科目，贷记本科目（存货、固定资产、在建工程、无形资产、政府储备物资、公共基础设施）；同时，按照实际发生的支出，借记“经费支出”科目，贷记“财政拨款收入”、“零余额账户用款额度”、“银行存款”等科目。

（二）资产基金冲减的核算

1. 收到以预付账款购买的物资或服务时，应当相应冲减资产基金。按照相应的预付账款金额，借记本科目（预付款项），贷记“预付账款”科目。

2. 领用和发出存货、政府储备物资时，应当相应冲减资产基金。领用和发出存货、政府储备物资时，按照领用和发出存货、政府储备物资的成本，借记本科目（存货、政府储备物资），贷记“存货”、“政府储备物资”科目。

3. 计提固定资产折旧、公共基础设施折旧、无形资产摊销时，应当冲减资产基金。同时，按照计提的折旧、摊销金额，借记本科目（固定资产、公共基础设施、无形资产），贷记“累计折旧”、“累计摊销”科目。

4. 无偿调出、对外捐赠存货、固定资产、无形资产、政府储备物资、公共基础设施时，应当冲减该资产对应的资产基金。

（1）无偿调出、对外捐赠存货、政府储备物资时，按照存货、政府储备物资的账面余额，借记本科目及其明细科目，贷记“存货”、“政府储备物资”等科目。

（2）无偿调出、对外捐赠固定资产、公共基础设施、无形资产时，按照相关固定资产、公共基础设施、无形资产的账面价值，借记本科目及其明细科目；按照已计提折旧、已计提摊销的金额，借记“累计折旧”、“累计摊销”科目；按照固定资产、公共基础设施、无形资产的账面余额，贷记“固定资产”、“公共基础设施”、“无形资产”科目。

有关资产基金发生和冲减的核算举例参见预付账款、存货、固定资产、在建工程、无形资产、政府储备物资、公共基础设施等核算的相关例题。

（三）财产处理过程中的资产基金核算

通过“待处理财产损溢”科目核算的资产基金，其账务处理参见待处理财产损溢核算的相关例题。

三、待偿债净资产

待偿债净资产是指行政单位因发生应付账款和长期应付款而相应需在净资产中冲减的金额。

为了核算因发生应付账款和长期应付款而相应需在净资产中冲减的金额，行政单位应设置“待偿债净资产”科目。本科目期末借方余额，反映行政单位因尚未支付的应付账款和长期应付款而需相应冲减的净资产的金额。

行政单位发生应付账款、长期应付款时，按照实际发生的金额，借记本科目，贷记“应付账款”、“长期应付款”等科目。偿付应付账款、长期应付款时，按照实际偿付的金额，借记“应付账款”、“长期应付款”等科目，贷记本科目；同时，按照实际支付的金额，借记“经费支出”科目，贷记“财政拨款收入”、“零余额账户用款额度”、“银行存款”等科目。因债权人的原因，核销确定无法支付的应付账款、长期应付款时，按照报经批准核销的金额，借记“应付账款”、“长期应付款”科目，贷记本科目。

有关待偿债净资产的核算举例参见应付账款、长期应付款核算的相关例题。

复习思考

1.什么是行政单位的资产、负债、净资产？它们各自包括哪些内容？
2.什么是行政单位的流动资产和流动负债？它们各自包括哪些内容？
3.行政单位的资产和负债如何确认、计量？
4.什么是零余额账户用款额度和财政应返还额度？零余额账户用款额度有何功能？
5.行政单位可能发生坏账的资产项目有哪些？坏账如何确认？
6.行政单位接受捐赠、无偿调入、盘盈的存货如何计价？

7.行政单位存货和政府储备物资发出的计价方法有哪些？

8.什么是行政单位的固定资产？其包括哪几类？如何确认？

9.行政单位计提折旧的资产有哪些？不计提折旧的固定资产包括哪些？

10.行政单位的固定资产可采用哪些方法计提折旧？计提折旧应注意哪些问题？

11.什么是行政单位的无形资产？计提摊销的范围和方法有哪些？

12.行政单位无形资产摊销采用什么模式？

13.什么是行政单位的政府储备物资和公共基础设施？

14.行政单位的财产处理包括哪些内容？

15.什么是行政单位的受托代理资产和受托代理负债？

16.什么是行政单位的应缴财政款和应缴税费？

17.行政单位的应付账款、长期应付款、其他应付款有什么区别？

18.行政单位的结转结余分为哪几类？

19.什么是行政单位的资产基金？

20.什么是行政单位的待偿债净资产？与其对应的项目有哪些？

操作练习

题一：

目的：练习行政单位流动资产的核算。

资料：某行政单位20×1年3月发生如下经济业务：

1.从单位零余额账户提取现金20 000元。

2.职工王某借现金2 000元作为差旅费。

3.收到职工交来的转赠地震灾区的捐款现金50 000元。

4.收到代理银行转来的“财政直接支付入账通知书”，使用上年尚未使用的财政直接支付用款额度100 000元购买专用材料，材料已验收入库。

5.收到代理银行转来的50 000元财政授权支付额度恢复到账通知书和上年度未下达零余额账户用款额度50 000元。

6.收到1月份购买的包装物，并通过单位零余额账户补付货款50 000元。包装物已验收入库。1月份已按照合同规定预付货款50 000元。

7.以“单位零余额账户”支付购入专用材料款40 000元、增值税6 800元，以银行存款支付运费500元，材料已验收入库。

8.从某单位无偿调入专用材料一批，价值50 000元。

9.领用甲材料500千克，每千克平均980元。

10.经批准以评估价值为40 000元的专用材料置换某公司的丙材料，通过单位零余额账户补付价款5 000元，以现金支付运杂费800元（只对置换换入的丙材料进行账务处理）。

要求：根据上述经济业务编制相应会计分录，其中涉及“资产基金”科目的要求列出二级明细科目。

题二：

目的：练习行政单位在建工程、固定资产、无形资产、政府储备物资和公共基础设施的核算。

资料：某行政单位20×1年发生如下经济业务：

1.购买图书一批，取得的增值税专用发票上注明的价款为500 000元，增值税税额85 000元，支付运输费5 000元，款项实行财政授权支付。

2.7月，购入一批专用技术设备，取得的增值税专用发票上注明的设备价款为2 00 000元，增值税税额34 000元，支付运输费1 000元，款项实行财政直接支付；8月，设备安装调试完毕并交付使用，以银行存款支付安装费用800元。

3.为了自行繁育优良品种奶牛，以账面价值100 000元、评估价值为80 000元的专用材料置换甲单位的种牛，以银行存款支付补价款40 000元（只对置换换入的种牛进行账务处理）。

4.接受外单位捐赠的办公设备一台，价值70 000元。

5.将不需要的一批图书捐赠给希望工程，其账面余额为40 000元。

6.购买1 000平方米的土地使用权，价值8 000 000元，款项实行财政直接支付。

7.以一台技术设备置换一项专利权。该技术设备的账面价值为100 000元，评估价值为80 000元，以银行存款支付补价款5 000元。（只对置换换入的专利权进行账务处理）。

8.经批准将一项专利权捐赠给合作单位，该专利权的账面价值为16 000元，已计提摊销64 000元，账面余额80 000元。

9.为地震灾区购入药品一批，取得的增值税专用发票上注明的价款为100 000元，增值税税额17 000元，支付运输费1 000元，款项以银行存款支付。

10.自行建造环保设施完工并交付使用，设施总造价200 000元。

11.接受甲单位委托储存管理一批物资，该物资发票金额为80 000元，已验收入库。

要求：根据上述经济业务编制会计分录，其中涉及“资产基金”科目的要求列出二级明细科目。

题三：

目的：练习行政单位财产处理的核算。

资料：某行政单位为增值税小规模纳税人，20×1年发生如下经济业务：

1.1月末盘点现金，发现现金溢余100元。

2.2月初查明，上月末现金溢余属职工张某的报销尾款。

3.3月5日，经核查确认3年前向甲公司出租资产形成的应收账款5 000元因该公司破产确实无法收回，将其转入待处理财产损溢，并报同级财政部门批准。20日获得财政部门批准对其予以核销。

4.4月10日，经核查确认4年前通过单位零余额账户预付给甲公司的采购办公设备款50 000元因其被撤销而无望再收到所购物资，也确实无法收回预付账款，将其转入待处理财产损溢，并报同级财政部门批准。25日获得财政部门批准对其予以核销。

5.4月10日，经核查确认3年前以非财政拨款收入为职工张某代垫的水电费2 000元因其下落不明确实无法收回，将其转入待处理财产损溢，并报同级财政部门批准。25日获得财政部门批准对其予以核销。

6.5月6日，报请上级批准将不需要的C材料出售，该材料的实际成本为10 000元。12日，获得批准实现出售，获得价款5 000元，款项已存入银行。

7.6月5日，清理出3年前购买的无法使用的计算机一批，并报请同级财政部门批准予以报废。该批计算机的购入成本为200 000元。25日获得批准并将报废计算机出售，获得价款10 000元，款项已存入银行。该批计算机的预计使用年限为5年。

8.8月10日，报请批准拟将4年前购买的B专利权出售，29日获得批准并出售B专利权，获得价款20 000元，款项已存入银行。该专利权的购入成本为50 000元，规定的摊销期限为10年。

9.9月，以账面价值80 000元、已计提折旧100 000元的技术设备置换甲单位的办公设备（只对置换换出的技术设备进行账务处理）。

10.10月10日，一项设备安装工程发生毁损，该工程成本为100 000元，将其转入待处理财产损溢，并报同级财政部门批准。25日获得财政部门批准对其予以核销。

11.11月8日，查明单位8年前自行建设的公共照明设施已无法使用并报请同级财政部门批准报废，该设施的账面余额为5 000 000元，预计使用年限10年。25日获得批准予以核销。在报废清理过程中发生变价收入20 000元，已存入银行；发生清理费用5 000元，以银行存款支付。

12.12月3日，对存货和固定资产进行盘点，发现甲材料溢余20千克，每千克1 000元，尚未入账；盘亏图书一批，其账面余额为5 000元。5日，将其转入待处理财产损溢，并报请同级财政部门批准。25日获得财政部门批准对其予以核销。

13.12月末，4月20日已核销的应收账款在年末又收回3 000元，4月25日已核销的预付账款在年末又全额收回。

要求：根据上述经济业务编制会计分录，其中涉及“资产基金”科目的要求列出二级明细科目。

题四：

目的：练习行政单位负债的核算。

资料：某行政单位为增值税小规模纳税人，20×1年发生如下经济业务：

1.出租固定资产，取得租金收入10 000元，已存入银行，同时规定计提增值税、城市维护建设税、教育费附加。

2.通过单位零余额账户向职工实际支付工资、津贴补贴等薪酬715 000元。同时，代扣个人承担的社会保险费30 000元、住房公积金60 000元、个人所得税20 000元。

3.收到向甲公司采购的专用材料一批，取得的增值税专用发票上注明价款50 000元，增值税税额8 500元，款项尚未支付。专用材料已验收入库。

4.按照国家政策规定的标准计算出就业困难人员的公益性岗位补贴100 000元。

5.年初收到购买的大巴车两台，价值800 000元，分两年分期付款，每年年末通过单位零余额账户支付50%（分别对年初收到大巴车和年末付款做出账务处理）。

6.通过财政部门零余额账户偿付期限为6个月的应付账款50 000元。

要求：根据上述经济业务编制相应会计分录。

题五：

目的：练习行政单位结转和结余的核算。

资料：某行政单位20×1年年终结账前各项收入和支出本月发生额（见下表）。

要求：根据上述资料，编制以下经济业务的会计分录，其中涉及“结转结余”科目的要求列出二级和三级明细科目。

1.结转本年财政拨款收入和支出。

2.将本年已完成项目的结转资金转入财政拨款结余。

3.假设本年财政拨款结余中50%予以核销，以抵财政应返还额度中的财政直接支付未使用的额度，50%已通过单位零余额账户上缴财政部门。

4.将“财政拨款结转”科目的明细科目余额转入“剩余结转”明细科目。

5.结转本年其他资金收入和支出。

6.假设本年其他资金结转结余中已完成项目的剩余资金的60%已通过银行缴回原项目资金出资单位，剩余资金留归本单位用于其他非项目用途。

7.将“其他资金结转结余”科目的明细科目余额转入“剩余结转结余”明细科目。

某行政单位20×1年年终结账前各项收入和支出本月发生额

<table>
<tr><th colspan="2">收入科目</th><th>贷方金额（元）</th><th colspan="3">支出科目</th><th>借方金额（元）</th></tr>
<tr><td rowspan="4">财政拨款收入</td><td>基本支出</td><td>850 000</td><td rowspan="5">经费支出</td><td rowspan="3">财政拨款支出</td><td>基本支出</td><td>700 000</td></tr>
<tr><td>项目支出（未完成项目）</td><td>200 000</td><td>项目支出（未完成项目）</td><td>120 000</td></tr>
<tr><td rowspan="2">项目支出（已完成项目）</td><td rowspan="2">100 000</td><td>项目支出（已完成项目）</td><td>80 000</td></tr>
<tr><td rowspan="2">其他资金支出</td><td>基本支出</td><td>250 000</td></tr>
<tr><td rowspan="3">其他收入</td><td>非项目资金收入</td><td>400 000</td><td>项目支出（已完成项目）</td><td>50 000</td></tr>
<tr><td rowspan="2">项目资金收入（已完成项目）</td><td rowspan="2">150 000</td><td rowspan="2" colspan="2">拨出经费</td><td>基本支出</td><td>100 000</td></tr>
<tr><td>项目支出（已完成项目）</td><td>80 000</td></tr>
</table>

第十一章

行政单位会计报表

学习目标

- 熟悉行政单位会计报表的种类
- 熟悉行政单位会计报表的编制要求
- 掌握行政单位资产负债表的编制方法
- 掌握行政单位收入支出表的编制方法
- 熟悉行政单位财政拨款收入支出表的编制方法

行政单位会计报表是反映行政单位在某一特定日期财务状况和某一会计期间全部预算收支执行结果的书面文件。本章主要阐述行政单位会计报表的种类、编制要求和年报的编制方法。

第一节 会计报表概述

一、财务报告的构成

财务报告是反映行政单位一定时期财务状况和预算执行结果的总结性书面文件，包括财务报表和财务情况说明书。行政单位财务报告是会计信息使用者（包括人民代表大会、政府及其有关部门、行政单位自身和其他会计信息使用者）了解行政单位财务状况、预算执行情况，反映行政单位受托责任的履行情况，有助于会计信息使用者进行管理、监督和决策的重要依据，也是编制下年度单位预算的基础。

（一）财务报表

1.财务报表的定义和构成

财务报表是反映行政单位财务状况和预算执行结果等的书面文件，由会计报表及其附注构成。

会计报表是反映行政单位在某一特定日期财务状况和某一会计期间预算执行结果的书面文件，包括资产负债表、收入支出表、财政拨款收入支出表等。

附注是指对在会计报表中列示项目的文字描述或明细资料，以及对未能在会计报表中列示项目的说明等。行政单位的报表附注应当至少披露下列内容：（1）遵循《行政单位会计制度》的声明；（2）单位整体财务状况、预算执行情况的说明；（3）会计报表中列示的重要项目的进一步说明，包括其主要构成、增减变动情况等；（4）重要资产处理、资产重大损失情况的说明；（5）以名义金额计量的资产名称、数量等情况，以及以名义金额计量理由的说明；（6）或有负债情况的说明，一年以上到期负债预计偿还时间和数量的说明；（7）以前年度结转结余调整情况的说明；（8）有助于理解和分析会计报表需要说明的其他事项。

2.财务报表的编制要求

行政单位应当按照下列要求编制财务报表：

（1）行政单位资产负债表、财政拨款收入支出表和附注应当至少按照年度编制，收入支出表应当按照月度和年度编制。

（2）行政单位应当根据《行政单位会计制度》编制并提供真实、完整的财务报表。行政单位不得违反规定，随意改变该制度规定的会计报表格式、编制依据和方法，不得随意改变该制度规定的会计报表有关数据的会计口径。

（3）行政单位的财务报表应当根据登记完整、核对无误的账簿记录和其他有关资料编制，要做到数字真实、计算准确、内容完整、报送及时。

（4）行政单位的财务报表应当由单位负责人和主管会计工作的负责人、会计机构负责人（会计主管人员）签名并盖章。

（二）财务情况说明书

财务情况说明书是行政单位在对某一会计期间的收入和支出、结转结余、资产负债变动等情况进行分析的基础上所做的数字和文字说明。它是行政单位财务报告的有机组成部分。

财务情况说明书应主要说明行政单位本期收入、支出、结转结余、专项资金使用及资产负债变动等情况，以及影响财务状况变化的重要事项，总结财务管理经验，对存在的问题提出改进意见。

二、会计报表的分类

行政单位的会计报表按照不同标准，可分为不同种类：

（一）按反映的经济内容分类

按照反映的经济内容，行政单位的会计报表可分为资产负债表、收入支出表和财政拨款收入支出表。资产负债表，是反映行政单位在某一特定日期财务状况的报表。收入支出表，是反映行政单位在某一会计期间全部预算收支执行结果的报表。财政拨款收入支出表，是反映行政单位在某一会计期间财政拨款收入、支出、结转及结余情况的报表。

（二）按编报时间分类

按照编报时间，行政单位的会计报表可分为月报表和年报表。月报表是反映行政单位截至报告月度财务状况和预算收支执行结果的报表。月报表应当编制收入支出表，也可以编制资产负债表。年报表是全面反映年度财务状况和预算收支执行结果的报表。年报表要求编制资产负债表、收入支出表和财政拨款收入支出表。

（三）按编报的层次分类

按照编报的层次，行政单位的会计报表可分为本级报表和汇总报表。本级报表，是各级行政单位编制的反映本单位财务状况和预算执行情况的会计报表。汇总报表，是主管会计单位根据本级会计报表和经审查过的所属单位会计报表汇总编制的会计报表。

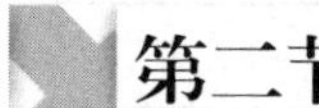

第二节　会计报表编制

一、资产负债表

（一）概念及基本格式

资产负债表是反映行政单位在某一特定日期财务状况的报表，是行政单位的主要会计报表之一，属于静态报表。通过资产负债表，可以提供行政单位：在某一特定日期的全部资产、负债和净资产的情况；某一日期资产的总额及其结构，表明行政单位拥有或控制的资源及其分布情况；某一日期负债总额及其结构，表明行政单位未来需要用多少资产或劳务清偿债务以及清偿时间；某一日期净资产的总额及其结构，表明行政单位拥有的各项基金及结转和结余情况。行政单位资产负债表应当按年编制，也可以按月编制。

资产负债表应当按照资产、负债和净资产分类，分项列示，按照“资产=负债+净资产”的平衡公式设置，分为左右两方，左方列示资产各项目，反映资产的分布及存在形态；右方列示负债和净资产各项目，反映负债和净资产的内容及构成情况。资产负债表左右两方总计数相等。资产负债表的基本格式参见表11-1。

（二）填列方法

资产负债表中的各项目都有两栏数据，即“年初余额”和“期末余额”。其中，“年初余额”栏内的各项数字，应当根据上年末资产负债表“期末余额”栏内的数字填列。如果本年度资产负债表规定的各个项目的名称和数字同上年度不相一致，应对上年末资产负债表各项目的名称和数字按照本年度的规定进行调整，填入本表的“年初余额”栏内。“期末余额”栏内的各项数字，一般根据资产、负债和净资产类科目的期末余额填列，具体填列方法如下：

1.资产类项目

（1）“库存现金”项目，反映行政单位期末库存现金的金额。本项目应当根据“库存现金”科目的期末余额填列；期末库存现金中有属于受托代理现金的，本项目应当根据“库存现金”科目的期末余额减去其中属于受托代理的现金金额后的余额填列。

表11-1　　**资产负债表**　　会行政01表

编制单位　　年　月　日　　单位：元

资产	年初余额	期末余额	负债和净资产	年初余额	期末余额
流动资产：			流动负债：		
库存现金			应缴财政款		
银行存款			应缴税费		
财政应返还额度			应付职工薪酬		
应收账款			应付账款		
预付账款			应付政府补贴款		
其他应收款			其他应付款		
存货			一年内到期的非流动负债		
流动资产合计			流动负债合计		
固定资产			非流动负债：		
固定资产原价			长期应付款		
减：固定资产累计折旧			受托代理负债		
在建工程			非流动负债合计		
无形资产			负债合计		
无形资产原价					
减：累计摊销			净资产：		
待处理财产损溢			财政拨款结转		
政府储备物资			财政拨款结余		
公共基础设施			其他资金结转结余		
公共基础设施原价			其中：项目结转		
减：公共基础设施累计折旧			资产基金		
公共基础设施在建工程			待偿债净资产		
受托代理资产			净资产合计		
资产总计			负债和净资产总计		

（2）“银行存款”项目，反映行政单位期末银行存款的金额。本项目应当根据“银行存款”科目的期末余额填列；期末银行存款中有属于受托代理存款的，本项目应当根据“银行存款”科目的期末余额减去其中属于受托代理的存款金额后的余额填列。

（3）“财政应返还额度”项目，反映行政单位期末财政应返还额度的金额。本项目应当根据“财政应返还额度”科目的期末余额填列。

（4）“应收账款”项目，反映行政单位期末尚未收回的应收账款金额。本项目应当根据“应收账款”科目的期末余额填列。

（5）“预付账款”项目，反映行政单位预付给物资或者服务提供者款项的金额。本项目应当根据“预付账款”科目的期末余额填列。

（6）“其他应收款”项目，反映行政单位期末尚未收回的其他应收款金额。本项目应当根据“其他应收款”科目的期末余额填列。

（7）“存货”项目，反映行政单位期末为开展业务活动耗用而储存的存货的实际成本。本项目应当根据“存货”科目的期末余额填列。

（8）“固定资产”项目，反映行政单位期末各项固定资产的账面价值。本项目应当根据“固定资产”科目的期末余额减去“累计折旧”科目中“固定资产累计折旧”明细科目的期末余额后的金额填列。

“固定资产原价”项目，反映行政单位期末各项固定资产的原价。本项目应当根据“固定资产”科目的期末余额填列。

“固定资产累计折旧”项目，反映行政单位期末各项固定资产的累计折旧金额。本项目应当根据“累计折旧”科目中“固定资产累计折旧”明细科目的期末余额填列。

（9）“在建工程”项目，反映行政单位期末除公共基础设施在建工程以外的尚未完工交付使用的在建工程的实际成本。本项目应当根据“在建工程”科目中属于非公共基础设施在建工程的期末余额填列。

（10）“无形资产”项目，反映行政单位期末各项无形资产的账面价值。本项目应当根据“无形资产”科目的期末余额减去“累计摊销”科目的期末余额后的金额填列。

“无形资产原价”项目，反映行政单位期末各项无形资产的原价。本项目应当根据“无形资产”科目的期末余额填列。

“累计摊销”项目，反映行政单位期末各项无形资产的累计摊销金额。本项目应当根据“累计摊销”科目的期末余额填列。

（11）“待处理财产损溢”项目，反映行政单位期末待处理财产的价值及待处理损溢。本项目应当根据“待处理财产损溢”科目的期末借方余额填列；如“待处理财产损溢”科目期末为贷方余额，则以“-”号填列。

（12）“政府储备物资”项目，反映行政单位期末储存管理的各种政府储备物资的实际成本。本项目应当根据“政府储备物资”科目的期末余额填列。

（13）“公共基础设施”项目，反映行政单位期末占有并直接管理的公共基础设施的账面价值。本项目应当根据“公共基础设施”科目的期末余额减去“累计折旧”科目中

“公共基础设施累计折旧”明细科目的期末余额后的金额填列。

“公共基础设施原价”项目，反映行政单位期末占有并直接管理的公共基础设施的原价。本项目应当根据“公共基础设施”科目的期末余额填列。

“公共基础设施累计折旧”项目，反映行政单位期末占有并直接管理的公共基础设施的累计折旧金额。本项目应当根据“累计折旧”科目中“公共基础设施累计折旧”明细科目的期末余额填列。

（14）“公共基础设施在建工程”项目，反映行政单位期末尚未完工交付使用的公共基础设施在建工程的实际成本。本项目应当根据“在建工程”科目中属于公共基础设施在建工程的期末余额填列。

（15）“受托代理资产”项目，反映行政单位期末受托代理资产的价值。本项目应当根据“受托代理资产”科目的期末余额（扣除其中受托储存管理物资的金额）加上“库存现金”、“银行存款”科目中属于受托代理资产的现金余额和银行存款余额的合计数填列。

2. 负债类项目

（16）“应缴财政款”项目，反映行政单位期末按规定应当上缴财政的款项（应缴税费除外）。本项目应当根据“应缴财政款”科目的期末余额填列。

（17）“应缴税费”项目，反映行政单位期末应缴未缴的各种税费。本项目应当根据“应缴税费”科目的期末贷方余额填列；如“应缴税费”科目期末为借方余额，则以“-”号填列。

（18）“应付职工薪酬”项目，反映行政单位期末尚未支付给职工的各种薪酬。本项目应当根据“应付职工薪酬”科目的期末余额填列。

（19）“应付账款”项目，反映行政单位期末尚未支付的偿还期限在一年以内（含一年）的应付账款的金额。本项目应当根据“应付账款”科目的期末余额填列。

（20）“应付政府补贴款”项目，反映行政单位期末尚未支付的应付政府补贴款的金额。本项目应当根据“应付政府补贴款”科目的期末余额填列。

（21）“其他应付款”项目，反映行政单位期末尚未支付的其他各项应付及暂收款项的金额。本项目应当根据“其他应付款”科目的期末余额填列。

（22）“一年内到期的非流动负债”项目，反映行政单位期末承担的一年以内（含一年）到偿还期的非流动负债。本项目应当根据“长期应付款”等科目的期末余额分析填列。

（23）“长期应付款”项目，反映行政单位期末承担的偿还期限超过一年的应付款项。本项目应当根据“长期应付款”科目的期末余额减去其中一年以内（含一年）到偿还期的长期应付款金额后的余额填列。

（24）“受托代理负债”项目，反映行政单位期末受托代理负债的金额。本项目应当根据“受托代理负债”科目的期末余额（扣除其中受托储存管理物资对应的金额）填列。

3.净资产类项目

（25）"财政拨款结转"项目，反映行政单位期末滚存的财政拨款结转资金。本项目应当根据"财政拨款结转"科目的期末余额填列。

（26）"财政拨款结余"项目，反映行政单位期末滚存的财政拨款结余资金。本项目应当根据"财政拨款结余"科目的期末余额填列。

（27）"其他资金结转结余"项目，反映行政单位期末滚存的除财政拨款以外的其他资金结转结余的金额。本项目应当根据"其他资金结转结余"科目的期末余额填列。

"项目结转"项目，反映行政单位期末滚存的非财政拨款未完成项目结转资金。本项目应当根据"其他资金结转结余"科目中"项目结转"明细科目的期末余额填列。

（28）"资产基金"项目，反映行政单位期末预付账款、存货、固定资产、在建工程、无形资产、政府储备物资、公共基础设施等非货币性资产在净资产中占用的金额。本项目应当根据"资产基金"科目的期末余额填列。

（29）"待偿债净资产"项目，反映行政单位期末因应付账款和长期应付款等负债而相应需在净资产中冲减的金额。本项目应当根据"待偿债净资产"科目的期末借方余额以"-"号填列。

（三）行政单位按月编制资产负债表的要求

1. 月度资产负债表应在资产部分的"银行存款"项目下增加"零余额账户用款额度"项目。

2. "零余额账户用款额度"项目，反映行政单位期末零余额账户用款额度的金额。本项目应当根据"零余额账户用款额度"科目的期末余额填列。

3. "财政拨款结转"项目。本项目应当根据"财政拨款结转"科目的期末余额，加上"财政拨款收入"科目本年累计发生额，减去"经费支出——财政拨款支出"科目本年累计发生额后的余额填列。

4. "其他资金结转结余"项目。本项目应当根据"其他资金结转结余"科目的期末余额，加上"其他收入"科目本年累计发生额，减去"经费支出——其他资金支出"科目本年累计发生额，再减去"拨出经费"科目本年累计发生额后的余额填列。

5. "项目结转"项目。本项目应当根据"其他资金结转结余"科目中"项目结转"明细科目的期末余额，加上"其他收入"科目中项目收入的本年累计发生额，减去"经费支出——其他资金支出"科目中项目支出本年累计发生额，再减去"拨出经费"科目中项目支出本年累计发生额后的余额填列。

6. 月度资产负债表其他项目的填列方法与年度资产负债表的填列方法相同。

【例11-1】A行政单位20×1年12月31日的资产负债表（年初余额略）及20×2年12月31日的科目余额表如下表所示。

资产负债表

会行政01表

编制单位：A行政单位　　20×1年12月31日　　单位：元

资产	年初余额	期末余额	负债和净资产	年初余额	期末余额
流动资产：			流动负债：		
库存现金		11 500	应缴财政款		
银行存款		123 700	应缴税费		12 700
财政应返还额度		21 500	应付职工薪酬		95 000
应收账款		20 000	应付账款		120 000
预付账款		10 000	应付政府补贴款		
其他应收款		13 000	其他应付款		5 000
存货		78 000	一年内到期的非流动负债		
流动资产合计		277 700	流动负债合计		232 700
固定资产		110 000	非流动负债：		
固定资产原价		150 000	长期应付款		60 000
减：累计折旧		40 000	受托代理负债		25 000
在建工程		140 000	非流动负债合计		85 000
无形资产			负债合计		317 700
无形资产原价					
减：累计摊销			净资产：		
待处理财产损溢			财政拨款结转		67 000
政府储备物资		71 300	财政拨款结余		
公共基础设施			其他资金结转结余		10 000
公共基础设施原价			其中：项目结转		
减：公共基础设施累计折旧			资产基金		409 300
公共基础设施在建工程			待偿债净资产		−180 000
受托代理资产		25 000	净资产合计		306 300
资产总计		624 000	负债和净资产总计		624 000

科目余额表

编制单位：A行政单位　　　　　　20×2年12月31日　　　　　　单位：元

科目名称	借方余额	科目名称	贷方余额
库存现金	20 000	应缴税费	5 000
银行存款	83 000	应付职工薪酬	120 000
财政应返还额度	25 000	应付账款	50 000
应收账款	30 000	其他应付款	5 000
预付账款	20 000	长期应付款	60 000
其他应收款	9 000	财政拨款结转	32 000
存货	25 000	其他资金结转结余	5 000
固定资产	170 000	资产基金	503 000
累计折旧	− 50 000	待偿债净资产	−110 000
在建工程	230 000		
无形资产	120 000		
累计摊销	−12 000		
合计	670 000	合计	670 000

根据上述资料，可编制A行政单位20×2年12月31日的资产负债表，如下表所示。

资产负债表

会行政01表

编制单位：A行政单位　　　　　　20×2年12月31日　　　　　　单位：元

资产	年初余额	期末余额	负债和净资产	年初余额	期末余额
流动资产：			流动负债：		
库存现金	11 500	20 000	应缴财政款		
银行存款	123 700	83 000	应缴税费	12 700	5 000
财政应返还额度	21 500	25 000	应付职工薪酬	95 000	120 000
应收账款	20 000	30 000	应付账款	120 000	50 000
预付账款	10 000	20 000	应付政府补贴款		
其他应收款	13 000	9 000	其他应付款	5 000	5 000
存货	78 000	25 000	一年内到期的非流动负债		
流动资产合计	277 700	212 000	流动负债合计	232 700	180 000
固定资产	110 000	120 000	非流动负债：		
固定资产原价	150 000	170 000	长期应付款	60 000	60 000
减：累计折旧	40 000	50 000	受托代理负债	25 000	
在建工程	140 000	230 000	非流动负债合计	85 000	60 000
无形资产		108 000	负债合计	317 700	240 000
无形资产原价		120 000			
减：累计摊销		12 000	净资产：		
待处理财产损溢			财政拨款结转	67 000	32 000
政府储备物资	71 300		财政拨款结余		
公共基础设施			其他资金结转结余	10 000	5 000
公共基础设施原价			其中：项目结转		
减：公共基础设施累计折旧			资产基金	409 300	503 000
公共基础设施在建工程			待偿债净资产	−180 000	−110 000
受托代理资产	25 000		净资产合计	306 300	430 000
资产总计	624 000	670 000	负债和净资产总计	624 000	670 000

二、收入支出表

（一）概念及基本格式

收入支出表是反映行政单位在某一会计期间全部预算收支执行结果的报表，是行政单位的主要会计报表之一，属于动态报表。通过收入支出表，可以提供行政单位在某一会计期间内的各项收入、支出和结转结余情况。按编制的时间不同，收入支出表可分为月报表和年报表。

收入支出表应当按照收入、支出的构成和结转结余情况分项列示。收入支出表的基本格式如表11-2所示。

表11-2　　　　　　　　　　**收入支出表**　　　　　　　　　　会行政02表

编制单位：　　　　　　　　　　年　月　　　　　　　　　　单位：元

项目	本月数	本年累计数
一、年初各项资金结转结余		
（一）年初财政拨款结转结余		
1.财政拨款结转		
2.财政拨款结余		
（二）年初其他资金结转结余		
二、各项资金结转结余调整及变动		
（一）财政拨款结转结余调整及变动		
（二）其他资金结转结余调整及变动		
三、收入合计		
（一）财政拨款收入		
1.基本支出拨款		
2.项目支出拨款		
（二）其他资金收入		
1.非项目收入		
2.项目收入		
四、支出合计		
（一）财政拨款支出		
1.基本支出		
2.项目支出		
（二）其他资金支出		
1.非项目支出		
2.项目支出		
五、本期收支差额		
（一）财政拨款收支差额		
（二）其他资金收支差额		
六、年末各项资金结转结余		
（一）年末财政拨款结转结余		
1.财政拨款结转		
2.财政拨款结余		
（二）年末其他资金结转结余		

（二）填列方法

收入支出表中的各项目都有两栏数据，即“本月数”和“本年累计数”。其中，“本月数”栏反映各项目的本月实际发生数。编制年度收入支出表时，应当将本栏改为“上年数”栏，反映上年度各项目的实际发生数。如果本年度收入支出表规定的各个项目的名称和内容同上年度不一致，应对上年度收入支出表各项目的名称和数字按照本年度的规定进行调整，填入本年度收入支出表的“上年数”栏。“本年累计数”栏反映各项目自年初起至报告期末止的累计实际发生数。编制年度收入支出表时，应当将本栏改为“本年数”。

收入支出表“本月数”栏各项目的内容和填列方法如下：

1.“年初各项资金结转结余”项目及其所属各明细项目，反映行政单位本年初所有资金结转结余的金额。各明细项目应当根据“财政拨款结转”、“财政拨款结余”、“其他资金结转结余”及其明细科目的年初余额填列。本项目及其所属各明细项目的数额，应当与上年度收入支出表中“年末各项资金结转结余”各明细项目的数额相等。

2.“各项资金结转结余调整及变动”项目及其所属各明细项目，反映行政单位因发生需要调整以前年度各项资金结转结余的事项，以及本年因调入、上缴或交回等导致各项资金结转结余变动的金额。

（1）“财政拨款结转结余调整及变动”项目，根据“财政拨款结转”、“财政拨款结余”科目下的“年初余额调整”、“归集上缴”、“归集调入”明细科目的本期贷方发生额合计数减去本期借方发生额合计数的差额填列；如为负数，以“-”号填列。

（2）“其他资金结转结余调整及变动”项目，根据“其他资金结转结余”科目下的“年初余额调整”、“结余调剂”明细科目的本期贷方发生额合计数减去本期借方发生额合计数的差额填列；如为负数，以“-”号填列。

3.“收入合计”项目，反映行政单位本期取得的各项收入的金额。本项目应当根据“财政拨款收入”科目的本期发生额加上“其他收入”科目的本期发生额的合计数填列。

（1）“财政拨款收入”项目及其所属明细项目，反映行政单位本期从同级财政部门取得的各类财政拨款的金额。本项目应当根据“财政拨款收入”科目及其所属明细科目的本期发生额填列。

（2）“其他资金收入”项目及其所属明细项目，反映行政单位本期取得的各类非财政拨款的金额。本项目应当根据“其他收入”科目及其所属明细科目的本期发生额填列。

4.“支出合计”项目，反映行政单位本期发生的各项资金支出金额。本项目应当根据“经费支出”和“拨出经费”科目本期发生额的合计数填列。

（1）“财政拨款支出”项目及其所属明细项目，反映行政单位本期发生的财政拨款支出金额。本项目应当根据“经费支出——财政拨款支出”科目及其所属明细科目的本期发生额填列。

（2）“其他资金支出”项目及其所属明细项目，反映行政单位本期使用各类非财政拨款资金发生的支出金额。本项目应当根据“经费支出——其他资金支出”和“拨出经费”科目及其所属明细科目本期发生额的合计数填列。

5.“本期收支差额”项目及其所属各明细项目，反映行政单位本期发生的各项资金收入和支出相抵后的余额。

（1）“财政拨款收支差额”项目，反映行政单位本期发生的财政拨款资金收入和支出相抵后的余额。本项目应当根据表中“财政拨款收入”项目的金额减去“财政拨款支出”项目的金额后的余额填列；如为负数，以“−”号填列。

（2）“其他资金收支差额”项目，反映行政单位本期发生的非财政拨款资金收入和支出相抵后的余额。本项目应当根据表中“其他资金收入”项目的金额减去“其他资金支出”项目的金额后的余额填列；如为负数，以“−”号填列。

6.“年末各项资金结转结余”项目及其所属各明细项目，反映行政单位截至本年末的各项资金结转结余金额。各明细项目应当根据“财政拨款结转”、“财政拨款结余”、“其他资金结转结余”科目的年末余额填列。

上述“年初各项资金结转结余”、“年末各项资金结转结余”项目及其所属各明细项目，只在编制年度收入支出表时填列。

【例11−2】假设B行政单位20×1年度收入支出表中的“财政拨款结转”、“财政拨款结余”、“其他资金结转结余”的本年数分别为10 000元、5 000元和8 000元。20×2年度有关收入和支出科目的本年发生额如下表所示。

20×2年度有关收入和支出科目的本年发生额

<table>
<tr><th colspan="2">收入科目</th><th>贷方金额
（元）</th><th colspan="3">支出科目</th><th>借方金额
（元）</th></tr>
<tr><td rowspan="4">财政拨款收入</td><td>基本支出</td><td>850 000</td><td rowspan="5">经费支出</td><td rowspan="3">财政拨款支出</td><td>基本支出</td><td>700 000</td></tr>
<tr><td>项目支出
（未完成项目）</td><td>200 000</td><td>项目支出
（未完成项目）</td><td>120 000</td></tr>
<tr><td rowspan="2">项目支出
（已完成项目）</td><td rowspan="2">100 000</td><td>项目支出
（已完成项目）</td><td>80 000</td></tr>
<tr><td rowspan="2">其他资金支出</td><td>非项目支出</td><td>250 000</td></tr>
<tr><td rowspan="3">其他收入</td><td>非项目资金收入</td><td>400 000</td><td>项目支出
（已完成项目）</td><td>50 000</td></tr>
<tr><td rowspan="2">项目资金收入
（已完成项目）</td><td rowspan="2">150 000</td><td colspan="2" rowspan="2">拨出经费</td><td>基本支出</td><td>100 000</td></tr>
<tr><td>项目支出
（已完成项目）</td><td>80 000</td></tr>
</table>

假设20×2年度未发生调整以前年度各项资金结转结余的事项，以及本年因调入、上缴或交回等导致各项资金结转结余变动的事项。

根据上述资料，编制B行政单位20×2年度收入支出表。

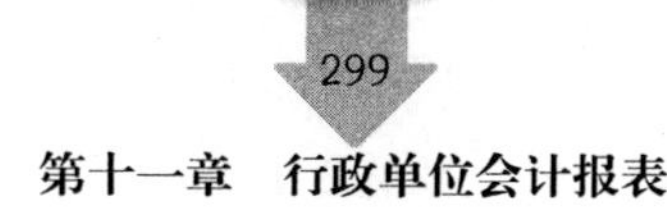

收入支出表

会行政02表

编制单位：B行政单位　　20×2年度　　单位：元

项目	上年数（略）	本年数
一、年初各项资金结转结余		23 000
（一）年初财政拨款结转结余		15 000
1.财政拨款结转		10 000
2.财政拨款结余		5 000
（二）年初其他资金结转结余		8 000
二、各项资金结转结余调整及变动		—
（一）财政拨款结转结余调整及变动		—
（二）其他资金结转结余调整及变动		—
三、收入合计		1 700 000
（一）财政拨款收入		1 150 000
1.基本支出拨款		850 000
2.项目支出拨款		300 000
（二）其他资金收入		550 000
1.非项目收入		400 000
2.项目收入		150 000
四、支出合计		1 380 000
（一）财政拨款支出		900 000
1.基本支出		700 000
2.项目支出		200 000
（二）其他资金支出		480 000
1.非项目支出		350 000
2.项目支出		130 000
五、本期收支差额		320 000
（一）财政拨款收支差额		250 000
（二）其他资金收支差额		70 000
六、年末各项资金结转结余		343 000
（一）年末财政拨款结转结余		265 000
1.财政拨款结转		240 000
2.财政拨款结余		25 000
（二）年末其他资金结转结余		78 000

三、财政拨款收入支出表

（一）概念及基本格式

财政拨款收入支出表是反映行政单位在某一会计期间财政拨款收入、支出、结转及结余情况的报表，是行政单位主要会计报表之一，属于动态报表。通过财政拨款收入支出表，可以提供行政单位某一会计期间财政拨款收入、支出的规模及结构情况，以及财政拨款结转结余的规模与结构情况。财政拨款收入支出表按年度编制，其基本格式如表11-3所示。

表11-3　　**财政拨款收入支出表**　　会行政03表

编制单位：　　年度　　单位：元

项目	年初财政拨款结转结余		调整年初财政拨款结转结余	归集调入或上缴	单位内部调剂		本年财政拨款收入	本年财政拨款支出	年末财政拨款结转结余	
	结转	结余			结转	结余			结转	结余
一、公共财政预算资金										
（一）基本支出										
1.人员经费										
2.日常公用经费										
（二）项目支出										
1.××项目										
2.××项目										
⋮										
二、政府性基金预算资金										
(一) 基本支出										
1.人员经费										
2.日常公用经费										
(二) 项目支出										
1.××项目										
2.××项目										
⋮										
总计										

（二）填列方法

财政拨款收入支出表中的栏内各项目，应当根据行政单位取得的财政拨款种类分项设置。其中“项目支出”根据每个项目设置。行政单位取得除公共财政预算拨款和政府性基金预算拨款以外的其他财政拨款的，应当按照财政拨款种类增加相应的资金项目及明细项目。

财政拨款收入支出表各栏及其对应项目的内容和填列方法如下：

1.“年初财政拨款结转结余”栏中各项目，反映行政单位年初各项财政拨款结转和结余的金额。各项目应当根据“财政拨款结转”、“财政拨款结余”及其明细科目的年初余额填列。本栏目中各项目的数额，应当与上年度财政拨款收入支出表中“年末财政拨款结转结余”栏中各项目的数额相等。

2.“调整年初财政拨款结转结余”栏中各项目，反映行政单位对年初财政拨款结转结余的调整金额。各项目应当根据“财政拨款结转”、“财政拨款结余”科目中“年初余额调整”科目及其所属明细科目的本年发生额填列。如调整减少年初财政拨款结转结余，以“-”号填列。

3.“归集调入或上缴”栏中各项目，反映行政单位本年取得的主管部门归集调入的财政拨款结转结余资金和按规定实际上缴的财政拨款结转结余资金金额。各项目应当根据“财政拨款结转”、“财政拨款结余”科目中“归集上缴”和“归集调入”科目及其所属明细科目的本年发生额填列。对归集上缴的财政拨款结转结余资金，以“-”号填列。

4.“单位内部调剂”栏中各项目，反映行政单位本年财政拨款结转结余资金在内部不同项目之间的调剂金额。各项目应当根据“财政拨款结转”和“财政拨款结余”科目中的“单位内部调剂”及其所属明细科目的本年发生额填列。对单位内部调剂减少的财政拨款结转结余资金，以“-”号填列。

5.“本年财政拨款收入”栏中各项目，反映行政单位本年从同级财政部门取得的各类财政预算拨款金额。各项目应当根据“财政拨款收入”科目及其所属明细科目的本年发生额填列。

6.“本年财政拨款支出”栏中各项目，反映行政单位本年发生的财政拨款支出金额。各项目应当根据“经费支出”科目及其所属明细科目的本年发生额填列。

7.“年末财政拨款结转结余”栏中各项目，反映行政单位年末财政拨款结转结余的金额。各项目应当根据“财政拨款结转”、“财政拨款结余”科目及其所属明细科目的年末余额填列。

第三节　会计报表的审核、汇总和分析

一、行政单位会计报表审核

（一）会计报表审核的内容

行政单位会计报表编制完以后，为了保证会计报表的质量、维护财经纪律，各行政单位的会计还应对会计报表进行认真的审核。行政单位会计报表审核的主要内容包括：

1. 审核编制范围是否全面，是否有漏报和重复编报现象。

2. 审核编制方法是否符合国家统一的财务会计制度，是否符合行政单位会计决算报

告的编制要求。

3.审核编制内容是否真实、完整、准确，审核单位账簿与报表是否相符、金额单位是否正确，有无漏报、重报项目以及虚报和瞒报等弄虚作假现象。

4.审核报表中的相关数据是否衔接一致，包括表间数据之间、分户数据与汇总数据之间、报表数据与计算机录入数据之间是否衔接一致。

5.将报表与上年数据资料进行核对，审核数据变动是否合理。

（二）会计报表审核的方法

行政单位会计报表的审核应采取人工审核与计算机审核相结合的方法。

1.人工审核。它包括政策性审核和规范性审核。政策性审核主要以现行财务制度和有关政策规定为依据，对重点指标进行审核；规范性审核侧重于报告编制的正确性和真实性及勾稽关系等方面的审核。

2.计算机审核。它是利用软件提供的数据审核功能，逐户审核报表的表内或表间关系，检查数据的逻辑性与完整性。

（三）会计报表审核的工作方式

行政单位会计报表审核的工作方式可根据实际情况分为自行审核、集中会审、委托审核等。

1.自行审核。它是指各级行政单位在上报会计报表前应自行将本单位报表以及有关数据资料，按统一规定的审核内容进行逐项复核。

2.集中会审。它是指各部门、各地区组织专门力量对行政单位编制的会计报表及相关资料，按照统一的标准及要求进行集中对账或分户复核。

3.委托审核。它是指委托中介机构对行政单位的会计报表数据及相关资料进行审核。

二、行政单位会计报表汇总

行政单位会计报表经过审核后，主管会计单位应根据本级报表和审核后的所属单位报表，编制汇总报表。行政单位会计报表逐级汇总，由主管部门上报财政部门。汇总报表的种类、内容、格式与各行政单位会计编制的报表相同。

主管会计单位编制的汇总报表主要是资产负债表和收入支出总表。编制的一般方法是：主管会计单位先编出本单位的资产负债表和收入支出总表，然后与经审核无误的所属单位的资产负债表和收入支出总表汇总，编制本部门汇总的资产负债表和收入支出总表。在汇编中，除了为避免上下级重复计列收入和支出，将上下级单位之间对应科目的数字予以冲销外，其他各项目的数字，应将本单位报表和所属单位报表中的相同科目数字相加后，直接填列，归总报表有关科目数字。

三、行政单位会计报表分析

行政单位会计报表分析，是依据会计核算资料和其他有关信息资料，对单位财务活动过程及其结果进行的研究、分析和评价。

（一）会计报表分析的内容

行政单位会计报表分析的内容包括预算执行、开支水平、人员增减、固定资产利用等。

1.预算执行情况分析。其主要分析行政单位实际收支与预算安排之间的差异及其产生的原因。由于行政单位的收入主要依靠国家财政拨款，因此，其预算执行情况的分析着重于预算支出执行情况的分析。而预算支出执行情况的分析，可以通过编制“预算支出执行情况分析表”进行，分别列示预算支出各项目的上年实际数、本年预算数、本年实际数，以及本年实际数占上年实际数的比重和占本年预算数的比重，并分析各项目本年实际数与预算数产生差异的原因。

2.开支水平分析。其主要分析行政单位各项支出是否按规定用途使用，是否符合费用开支标准，是否符合费用开支定额，有否超标准开支，有否铺张浪费，有否乱开支和乱摊销。可与本单位以前年度比，也可与其他单位比，找出差距及形成原因，以便今后加以改进。

3.人员增减情况分析。其主要分析行政单位的人员配备是否符合国家核定的人员编制要求。具体地说是分析各类人员配备在结构上是否合理，在总量上是否超出编制总数，若存在超编现象，应分析超编原因及超编对支出的影响程度；若存在缺编现象，应分析缺编原因及缺编对支出的影响程度。

4.固定资产利用情况分析。其主要分析行政单位固定资产是否得到了充分有效的运用，是否有不需用的固定资产，是否有未使用的固定资产；在用的固定资产利用程度如何，是否有闲置浪费的现象；在用的固定资产维护保养工作如何，有否乱用、滥用、丢失、毁损和非正常报废现象；固定资产的增加、减少是否正当、合理，手续是否完备。

（二）会计报表分析的方法

1.比较分析法

比较分析法是通过对两个有关可比指标进行对比，来分析指标之间相互关系的一种分析方法。通过指标对比，可以找出差距、揭露矛盾、分析原因，为解决问题提供线索。

在采用比较分析法进行分析时，通常是将本期实际数同以下几个指标进行对比分析：

（1）与本期预算数比较，可以发现实际与预算之间的差异，反映预算执行情况和完成进度，发现可能存在的问题，找出影响预算执行的主要因素。

（2）与上期或上年同期的实际数比较，可以了解和分析本单位不同时期收入与支出的增减变化趋势，了解业务活动或资金活动的发展趋势。

（3）与先进水平比较，可以揭示本单位与先进水平的差异，了解本单位存在的问题和明确改进措施。

2.比率分析法

比率分析法是通过计算各种财务比率指标，找出各项目变化的趋势及成因。行政单位的财务比率指标主要包括：支出增长率、当年预算支出完成率、人均开支、项目支出占总支出的比率、人员支出占总支出的比率、公用支出占总支出的比率、人均办公使用面积、人车比例等。行政单位可以根据其业务特点，增加财务分析指标。

（1）支出增长率。它是衡量行政单位支出增长水平的指标。其计算公式为：

$$支出增长率=（\frac{本期支出总数}{上期支出总数}-1）\times 100\%$$

（2）当年预算支出完成率。它是衡量行政单位当年支出总预算及分项预算完成程度的指标。其计算公式为：

$$当年预算支出完成率=\frac{年终执行数}{年初预算数\pm 年中预算调整数}\times 100\%$$

式中的“年终执行数”不含上年结转和结余支出数。

（3）人均开支。它是衡量行政单位人均年消耗经费的水平，反映经费支出与人员配置之间关系的指标。其计算公式为：

$$人均开支=\frac{本期支出数}{本期平均在职人员数}\times 100\%$$

（4）项目支出占总支出的比率。它是反映行政单位支出结构和项目支出规模的指标。其计算公式为：

$$项目支出占总支出的比率=\frac{本期项目支出数}{本期支出总数}\times 100\%$$

（5）人员支出、公用支出占总支出的比率。它是反映行政单位的支出结构、人员支出和公用支出规模的指标。其计算公式为：

$$人员支出占总支出的比率=\frac{本期人员支出数}{本期支出总数}\times 100\%$$

$$公用支出占总支出的比率=\frac{本期公用支出数}{本期支出总数}\times 100\%$$

（6）人均办公使用面积。它是衡量行政单位办公用房配备情况的指标。其计算公式为：

$$人均办公使用面积=\frac{本期末单位办公用房使用面积}{本期末在职人员数}$$

（7）人车比例。它是反映行政单位公务用车配备情况的指标。其计算公式为：

$$人车比例=\frac{本期末在职人员数}{本期末业务用车实有数}:1$$

复习思考

1.什么是行政单位财务报告和财务报表？其各自包括哪些内容？

2.什么是行政单位会计报表？

3.什么是行政单位的资产负债表和收入支出表？如何列示？

4.什么是行政单位的财政拨款收入支出表？按什么时间编制？

5.行政单位会计报表附注包括哪些内容？

6.行政单位的财务分析指标主要有哪些？

操作练习

目的：掌握年度资产负债表和收入支出表的编制方法。

资料：假设甲行政单位的资产负债情况与收支情况如下：

1. 甲行政单位20×1年12月31日的资产负债表（年初余额略）如下表所示。

资产负债表

会行政01表

编制单位：甲行政单位　　20×1年12月31日　　单位：元

资产	年初余额	期末余额	负债和净资产	年初余额	期末余额
流动资产：			流动负债：		
库存现金		20 000	应缴财政款		20 000
银行存款		103 000	应缴税费		5 000
财政应返还额度		25 000	应付职工薪酬		120 000
应收账款		30 000	应付账款		50 000
预付账款		20 000	应付政府补贴款		
其他应收款		9 000	其他应付款		5 000
存货		25 000	一年内到期的非流动负债		
流动资产合计		232 000	流动负债合计		200 000
固定资产		120 000	非流动负债：		
固定资产原价		170 000	长期应付款		60 000
减：累计折旧		50 000	受托代理负债		25 000
在建工程		230 000	非流动负债合计		85 000
无形资产		108 000	负债合计		285 000
无形资产原价		120 000			
减：累计摊销		12 000	净资产：		
待处理财产损溢			财政拨款结转		32 000
政府储备物资			财政拨款结余		
公共基础设施			其他资金结转结余		5 000
公共基础设施原价			其中：项目结转		
减：公共基础设施累计折旧			资产基金		503 000
公共基础设施在建工程			待偿债净资产		−110 000
受托代理资产		25 000	净资产合计		430 000
资产总计		715 000	负债和净资产总计		715 000

2. 甲行政单位20×2年发生如下经济业务：

（1）收到财政部门批复的上年末下达零余额账户用款额度25 000元。

（2）通过银行将应缴财政款20 000元上缴财政部门。

（3）收到“财政授权支付额度到账通知书”，列明授权支付额度100 000元，均属于基本支出。

（4）计提职工薪酬2 200 000元。

（5）通过财政部门零余额账户支付职工薪酬1 770 000元，代扣个人所得税220 000元、住房公积金和社会保险费330 000元。

（6）以银行存款上缴年初应缴税费5 000元，通过财政部门零余额账户支付职工承担的个人所得税220 000元、住房公积金和社会保险费330 000元。

（7）职工报销差旅费8 000元，退回现金500元。

（8）购买办公设备（属于基本支出），价值1 000 000元，直接交付使用。款项实行财政直接支付。

（9）将价值25 000元的受托转赠物资交付给受赠人。

（10）计提本年固定资产折旧100 000元，无形资产摊销12 000元。

（11）通过单位零余额账户偿付应付账款50 000元（属于基本支出）。

（12）年末，根据对账确认本年度财政直接支付预算指标数为3 300 000元，财政直接支付实际支出数为3 250 000元；本年度零余额账户用款额度下达数为125 000元，零余额账户用款额度支用数为50 000元。财政直接支付预算指标剩余资金属于基本支出。

要求：

1. 根据上述经济业务编制会计分录。对其中涉及“财政拨款收入”和“经费支出”科目的，要求列出二级明细科目。

2. 根据要求1的账务处理结果，编制结转本年度收入和支出的会计分录。其中涉及“财政拨款结转”科目的，要求列出明细科目。

3. 根据要求2的账务处理结果，将“财政拨款结转”科目所属明细科目余额转入“剩余结转”明细科目。

4. 编制20×2年度资产负债表和收入支出表。

第四篇

事业单位会计

第十二章

事业单位会计概述

学习目标

- 理解事业单位会计的概念、组织系统和特点
- 熟悉事业单位会计核算应遵循的会计制度
- 熟悉事业单位会计的会计科目及其核算内容

事业单位会计是事业单位核算、反映和监督单位预算执行情况和财务状况的专业会计，是预算会计的一个组成部分。本章主要阐述事业单位会计的概念、特点、组织系统、制度体系和会计科目。

第一节 事业单位会计的概念、特点和组织系统

一、事业单位会计的概念和特点

（一）事业单位和事业单位会计的概念

根据国务院发布的《事业单位登记管理暂行条例》（国务院令第411号）及其《实施细则》（中央编办发〔2014〕4号）的规定，事业单位是指国家为了社会公益目的，由国家机关举办或者其他组织利用国有资产举办的，从事教育、科研、文化、卫生、体育、新闻出版、广播电视、社会福利、救助减灾、统计调查、技术推广与实验、公用设施管理、物资仓储、监测、勘探与勘察、测绘、检验检测与鉴定、法律服务、资源管理事务、质量技术监督事务、经济监督事务、知识产权事务、公证与认证、信息与咨询、人才交流、就业服务、机关后勤服务等活动的社会服务组织。

严格来说，我国事业单位有国有事业单位和非国有事业单位之分。国有事业单位即通常所说的事业单位，其纳入国家预算管理，主要经费来源于财政预算，不以营利为目的；非国有事业单位，即民间非营利组织，是指由民间出资兴办的、不以营利为目的，从事教育、科技、文化、卫生、宗教等社会公益活动的社会服务组织。从目前的情况来看，事业单位绝大部分由国家出资建立，大多为行政单位的下属机构，也有一部分由民间建立或由企业集团建立。从行政隶属关系来看，事业单位一般要接受国家行政机关的领导（是相应行政单位的所属单位），比如教育部或教育局直属的各类学校，文化部或文化局直属的图书馆、文化馆、博物馆等。

事业单位会计是事业单位核算、反映和监督单位预算执行情况和财务状况的专业会计，是预算会计的一个组成部分。事业单位会计适用于各级各类事业单位。

（二）事业单位会计的特点

与其他会计相比，事业单位会计具有以下特点：

1.会计核算目标兼顾决策有用和受托责任。事业单位会计核算的目标是向会计信息使用者提供与事业单位财务状况、事业成果、预算执行等有关的会计信息，反映事业单位受托责任的履行情况，有助于会计信息使用者进行社会管理和做出经济决策。

2.会计核算一般采用收付实现制，部分经济业务或者事项采用权责发生制。

3.收入来源具有多渠道性，支出具有多用途。

4.一般不进行成本核算，但可以根据实际需要采取内部成本核算办法。

5.资源提供者向该组织投入资源不取得经济回报，也不存在业主权益问题。

6.部分资产采用“双分录”核算方法。

二、事业单位会计的组织系统

根据机构建制和经费领报关系，事业单位会计的组织系统分为主管会计单位、二级会计单位和基层会计单位三级。

1.主管会计单位，向同级财政部门领报经费，并发生预算管理关系，下面有所属会计单位。

2.二级会计单位，向主管会计单位或上级单位领报经费，并发生预算管理关系，下面有所属会计单位。

3.基层会计单位，向上级单位领报经费，并发生预算管理关系，下面没有所属会计单位。向同级财政部门领报经费，并发生预算管理关系，下面没有所属会计单位的，视同基层会计单位。

主管会计单位、二级会计单位和基层会计单位实行独立会计核算，负责组织管理本部门、本单位的全部会计工作。不具备独立核算条件的事业单位，实行单据报账制度，作为“报销单位”管理。

从上述内容看，事业单位会计组织体系的原理和行政单位会计相同，但实际上也存在区别，主要是由于事业单位大多为行政单位的下属机构，所以，大多数事业单位为二级会计单位。

在实行国库集中支付制度之前，以上三个级次的事业单位之间基本的财务关系是：

主管会计单位的财政拨款由同级财政部门直接供给，二级会计单位的财政拨款由主管会计单位转拨，基层会计单位的财政拨款由上级会计单位转拨。而实行国库集中支付制度后，主管会计单位、二级会计单位、基层会计单位之间的资金领拨方式发生了变化，各事业单位的财政拨款不再实行层层转拨，而是通过财政直接支付和财政授权支付两种方式获取。

第二节　事业单位会计的制度体系

我国事业单位会计制度经过60多年的发展已经形成体系，具体而言，现行的与事业单位会计核算相关的制度主要包括以下内容：

一、事业单位通用的会计制度

事业单位通用的会计制度主要包括《事业单位财务规则》、《事业单位会计准则》和《事业单位会计制度》（简称“两则一制”）。

（一）《事业单位财务规则》

《事业单位财务规则》（财政部令第68号，以下简称新《规则》），自2012年4月1日开始实施，适用于各级各类事业单位。该规则主要规范了事业单位资产、负债、净资产、收入和支出的内容及管理方法，统一了事业单位财务报告和财务分析的内容。

新《规则》是在1996年《事业单位财务规则》（财政部令第8号）的基础上，适应支持各项社会事业加快发展的新形势以及财政改革和发展的新要求修订而来的。其主要变化有七个方面[①]：（1）进一步明确了适用范围，明确各级各类事业单位的所有财务活动都要执行本规则；（2）强化了事业单位的预算管理；（3）规范了事业单位收入和支出的概念、管理要求；（4）完善了事业单位结转和结余资金管理，分别界定了结转和结余的概念及分类；（5）进一步完善了资产的定义和分类，规范了资产的配置、使用、处置以及对外投资管理；（6）明确了事业单位应建立健全财务风险控制机制，规范和加强借入款项管理，防范财务风险；（7）规定事业单位应建立健全财务监督制度。

（二）《事业单位会计准则》

现行的《事业单位会计准则》（财政部令第72号，以下简称新《准则》），自2013年1月1日开始实施，适用于各级各类事业单位。该准则主要对事业单位会计核算的总则、会计信息质量要求、会计要素的内容及确认和计量、财务会计报告等进行了统一和规范，对事业单位会计制度起到了统驭和指导作用。

新《准则》是在1997年《事业单位会计准则（试行）》（财预字〔1997〕286号）的基础上，适应公共财政改革和发展、配合新《规则》的实施以及强化事业单位财务会

---

① 《财政部有关负责人就〈事业单位财务规则〉修订答记者问》，2012年2月22日，财政部网站http://tfs.mof.gov.cn/zhengwuxinxi/zhengcejiedu/201202/t20120222_629903.html。

计制度建设等的需要修订而来的。其主要变化有九个方面[①]：（1）明确了事业单位会计核算目标应当反映受托责任，同时兼顾决策有用；（2）合理界定了会计核算基础，规定事业单位会计核算一般采用收付实现制，部分经济业务（事项）可以采用权责发生制；（3）合理界定了会计要素，明确了会计要素包括资产、负债、净资产、收入、支出或者费用；（4）强化了会计信息质量要求，增加了全面性的要求；（5）在资产构成项目中增加了在建工程；（6）明确了各会计要素确认计量的一般原则；（7）增加了固定资产折旧和无形资产摊销的账务处理；（8）调整了净资产项目构成，增加了财政补助结转结余和非财政补助结转结余；（9）完善了财务会计报告体系，增加了财政补助收入支出表，改进了资产负债表和收入支出表的结构、项目。

（三）《事业单位会计制度》

《事业单位会计制度》（财会〔2012〕22号，以下简称新《制度》），自2013年1月1日开始实施，适用于各级各类事业单位。该制度主要对事业单位通用的会计科目及其核算内容、通用会计报表的格式及编制方法等进行了统一和规范。

新《制度》是在1997年《事业单位会计制度》（财预字〔1997〕288号）的基础上，适应公共财政改革、配合新《规则》的实施、规范事业单位会计行为以及提高事业单位会计信息质量等的需要修订而来的。其主要变化有八个方面[②]：（1）新增了与公共财政改革相关的会计核算内容，实现了会计规范与其他财政法规政策的有机衔接；（2）增加了固定资产折旧和无形资产摊销，并规定了“虚提”折旧和摊销的创新性处理方法；（3）明确规定了基建数据并入会计“大账”；（4）加强了对财政投入资金的会计核算；（5）进一步规范了非财政补助结转、结余及其分配的会计核算；（6）突出强化了资产的计价和入账管理；（7）全面完善了会计科目体系和会计科目使用说明；（8）改进了财务报表体系，增加了“财政补助收入支出表”，改进了资产负债表和收入支出表的结构及项目。

二、行业事业单位会计制度

事业单位行业多而复杂，为了突出行业特点，财政部还制定了行业事业单位会计制度。其主要包括：

1.《测绘事业单位会计制度》（财会字〔1999〕1号），自1999年1月1日开始实施，适用于纳入事业单位财务管理体系的各级各类国有测绘事业单位。该制度规定测绘事业单位会计核算一般采用权责发生制，并实行内部成本费用核算办法，规范了测绘事业单位会计科目及使用说明，并对内部成本费用核算规程、会计报表的内容及编制方法等做出了统一规定。

2.《基层医疗卫生机构会计制度》（财会〔2010〕26号），自2011年7月1日起执行。该制度适用于由政府举办的独立核算的城市社区卫生服务中心（站）、乡镇卫生院

---

① 《财政部有关负责人就〈事业单位会计准则〉修订答记者问》，2012年12月13日，财政部网站http://tfs.mof.gov.cn/zhengwuxinxi/zhengcejiedu/201212/t20121212_714251.html。

② 《财政部会计司有关负责人就修订发布〈事业单位会计制度〉答记者问》，2012年12月28日，财政部网站http://kjs.mof.gov.cn/zhengwuxinxi/zhengcejiedu/201212/t20121228_722743.html。

等基层医疗卫生机构，企事业单位、社会团体及其他社会组织举办的非营利性基层医疗卫生机构参照执行。该制度规定基层医疗卫生机构会计核算一般采用收付实现制，并对基层医疗卫生机构会计科目及使用说明、会计报表的种类和格式及编制方法等内容做出了统一规范。

3.《医院会计制度》(财会〔2010〕27号)，自2011年7月1日起在公立医院改革国家联系试点城市施行，自2012年1月1日起在全国施行。该制度是在1998年《医院会计制度》的基础上修订而来的，适用于我国各级各类独立核算的公立医院，包括综合医院、中医院、专科医院、门诊部（所)、疗养院等，不包括城市社区卫生服务中心(站)、乡镇卫生院等基层医疗卫生机构。该制度规定医院会计核算采用权责发生制，并对医院会计的会计科目及使用说明、医院对外提供的财务报告内容、会计报表的种类和格式、会计报表附注应予披露的内容等做出了统一规范。

4.《彩票机构会计制度》(财会〔2013〕23号)，自2014年1月1日开始实施，适用于彩票发行机构和彩票销售机构。该制度规定彩票机构会计核算一般采用收付实现制，部分经济业务或者事项的核算采用权责发生制；并对彩票机构的资产、负债、净资产、收入和支出的内容及核算方法、会计科目体系和会计科目使用说明、会计报表体系及会计报表编制方法等做出了统一规范。

5.《中小学校会计制度》(财会〔2013〕28号)，自2014年1月1日开始实施，适用于各级人民政府和接受国家经常性资助的社会力量举办的普通中小学校、中等职业学校、特殊教育学校、工读教育学校、成人中学和成人初等学校。该制度是在1998年《中小学校会计制度（试行）》的基础上修订而来的。其规定会计核算一般采用收付实现制，部分经济业务或者事项的核算采用权责发生制；规范了中小学校资产、负债、净资产、收入和支出的内容及核算方法，完善了中小学校的会计科目体系，改进了会计报表体系和会计报表编制方法。

6.《科学事业单位会计制度》(财会〔2013〕29号)，自2014年1月1日开始实施，适用于各级各类科学事业单位。该制度是在1997年《科学事业单位会计制度》的基础上修订而来的。其规定科学事业单位会计核算一般采用收付实现制，部分经济业务或者事项的核算采用权责发生制；规范了科学事业单位资产、负债、净资产、收入和支出的内容及核算方法，完善了科学事业单位的会计科目体系，改进了会计报表体系和会计报表编制方法。

7.《高等学校会计制度》(财会〔2013〕30号)，自2014年1月1日开始实施，适用于各级人民政府举办的全日制普通高等学校、成人高等学校。该制度是在1998年《高等学校会计制度（试行）》的基础上修订而来的。其规定会计核算一般采用收付实现制，部分经济业务或者事项的核算采用权责发生制；规范了高等学校资产、负债、净资产、收入和支出的内容及核算方法，完善了高等学校的会计科目体系，改进了会计报表体系和会计报表编制方法。

需要说明的是，限于篇幅，本篇只根据“两则一制”阐述事业单位会计的相关内容。

第三节　事业单位会计的会计科目

一、事业单位会计科目及其核算内容

按照《事业单位会计制度》的规定，事业单位通用会计科目共有48个，其中资产类科目17个、负债类科目11个、净资产类科目9个、收入类科目6个、支出类科目5个。事业单位通用会计科目及其核算内容如表12-1所示。

表12-1　**事业单位通用会计科目及其核算内容**

序号	编码	科目名称	核算内容
一、资产类			
1	1001	库存现金	核算事业单位的库存现金
2	1002	银行存款	核算事业单位存入银行及其他金融机构的各种存款
3	1011	零余额账户用款额度	核算实行国库集中支付的事业单位根据财政部门批复的用款计划收到和支用的零余额账户用款额度
4	1101	短期投资	核算事业单位依法取得的，持有时间不超过1年（含1年）的投资，主要是国债投资
5	1201	财政应返还额度	核算实行国库集中支付的事业单位应收财政返还的资金额度
6	1211	应收票据	核算事业单位因开展经营活动销售产品、提供有偿服务等而收到的商业汇票，包括银行承兑汇票和商业承兑汇票
7	1212	应收账款	核算事业单位因开展经营活动销售产品、提供有偿服务等而应收取的款项
8	1213	预付账款	核算事业单位按照购货、劳务合同规定预付给供应单位的款项
9	1215	其他应收款	核算事业单位除财政应返还额度、应收票据、应收账款、预付账款以外的其他各项应收及暂付款项，如职工预借的差旅费、拨付给内部有关部门的备用金、应向职工收取的各种垫付款项等
10	1301	存货	核算事业单位在开展业务活动及其他活动中为耗用而储存的各种材料、燃料、包装物、低值易耗品及达不到固定资产标准的用具、装具、动植物等的实际成本
11	1401	长期投资	核算事业单位依法取得的，持有时间超过1年（不含1年）的股权和债权性质的投资
12	1501	固定资产	核算事业单位固定资产的原价
13	1502	累计折旧	核算事业单位固定资产计提的累计折旧
14	1511	在建工程	核算事业单位已经发生必要支出，但尚未完工交付使用的各种建筑（包括新建、改建、扩建、修缮等）和设备安装工程的实际成本
15	1601	无形资产	核算事业单位无形资产的原价
16	1602	累计摊销	核算事业单位无形资产计提的累计摊销
17	1701	待处置资产损溢	核算事业单位待处置资产的价值及处置损溢
二、负债类			
18	2001	短期借款	核算事业单位借入的期限在1年内（含1年）的各种借款

续表

序号	编码	科目名称	核算内容
19	2101	应缴税费	核算事业单位按照税法等的规定计算的应缴纳的各种税费，包括营业税、增值税、城市维护建设税、教育费附加、车船税、房产税、城镇土地使用税、企业所得税等
20	2102	应缴国库款	核算事业单位按规定应缴入国库的款项（应缴税费除外）
21	2103	应缴财政专户款	核算事业单位按规定应缴入财政专户的款项
22	2201	应付职工薪酬	核算事业单位按有关规定应付给职工及为职工支付的各种薪酬，包括基本工资、绩效工资、国家统一规定的津贴补贴、社会保险费、住房公积金等
23	2301	应付票据	核算事业单位因购买材料、物资等而开出、承兑的商业汇票，包括银行承兑汇票和商业承兑汇票
24	2302	应付账款	核算事业单位因购买材料、物资等而应付的款项
25	2303	预收账款	核算事业单位按合同规定预收的款项
26	2305	其他应付款	核算事业单位除应缴税费、应缴国库款、应缴财政专户款、应付职工薪酬、应付票据、应付账款、预收账款之外的其他各项偿还期限在1年内（含1年）的应付及暂收款项，如存入保证金等
27	2401	长期借款	核算事业单位借入的期限超过1年（不含1年）的各种款项
28	2402	长期应付款	核算事业单位发生的偿还期限超过1年（不含1年）的应付款项，如以融资租赁租入固定资产的租赁费、跨年度分期付款购入固定资产的价款等
三、净资产类			
29	3001	事业基金	核算事业单位拥有的非限定用途的净资产，主要为非财政补助结余扣除结余分配后滚存的金额
30	3101	非流动资产基金	核算事业单位长期投资、固定资产、在建工程、无形资产等非流动资产占用的金额
31	3201	专用基金	核算事业单位按规定提取或者设置的具有专门用途的净资产，主要包括修购基金、职工福利基金等
32	3301	财政补助结转	核算事业单位滚存的财政补助结转资金，包括基本支出结转和项目支出结转
33	3302	财政补助结余	核算事业单位滚存的财政补助项目支出结余资金
34	3401	非财政补助结转	核算事业单位除财政补助收支以外的各专项资金收入与其相关支出相抵后剩余滚存的、需按规定用途使用的结转资金
35	3402	事业结余	核算事业单位一定期间除财政补助收支、非财政专项资金收支和经营收支以外的各项收支相抵后的余额
36	3403	经营结余	核算事业单位一定期间各项经营收支相抵后余额弥补以前年度经营亏损后的余额
37	3404	非财政补助结余分配	核算事业单位本年度非财政补助结余分配的情况和结果
四、收入类			
38	4001	财政补助收入	核算事业单位从同级财政部门取得的各类财政拨款，包括基本支出补助和项目支出补助
39	4101	事业收入	核算事业单位开展专业业务活动及辅助活动所取得的收入
40	4201	上级补助收入	核算事业单位从主管部门和上级单位取得的非财政补助收入

续表

序号	编码	科目名称	核算内容
41	4301	附属单位上缴收入	核算事业单位附属独立核算单位按照有关规定上缴的收入
42	4401	经营收入	核算事业单位在专业业务活动及辅助活动之外开展非独立核算经营活动取得的收入
43	4501	其他收入	核算事业单位除财政补助收入、事业收入、上级补助收入、附属单位上缴收入、经营收入以外的各项收入，包括投资收益、银行存款利息收入、租金收入、捐赠收入、现金盘盈收入、存货盘盈收入、收回已核销应收及预付款项、无法偿付的应付及预收款项等
五、支出类			
44	5001	事业支出	核算事业单位开展专业业务活动及辅助活动发生的基本支出和项目支出
45	5101	上缴上级支出	核算事业单位按照财政部门和主管部门的规定上缴上级单位的支出
46	5201	对附属单位补助支出	核算事业单位用财政补助收入之外的收入对附属单位补助发生的支出
47	5301	经营支出	核算事业单位在专业业务活动及辅助活动之外开展非独立核算经营活动发生的支出
48	5401	其他支出	核算事业单位除事业支出、上缴上级支出、对附属单位补助支出、经营支出以外的各项支出，包括利息支出、捐赠支出、现金盘亏损失、资产处置损失、接受捐赠(调入）非流动资产发生的税费支出等

二、事业单位会计科目的使用要求

事业单位应当按照下列规定运用会计科目：

1.事业单位应当按照《事业单位会计制度》的规定设置和使用会计科目。在不影响会计处理和编报财务报表的前提下，可以根据实际情况自行增设、减少或合并某些明细科目。

2.《事业单位会计制度》统一规定会计科目的编号，以便填制会计凭证、登记账簿、查阅账目，实行会计信息化管理。事业单位不得打乱重编。

3.事业单位在填制会计凭证、登记会计账簿时，应当填列会计科目的名称，或者同时填列会计科目的名称和编号，不得只填列科目编号不填列科目名称。

复习思考

1.什么是事业单位会计？其具有哪些特点？

2.事业单位会计分为哪几级？

3.事业单位的会计科目分为几类？

第十三章

事业单位收入和支出的核算

学习目标

- 掌握事业单位收入和支出的概念及包括的内容
- 熟悉事业单位收入和支出的确认基础
- 掌握事业单位各项收入的概念和核算方法
- 掌握事业单位各项支出的概念和核算方法
- 能够区分事业单位的各项收入和各项支出

事业单位收入是事业单位开展业务活动及其他活动依法取得的非偿还性资金；事业单位支出是事业单位开展业务活动及其他活动发生的资金耗费和损失。本章主要阐述事业单位收入和支出的内容、管理要求以及账务处理方法。

第一节 事业单位收入

事业单位收入是事业单位开展业务活动及其他活动依法取得的非偿还性资金，包括财政补助收入、上级补助收入、事业收入、经营收入、附属单位上缴收入和其他收入。事业单位收入的核算一般采用收付实现制，部分业务或者事项采用权责发生制。采用收付实现制核算的收入应当在收到款项时予以确认，并按照实际收到的金额进行计量；采用权责发生制核算的收入，应当在提供服务或者发出存货，同时收讫价款或者取得索取价款的凭据时予以确认，并按照实际收到的金额或者有关凭据注明的金额进行计量。

一、财政补助收入和上级补助收入

（一）财政补助收入

1.财政补助收入的含义和分类

财政补助收入是事业单位从同级财政部门取得的各类财政拨款。

按照部门预算管理要求，财政补助收入分为基本支出和项目支出。基本支出是事业单位为了保障其正常运转、完成日常工作任务而从同级财政部门取得的补助款项，包括人员经费和日常公用经费。项目支出是事业单位为了完成特定工作任务和事业发展目标，在基本支出之外从同级财政部门取得的补助款项。事业单位从财政部门取得的项目支出必须专款专用、单独核算、专项结报。

2.财政补助收入的管理要求

事业单位财政补助收入的管理必须遵循以下要求：

（1）按照核定的预算和用款计划申请取得。事业单位应根据核定的预算编制分月用款计划（包括基本支出用款计划和项目支出用款计划），经同级财政部门或上级单位核定后分月获取财政补助收入。在申请当期财政补助时，应分款、项填写“预算经费请拨单”，报同级财政部门。

（2）按规定用途申请取得。事业单位应按核定的预算用途使用财政补助收入，未经同级财政部门批准，不得擅自改变用途；事业单位在使用财政补助时，应按计划控制用款，不得随意改变资金用途。款、项用途如需调整，应填写“科目流用申请书”，报经同级财政部门批准后使用。

（3）按预算级次申请取得。事业单位应按规定的预算级次和经费领拨关系向上级主管部门或同级财政部门申请取得财政补助收入；同级主管部门之间原则上不得发生经费领拨关系。

（4）按规定的财政资金支付方式申请取得。事业单位在确定了年度预算和分月用款计划的同时也确定了财政资金的支付方式及支付金额。实行国库集中支付改革的事业单位通过财政直接支付方式和财政授权支付方式获取财政补助收入；尚未实行国库集中支付改革的事业单位，通过财政实拨资金方式获取财政补助收入。

3.财政补助收入的确认

财政补助收入的确认一般采用收付实现制，年终结余事项采用权责发生制。

（1）在财政直接支付方式下，事业单位应在收到财政零余额账户代理银行转来的“财政直接支付入账通知书”时确认财政补助收入。

（2）在财政授权支付方式下，事业单位应在收到单位零余额账户代理银行转来的“财政授权支付额度到账通知书”时确认财政补助收入。

（3）在财政实拨资金方式下，事业单位应在收到开户银行转来的收款通知时确认财政补助收入。

（4）对于年终结余形成的财政补助收入，事业单位应根据对账确认的本年度财政直接支付预算指标数与当年财政直接支付实际支出数的差额、本年度财政授权支付预算指标数与当年零余额账户用款额度下达数的差额予以确认。

4.财政补助收入的核算

为了核算从同级财政部门取得的各类财政拨款，事业单位应设置“财政补助收入”科目。本科目应当设置“基本支出”和“项目支出”两个明细科目；两个明细科目下按照政府收支分类科目中“支出功能分类”的相关科目进行明细核算；同时在“基本支出”明细科目下按照“人员经费”和“日常公用经费”进行明细核算，在“项目支出”明细科目下按照具体项目进行明细核算。本科目平时贷方余额，反映财政补助收入本期累计数。

（1）财政直接支付方式下的财政补助收入。在财政直接支付方式下，事业单位根据财政国库支付执行机构委托代理银行转来的“财政直接支付入账通知书”及原始凭证，按照通知书中的直接支付入账金额，借记“事业支出”、“存货”等科目，贷记本科目；年度终了，根据本年度财政直接支付预算指标数与当年财政直接支付实际支出数的差额，借记“财政应返还额度——财政直接支付”科目，贷记本科目。购货退回等发生国库直接支付款项退回的，属于以前年度支付的款项，按照退回金额，借记“财政应返还额度”科目，贷记“财政补助结转”、“财政补助结余”、“存货”等有关科目；属于本年度支付的款项，按照退回金额，借记本科目，贷记“事业支出”、“存货”等有关科目。

【例13-1】某事业单位收到“财政直接支付入账通知书”及原始凭证，列明采购技术设备支出100 000元。该设备直接投入使用。该事业单位的账务处理如下：

借：事业支出　　100 000
　贷：财政补助收入——基本支出　　100 000

同时，

借：固定资产　　100 000
　贷：非流动资产基金——固定资产　　100 000

【例13-2】年度终了，某事业单位通过对账确认本年度财政直接支付预算指标数为2 000 000元，当年财政直接支付实际支出数为1 800 000元，本年度财政直接支付预算指标数与当年财政直接支付实际支出数的差额为200 000元，该差额全部为日常公用经费。该事业单位的账务处理如下：

借：财政应返还额度　　200 000
　贷：财政补助收入——基本支出　　200 000

上述财政补助收入的确认采用了权责发生制。

【例13-3】某事业单位使用财政直接支付方式采购的存货因质量问题予以退回，共计50 000元。其中，30 000元属于上年度支付的款项，20 000元属于本年度支付的款项。该事业单位的账务处理如下：

借：财政应返还额度　　30 000
　　财政补助收入——基本支出　　20 000
　贷：存货　　50 000

（2）财政授权支付方式下的财政补助收入。在财政授权支付方式下，事业单位根据代理银行转来的“财政授权支付额度到账通知书”，按照通知书中的授权支付额度，借记“零余额账户用款额度”科目，贷记本科目。年度终了，事业单位本年度财政授权支付预算指标数大于零余额账户用款额度下达数的，根据未下达的用款额度，借记“财政应返还额度——财政授权支付”科目，贷记本科目。

【例13-4】某事业单位收到“财政授权支付额度到账通知书”，列明本月财政授权支付额度为500 000元，其中基本支出200 000元、项目支出300 000元。该事业单位的账务处理如下：

借：零余额账户用款额度　　500 000
　贷：财政补助收入——基本支出　　200 000
　　　　　　　　　——项目支出　　300 000

【例13-5】年度终了，某事业单位通过对账确认本年度财政授权支付预算指标数为3 000 000元，当年零余额账户用款额度下达数为2 900 000元，本年度零余额账户用款额度未下达数为100 000元。该差额全部为办公设备购置经费。该事业单位的账务处理如下：

借：财政应返还额度　　100 000
　贷：财政补助收入——基本支出　　100 000

上述财政补助收入的确认采用了权责发生制。

（3）财政实拨资金方式下的财政补助收入。在财政实拨资金方式下，事业单位实际收到财政补助收入时，按照实际收到的金额，借记“银行存款”等科目，贷记本科目。

【例13-6】某事业单位通过财政实拨资金方式收到财政部门拨来的经费500 000元，其中基本支出200 000元、项目支出300 000元。该事业单位的账务处理如下：

借：银行存款　　500 000
　贷：财政补助收入——基本支出　　200 000
　　　　　　　　　——项目支出　　300 000

（4）期末结账。期末（月末和年末，下同），事业单位将本科目本期发生额转入财政补助结转时，借记本科目，贷记“财政补助结转”科目。期末结账后，本科目应无余额。

【例13-7】期末，某事业单位“财政补助收入”科目贷方余额600 000元，有关明细科目贷方余额为：基本支出500 000元、项目支出100 000元。期末结账时，该事业单位的账务处理如下：

借：财政补助收入——基本支出　　500 000
　　　　　　　　——项目支出　　100 000
　贷：财政补助结转　　600 000

（二）上级补助收入

1. 上级补助收入的含义和分类

上级补助收入是事业单位从主管部门和上级单位取得的非财政补助收入。它是主管部门或上级单位用自身组织的收入或集中下级单位的收入拨给事业单位的资金，是上级单位用于调剂附属单位资金收支余缺的机动财力。

按照使用要求的不同，上级补助收入分为专项资金收入和非专项资金收入。专项资金收入是事业单位为了完成特定工作任务而从主管部门和上级单位取得的非财政补助款项。专项资金收入必须专款专用、单独核算、专项结报。非专项资金收入是事业单位为了保障其正常运转、完成日常工作任务而从主管部门和上级单位取得的非财政补助款项，其无限定性用途。

2.上级补助收入的核算

为了核算收到的上级单位拨入的非财政补助收入，事业单位应设置"上级补助收入"科目。本科目应当按照发放补助单位、补助项目、政府收支分类科目中"支出功能分类"相关科目等进行明细核算。上级补助收入中如有专项资金收入，还应按具体项目进行明细核算。本科目平时贷方余额，反映上级补助收入本期累计数。

（1）收到上级补助收入。事业单位收到上级补助收入时，按照实际收到的金额，借记"银行存款"等科目，贷记本科目。

（2）期末结账。期末，将本科目本期发生额中的专项资金收入结转至非财政补助结转，借记本科目下的各专项资金收入明细科目，贷记"非财政补助结转"科目；将本科目本期发生额中的非专项资金收入结转至事业结余，借记本科目下的各非专项资金收入明细科目，贷记"事业结余"科目。期末结账后，本科目应无余额。

【例13-8】某事业单位收到上级单位拨入的非财政资金补助款500 000元，其中安排用于A科研项目研究的补助款为250 000元，安排用于弥补事业经费不足的补助款为250 000元。该事业单位的账务处理如下：

借：银行存款	500 000	
贷：上级补助收入——A科研项目		250 000
——事业经费		250 000

【例13-9】期末，某事业单位"上级补助收入"科目贷方余额500 000元，有关明细贷方余额为："A科研项目的专项资金收入"250 000元，"弥补事业经费不足的非专项资金收入"250 000元。期末结账时，该事业单位的账务处理如下：

借：上级补助收入——A科研项目	250 000	
——事业经费	250 000	
贷：非财政补助结转		250 000
事业结余		250 000

二、事业收入和经营收入

（一）事业收入

1.事业收入的含义

事业收入是事业单位开展专业业务活动及辅助活动所取得的收入。其中：按照国家有关规定应当上缴国库或者财政专户的资金，不计入事业收入；从财政专户核拨给事业单位的资金和经核准不上缴国库或者财政专户的资金，计入事业收入。所谓专业业务活动，是事业单位根据本单位的专业特点所从事或开展的主要业务活动，也可以叫做“主营业务活动”，如文化事业单位的演出活动、教育事业单位的教学活动、科学事业单位的科研活动、卫生事业单位的医疗保健活动等。辅助活动是与专业业务活动相关、直接为专业业务活动服务的单位行政管理活动、后勤服务活动以及其他有关活动。事业收入是事业单位为了保证正常业务活动的需要，通过开展自身专业活动及辅助活动向社会提供服务时，按国家规定标准向服务对象收取的费用。事业单位由于所处行业的特点不同，事业收入的内容也存在差异。比如，高等学校的事业收入主要包括教育事业收入和科研事业收入；科学事业单位的事业收入主要包括科研收入、技术收入、学术活动收入、科普活动收入、试制产品收入、教学活动收入等。

2.事业收入的分类

按照管理方式，事业收入分为财政专户返还的事业收入和其他事业收入。财政专户返还的事业收入，是采用财政专户返还方式管理的事业收入。按照国家有关规定，事业单位按规定收取的教育收费（包括高中以上学费、住宿费，高校委托培养费，教育考试考务费，函大、电大、夜大及短训班培训费，中央党校收取的函授学院办学收费、研究生收费、短期培训进修费等）作为其事业收入纳入财政专户管理。在这种管理方式下，事业单位收到教育收费时按照规定缴存财政专户；支出时由财政部门根据预算、教育收费上缴财政专户情况和用款申请，按照财政国库管理制度的有关规定从财政专户中核拨。事业单位收到从财政专户返还的教育收费时，方可确认事业收入。其他事业收入，是不采用财政专户返还方式管理的事业收入，是事业单位开展自身专业活动及辅助活动向社会提供服务时，按国家规定标准向服务对象收取的除了应缴国库款和应缴财政专户款以外的费用。其他事业收入在收到时即可确认。

按照使用要求，事业收入分为专项资金收入和非专项资金收入。专项资金收入是事业单位安排用于完成特定工作任务的事业收入，使用必须坚持专款专用、单独核算、专项结报的原则。非专项资金收入是事业单位用于保障其正常运转、完成日常工作任务的事业收入，其无限定性用途。

3.事业收入的核算

为了核算开展专业业务活动及辅助活动所取得的收入，事业单位应设置“事业收入”科目。本科目应当按照事业收入类别、项目、政府收支分类科目中“支出功能分类”的相关科目等进行明细核算。事业收入中如有专项资金收入，还应按具体项目进行明细核算。本科目平时贷方余额，反映事业收入本期累计数。

（1）采用财政专户返还方式管理的事业收入。事业单位收到应上缴财政专户的事业收入时，按照收到的款项金额，借记“银行存款”、“库存现金”等科目，贷记“应缴财政专户款”科目；向财政专户上缴款项时，按照实际上缴的款项金额，借记“应缴财政专户款”科目，贷记“银行存款”等科目；收到从财政专户返还的事业收入时，按照实际收到的返还金额，借记“银行存款”等科目，贷记本科目。

（2）其他事业收入。事业单位收到其他事业收入时，按照收到的款项金额，借记

“银行存款”、“库存现金”等科目，贷记本科目。涉及增值税业务的，相关账务处理参照“经营收入”科目。

(3) 期末结账。期末，将本科目本期发生额中的专项资金收入结转至非财政补助结转，借记本科目下的各专项资金收入明细科目，贷记“非财政补助结转”科目；将本科目本期发生额中的非专项资金收入结转至事业结余，借记本科目下的各非专项资金收入明细科目，贷记“事业结余”科目。期末结账后，本科目应无余额。

【例13-10】某事业单位开展专业业务活动取得技术服务收入50 000元、学术活动收入30 000元，均已存入银行。其中，技术服务收入采用财政专户返还方式管理。该事业单位的账务处理如下：

	借方	贷方
借：银行存款	80 000	
贷：应缴财政专户款		50 000
事业收入——学术活动收入		30 000

【例13-11】上例中的事业单位将技术服务收入上缴财政专户，该事业单位的账务处理如下：

	借方	贷方
借：应缴财政专户款	50 000	
贷：银行存款		50 000

该事业单位收到从财政专户返还的技术服务收入50 000元时，

	借方	贷方
借：银行存款	50 000	
贷：事业收入——技术服务收入		50 000

【例13-12】期末，某事业单位“事业收入”科目贷方余额500 000元，有关明细科目贷方余额为：“技术服务收入”300 000元、“学术活动收入”200 000元。假设无专项资金收入，期末结账时，该事业单位的账务处理如下：

	借方	贷方
借：事业收入——技术服务收入	300 000	
——学术活动收入	200 000	
贷：事业结余		500 000

(二) 经营收入

1.经营收入的含义和确认

经营收入是事业单位在专业业务活动及辅助活动之外开展非独立核算经营活动取得的收入。事业单位的经营收入通常同时具备两个特征：一是开展经营活动取得的收入；二是从开展非独立核算的经营活动中取得的收入。事业单位的经营收入一般包括非独立核算部门因销售商品、向社会提供经营服务等取得的收入。经营收入属于事业单位的非财政非专项资金收入。

事业单位的经营收入应当在提供服务或者发出存货，同时收讫价款或者取得索取价款的凭据时，按照实际收到或应收到的金额予以确认。

2.经营收入的核算

为了核算在专业业务活动及辅助活动之外开展非独立核算经营活动取得的收入，事业单位应设置“经营收入”科目。本科目应当按照经营活动类别、项目、政府收支分类科目中“支出功能分类”的相关科目等进行明细核算。本科目平时贷方余额，反映经营收入本期累计数。

（1）经营收入的实现。事业单位实现经营收入时，按照确定的收入金额，借记“银行存款”、“应收账款”、“应收票据”等科目，贷记本科目。属于增值税小规模纳税人的事业单位实现经营收入时，按实际出售价款，借记“银行存款”、“应收账款”、“应收票据”等科目，按出售价款扣除增值税税额后的金额，贷记本科目，按应缴增值税金额，贷记“应缴税费——应缴增值税”科目；属于增值税一般纳税人的事业单位实现经营收入时，按包含增值税的价款总额，借记“银行存款”、“应收账款”、“应收票据”等科目，按扣除增值税销项税额后的价款金额，贷记本科目，按增值税专用发票上注明的增值税金额，贷记“应缴税费——应缴增值税（销项税额）”科目。

（2）期末结账。期末，将本科目本期发生额转入经营结余，借记本科目，贷记“经营结余”科目；期末结账后，本科目应无余额。

【例13-13】某事业单位属于小规模纳税人，其非独立核算部门销售产品取得收入5 150元（含税），款项已存入银行。增值税征收率为3%。该事业单位的账务处理如下：

借：银行存款	5 150	
贷：经营收入——销售收入		5 000
应缴税费——应缴增值税（销项税额）		150

【例13-14】某事业单位属于一般纳税人，其非独立核算部门销售产品取得收入5 000元（不含税），货款尚未收到。增值税税率为17%。该事业单位的账务处理如下：

借：应收账款	5 850	
贷：经营收入——销售收入		5 000
应缴税费——应缴增值税（销项税额）		850

【例13-15】期末，某事业单位“经营收入”科目贷方余额10 000元，有关明细科目贷方余额为：“销售收入”10 000元。期末结账时，该事业单位的账务处理如下：

借：经营收入——销售收入	10 000	
贷：经营结余		10 000

需要指出的是，从概念上看，事业收入和经营收入是可以区分的，区分的主要标准是看取得收入的业务活动性质。在实务中，绝大部分也是能够划分清楚的，但少数事业收入和经营收入的性质、内容相互交叉，难以准确划分清楚，此时应由主管部门和财政部门根据实际情况予以认定。

三、附属单位上缴收入和其他收入

（一）附属单位上缴收入

1.附属单位上缴收入的含义和分类

附属单位上缴收入是事业单位附属独立核算单位按照有关规定上缴的收入。所谓附属单位，一般是指与该事业单位间除资金联系之外，还存在其他联系的具有独立法人资格的单位，包括事业单位和企业。按照使用要求的不同，附属单位上缴收入分为专项资金收入和非专项资金收入。专项资金收入是附属单位上缴的用于完成特定工作任务的款项。其使用必须专款专用、单独核算、专项结报。非专项资金收入是附属单位上缴的用于保障其正常运转、完成日常工作任务的款项，其无限定性用途。

2.附属单位上缴收入的核算

为核算收到附属单位按有关规定上缴的收入，事业单位应设置“附属单位上缴收入”科目。本科目应当按照附属单位、缴款项目、政府收支分类科目中“支出功能分类”相关科目等进行明细核算。附属单位上缴收入中如有专项资金收入，还应按具体项目进行明细核算。本科目平时贷方余额，反映附属单位上缴收入本期累计数。

（1）收到附属单位上缴收入。事业单位收到附属单位缴来的款项时，按照实际收到的金额，借记“银行存款”等科目，贷记本科目。

（2）期末结账。期末，将本科目本期发生额中的专项资金收入结转至非财政补助结转，借记本科目下各专项资金收入明细科目，贷记“非财政补助结转”科目；将本科目本期发生额中的非专项资金收入结转至事业结余，借记本科目下各非专项资金收入明细科目，贷记“事业结余”科目。期末结账后，本科目应无余额。

【例13-16】某事业单位收到附属A单位上缴的收入50 000元。该事业单位的账务处理如下：

借：银行存款	50 000	
贷：附属单位上缴收入——A单位		50 000

【例13-17】期末，某事业单位“附属单位上缴收入”科目贷方余额100 000元，上缴单位为A单位。其中，专项资金收入50 000元，非专项资金收入50 000元。期末结账时，该事业单位的账务处理如下：

借：附属单位上缴收入——A单位	100 000	
贷：非财政补助结转		50 000
事业结余		50 000

（二）其他收入

1.其他收入的含义和分类

其他收入是事业单位除财政补助收入、事业收入、上级补助收入、附属单位上缴收入、经营收入以外的各项收入，包括投资收益、银行存款利息收入、租金收入、捐赠收入、现金盘盈收入、存货盘盈收入、收回的已核销应收及预付款项、无法偿付的应付及预收款项等。

按照使用要求的不同，其他收入可分为专项资金收入和非专项资金收入。专项资金收入是事业单位用于完成特定工作任务的其他收入。其使用必须专款专用、单独核算、专项结报。非专项资金收入是事业单位用于保障其正常运转、完成日常工作任务的其他收入，其无限定性用途。

2.其他收入的核算

为了核算其他收入，事业单位应设置“其他收入”科目。本科目应当按照其他收入的类别、政府收支分类科目中“支出功能分类”相关科目等进行明细核算。对于事业单位对外投资实现的投资净损溢，应单设“投资收益”明细科目进行核算；其他收入中如有专项资金收入（如限定用途的捐赠收入），还应按具体项目进行明细核算。本科目平时贷方余额，反映其他收入本期累计数。

（1）投资收益。事业单位对外投资持有期间收到利息、利润等时，按实际收到的金额，借记“银行存款”等科目，贷记本科目（投资收益）；出售或到期收回国债投资本息时，按照实际收到的金额，借记“银行存款”等科目，按照出售或收回国债投资的成本，贷记“短期投资”、“长期投资”科目，按其差额，贷记或借记本科目（投资收益）。

【例13-18】某事业单位收到从被投资单位分回的利润20 000元，款项已存入银行。该事业单位的账务处理如下：

借：银行存款　　20 000

　贷：其他收入——投资收益　　20 000

【例13-19】某事业单位去年购买的1年期国债到期，兑付本金50 000元、利息2 000元，款项已存入银行。该事业单位的账务处理如下：

借：银行存款　　52 000

　贷：短期投资　　50 000

　　其他收入——投资收益　　2 000

（2）银行存款利息、租金收入。事业单位收到银行存款利息、资产承租人支付的租金时，按照实际收到的金额，借记“银行存款”等科目，贷记本科目。

【例13-20】某事业单位收到固定资产租金收入50 000元，款项已存入银行。该事业单位的账务处理如下：

借：银行存款　　50 000

　贷：其他收入——固定资产出租收入　　50 000

（3）捐赠收入。事业单位接受捐赠现金资产时，按照实际收到的金额，借记“银行存款”等科目，贷记本科目；接受捐赠的存货验收入库时，按照确定的成本，借记“存货”科目，按照发生的相关税费、运输费等，贷记“银行存款”等科目，按照其差额，贷记本科目；接受捐赠固定资产、无形资产等非流动资产，不通过本科目核算。

【例13-21】某事业单位收到某企业捐赠的专门用于项目研究的现金资产200 000元，款项已存入银行；没有限定用途的各种用具10件，价值99 500元，以现金支付运输费500元，用具已验收入库。该事业单位的账务处理如下：

借：银行存款　　200 000

　贷：其他收入——捐赠收入　　200 000

借：存货　　100 000

　贷：库存现金　　500

　　其他收入——捐赠收入　　99 500

（4）现金盘盈收入。事业单位每日现金账款核对中如发现现金溢余，属于无法查明原因的部分，借记“库存现金”科目，贷记本科目。

【例13-22】某事业单位月末盘点现金，发现现金溢余50元，无法查明该现金的归属。该事业单位的账务处理如下：

借：库存现金　　50

　贷：其他收入——现金盘盈收入　　50

（5）存货盘盈收入。事业单位盘盈的存货，按照确定的入账价值，借记“存货”科目，贷记本科目。

【例13-23】某事业单位年末盘点存货，发现甲材料溢余20千克，每千克500元，尚未入账。该事业单位的账务处理如下：

借：存货　　10 000

　贷：其他收入——存货盘盈收入　　10 000

（6）收回的已核销应收及预付款项。事业单位已核销的应收账款、预付账款、其他应收款在以后期间收回的，按照实际收回的金额，借记“银行存款”等科目，贷记本科目。

【例13-24】某事业单位通过银行收回已核销的应收账款5 000元。该事业单位的账务处理如下：

借：银行存款　　5 000

　贷：其他收入——收回的已核销应收账款　　5 000

（7）无法偿付的应付及预收款项。事业单位对于无法偿付或债权人豁免偿还的应付账款、预收账款、其他应付款及长期应付款，借记“应付账款”、“预收账款”、“其他应付款”、“长期应付款”等科目，贷记本科目。

【例13-25】某事业单位得到债权人豁免偿还的应付账款5 000元。该事业单位的账务处理如下：

借：应付账款　　5 000

　贷：其他收入——债权人豁免偿还应付账款　　5 000

（8）期末结账。期末，事业单位将本科目本期发生额中的专项资金收入结转至非财政补助结转，借记本科目下各专项资金收入明细科目，贷记“非财政补助结转”科目；将本科目本期发生额中的非专项资金收入结转至事业结余，借记本科目下各非专项资金收入明细科目，贷记“事业结余”科目。期末结账后，本科目应无余额。

【例13-26】期末，某事业单位“其他收入”科目贷方余额819 500元，有关明细科目的贷方余额：“投资收益”20 000元、“捐赠收入”299 500元（其中具有限定用途的为200 000元）、“固定资产出租收入”500 000元。期末结账时，该事业单位的账务处理如下：

借：其他收入——投资收益　　20 000

　　　　　　——捐赠收入　　299 500

　　　　　　——固定资产出租收入　　500 000

贷：事业结余　　619 500
　　非财政补助结转　　200 000

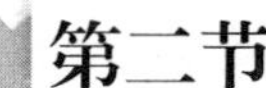

第二节　事业单位支出

事业单位支出是事业单位开展业务活动和其他活动所发生的各项资金耗费和损失，包括事业支出、经营支出、上缴上级支出、对附属单位补助支出和其他支出。事业单位支出的核算一般采用收付实现制，部分业务或者事项采用权责发生制。采用收付实现制核算确认的支出一般应当在实际支付时予以确认，并按照实际支付金额进行计量；采用权责发生制确认的支出应当在其发生时予以确认，并按照实际发生额进行计量。

一、事业支出

事业支出是事业单位开展专业业务活动及辅助活动发生的支出，是事业单位对财政补助收入、上级补助收入、事业收入、经营收入和其他收入等各种来源的收入综合安排使用的结果，是事业单位支出的主要内容，也是考核事业单位预算执行的重要依据。

（一）事业支出的分类

事业支出按照不同的分类方法，可以分为不同类型。

1.按经济用途分类

按经济用途，事业支出分为工资福利支出、商品和服务支出、对个人和家庭的补助、对企事业单位的补贴、债务利息支出、基本建设支出和其他资本性支出。事业支出按经济用途分类的直接依据是政府收支分类科目中的“支出经济分类科目”。政府收支分类科目中的“支出经济分类科目”分为“类”、“款”两级科目。按照《2016年政府收支分类科目》中的“支出经济分类科目”，事业单位的事业支出主要分为以下七类：

（1）工资福利支出。其反映事业单位支付的在职职工和编制外长期聘用人员的各类劳动报酬，以及为上述人员缴纳的各项社会保险费。其“款”级科目包括：基本工资、津贴补贴、奖金、社会保障缴费、伙食补助费、绩效工资和其他工资福利支出等。

（2）商品和服务支出。其反映事业单位购买商品和服务的支出（不包括用于购置固定资产的支出、战略性和应急性储备支出）。其“款”级科日包括：办公费、印刷费、咨询费、手续费、水费、电费、邮电费、取暖费、物业管理费、差旅费、因公出国（境）费、维修（护）费、租赁费、会议费、培训费、公务招待费、专用材料费、被装购置费、专用燃料费、劳务费、委托业务费、工会经费、福利费、公用车运行维护费、其他交通费、税金及附加费用、其他商品和服务支出等。

（3）对个人和家庭的补助。其反映事业单位用于对个人和家庭补助方面的支出。其“款”级科目包括：离休费、退休费、退职（役）费、抚恤金、生活补助、救济费、医疗费、助学金、奖励金、生产补贴、住房公积金、提租补贴、购房补贴、采暖补贴、物业服务补贴和其他对个人和家庭的补助支出等。

（4）对企事业单位的补贴。其反映政府对各类事业单位的补贴。

（5）债务利息支出。其反映事业单位的债务利息支出。

（6）基本建设支出。其反映各级发展和改革部门集中安排的用于购置固定资产、战略性和应急性储备、土地和无形资产，以及购建基础设施、进行大型修缮所发生的支出。其“款”级科目主要包括：房屋建筑物购建、办公设备购置、专用设备购置、基础设施建设、大型修缮、信息网络及软件购置更新、物资储备、公务用车购置、其他交通工具购置和其他基本建设支出等。

（7）其他资本性支出。其反映非各级发展与改革部门集中安排的用于购置固定资产、战略性和应急性储备、土地和无形资产，以及购建基础设施、进行大型修缮等所发生的支出。其“款”级科目主要包括：房屋建筑物购建、办公设备购置、专用设备购置、基础设施建设、大型修缮、信息网络及软件购置更新、物资储备、土地补偿、安置补助、地上附着物和青苗补偿、拆迁补偿、公务用车购置、其他交通工具购置和其他资本性支出等。

2.按部门预算管理要求分类

按部门预算管理要求，事业支出可分为基本支出和项目支出。

（1）基本支出，是指事业单位为了保障其正常运转、完成日常工作任务而发生的人员支出和公用支出。其中：人员支出是指为了开展专业业务活动而用于个人方面的开支，如基本工资、津贴补贴及奖金、社会保障缴费、离休费、退休费、助学金、医疗费、住房补贴等。人员支出在“支出经济分类科目”中体现为“工资福利支出”和“对个人和家庭的补助”两个部分。公用支出是指为了完成事业活动而用于公共服务方面的开支，包括办公费、印刷费、咨询费、水电费、邮电费、取暖费、物业管理费、差旅费、维修（护）费、租赁费等。公用支出在“支出经济分类科目”中体现为“商品和服务支出”、“其他资本性支出”等科目中属于基本支出的内容。

（2）项目支出，是指事业单位为了完成特定工作任务和事业发展目标，在基本支出之外所发生的支出，包括基本建设、有关事业发展专项计划、专项业务、大型修缮、大型购置、大型会议等的项目支出。项目支出在“支出经济分类科目”中体现为“基本建设支出”、“商品和服务支出”、“其他资本性支出”等科目中属于项目支出的内容。项目支出具有专项性、独立性和完整性的特点。其中，专项性是指项目支出具有特定目标，为了完成特定工作任务，目标不同项目不同；独立性是指每个项目支出都有其明确范围，各项目之间支出不能交叉，项目支出与基本支出之间也不能交叉；完整性是指项目支出完整体现为完成特定目标或任务所发生的全部支出内容。

3.按资金类型分类

按资金类型，事业支出可分为财政补助支出、非财政专项资金支出和其他资金支出。

（1）财政补助支出，是事业单位使用财政补助收入安排的事业支出。

（2）非财政专项资金支出，是事业单位使用非财政补助收入安排的有指定项目和用途的专项资金支出。该支出应当专款专用、单独核算，并按照规定向财政部门或者主管部门报送专项资金的使用情况；项目完成后，应当报送专项资金支出决算和使用效果的书面报告，接受财政部门或者主管部门的检查、验收。

（3）其他资金支出，是事业单位使用除财政补助收入和非财政专项资金以外的资金安排的事业支出。该支出为事业支出中的非财政非专项资金支出。

综合来看，事业单位的事业支出一般先按不同资金类型分为财政补助支出、非财政专项资金支出和其他资金支出；再按部门预算管理要求分为基本支出和项目支出；基本支出和项目支出下按政府收支分类科目中“支出功能分类科目”的末级科目分类后再按政府收支分类科目中“支出经济分类科目”的末级科目进行分类。

（二）事业支出的核算

为了核算开展专业业务活动及辅助活动发生的基本支出和项目支出，事业单位应设置“事业支出”科目。本科目应当按照“基本支出”和“项目支出”，“财政补助支出”、“非财政专项资金支出”和“其他资金支出”等层级进行明细核算，并按照政府收支分类科目中“支出功能分类”的相关科目进行明细核算；“基本支出”和“项目支出”明细科目下应当按照政府收支分类科目中“支出经济分类科目”的“款”级科目进行明细核算；同时，在“项目支出”明细科目下按照具体项目进行明细核算。本科目平时借方余额，反映事业支出本期累计数。

1.日常事业支出业务

事业单位日常支出业务主要包括计提职工薪酬、开展专业业务活动及辅助活动领用存货以及发生的其他各项支出。

（1）为从事专业业务活动及辅助活动人员计提的薪酬等，借记本科目，贷记“应付职工薪酬”等科目。

（2）开展专业业务活动及辅助活动领用的存货，按领用存货的实际成本，借记本科目，贷记“存货”科目。

（3）开展专业业务活动及辅助活动发生的其他各项支出，借记本科目，贷记“库存现金”、“银行存款”、“零余额账户用款额度”、“财政补助收入”等科目。

【例13-27】某事业单位计提本月从事专业业务活动及辅助活动人员的薪酬100 000元。该事业单位的账务处理如下：

借：事业支出——财政补助支出——基本支出　　100 000

　贷：应付职工薪酬　　100 000

【例13-28】某事业单位通过单位零余额账户支付大型修缮费500 000元。该事业单位的账务处理如下：

借：事业支出——财政补助支出——项目支出　　500 000

　贷：零余额账户用款额度　　500 000

【例13-29】某事业单位为完成科研项目领用专用材料，实际成本25 000元。该材料使用上级单位以非财政补助资金拨入的科研项目经费购入。该事业单位的账务处理如下：

借：事业支出——非财政专项资金支出——项目支出　　25 000

　贷：存货　　25 000

【例13-30】某事业单位购买办公用品一批，价值50 000元，以银行存款付讫。

借：事业支出——其他资金支出——基本支出　　50 000

　贷：银行存款　　50 000

2. 期末结账

期末，应将本科目（财政补助支出）本期发生额结转入“财政补助结转”科目，借记“财政补助结转——基本支出结转、项目支出结转”科目，贷记本科目（财政补助支出——基本支出、项目支出）或本科目（基本支出——财政补助支出、项目支出——财政补助支出）；将本科目（非财政专项资金支出）本期发生额结转入“非财政补助结转”科目，借记“非财政补助结转”科目，贷记本科目（非财政专项资金支出）或本科目（项目支出——非财政专项资金支出）；将本科目（其他资金支出）本期发生额结转入“事业结余”科目，借记“事业结余”科目，贷记本科目（其他资金支出）或本科目(基本支出——其他资金支出、项目支出——其他资金支出)。期末结账后，本科目应无余额。

【例13-31】期末，某事业单位“事业支出”科目借方余额675 000元，有关明细科目借方余额为：“财政补助支出———基本支出” 100 000元、“财政补助支出———项目支出” 500 000元、“非财政专项资金支出——项目支出”25 000元、“其他资金支出——基本支出”50 000元。期末结账时，该事业单位的账务处理如下：

借：财政补助结转　　600 000

　　非财政补助结转　　25 000

　　事业结余　　50 000

　贷：事业支出——财政补助支出——基本支出　　100 000

　　　　——财政补助支出——项目支出　　500 000

　　　　——非财政专项资金支出——项目支出　　25 000

　　　　——其他资金支出——基本支出　　50 000

二、经营支出

（一）经营支出的含义

经营支出是指事业单位在专业业务活动及辅助活动之外开展非独立核算经营活动发生的支出。事业单位开展非独立核算经营活动的，应当正确归集开展经营活动发生的各项费用数；无法直接归集的，应当按照规定的标准或比例合理分摊。事业单位的经营支出与经营收入应当配比。经营支出属于事业单位的非财政非专项资金支出。

（二）经营支出的核算

为了核算在专业业务活动及辅助活动之外开展非独立核算经营活动发生的支出，事业单位应设置“经营支出”科目。本科目应当按照经营活动类别、项目、政府收支分类科目中“支出功能分类”的相关科目等进行明细核算。本科目平时借方余额，反映经营支出本期累计数。

1.日常经营支出业务

事业单位为在专业业务活动及辅助活动之外开展非独立核算经营活动人员计提的薪酬等，借记本科目，贷记“应付职工薪酬”等科目；在专业业务活动及辅助活动之外开展非独立核算经营活动领用、发出的存货，按其实际成本，借记本科目，贷记“存货”科目；在专业业务活动及辅助活动之外开展非独立核算经营活动发生的其他各项支出，借记本科目，贷记“库存现金”、“银行存款”、“应缴税费”等科目。

【例13-32】某事业单位非独立核算部门计提当月从事经营活动的职工工资20 000元。该事业单位的账务处理如下：

借：经营支出——工资　20 000
　贷：应付职工薪酬　20 000

【例13-33】某事业单位非独立核算部门为生产产品领用材料，实际成本5 000元。该事业单位的账务处理如下：

借：经营支出——存货　5 000
　贷：存货　5 000

【例13-34】某事业单位为增值税小规模纳税人，其非独立核算部门购入不需要安装的经营活动用设备，价值5 000元，以银行存款付讫。该事业单位的账务处理如下：

借：经营支出——设备购置　5 000
　贷：银行存款　5 000
借：固定资产　5 000
　贷：非流动资产基金——固定资产　5 000

2.期末结账

期末，将本科目本期发生额转入经营结余，借记“经营结余”科目，贷记本科目；期末结账后，本科目应无余额。

【例13-35】期末，某事业单位“经营支出”科目借方余额50 000元。期末结账时，该事业单位的账务处理如下：

借：经营结余　50 000
　贷：经营支出　50 000

三、上缴上级支出

（一）上缴上级支出的含义

上缴上级支出是事业单位按照财政部门和主管部门的规定上缴上级单位的支出。本单位的上缴上级支出和上级单位的附属单位上缴收入相对应。上缴上级支出属于事业单位的非财政非专项资金支出。

（二）上缴上级支出的核算

为了核算按照财政部门和主管部门的规定上缴上级单位的支出，事业单位应设置

"上缴上级支出"科目。本科目应当按照收缴款项单位、缴款项目、政府收支分类科目中"支出功能分类"的相关科目等进行明细核算。本科目平时借方余额，反映上缴上级支出本期累计数。

事业单位按规定将款项上缴上级单位的，按照实际上缴的金额，借记本科目，贷记"银行存款"等科目。期末，将本科目本期发生额转入事业结余，借记"事业结余"科目，贷记本科目。期末结账后，本科目应无余额。

【例13-36】某事业单位按核定的预算定额上缴上级单位款项100 000元。该事业单位的账务处理如下：

借：上缴上级支出——上级单位　　100 000

　贷：银行存款　　100 000

【例13-37】期末，某事业单位"上缴上级支出"科目借方余额100 000元。期末结账时，该事业单位的账务处理如下：

借：事业结余　　100 000

　贷：上缴上级支出　　100 000

四、对附属单位补助支出

（一）对附属单位补助支出的含义

对附属单位补助支出是指事业单位用财政补助收入之外的收入对附属单位补助发生的支出。本单位的对附属单位补助支出与下级单位的上级补助收入相对应。对附属单位补助支出属于事业单位的非财政非专项资金支出。

（二）对附属单位补助支出的核算

为了核算用财政补助收入之外的收入对附属单位补助发生的支出，事业单位应设置"对附属单位补助支出"科目。本科目应当按照接受补助单位、补助项目、政府收支分类科目中"支出功能分类"相关科目等进行明细核算。本科目平时借方余额，反映对附属单位补助支出的本期累计数。

事业单位发生对附属单位补助支出的，按照实际支出的金额，借记本科目，贷记"银行存款"等科目。期末，将本科目本期发生额转入事业结余，借记"事业结余"科目，贷记本科目。期末结账后，本科目应无余额。

【例13-38】某事业单位用非财政补助收入支付附属乙单位补助款项200 000元。该事业单位的账务处理如下：

借：对附属单位补助支出——乙单位　　200 000

　贷：银行存款　　200 000

【例13-39】期末，某事业单位"对附属单位补助支出"科目借方余额300 000元。期末结账时，该事业单位的账务处理如下：

借：事业结余　　300 000

　贷：对附属单位补助支出　　300 000

五、其他支出

（一）其他支出的含义和分类

其他支出是指事业支出、对附属单位补助支出、上缴上级支出和经营支出以外的各项支出，包括利息支出、捐赠支出、现金盘亏损失、资产处置损失、接受捐赠（调入）非流动资产发生的税费支出等。

按照支出的使用要求，其他支出分为专项资金支出和非专项资金支出。专项资金支出是用其他收入中的专项资金收入安排的支出；非专项资金支出是用其他收入中的非专项资金收入安排的支出。

（二）其他支出的核算

为了核算其他支出，事业单位应设置“其他支出”科目。本科目应当按照其他支出的类别、政府收支分类科目中“支出功能分类”相关科目等进行明细核算；其他支出中如有专项资金支出，还应按具体项目进行明细核算。本科目平时借方余额，反映对附属单位补助支出本期累计数。

1.利息支出。事业单位支付银行借款利息时，借记本科目，贷记“银行存款”科目。

【例13-40】某事业单位6个月的银行借款到期，偿还本金50 000元，支付利息3 500元。该事业单位的账务处理如下：

借：短期借款　　50 000
　　其他支出——利息支出　　3 500
　贷：银行存款　　53 500

2.捐赠支出。事业单位对外捐赠现金资产时，借记本科目，贷记“银行存款”等科目；对外捐赠存货时，借记本科目，贷记“待处置资产损溢”科目；对外捐赠固定资产、无形资产等非流动资产，不通过本科目核算。

【例13-41】某事业单位通过银行向中国红十字会捐款100 000元，另外捐赠被褥100套，每套200元。该事业单位的账务处理如下：

借：其他支出——捐赠支出　　120 000
　贷：银行存款　　100 000
　　　待处置资产损溢　　20 000

3.现金盘亏损失。事业单位每日现金账款核对中如发现现金短缺，属于无法查明原因的部分，报经批准后，借记本科目，贷记“库存现金”科目。

【例13-42】某事业单位月末盘点现金，发现短缺100元。由于无法查明原因，经单位领导批准作为其他支出处理。该事业单位的账务处理如下：

借：其他支出——现金盘亏损失　　100
　贷：库存现金　　100

4.资产处置损失。事业单位报经批准核销应收及预付款项、处置存货时，借记本科目，贷记“待处置资产损溢”科目。

【例13-43】某事业单位报经批准核销应收账款3 000元。该事业单位的账务处理如下：

借：其他支出——资产处置损失　　3 000
　贷：待处置资产损溢　　3 000

5.接受捐赠（调入）非流动资产发生的税费支出。事业单位接受捐赠、无偿调入非流动资产发生的相关税费、运输费等，借记本科目，贷记“银行存款”等科目。以固定资产、无形资产取得长期股权投资所发生的相关税费计入本科目，具体账务处理参见“长期投资”科目。

【例13-44】某事业单位接受A公司捐赠办公用笔记本电脑20台，每台价值12 000元（不考虑增值税），直接交有关部门使用。发生运输费用800元，以现金付讫。该事业单位的账务处理如下：

借：固定资产　　240 800
　贷：非流动资产基金　　240 800
借：其他支出——接受捐赠非流动资产发生的税费支出　　800
　贷：库存现金　　800

6.期末结账。期末，将本科目本期发生额中的专项资金支出结转至非财政补助结转，借记“非财政补助结转”科目，贷记本科目下各专项资金支出明细科目；将本科目本期发生额中的非专项资金支出结转至事业结余，借记“事业结余”科目，贷记本科目下各非专项资金支出明细科目。期末结账后，本科目应无余额。

【例13-45】期末，某事业单位“其他支出”科目借方余额256 500元，有关明细科目的借方余额为：“利息支出”3 500元、“捐赠支出”250 000元、“资产处置损失”3 000元，均为非专项资金支出。期末结账时，该事业单位的账务处理如下：

借：事业结余　　256 500
　贷：其他支出——利息支出　　3 500
　　　　　　——捐赠支出　　250 000
　　　　　　——资产处置损失　　3 000

复习思考

1.什么是事业单位的收入和支出？它们各自包括哪些内容？
2.事业单位的收入和支出如何确认、计量？
3.财政补助收入与上级补助收入有何区别？
4.事业收入和经营收入、事业支出和经营支出有何区别？
5.附属单位上缴收入和上缴上级支出有何关系？
6.事业支出是如何分类的？
7.对附属单位补助支出与上级补助收入有何关系？

8.其他收入和其他支出各包括哪些内容?

操作练习

题一:

目的:练习各项收入的核算。

资料:某事业单位(小规模纳税人)20×1年10月发生如下经济业务:

1.收到“财政授权支付额度到账通知书”,列明本月财政授权支付额度为500 000元。

2.收到“财政直接支付入账通知书”,列明图书支出100 000元。

3.收到从财政专户返还的事业收入100 000元。

4.收到上级单位用非财政资金安排的补助款250 000元。

5.开展专业业务活动取得一项收入5 000元(该收入不采用财政专户返还方式管理),存入银行。

6.非独立核算部门销售产品取得收入15 450元(含税价),款项已存入银行。增值税征收率为3%。

7.收到附属单位上缴的收入80 000元。

8.收到某企业捐赠的未限定用途的现金资产100 000元,款项已存入银行。

要求:根据上述经济业务编制相应的会计分录。

题二:

目的:练习各项支出的核算。

资料:某事业单位(小规模纳税人)20×1年11月发生如下经济业务:

1.计提本月职工薪酬200 000元,其中从事专业业务活动人员的薪酬为180 000元、从事非独立核算经营活动的人员薪酬为20 000元。

2.某事业单位购买办公用品一批,价值50 000元,以银行存款付讫。

3.非独立核算部门购入经营用设备一台,价款5 000元,以银行存款付讫。设备直接交付使用。

4.签发现金支票购买经营活动用办公用品5 000元。

5.按规定上缴上级单位款项80 000元。

6.用非财政补助收入支付附属单位补助款项20 000元。

7.支付建设银行借款利息5 000元。

8.月末盘点现金,发现短缺100元,无法查明原因,经单位领导批准作为其他支出处理。

要求:根据上述经济业务编制相应的会计分录。

第十四章

事业单位资产、负债和净资产的核算

学习目标

- 掌握事业单位资产、负债、净资产的概念和内容
- 掌握事业单位流动资产和非流动资产的概念和内容
- 掌握事业单位流动负债和非流动负债的概念和内容
- 掌握事业单位各项资产和各项负债的概念及核算方法
- 掌握事业单位固定资产折旧的计提和核算方法
- 掌握事业单位无形资产摊销的计提和核算方法
- 掌握事业单位对外投资的管理要求
- 熟悉事业单位各项净资产的概念和核算方法

事业单位资产是事业单位占有或者使用的能以货币计量的经济资源；负债是事业单位承担的、能以货币计量的、需要以资产偿付的债务；净资产是事业单位资产减去负债的余额。本章主要阐述事业单位资产、负债和净资产的内容、管理要求以及账务处理方法。

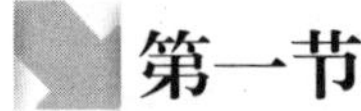

第一节 事业单位资产

事业单位资产是事业单位占有或者使用的能以货币计量的经济资源，包括各种财产、债权和其他权利。事业单位资产的特点有五个：一是资产属于国家所有，由事业单位占有或使用。二是资产应当按照取得时的实际成本进行计量。除国家另有规定外，事业单位不得自行调整其账面价值。三是以支付对价方式取得的资产，应当按照取得资产

时支付的现金或者现金等价物的金额，或者按照取得资产时所付出的非货币性资产的评估价值等金额计量；取得资产时没有支付对价的，其计量金额应当按照有关凭据注明的金额加上相关税费、运输费等确定；没有相关凭据的，其计量金额比照同类或类似资产的市场价格加上相关税费、运输费等确定；没有相关凭据、同类或类似资产的市场价格也无法可靠取得的，所取得的资产应当按照名义金额（即人民币1元，下同）入账。四是出租、出借资产，应当按照国家有关规定经主管部门审核同意后，报同级财政部门审批。五是应当按照国家有关规定实行资产共享、共用。

事业单位资产按照流动性可分为流动资产和非流动资产。

一、流动资产

事业单位的流动资产是指预计在1年内（含1年）变现或者耗用的资产，包括货币资金、短期投资、应收及预付款项、存货等。

（一）货币资金

事业单位的货币资金包括库存现金、银行存款、零余额账户用款额度等。

1.库存现金

库存现金是事业单位存放在其财务部门的可随时支用的现金。

（1）库存现金的管理。按照《现金管理暂行条例》及其实施细则的规定，事业单位现金的管理应遵循以下要求：

①按规定范围使用现金。事业单位可以在以下范围内使用现金：职工工资、津贴；个人劳务报酬；根据国家规定颁发给个人的科学技术、文化艺术、体育等各种奖金；各种劳保、福利费用以及国家规定的对个人的其他支出；向个人收购农副产品和其他物资的价款；出差人员必须随身携带的差旅费；结算起点以下的零星支出（结算起点为1 000元）；中国人民银行确定需要支付现金的其他支出。除上述业务可以用现金支付外，其他款项的支付应通过开户银行办理转账结算。

②严格库存现金限额的管理。库存现金限额是指为了保证单位日常零星开支的需要，允许单位留存现金的最高数额。这一限额由开户银行根据单位的实际需要和距离银行的远近予以核定。库存现金限额原则上为开户单位3～5天的日常零星开支所需，边远地区和交通不发达地区的开户单位的库存现金限额可以适当放宽，但最多不得超过15天的日常零星开支。经核定的库存现金限额，开户单位必须严格遵守。需要增加或者减少库存现金限额的，应当向开户银行提出申请，由开户银行核定。

③收支分开，不准坐支现金。事业单位的现金收入应当于当日送存开户银行，单位支付现金，可以从本单位库存现金限额中支付或者从开户银行提取，不得从本单位的现金收入中直接支付。用收入的现金直接支付支出的，称为“坐支”。事业单位因特殊情况需要坐支现金的，应当事先报经银行审查批准，由银行核定坐支范围和限额。坐支单位应当定期向银行报送坐支金额和使用情况。未经银行批准，单位不得擅自坐支现金。

④加强现金收支的日常管理。一是实行钱账分管。出纳人员负责现金和银行存款的收付业务，登记库存现金和银行存款日记账，但不得兼管其他有关账目的记账工作。同

样，负责其他有关账目的会计人员也不得兼管现金和银行存款的出纳工作。二是设置“现金日记账”，有外币现金的事业单位，应当分别按照人民币、各种外币设置“现金日记账”进行明细核算。“现金日记账”要由出纳人员根据收付款凭证，按照业务的发生顺序逐笔登记。每日业务终了，应计算当日的现金收入合计数、现金支出合计数和结余数，并将结余数与实际库存数核对，做到账款相符。账目应当日清月结、账款相符。现金收入业务较多、单独设有收款部门的事业单位，收款部门的收款员应当将每天所收现金连同收款凭据等一并交财务部门核收记账；或者将每天所收现金直接送存开户银行后，将收款凭据及向银行送存现金的凭证等一并交财务部门核收记账。三是任何现金收付业务的办理，都必须以合法的原始凭证为依据。不准用不符合财务制度的凭证顶替库存现金；不准单位之间相互借用现金，不准谎报用途套取现金；不准利用银行账户代其他单位和个人存入或支取现金；不准将单位收入的现金以个人名义存入储蓄；不准保留账外公款（即小金库）；禁止发行变相货币，不准以任何票券代替人民币在市场上流通。

（2）库存现金的核算。为了核算库存现金，事业单位应设置“库存现金”科目。事业单位有外币现金的，应当分别按照人民币、各种外币设置“现金日记账”进行明细核算。本科目期末借方余额，反映事业单位实际持有的库存现金。

①现金的提取和存入。事业单位从银行等金融机构提取现金，按照实际提取的金额，借记本科目，贷记“银行存款”等科目；将现金存入银行等金融机构，按照实际存入的金额，借记“银行存款”等科目，贷记本科目。

【例14-1】某事业单位从零余额账户提取现金20 000元，从银行基本户提取现金10 000元。该事业单位的账务处理如下：

借：库存现金　　30 000
　贷：零余额账户用款额度　　20 000
　　银行存款　　10 000

【例14-2】某事业单位将现金5 000元存入银行。该事业单位的账务处理如下：

借：银行存款　　5 000
　贷：库存现金　　5 000

②现金的借出。事业单位因内部职工出差等原因借出的现金，按照实际借出的现金金额，借记“其他应收款”科目，贷记本科目；出差人员报销差旅费时，按照应报销的金额，借记有关科目，按照实际借出的现金金额，贷记“其他应收款”科目，按其差额，借记或贷记本科目。

【例14-3】某事业单位职工张某借现金5 000元作为差旅费。该事业单位的账务处理如下：

借：其他应收款　　5 000
　贷：库存现金　　5 000

【例14-4】某事业单位职工张某出差回来报销，实际支出差旅费4 500元，退回现金500元。该事业单位的账务处理如下：

借：事业支出　　4 500
　　库存现金　　500
　贷：其他应收款　　5 000

③现金收支。事业单位因开展业务等其他事项收到现金时，按照实际收到的金额，借记本科目，贷记有关科目；因购买服务或商品等其他事项支出现金时，按照实际支出的金额，借记有关科目，贷记本科目。

【例14-5】某事业单位购买办公用品一批，价款800元，以现金支付。该事业单位的账务处理如下：

借：事业支出　　800
　贷：库存现金　　800

【例14-6】某事业单位因开展非独立核算经营活动提供有偿服务（非增值税劳务），收取现金900元。该事业单位的账务处理如下：

借：库存现金　　900
　贷：经营收入　　900

④外币收支。事业单位发生外币业务的，应当按照业务发生当日或当期期初的即期汇率，将外币金额折算为人民币金额记账，并登记外币金额和汇率。期末，各种外币账户的期末余额，应当按照期末的即期汇率折算为人民币，作为外币账户期末人民币余额。调整后的各种外币账户人民币余额与原账面余额的差额，作为汇兑损益计入当期支出。

【例14-7】某事业单位职工出国，预借美元现钞1 000美元，当日汇率为1美元=6.39808元人民币。该事业单位的账务处理如下：

借：其他应收款　　6 398.08
　贷：库存现金——美元　　6 398.08

【例14-8】月末，上例中的事业单位“库存现金——美元户”账面余额为2 000美元，合人民币12 942.62元。月末美元对人民币的汇率为1美元=6.51381元人民币。该事业单位的账务处理如下：

汇兑损益=2 000×6.51381−12 942.62=85（元）

借：事业支出　　85
　贷：库存现金　　85

⑤现金盘点。事业单位每日账款核对中发现现金溢余或短缺的，应当及时进行处理。如发现现金溢余，属于应支付给有关人员或单位的部分，借记本科目，贷记“其他应付款”科目；属于无法查明原因的部分，借记本科目，贷记“其他收入”科目。如发现现金短缺，属于应由责任人赔偿的部分，借记“其他应收款”科目，贷记本科目；属于无法查明原因的部分，报经批准后，借记“其他支出”科目，贷记本科目。

【例14-9】某事业单位月末盘点现金，发现溢余100元，查明是尚欠职工张某的差旅费报销尾款。该事业单位的账务处理如下：

借：库存现金　　100

　贷：其他应付款　　100

【例14-10】如果上例中盘点的现金溢余无法查明原因。该事业单位的账务处理如下：

借：库存现金　　100

　贷：其他收入　　100

【例14-11】某事业单位年末盘点现金，发现现金短缺50元，应由出纳赔偿。该事业单位的账务处理为：

借：其他应收款　　50

　贷：库存现金　　50

【例14-12】如果上例中盘点的现金短缺无法查明原因，报经批准作为其他支出处理。该事业单位的账务处理如下：

借：其他支出　　50

　贷：库存现金　　50

2.银行存款

银行存款是事业单位存入银行和其他金融机构的各种款项。

（1）银行存款的管理。

事业单位银行存款应遵循以下管理要求：

①按照规定开设银行账户。事业单位应当由财务部门统一开设和管理银行存款账户。事业单位开设银行存款账户，应当报主管预算单位和同级财政部门审批，在其指定的银行开户，禁止多头开户。事业单位的银行存款账户，一般包括基本存款账户、专用存款账户和一般存款账户。基本存款账户只能用于办理本单位预算资金、自筹资金以及往来款项的日常转账结算和现金收付等业务。专用存款账户是按规定对有特定用途的资金进行专项管理和使用而开立的银行账户；专用存款账户一般不能支取现金，确需支取现金的需经中国人民银行营业管理部批准。一般存款账户是因向基本存款账户和专用存款账户以外的开户银行取得借款而开立的账户，其只能用于办理转账结算和现金缴存，不能支取现金。

②严格管理银行账户。事业单位必须按照同级财政部门和人民银行规定的用途使用银行账户，不得将预算收入汇缴专用存款账户资金和财政拨款转为定期存款，不得以个人名义存放单位资金，不得出租、转让银行账户，不得为个人或其他单位提供信用。

③按规定和实际需要选择转账结算方式。事业单位除了可以使用现金的资金支付外，其他资金支付必须通过银行进行转账。事业单位通常使用的转账方式包括支票、银行本票、银行汇票、商业汇票、汇兑、委托收款、异地托收承付、公务卡等。

④设置“银行存款日记账”。事业单位应当按开户银行或其他金融机构、存款种类及币种等分别设置“银行存款日记账”，由出纳人员根据收付款凭证，按照业务的发生顺序逐笔登记，每日终了应结出余额。“银行存款日记账”应定期与“银行对账单”核

对，至少每月核对一次。月度终了，事业单位银行存款账面余额与银行对账单余额之间如有差额，必须逐笔查明原因并进行处理，按月编制“银行存款余额调节表”，调节相符。

（2）银行存款的核算。为了核算存入银行或其他金融机构的各种款项，事业单位应设置“银行存款”科目。本科目期末借方余额，反映事业单位实际存放在银行或其他金融机构的款项。

①银行存款的存取和支出。事业单位将款项存入银行或其他金融机构，借记本科目，贷记“库存现金”、“事业收入”、“经营收入”等有关科目。提取和支出存款时，借记有关科目，贷记本科目。

【例14-13】某事业单位收到上级单位用非财政补助资金安排的补助款150 000元。该事业单位的账务处理如下：

借：银行存款　　150 000

　贷：上级补助收入　　150 000

【例14-14】某事业单位收到开展自身专业业务活动所取得的收入50 000元，该收入不实行财政专户返还方式管理。该事业单位的账务处理如下：

借：银行存款　　50 000

　贷：事业收入　　50 000

②外币收支。事业单位发生外币业务的，应当按照业务发生当日（或当期期初，下同）的即期汇率，将外币金额折算为人民币记账，并登记外币金额和汇率。期末，各种外币账户的外币余额应当按照期末的即期汇率折算为人民币，作为外币账户期末人民币余额。调整后的各种外币账户人民币余额与原账面人民币余额的差额，作为汇兑损益计入相关支出。其主要账务处理如下：以外币购买物资、劳务等，按照购入当日的即期汇率将支付的外币或应支付的外币折算为人民币金额，借记有关科目，贷记本科目、“应付账款”等科目的外币账户；以外币收取相关款项等，按照所收取款项或收入确认当日的即期汇率将收取的外币或应收取的外币折算为人民币金额，借记本科目、“应收账款”等科目的外币账户，贷记有关科目；期末，将各外币账户按期末汇率调整后的人民币余额与原账面人民币余额的差额，作为汇兑损益，借记或贷记本科目、“应收账款”、“应付账款”等科目，贷记或借记“事业支出”、“经营支出”等科目。

【例14-15】某事业单位收到某国外公益组织的捐款50 000美元。当日美元对人民币的汇率为1美元=6.39808元人民币。该事业单位的账务处理如下：

借：银行存款——美元　　319 904

　贷：其他收入　　319 904

【例14-16】月末，上例中的事业单位的“银行存款——美元户”账面余额为20 000美元，合人民币130 566.20元。月末美元对人民币的汇率为1美元=6.51381元人民币。该事业单位的账务处理如下：

汇兑损益=20 000×6.51381−130 566.20=−290（元）

借：事业支出　　290
　贷：银行存款——美元　　290

3.零余额账户用款额度

（1）单位零余额账户和零余额账户用款额度。事业单位的零余额账户是由同级财政部门为其在商业银行开设的用于本单位财政授权支付的账户。通过该账户，事业单位可以办理转账、汇兑、委托收款和提取现金等支付结算业务，但单位的非财政性资金不得进入。单位零余额账户是一个过渡账户，而不是实存账户。

零余额账户用款额度是指实行国库集中支付的事业单位根据财政部门批复的用款计划收到和支用的财政授权支付额度，具有与银行存款相同的支付结算功能。在此额度内，事业单位可按审批的分月用款计划开具支付令，使用零余额账户用款额度实现日常支付。零余额账户用款额度由财政部门按政府收支分类科目的 “类”、“款”、“项”，分基本支出和项目支出分别下达，类、款、项及基本支出和项目支出之间的用款额度不可调剂使用。

零余额账户用款额度在年度内可累加使用。该账户的代理银行在用款额度累计余额内，根据事业单位支付指令，办理资金支付业务，并在规定时间内与国库单一账户清算。

（2）零余额账户用款额度的核算。为了核算实行国库集中支付的事业单位根据财政部门批复的用款计划收到和支用的零余额账户用款额度，事业单位应设置“零余额账户用款额度”科目。本科目期末借方余额反映事业单位尚未使用的零余额账户用款额度。年度终了注销单位零余额账户用款额度后，本科目应无余额。

①财政授权支付额度的下达和支用。事业单位收到代理银行盖章的“财政授权支付额度到账通知书”时，根据通知书所列数额，借记本科目，贷记“财政补助收入”科目；按规定支用额度时，借记“事业支出”、“存货”等科目，贷记本科目；从零余额账户提取现金时，借记“库存现金”科目，贷记本科目。因购货退回等发生国库授权支付额度退回的，属于以前年度支付的款项，按照退回金额，借记本科目，贷记“财政补助结转”、“财政补助结余”、“存货”等有关科目；属于本年度支付的款项，按照退回金额，借记本科目，贷记“事业支出”、“存货”等有关科目。

【例14-17】某事业单位收到“财政授权支付额度到账通知书”，列明本月授权支付额度为100万元。该事业单位的账务处理如下：

借：零余额账户用款额度　　1 000 000
　贷：财政补助收入　　1 000 000

【例14-18】某事业单位通过单位零余额账户支付款项购买计算机一台，价款12 000元，计算机直接交付使用。该事业单位的账务处理如下：

借：事业支出　　12 000
　贷：零余额账户用款额度　　12 000
借：固定资产　　12 000

贷：非流动资产基金——固定资产　12 000

②财政授权支付额度年终结余。年度终了，事业单位依据代理银行提供的对账单注销额度时，借记“财政应返还额度”科目，贷记本科目；根据本年度财政授权支付预算指标数与零余额账户用款额度下达数之间的差额，借记“财政应返还额度”科目，贷记“财政补助收入”科目。下年度初，依据代理银行提供的额度恢复到账通知书恢复额度时，借记本科目，贷记“财政应返还额度”科目；收到财政部门批复的上年末未下达零余额账户用款额度时，借记本科目，贷记“财政应返还额度”科目。相关例题参见“财政应返还额度的核算”。

（二）短期投资

1.对外投资的分类和管理

（1）对外投资的概念和分类。对外投资是事业单位依法利用货币资金、实物、无形资产等方式对其他单位进行的投资。

对外投资按照不同标准，可分为不同类型。按照期限长短，对外投资可分为短期投资和长期投资。短期投资是指事业单位依法取得的，持有时间不超过一年（含一年）的投资；长期投资是指事业单位依法取得的，持有时间超过一年（不含一年）的投资。按照投资形式，对外投资可分为债权投资和股权投资。债权投资是事业单位通过购买国债的方式取得的投资；股权投资是事业单位利用货币资金、实物和无形资产等方式向其他单位投资入股而取得的投资。

（2）对外投资的管理。事业单位对外投资的管理应遵循以下要求：

①事业单位应严格控制对外投资规模。事业单位是以公益为目的的社会服务组织，其资金有相当一部分来源于财政拨款，对外投资属于将非经营性资产转作经营性资产。因此，事业单位必须在保证单位正常运转和事业发展的前提下，按照国家有关规定进行对外投资，并且要严格履行审批程序，加强风险管控。

②事业单位不得利用财政资金对外投资，不得买卖期货、股票，不得购买各种企业债券、各类投资基金和其他任何形式的金融衍生品或进行任何形式的金融风险投资，不得在国外贷款债务清偿前利用该贷款形成的资产进行对外投资等，国家另有规定的除外。

③事业单位利用非货币性资产进行对外投资的，应当严格履行资产评估程序，法律另有规定的，从其规定。

2.短期投资的核算

短期投资是指事业单位依法取得的、持有时间不超过一年（含一年）的投资，主要是国债投资。

为了核算依法取得的、持有时间不超过一年（含一年）的投资，事业单位应设置“短期投资”科目。本科目期末借方余额，反映事业单位持有的短期投资成本。

事业单位取得短期投资时，应当将其实际成本（包括购买价款以及税金、手续费等相关税费）作为投资成本，借记本科目，贷记“银行存款”等科目；短期投资持有期间收到利息时，按实际收到的金额，借记“银行存款”科目，贷记“其他收入——投资收益”科目；出售短期投资或到期收回短期国债本息时，按照实际收到的金额，借记“银行存款”科目，按照出售或收回短期国债的成本，贷记本科目，按其差额，贷记或借记“其他收入——投资收益”科目。

【例14-19】某事业单位购买一年期国债50 000元，以银行存款付讫。该事业单位的账务处理如下：

借：短期投资——国债投资　　50 000

　贷：银行存款　　50 000

【例14-20】某事业单位之前购买的一年期国债持有6个月后出售，获得价款32 000元，该国债成本为30 000元。该事业单位的账务处理如下：

借：银行存款　　32 000

　贷：短期投资——国债投资　　30 000

　　其他收入　　2 000

（三）应收及预付款项

应收及预付款项是指事业单位在开展业务活动中形成的各项债权，包括财政应返还额度、应收票据、应收账款和预付账款。

1.财政应返还额度

（1）财政应返还额度的含义。财政应返还额度是指实行国库集中支付的事业单位应收财政返还的资金额度。

与行政单位相同，实行国库集中支付的事业单位，在年度支出预算被批准后，其年度的财政直接支付和财政授权支付的预算指标数被确定下来。预算年度内事业单位对这些财政资金预算指标的使用，全部实行用款计划管理，并分财政直接支付和财政授权支付两种方式实现支付。在财政直接支付方式下，财政应返还额度（年末未使用资金额度）是当年财政直接支付预算指标数与财政直接支付实际支出数的差额。在财政授权支付方式下，财政应返还额度（年末尚未使用资金额度）包括未下达授权支付额度和未使用授权支付额度两个部分。未下达授权支付额度是当年财政授权支付预算指标数与零余额账户用款额度下达数的差额，未使用授权支付额度是当年零余额账户用款额度下达数与零余额账户用款额度支用数的差额。对于上述的国库集中支付尚未使用资金额度和尚未下达授权支付额度，年末事业单位先返还财政部门，下年度初再由财政部门予以恢复或下达。

（2）财政应返还额度的核算。为了核算实行国库集中支付的事业单位应收财政返还的资金额度，事业单位应设置“财政应返还额度”科目。本科目应按照“财政直接支付”和“财政授权支付”设置明细账。本科目期末借方余额，反映事业单位应收财政下年度返还的资金额度。

①财政直接支付。年度终了，事业单位根据本年度财政直接支付预算指标数与当年财政直接支付实际支出数的差额，借记本科目（财政直接支付），贷记“财政补助收

入”等科目；下年度，恢复财政直接支付额度后，事业单位以财政直接支付方式发生实际支出时，借记“事业支出”等科目，贷记本科目（财政直接支付）。

【例14-21】某事业单位是实行国库集中支付的事业单位，年度终了通过对账确认本年度财政直接支付预算指标数为1 000 000元，当年财政直接支付实际支出数为900 000元。本年度财政直接支付预算指标数与当年财政直接支付实际支出数的差额为100 000元。该事业单位的账务处理如下：

借：财政应返还额度——财政直接支付　　100 000
　贷：财政补助收入　　100 000

【例14-22】前例中的事业单位下年度初收到代理银行转来的“财政直接支付入账通知书”，使用上年尚未使用的财政直接支付用款额度100 000元购买办公用笔记本电脑10台，已直接交付使用。该事业单位的账务处理如下：

借：事业支出　　100 000
　贷：财政应返还额度——财政直接支付　　100 000
借：固定资产　　100 000
　贷：非流动资产基金——固定资产　　100 000

②财政授权支付。年度终了，事业单位根据代理银行提供的对账单注销额度时，借记本科目（财政授权支付），贷记“零余额账户用款额度”科目；根据本年度财政授权支付预算指标数与零余额账户用款额度下达数之间的差额，借记本科目（财政授权支付），贷记“财政补助收入”等科目。下年度初，依据代理银行提供的额度恢复到账通知单恢复额度时，借记“零余额账户用款额度”科目，贷记本科目（财政授权支付）；收到财政部门批复的上年末未下达零余额账户用款额度时，借记“零余额账户用款额度”科目，贷记本科目（财政授权支付）。

【例14-23】年度终了，某事业单位收到代理银行转来的“财政授权支付注销额度到账通知单”，列示应注销的额度为50 000元。该事业单位的账务处理如下：

借：财政应返还额度——财政授权支付　　50 000
　贷：零余额账户用款额度　　50 000

【例14-24】前例中的事业单位下年度初收到代理银行转来的50 000元“财政授权支付额度恢复到账通知单”。该事业单位的账务处理如下：

借：零余额账户用款额度　　50 000
　贷：财政应返还额度——财政授权支付　　50 000

2.应收票据

应收票据是事业单位因从事经营活动销售产品、提供有偿服务等而收到的商业汇票，包括商业承兑汇票和银行承兑汇票。

（1）应收票据的分类。应收票据按承兑人不同，可分为商业承兑汇票和银行承兑汇票。商业承兑汇票是由收款人签发，经付款人承兑或由付款人签发并承兑的汇票。商业承兑汇票到期时，如付款人账户不足支付，银行则将商业承兑汇票退给收款人，由购销双方自行解决，银行不负责任。银行承兑汇票是由收款人或承兑申请人签发，并由承兑申请人向开户银行申请，经银行审查同意承兑的汇票。银行承兑汇票到期时，如购货单位未能将应收票据交存银行，则银行向收款人或贴现银行无条件支付票款。

应收票据按是否计息，可分为带息票据和不带息票据。带息票据是指注明票面利率和付息日期的票据。带息票据到期时，收款人根据票据面值和利息收取本息。不带息票据是指票据上无利息的票据。不带息票据到期时，收款人根据票据面值收取款项。

（2）应收票据的核算。为了核算因从事经营活动销售产品、提供有偿服务等收到的商业汇票，事业单位应设置“应收票据”科目。本科目应当按照开出、承兑商业汇票的单位等进行明细核算。事业单位应当设置“应收票据备查簿”，逐笔登记每一应收票据的种类、号数、出票日期、到期日、票面金额、交易合同号和付款人、承兑人、背书人姓名或单位名称、背书转让日、贴现日期、贴现率和贴现净额、收款日期、收回金额和退票情况等资料。应收票据到期结清票款或退票后，应当在备查簿内逐笔注销。本科目借方余额，反映事业单位持有的商业汇票票面金额。

①票据的收到和兑付。事业单位因销售产品、提供服务等收到商业汇票，按照商业汇票的票面金额，借记本科目，按照确认的收入金额，贷记“经营收入”等科目，按照应缴增值税金额，贷记“应缴税费——应缴增值税”科目。商业汇票到期时，应当分以下情况处理：收回应收票据，按照实际收到的商业汇票票面金额，借记“银行存款”科目，贷记本科目；因付款人无力支付票款，收到银行退回的商业承兑汇票、委托收款凭证、未付票款通知书或拒付款证明等，按照商业汇票的票面金额，借记“应收账款”科目，贷记本科目。

【例14-25】某事业单位为增值税小规模纳税人，其非独立核算部门从事经营活动销售产品而收到A公司不带息的承兑期2个月的商业承兑汇票一张，该商业承兑汇票的面值为5 150元。该事业单位的账务处理如下：

借：应收票据——A公司　　5 150
　贷：经营收入　　5 000
　　　应缴税费——应缴增值税　　150

【例14-26】前例中的事业单位的商业承兑汇票到期，通过银行存款基本户收到票据款项5 150元。该事业单位的账务处理如下：

借：银行存款　　5 150
　贷：应收票据——A公司　　5 150

若上述票据为带息票据，票面利率为4%，到期票据款项金额应为5 184.33元。该事业单位的账务处理如下：

借：银行存款　　5 184.33
　贷：应收票据——A公司　　5 150
　　　经营支出　　34.33

②票据的贴现和转让。事业单位持未到期的商业汇票向银行贴现，按照实际收到的金额（即扣除贴现息后的净额），借记“银行存款”科目，按照贴现息，借记“经营支出”等科目，按照商业汇票的票面金额，贷记本科目；将持有的商业汇票背书转让以取得所需物资时，按照取得物资的成本，借记有关科目，按照商业汇票的票面金额，贷记本科目，如有差额，借记或贷记“银行存款”等科目。

【例14-27】某事业单位持有1个月之前收到的A公司1张2个月到期的商业承兑无息汇票到银行贴现。该汇票票面金额为5 150元，银行贴现率为12%。该事业单位的账务处理如下：

贴现息=5 150×12%×1/12=51.50（元）

扣除贴现息后的净额=5 150−51.50=5 098.50（元）

借：银行存款　　5 098.50

　　经营支出　　51.50

　贷：应收票据——A公司　　5 150

3.应收账款

应收账款是事业单位因开展经营活动销售产品、提供有偿服务等而应收的款项。

为了核算开展经营活动销售产品、提供有偿服务等而应收的款项，事业单位应设置“应收账款”科目。本科目应按购货、接受劳务单位（或个人）设置明细账。本科目期末借方余额，反映事业单位尚未收回的应收账款。

（1）应收账款的发生和收回。事业单位发生应收账款时，按照应收未收金额，借记本科目，按照确认的收入金额，贷记“经营收入”等科目，按照应缴增值税金额，贷记“应缴税费——应缴增值税”科目；收回应收账款时，按照实际收到的金额，借记“银行存款”等科目，贷记本科目。

【例14-28】某事业单位为增值税小规模纳税人，其非独立核算部门向B公司销售产品取得收入10 300元，款项尚未收到。该事业单位的账务处理如下：

借：应收账款——B公司　　10 300

　贷：经营收入　　10 000

　　　应缴税费——应缴增值税　　300

【例14-29】前例中的事业单位通过银行收到向B公司销售产品的款项10 300元。该事业单位的账务处理如下：

借：银行存款　　10 300

　贷：应收账款——B公司　　10 300

（2）坏账的核销。事业单位的应收账款不计提坏账准备。对于逾期3年或以上、有确凿证据表明确实无法收回的应收账款，事业单位应按规定报经批准后予以核销。将待核销的应收账款转入待处置资产时，按照待核销的应收账款金额，借记“待处置资产损溢”科目，贷记本科目；报经批准予以核销时，借记“其他支出”科目，贷记“待处置资产损溢”科目；已核销应收账款在以后期间收回的，按照实际收回的金额，借记“银行存款”等科目，贷记“其他收入”科目。核销的应收账款应在备查簿中保留登记。

【例14-30】某事业单位年初经核查发现三年前向甲公司销售产品形成的应收账款5 000元因该公司破产确实无法收回。该事业单位的账务处理如下：

• 将待核销的应收账款转入待处置资产时，

借：待处置资产损溢　　5 000

　贷：应收账款——甲公司　　5 000

• 报经批准予以核销时，

借：其他支出　　5 000

　贷：待处置资产损溢　　5 000

• 假如上述已核销应收账款在年末又收回3 000元时，

借：银行存款　　3 000

　贷：其他收入　　3 000

4. 预付账款

预付账款是事业单位按照购货、劳务合同的规定预付给供应单位的款项。

为了核算按照购货、劳务合同规定预付给供应单位的款项，事业单位应设置“预付账款”科目。本科目应当按照供应单位（或个人）进行明细核算，并且应当通过明细核算或辅助登记方式，登记预付账款的资金性质（区分财政补助资金、非财政专项资金和其他资金）。本科目借方余额，反映事业单位实际预付但尚未结算的款项。

（1）预付账款的发生和补付。事业单位发生预付账款时，按照实际预付的金额，借记本科目，贷记“零余额账户用款额度”、“财政补助收入”、“银行存款”等科目；收到所购物资或劳务时，按照购入物资或劳务的成本，借记有关科目，按照相应预付账款金额，贷记本科目，按照补付的款项，贷记“零余额账户用款额度”、“财政补助收入”、“银行存款”等科目；收到所购固定资产、无形资产时，按照确定的资产成本，借记“固定资产”、“无形资产”科目，贷记“非流动资产基金——固定资产、无形资产”科目；同时，按照资产购置支出，借记“事业支出”、“经营支出”等科目，按照相应预付账款金额，贷记本科目，按照补付的款项，贷记“零余额账户用款额度”、“财政补助收入”、“银行存款”等科目。

【例14-31】某事业单位为增值税小规模纳税人，向C公司采购材料一批，价款10 000元（不含税），以银行存款预付货款50%，到货后结算其余货款。预付50%货款5 000元时，该事业单位的账务处理如下：

借：预付账款——C公司　　5 000

　贷：银行存款　　5 000

【例14-32】上例中的事业单位收到材料，并以银行存款补付货款5 000元、增值税1 700元、运费500元。该事业单位的账务处理如下：

借：存货　　12 200

贷：预付账款——C公司　5 000

银行存款　7 200

【例14-33】某事业单位为增值税小规模纳税人，通过财政直接支付方式向D公司采购办公用大巴车2台，每台价值300 000元。按照合同规定预付货款50%，到货后结算其余货款。通过财政部门零余额账户预付50%的货款300 000元时，该事业单位的账务处理如下：

借：预付账款——D公司　300 000

贷：财政补助收入　300 000

【例14-34】上例中的事业单位收到大巴车2台，且通过财政部门零余额账户补付货款300 000元。该事业单位的账务处理如下：

借：固定资产　600 000

贷：非流动资产基金——固定资产　600 000

借：事业支出　600 000

贷：预付账款——D公司　300 000

财政补助收入　300 000

（2）坏账的核销。事业单位对于逾期3年或以上、有确凿证据表明因供货单位破产、撤销等原因已无望再收到所购物资，且确实无法收回的预付账款，按规定报经批准后予以核销。将待核销的预付账款转入待处置资产时，按照待核销的预付账款金额，借记“待处置资产损溢”科目，贷记本科目；报经批准予以核销时，借记“其他支出”科目，贷记“待处置资产损溢”科目；已核销预付账款在以后期间收回的，按照实际收回的金额，借记“银行存款”等科目，贷记“其他收入”科目。核销的预付账款应在备查簿中保留登记。

【例14-35】某事业单位经核查发现4年之前向E公司预付的采购技术设备款200 000元因其被撤销已无望再收到所购物资，也确实无法收回预付账款。该事业单位的账务处理如下：

- 将待核销的预付账款转入待处置资产时，

借：待处置资产损溢　200 000

贷：预付账款——E公司　200 000

- 报经批准予以核销时，

借：其他支出　200 000

贷：待处置资产损溢　200 000

- 假如上述已核销预付账款在年末又全额收回，

借：银行存款　200 000

贷：其他收入　200 000

5.其他应收款

其他应收款是事业单位除财政应返还额度、应收票据、应收账款、预付账款以外的其他各项应收及预付款项，如职工预借的差旅费、拨付给内部有关部门的备用金、应向职工收取的各种垫付款项等。

为了核算其他各项应收及预付款项，事业单位应设置“其他应收款”科目。本科目应当按照其他应收款的类别以及债务单位（或个人）设置明细账。本科目期末借方余额，反映事业单位尚未收回的其他应收款。

（1）其他应收款的发生和收回。事业单位发生其他各种应收及预付款项时，借记本科目，贷记“银行存款”、“库存现金”等科目；收回或转销其他各种应收及预付款项时，借记“库存现金”、“银行存款”等科目，贷记本科目。

【例14-36】某事业单位职工刘某出差回来报销差旅费，实际开支1 800元，收回现金200元。该事业单位的账务处理如下：

借：事业支出　　1 800
　　库存现金　　200
　贷：其他应收款——刘某　　2 000

（2）备用金的发放和补足。事业单位内部实行备用金制度的，有关部门使用备用金以后应当及时到财务部门报销并补足备用金。财务部门核定并发放备用金时，借记本科目，贷记“库存现金”等科目。根据报销数用现金补足备用金定额时，借记有关科目，贷记“库存现金”等科目，报销数和拨补数都不再通过本科目核算。

【例14-37】某事业单位内部实行备用金制度，其财务部门以库存现金发放备用金20 000元。该事业单位的账务处理如下：

借：其他应收款——备用金　　20 000
　贷：库存现金　　20 000

上述事业单位的财务部门根据报销数用现金补足备用金定额20 000元时，

借：事业支出　　20 000
　贷：库存现金　　20 000

（3）坏账的核销。事业单位对于逾期3年或以上、有确凿证据表明确实无法收回的其他应收款，应按规定报经批准后予以核销。将待核销的其他应收款转入待处置资产时，按照待核销的其他应收款金额，借记“待处置资产损溢”科目，贷记本科目；报经批准予以核销时，借记“其他支出”科目，贷记“待处置资产损溢”科目；已核销的其他应收款在以后期间收回的，按照实际收回的金额，借记“银行存款”等科目，贷记“其他收入”科目。核销的其他应收款应在备查簿中保留登记。

【例14-38】某事业单位经核查发现3年之前为职工张某垫付的水电费20 000元，因其离开本单位不知去向确实无法收回。该事业单位的账务处理如下：

• 将待核销的其他应收款转入待处置资产时，

借：待处置资产损溢　　20 000
　贷：其他应收款——张某　　20 000

• 报经批准予以核销时，

借：其他支出　　20 000

贷：待处置资产损溢　20 000

• 假如张某年末回来归还上述款项，

借：银行存款　20 000

贷：其他收入　20 000

（四）存货

存货是指事业单位在开展业务活动及其他活动中为耗用而储存的资产，包括各种材料、燃料、包装物、低值易耗品以及达不到固定资产标准的用具、装具、动植物等。事业单位随买随用的零星办公用品，不作为存货管理。

为了核算存货业务，事业单位应设置“存货”科目。事业单位随买随用的零星办公用品，可在购进时直接列作支出，不通过本科目核算。本科目应当按照存货的种类、规格、保管地点等进行明细核算。事业单位应当通过明细核算或辅助登记方式，登记取得存货成本的资金来源（区分财政补助资金、非财政专项资金和其他资金）。发生自行加工存货业务的事业单位，应当在本科目下设置“生产成本”明细科目，归集核算自行加工存货所发生的实际成本（包括耗用的直接材料费用、发生的直接人工费用和分配的间接费用）。本科目期末借方余额，反映事业单位存货的实际成本。

1. 存货取得的核算

事业单位存货的取得方式主要包括：购入、自行加工、接受捐赠、无偿调入等。事业单位取得存货时，应当按照其实际成本入账。

（1）购入的存货。事业单位购入的存货，其成本包括购买价款、相关税费、运输费、装卸费、保险费以及使存货达到目前场所和状态所发生的其他支出。而购入存货所负担的增值税进项税额是否计入存货入账价值，首先取决于事业单位是一般纳税人还是小规模纳税人，其次取决于购进存货是自用还是非自用。事业单位属于增值税小规模纳税人的，其购入的存货无论是自用还是非自用，都应按实际支付的含税价格计价；属于增值税一般纳税人的，其购入的自用存货按实际支付的含税价格计价，购入的非自用存货按不含税的实际支付价格计价。

事业单位购入的存货验收入库时，按确定的成本，借记本科目，贷记“银行存款”、“应付账款”、“财政补助收入”、“零余额账户用款额度”等科目；属于增值税一般纳税人的事业单位购入非自用材料的，按确定的成本（不含增值税进项税额），借记本科目，按增值税专用发票上注明的增值税税额，借记“应缴税费——应缴增值税（进项税额）”科目，按实际支付或应付的金额，贷记“银行存款”、“应付账款”等科目。

【例14-39】某事业单位为增值税小规模纳税人，购买专业活动用甲材料1 000千克，每千克1 000元，增值税税额为170 000元，材料款项实行财政直接支付。该事业单位的账务处理如下：

借：存货——甲材料　1 170 000

贷：财政补助收入　1 170 000

【例14-40】某事业单位为增值税一般纳税人，其非独立核算部门为生产产品购进乙材料2 000千克，每千克50元，增值税税额为17 000元，款项以银行存款支付。该事业单位的账务处理如下：

借：存货——乙材料　　100 000
　　应缴税费——应缴增值税——进项税额　　17 000
　贷：银行存款　　117 000

【例14-41】如果前例中的事业单位购进的是自用材料，该事业单位的账务处理如下：

借：存货——乙材料　　117 000
　贷：银行存款　　117 000

【例14-42】某事业单位为增值税小规模纳税人，从"单位零余额账户"支用款项购买专业活动用丙材料200千克，每千克50元，增值税税额为1 700元。此外，以现金支付运杂费800元。该事业单位的账务处理如下：

借：存货——丙材料　　12 500
　贷：零余额账户用款额度　　11 700
　　　库存现金　　800

（2）自行加工的存货。事业单位自行加工的存货，其成本包括耗用的直接材料费用、发生的直接人工费用和按照一定方法分配的与存货加工有关的间接费用。

事业单位自行加工的存货在加工过程中发生各种费用时，借记本科目（生产成本），贷记本科目（与领用材料相关的明细科目）、"应付职工薪酬"、"银行存款"等科目；加工完成的存货验收入库时，按照所发生的实际成本，借记本科目（相关明细科目），贷记本科目（生产成本）。

【例14-43】某事业单位自行加工专用材料，领用A材料5 000元、以现金支付人工费1 500元。专用材料加工完成，验收合格并入库。该事业单位的账务处理如下：

• 支付料工费时，

借：存货——生产成本　　6 500
　贷：存货——A材料　　5 000
　　　库存现金　　1 500

• 加工完成验收入库时，

借：存货——专用材料　　6 500
　贷：存货——生产成本　　6 500

（3）接受捐赠、无偿调入的存货。事业单位接受捐赠、无偿调入的存货，其成本按照有关凭据注明的金额加上相关税费、运输费等确定；没有相关凭据的，其成本比照同类或类似存货的市场价格加上相关税费、运输费等确定；没有相关凭据、同类或类似存货的市场价格也无法可靠取得的，该存货按照名义金额（即人民币1元）入账。相关财务制度仅要求进行实物管理的除外。

事业单位接受捐赠、无偿调入的存货验收入库时，按照确定的成本，借记本科目，按照发生的相关税费、运输费等，贷记“银行存款”等科目，按照其差额，贷记“其他收入”科目；在按照名义金额入账的情况下，按照名义金额，借记本科目，贷记“其他收入”科目；按照发生的相关税费、运输费等，借记“其他支出”科目，贷记“银行存款”等科目。

【例14-44】某事业单位接受一装具公司捐赠的装具一批，价值50 000元，发生运输费500元，以现金支付。

借：存货——装具　　50 500
　贷：库存现金　　500
　　　其他收入　　50 000

2.存货发出的核算

事业单位存货发出的方式主要包括：开展业务活动领用、对外捐赠、无偿调出等。

事业单位发出存货时，应当根据实际情况采用先进先出法、加权平均法或者个别计价法确定发出存货的实际成本。计价方法一经确定，不得随意变更。低值易耗品的成本于领用时一次摊销。各计价方法的相关原理参见行政单位存货发出的核算。

（1）存货的领用。事业单位开展业务活动等领用、发出存货时，按领用、发出存货的实际成本，借记“事业支出”、“经营支出”等科目，贷记本科目。

【例14-45】某事业单位领用专业活动用甲材料500千克，每千克980元；领用经营活动用丙材料500千克，每千克480元。该事业单位的账务处理如下：

借：事业支出　　490 000
　　经营支出　　240 000
　贷：存货——甲材料　　490 000
　　　　　——丙材料　　240 000

（2）存货的对外捐赠、无偿调出。事业单位对外捐赠、无偿调出存货，转入待处置资产时，按照存货的账面余额，借记“待处置资产损溢”科目，贷记本科目；属于增值税一般纳税人的事业单位对外捐赠、无偿调出购进的非自用材料，转入待处置资产时，按照存货的账面余额与相关增值税进项税额转出金额的合计金额，借记“待处置资产损溢”科目，按存货的账面余额，贷记本科目，按转出的增值税进项税额，贷记“应缴税费——应缴增值税（进项税额转出）”科目。实际捐出、调出存货时，按照“待处置资产损溢”科目的相应余额，借记“其他支出”科目，贷记“待处置资产损溢”科目。

【例14-46】某事业单位为增值税一般纳税人，准备将之前购进的AB非自用材料无偿调给兄弟单位。该材料账面余额50 000元，购入时增值税专用发票上注明的增值税税额为8 500元。将该材料转入待处置资产时，该事业单位的账务处理如下：

借：待处置资产损溢　　58 500
　贷：存货——AB材料　　50 000
　　　应缴税费——应缴增值税——进项税额转出　　8 500

3. 存货盘点的核算

事业单位的存货应当定期进行清查盘点，每年至少盘点一次。对于发生的存货盘盈、盘亏或者报废、毁损，应当及时查明原因，按规定报经批准后进行账务处理。

事业单位盘盈的存货，按照同类或类似存货的实际成本或市场价格确定入账价值；同类或类似存货的实际成本、市场价格均无法可靠取得的，按照名义金额入账。盘盈的存货，按照确定的入账价值，借记本科目，贷记“其他收入”科目。

事业单位盘亏或者毁损、报废的存货转入待处置资产时，按照待处理存货的账面余额，借记“待处置资产损溢”科目，贷记本科目；属于增值税一般纳税人的事业单位购进的非自用材料发生盘亏或者毁损、报废的，转入待处置资产时，按照存货的账面余额与相关增值税进项税额转出金额的合计金额，借记“待处置资产损溢”科目，按存货的账面余额，贷记本科目，按转出的增值税进项税额，贷记“应缴税费——应缴增值税（进项税额转出）”科目。报经批准予以处理时，按照“待处置资产损溢”科目的相应余额，借记“其他支出”科目，贷记“待处置资产损溢”科目。处理存货过程中所取得的收入、发生的费用，以及处理收入扣除相关处理费用后的净收入的账务处理，参见“待处置资产损溢”科目。

【例14-47】某事业单位为增值税小规模纳税人，在年终盘点库存材料时，发现事业用甲材料溢余20千克，该类材料的市场价格为每千克1 000元，尚未入账；经营用乙材料短缺40千克，每千克50元。该事业单位的账务处理如下：

■甲材料盘盈，

	借方	贷方
借：存货——甲材料	20 000	
贷：其他收入		20 000

■乙材料盘亏，

• 将乙材料转入待处置资产时

	借方	贷方
借：待处置资产损溢	2 000	
贷：存货——乙材料		2 000

• 报经批准予以处置乙材料时

	借方	贷方
借：其他支出	2 000	
贷：待处置资产损溢		2 000

【例14-48】某事业单位为增值税一般纳税人，在年终盘点库存材料时，发现AB非自用材料发生毁损。该材料账面余额为5 000元，增值税进项税额为850元，该材料变价收入为1 000元，已存入银行，以现金支付运输费200元。该事业单位的账务处理如下：

• 将AB材料转入待处置资产时

	借方	贷方
借：待处置资产损溢	5 850	
贷：存货——AB材料		5 000
应缴税费——应缴增值税——进项税额转出		850

• 报经批准予以处置AB材料时

借：其他支出　5 850

　贷：待处置资产损溢　5 850

• 取得AB材料出售变价收入时

借：银行存款　1 000

　贷：待处置资产损溢　1 000

• 发生运输费时

借：待处置资产损溢　200

　贷：库存现金　200

• 处置净收入时

借：待处置资产损溢　800

　贷：应缴国库款　800

二、非流动资产

非流动资产是指流动资产以外的资产，包括长期投资、固定资产、在建工程、无形资产等。

（一）长期投资

长期投资是指事业单位依法取得的，持有时间超过1年（不含1年）的各种股权和债权性质的投资。

为核算依法取得的长期投资，事业单位应设置“长期投资”科目。本科目应当按照长期投资的种类和被投资单位等进行明细核算。本科目期末借方余额，反映事业单位持有的长期投资成本。

1. 长期股权投资的核算

（1）长期股权投资的取得。事业单位取得长期股权投资时，应当将其实际成本作为投资成本。

①事业单位以货币资金取得的长期股权投资，将实际支付的全部价款（包括购买价款以及税金、手续费等相关税费）作为投资成本，借记本科目，贷记“银行存款”等科目；同时，按照投资成本金额，借记“事业基金”科目，贷记“非流动资产基金——长期投资”科目。

【例14-49】某事业单位以银行存款1 000 000元在公开市场买入甲公司2%的股份，在购买过程中支付手续费25 000元。该事业单位的账务处理如下：

借：长期投资——股权投资——甲公司　1 025 000

　贷：银行存款　1 025 000

同时，

借：事业基金　1 025 000

　贷：非流动资产基金——长期投资　1 025 000

②事业单位以固定资产取得的长期股权投资，以评估价值加上相关税费作为投资成

本，借记本科目，贷记“非流动资产基金——长期投资”科目；按发生的相关税费，借记“其他支出”科目，贷记“银行存款”、“应缴税费”等科目；同时，按照投出固定资产对应的非流动资产基金，借记“非流动资产基金——固定资产”科目，按照投出固定资产已计提折旧，借记“累计折旧”科目，按投出固定资产的账面余额，贷记“固定资产”科目。

【例14-50】某事业单位以一幢公寓楼对乙单位进行投资入股，该事业单位参与乙单位的利润分配，共同承担投资风险。该公寓楼评估价为2 000 000元，账面余额3 000 000元，已计提折旧1 200 000元。另外，支付资产评估费用50 000元。该事业单位的账务处理如下：

借：长期投资——股权投资——乙单位　　2 050 000

　贷：非流动资产基金——长期投资　　2 050 000

借：其他支出　　50 000

　贷：银行存款　　50 000

同时，

借：非流动资产基金——固定资产　　1 800 000

　　累计折旧　　1 200 000

　贷：固定资产　　3 000 000

③事业单位以已入账无形资产取得的长期股权投资，以评估价值加上相关税费作为投资成本，借记本科目，贷记“非流动资产基金——长期投资”科目；按发生的相关税费，借记“其他支出”科，贷记“银行存款”、“应缴税费”等科目；同时，按照投出无形资产对应的非流动资产基金，借记“非流动资产基金——无形资产”科目，按照投出无形资产已计提摊销，借记“累计摊销”科目，按照投出无形资产的账面余额，贷记“无形资产”科目。以未入账无形资产取得的长期股权投资，以评估价值加上相关税费作为投资成本，借记本科目，贷记“非流动资产基金——长期投资”科目；按发生的相关税费，借记“其他支出”科目，贷记“银行存款”、“应缴税费”等科目。

【例14-51】某事业单位以一项专利权对丙单位进行投资入股，该事业单位参与丙单位的利润分配，共同承担投资风险。该专利权的评估价值为500 000元，账面余额600 000元，已计提摊销300 000元。另外，支付资产评估费用10 000元。该事业单位的账务处理如下：

借：长期投资——股权投资——丙单位　　510 000

　贷：非流动资产基金——长期投资　　510 000

借：其他支出　　10 000

　贷：银行存款　　10 000

同时，

借：非流动资产基金——无形资产　　300 000

　　累计摊销　　300 000

贷：无形资产　600 000

（2）长期股权投资的收益和损失。事业单位在长期股权投资持有期间，收到利润等投资收益时，按照实际收到的金额，借记“银行存款”等科目，贷记“其他收入——投资收益”科目。因被投资单位破产清算等原因，有确凿证据表明长期股权投资发生损失，按规定报经批准后予以核销。将待核销长期股权投资转入待处置资产时，按照待核销的长期股权投资账面余额，借记“待处置资产损溢”科目，贷记本科目；报经批准予以核销时，借记“非流动资产基金——长期投资”科目，贷记“待处置资产损溢”科目。

【例14-52】某事业单位持有甲公司2%的股权，20×1年从甲公司分得利润10 000元。该事业单位的账务处理如下：

借：银行存款　10 000

贷：其他收入——投资收益　10 000

【例14-53】某事业单位持有A公司3%的股权，此长期股权投资的账面余额300 000元，因A公司经营不善实行破产清算准备予以核销。该事业单位的账务处理如下：

• 将待核销长期股权投资转入待处置资产时，

借：待处置资产损溢　300 000

贷：长期投资——股权投资　300 000

• 报经批准予以核销长期股权投资时，

借：非流动资产基金——长期投资　300 000

贷：待处置资产损溢　300 000

（3）长期股权投资的转让。事业单位转让长期股权投资，转入待处置资产时，按照待转让长期股权投资的账面余额，借记“待处置资产损溢”科目，贷记本科目；实际转让时，按照所转让长期股权投资对应的非流动资产基金，借记“非流动资产基金——长期投资”科目，贷记“待处置资产损溢”科目。转让长期股权投资过程中取得价款、发生相关税费，以及转让价款扣除相关税费后的净收入的账务处理，参见“待处置资产损溢”科目。

【例14-54】【例14-50】中的事业单位将以不动产投资入股所持有的乙单位1%的股权转让，该股权投资的账面余额205 000元，实际转让时收到价款210 000元，支付手续费10 000元。该事业单位的账务处理如下：

• 将股权投资转入待处置资产时，

借：待处置资产损溢　205 000

贷：长期投资——股权投资——乙单位　205 000

• 实际转让股权投资时，

借：非流动资产基金——长期投资　205 000

贷：待处置资产损溢　205 000

• 收到转让价款时，

借：银行存款　　210 000
　贷：待处置资产损溢　　210 000

• 支付手续费时，

借：待处置资产损溢　　10 000
　贷：银行存款　　10 000

• 处置净收入时，

借：待处置资产损溢　　200 000
　贷：应缴国库款　　200 000

2. 长期债券投资的核算

（1）长期债券投资的取得。事业单位取得长期债券投资时，应当将其实际成本作为投资成本。事业单位以货币资金购入的长期债券投资，以实际支付的全部价款（包括购买价款以及税金、手续费等相关税费）作为投资成本，借记本科目，贷记“银行存款”等科目；同时，按照投资成本金额，借记“事业基金”科目，贷记“非流动资产基金——长期投资”科目。

【例14-55】某事业单位购入3年期的国库券，实际支付价款500 000元，款项以银行存款支付。该事业单位的账务处理如下：

借：长期投资——债券投资——国库券　　500 000
　贷：银行存款　　500 000

同时，

借：事业基金　　500 000
　贷：非流动资产基金——长期投资　　500 000

（2）长期债券投资利息。事业单位在长期债券投资持有期间收到利息时，按照实际收到的金额，借记“银行存款”等科目，贷记“其他收入——投资收益”科目。

【例14-56】某事业单位以前年度购买的国库券到期，兑付本金20 000元，利息1 000元，款项已存入银行。该事业单位的账务处理如下：

借：银行存款　　21 000
　贷：长期投资——债券投资——国库券　　20 000
　　　其他收入——投资收益　　1 000

同时，

借：非流动资产基金——长期投资　　20 000
　贷：事业基金　　20 000

（3）长期债券投资的到期和转让。事业单位对外转让或到期收回长期债券投资本息，按照实际收到的金额，借记“银行存款”等科目，按照收回长期债券投资的成本，贷记本科目，按照其差额，贷记或借记“其他收入——投资收益”科目；同时，按照与收回长期债券投资对应的非流动资产基金，借记“非流动资产基金——长期投资”科目，贷记“事业基金”科目。

【例14-57】某事业单位因解决资金周转困难，将持有的尚未到期的国库券转让，该国库券投资成本20 000元，转让价款18 000元，款项已存入银行。该事业单位的账务处理如下：

借：银行存款　18 000
　　其他收入——投资收益　2 000
　贷：长期投资——债券投资——国库券　20 000

同时，

借：非流动资产基金——长期投资　20 000
　贷：事业基金　20 000

（二）固定资产

1.固定资产的概念

固定资产是指使用年限在一年以上、单位价值在规定的标准以上，并在使用过程中基本保持原来物质形态的资产。

按《事业单位财务规则》的规定，事业单位固定资产的单位价值标准为：一般设备在1 000元以上，专用设备在1 500元以上；单位价值虽未达到规定标准，但是耐用时间在一年以上的大批同类物资，也作为固定资产进行核算与管理。

2.固定资产的分类

事业单位的固定资产可分为以下六类：

（1）房屋及建筑物。其指事业单位占有和使用的房屋、建筑物及其附属设施。其中，房屋包括办公用房、生产经营用房、仓库、职工生产用房、食堂用房、锅炉房等；建筑物包括道路、围墙、水塔、雕塑等；附属设施包括房屋、建筑物内的电梯、通信线路、输电线路、水气管道等。

（2）专用设备。其指事业单位根据业务的实际需要购置的各种具有专门性能和专门用途的设备，包括各种仪器和机械设备、医疗器械、文体事业单位的文体设备等。

（3）通用设备。其指事业单位用于业务活动的办公和事务工作的通用性设备、交通工具、通信工具等。

（4）文物和陈列品。其指博物馆、展览馆、纪念馆等事业单位的古玩、字画、纪念品、装饰品、展品、藏品等。

（5）图书、档案。其指事业单位的图书馆（室）、阅览室的图书、资料以及档案馆（室）的档案等。

（6）家具、用具、装具及动植物。

3.固定资产的管理

事业单位的固定资产管理应遵循以下要求：

（1）已经入账的固定资产除发生下列情况外，不得任意变动其账面价值：根据国家规定对固定资产进行重新估价的；增加补充设备或改良装置的；将固定资产一部分拆除的；根据实际价值调整原来暂估价值的；发现原来记录的固定资产价值有误的。

（2）固定资产处置应当遵循公开、公平、公正和竞争、择优的原则，严格履行相关审批程序；出租、出借资产，应当按照国家有关规定经主管部门审核同意后报同级财政部门审批。

（3）应当按照国家有关规定实行固定资产共享、共用。

4.固定资产会计科目的设置

为了核算固定资产的原价，事业单位应设置“固定资产”科目。事业单位应当根据固定资产的定义，结合本单位的具体情况，制定适合于本单位的固定资产目录、具体分类方法，作为进行固定资产核算的依据。事业单位应当设置“固定资产登记簿”和“固定资产卡片”，按照固定资产的类别、项目和使用部门等进行明细核算。出租、出借的固定资产，应当设置备查簿进行登记。本科目借方余额，反映事业单位固定资产原价。

事业单位“固定资产”科目核算的内容包括：

（1）事业单位符合固定资产定义的固定资产通过本科目核算。

（2）对于应用软件，如果其构成相关硬件不可缺少的组成部分，应当将该软件价值包括在所属硬件价值中，一并作为固定资产进行核算；如果其不构成相关硬件不可缺少的组成部分，应当将该软件作为无形资产核算。

（3）事业单位以经营租赁租入的固定资产，不作为固定资产核算，应当另设备查簿进行登记。

（4）购入需要安装的固定资产，应当先通过“在建工程”科目核算，安装完毕交付使用时再转入本科目核算。

5.固定资产取得的核算

事业单位固定资产取得的方式主要有：购入、自行建造、改扩建、融资租赁、接受捐赠、无偿调入等。事业单位的固定资产在取得时，应当按照其实际成本入账。

（1）购入的固定资产。事业单位购入的固定资产，其成本包括购买价款、相关税费以及固定资产交付使用前所发生的可归属于该项资产的运输费、装卸费、安装调试费和专业人员服务费等。以一笔款项购入多项没有单独标价的固定资产，按照各项固定资产同类或类似资产市场价格的比例对总成本进行分配，分别确定各项固定资产的入账成本。

购入不需要安装的固定资产，按照确定的固定资产成本，借记本科目，贷记“非流动资产基金——固定资产”科目；同时，按照实际支付的金额，借记“事业支出”、“经营支出”、“专用基金——修购基金”等科目，贷记“财政补助收入”、“零余额账户用款额度”、“银行存款”等科目。

购入需要安装的固定资产，先通过“在建工程”科目核算；安装完工交付使用时，借记本科目，贷记“非流动资产基金——固定资产”科目；同时，借记“非流动资产基金——在建工程”科目，贷记“在建工程”科目。

购入固定资产扣留质量保证金的，应当在取得固定资产时，按照确定的成本，借记本科目（不需要安装）或“在建工程”科目（需要安装），贷记“非流动资产基金——

固定资产、在建工程”科目；同时取得固定资产全款发票的，应当同时按照构成资产成本的全部支出金额，借记“事业支出”、“经营支出”、“专用基金——修购基金”等科目，按照实际支付的金额，贷记“财政补助收入”、“零余额账户用款额度”、“银行存款”等科目，按照扣留的质量保证金，贷记“其他应付款”（扣留期在1年以内（含1年））或“长期应付款”（扣留期超过1年）科目。取得的发票金额不包括质量保证金的，应当同时按照不包括质量保证金的支出金额，借记“事业支出”、“经营支出”、“专用基金——修购基金”等科目，贷记“财政补助收入”、“零余额账户用款额度”、“银行存款”等科目。质保期满支付质量保证金时，借记“其他应付款”、“长期应付款”科目，或借记“事业支出”、“经营支出”、“专用基金——修购基金”等科目，贷记“财政补助收入”、“零余额账户用款额度”、“银行存款”等科目。

【例14-58】某事业单位为增值税小规模纳税人，为开展专业业务活动购买专用设备一台，取得的增值税专用发票上注明的设备价款为500 000元，增值税税额85 000元，支付运输费5 000元，款项实行财政直接支付。设备直接交付使用。该事业单位的账务处理如下：

借：固定资产——专用设备　　590 000
　贷：非流动资产基金——固定资产　　590 000

同时，

借：事业支出　　590 000
　贷：财政补助收入　　590 000

事业单位购入需要安装的固定资产的核算举例参见【例14-72】。

【例14-59】假设上例中的专用设备需要按照设备价款的10%扣留质量保证金50 000元，半年后无质量问题再支付质量保证金。该事业单位的账务处理如下：

借：固定资产——专用设备　　590 000
　贷：非流动资产基金——固定资产　　590 000

同时，

借：事业支出　　590 000
　贷：财政补助收入　　540 000
　　　其他应付款　　50 000

【例14-60】某事业单位为增值税一般纳税人，为非独立核算的经营活动购买专用设备一台，取得的增值税专用发票上注明的设备价款为200 000元，增值税进项税额34 000元，以银行存款付讫。该事业单位的账务处理如下：

借：固定资产——专用设备　　200 000
　　应缴税费——应缴增值税——进项税额　　34 000
　贷：非流动资产基金——固定资产　　234 000

同时，

借：经营支出　　234 000

贷：银行存款　　234 000

【例14-61】某事业单位为增值税小规模纳税人，使用专用基金——修购基金购买办公设备一台，发票全款金额150 000元，以银行存款付讫。该事业单位的账务处理如下：

借：固定资产——通用设备　　150 000

　贷：非流动资产基金——固定资产　　150 000

同时，

借：专用基金——修购基金　　150 000

　贷：银行存款　　150 000

（2）自行建造的固定资产。事业单位自行建造的固定资产，其成本包括自建造该项资产起至交付使用前所发生的全部必要支出。自行建造的固定资产在工程完工交付使用时，按自行建造过程中发生的实际支出，借记本科目，贷记“非流动资产基金——固定资产”科目；同时，借记“非流动资产基金——在建工程”科目，贷记“在建工程”科目。已交付使用但尚未办理竣工决算手续的固定资产，按照估计价值入账，待确定实际成本后再进行调整。

【例14-62】某事业单位以出包方式自行建造的办公楼工程完工交付使用。该办公楼在自行建造过程中共发生实际支出5 000 000元。该事业单位的账务处理如下：

借：固定资产——房屋及建筑物　　5 000 000

　贷：非流动资产基金——固定资产　　5 000 000

同时，

借：非流动资产基金——在建工程　　5 000 000

　贷：在建工程　　5 000 000

（3）在原有固定资产基础上进行改建、扩建、修缮后的固定资产。事业单位在原有固定资产基础上进行改建、扩建、修缮后的固定资产，其成本按照原固定资产的账面价值（“固定资产”科目账面余额减去“累计折旧”科目账面余额后的净值）加上改建、扩建、修缮发生的支出，再扣除固定资产拆除部分的账面价值后的金额确定。事业单位将固定资产转入改建、扩建、修缮时，按固定资产的账面价值，借记“在建工程”科目，贷记“非流动资产基金——在建工程”科目；同时，按固定资产对应的非流动资产基金，借记“非流动资产基金——固定资产”科目，按固定资产已计提折旧，借记“累计折旧”科目，按固定资产的账面余额，贷记本科目。工程完工交付使用时，借记本科目，贷记“非流动资产基金——固定资产”科目；同时，借记“非流动资产基金——在建工程”科目，贷记“在建工程”科目。相关举例参见【例14-71】。

（4）以融资租赁租入的固定资产。事业单位以融资租赁租入的固定资产，其成本按照租赁协议或者合同确定的租赁价款、相关税费以及固定资产交付使用前所发生的可归属于该项资产的运输费、途中保险费、安装调试费等确定。事业单位融资租入的固定资产，按照确定的成本，借记本科目（不需要安装）或“在建工程”科目（需安装），按照租赁协议或者合同确定的租赁价款，贷记“长期应付款”科目，按照其差额，贷记“非流动资产基金——固定资产、在建工程”科目。同时，按照实际支付的相关税费、运输费、途中保险费、安装调试费等，借记“事业支出”、“经营支出”等科目，贷记“财政补助收入”、“零余额账户用款额度”、“银行存款”等科目。定期支付租金时，按照支付的租金金额，借记“事业支出”、“经营支出”等科目，贷记“财政补助收入”、“零余额账户用款额度”、“银行存款”等科目；同时，借记“长期应付款”科目，贷记“非流动资产基金——固定资产”科目。跨年度分期付款购入固定资产的账务处理，参照融资租入固定资产。

【例14-63】某事业单位以融资租赁方式从租赁公司租入不需要安装的生产用设备一台。按照租赁协议确定的设备价款为100 000元（不考虑增值税），租赁期4年，年利率为10%，采用年平均分摊法计算每年年末支付的租金（包括设备价款、利息）。另外，支付手续费、运输费、途中保险费等10 000元。该事业单位的账务处理如下：

● 租入设备时，

借：固定资产——专用设备　　110 000

　贷：长期应付款　　100 000

　　　非流动资产基金——固定资产　　10 000

● 以银行存款支付运输费等费用时，

借：经营支出　　10 000

　贷：银行存款　　10 000

● 第一年到第四年各年末租金的计算与支付如下，

四年利息总额=10×（1+10%）^{4}−10=10×1.464−10=4.64（万元）

每年支付租金=（10+4.64）÷4=3.66（万元）

每年支付的租金3.66万元中包括设备购置成本2.5万元，利息1.16万元。

借：经营支出　　36 600

　贷：银行存款　　36 600

同时，

借：长期应付款　　25 000

　贷：非流动资产基金——固定资产　　25 000

需要说明的是，第四年年末支付租金后，该项融资租入固定资产的“固定资产”科目与“非流动资产基金——固定资产”科目的账面余额才达到一致，即在租金全部支付之前，这两个会计科目的账面余额是不一致的，其差额为尚未支付的租金金额。

融资租入的需要安装的固定资产核算例题参见【例14-73】。

（5）接受捐赠、无偿调入的固定资产。事业单位接受捐赠、无偿调入的固定资产，其成本按照有关凭据注明的金额加上相关税费、运输费等确定；没有相关凭据的，其成本比照同类或类似固定资产的市场价格加上相关税费、运输费等确定；没有相关凭据、同类或类似固定资产的市场价格也无法可靠取得的，该固定资产按照名义金额入账。接受捐赠、无偿调入的固定资产，按照确定的固定资产成本，借记本科目（不需要安装）或“在建工程”科目（需安装），贷记“非流动资产基金——固定资产、在建工程”科目；按照发生的相关税费、运输费等，借记“其他支出”科目，贷记“银行存款”等科目。

【例14-64】某事业单位接受外单位捐赠的笔记本电脑10台，价值120 000元，发生运输费2 000元，以银行存款付讫。该事业单位的账务处理如下：

借：固定资产——通用设备　　122 000

　贷：非流动资产基金——固定资产　　122 000

借：其他支出　　2 000

　贷：银行存款　　2 000

6.固定资产折旧的核算

（1）固定资产折旧的含义。折旧是指在固定资产使用寿命期内，按照确定的方法对应折旧金额进行系统分摊。应折旧金额是指应当计提折旧的固定资产的原价扣除其预计净残值后的金额。事业单位固定资产的应折旧金额为其成本，计提固定资产折旧不考虑预计净残值。

（2）固定资产折旧的范围。事业单位应当对固定资产计提折旧，但文物和陈列品、动植物、图书、档案、以名义金额计量的固定资产除外。事业单位在确定计提折旧的范围时还应注意以下问题：

①事业单位应当根据固定资产的性质和实际使用情况，合理确定其折旧年限。省级以上财政部门、主管部门对事业单位固定资产折旧年限做出规定的，从其规定。

②事业单位一般应当按月计提固定资产折旧。当月增加的固定资产，当月不提折旧，从下月起计提折旧；当月减少的固定资产，当月照提折旧，从下月起不提折旧。

③固定资产提足折旧后，无论能否继续使用，均不再计提折旧；提前报废的固定资产，也不再补提折旧。已提足折旧的固定资产，可以继续使用的，应当继续使用，规范管理。

④计提融资租入固定资产折旧时，应当采用与自有固定资产相一致的折旧政策。能够合理确定租赁期届满时将会取得租入固定资产所有权的，应当在租入固定资产尚可使用年限内计提折旧；无法合理确定租赁期届满时能够取得租入固定资产所有权的，应当在租赁期与租入固定资产尚可使用年限两者中较短的期间内计提折旧。

⑤固定资产因改建、扩建或修缮等原因而延长其使用年限的，应当按照重新确定的固定资产的成本以及重新确定的折旧年限，重新计算折旧额。

（3）固定资产折旧的方法。它指将应折旧金额在固定资产各使用期间进行分配时所采用的具体计算方法。事业单位一般应当采用年限平均法或工作量法计提固定资产折旧。各方法的计算原理参见行政单位固定资产折旧的核算。

（4）固定资产折旧的核算。事业单位固定资产采用“虚提”折旧模式，在计提折旧时冲减相关净资产，而非计入当期支出。

为了核算事业单位固定资产计提的累计折旧，事业单位应设置“累计折旧”科目。本科目应当按照所对应固定资产的类别、项目等进行明细核算。本科目期末贷方余额，反映事业单位计提的固定资产折旧累计数。

事业单位按月计提固定资产折旧时，按照应计提折旧金额，借记“非流动资产基金——固定资产”科目，贷记本科目。固定资产处置时，按照所处置固定资产的账面价值，借记“待处置资产损溢”科目，按照已计提折旧，借记本科目，按照固定资产的账面余额，贷记“固定资产”科目。

【例14-65】某事业单位一台专用设备的原价为45 000元，预计使用年限5年，该设备折旧采用年限平均法。该设备月折旧额的计算及账务处理如下：

年折旧额=45 000÷5=9 000（元）

月折旧额=9 000÷12=750（元）

借：非流动资产基金——固定资产　　750

　贷：累计折旧——专用设备　　750

7.与固定资产有关的后续支出的核算

事业单位与固定资产有关的后续支出，应分以下情况处理：

（1）为提高固定资产的使用效能或延长其使用年限而发生的改建、扩建或修缮等后续支出，应当计入固定资产成本，通过“在建工程”科目核算，完工交付使用时转入本科目。有关账务处理参见“在建工程”科目。

（2）为维护固定资产的正常使用而发生的日常修理等后续支出，应当计入当期支出而不计入固定资产成本，借记“事业支出”、“经营支出”等科目，贷记“财政补助收入”、“零余额账户用款额度”、“银行存款”等科目。

8.固定资产出售、无偿调出、对外捐赠、对外投资的核算

事业单位出售、无偿调出、对外捐赠固定资产，转入待处置资产时，按照待处理固定资产的账面价值，借记“待处置资产损溢”科目，按照已计提折旧，借记“累计折旧”科目，按照固定资产的账面余额，贷记本科目。实际出售、调出、捐赠时，按照处理固定资产对应的非流动资产基金，借记“非流动资产基金——固定资产”科目，贷记“待处置资产损溢”科日。出售固定资产过程中取得价款、发生相关税费，以及出售价款扣除相关税费后的净收入的账务处理，参见“待处置资产损溢”科目。以固定资产对外投资的账务处理参见长期投资的核算。

【例14-66】某事业单位经上级批准将不需用的一台电器出售，其账面余额为400 000元，已计提折旧200 000元，出售价款15 000元，款项已存入银行。假设不考虑相关税费，该事业单位的账务处理如下：

- 将电器转入待处置资产时，

借：待处置资产损溢　　200 000

　　累计折旧　　200 000

　贷：固定资产——通用设备　　400 000

• 实际出售电器时，

借：非流动资产基金——固定资产　　200 000

　贷：待处置资产损溢　　200 000

• 取得出售价款时，

借：银行存款　　15 000

　贷：待处置资产损溢　　15 000

• 处置净收入时，

借：待处置资产损溢　　15 000

　贷：应缴国库款　　15 000

【例14-67】某事业单位将不需用的计算机捐赠给希望工程，其账面余额为40 000元，已计提折旧10 000元。假设不考虑相关税费，该事业单位的账务处理如下：

• 将计算机转入待处置资产时，

借：待处置资产损溢　　30 000

　　累计折旧　　10 000

　贷：固定资产——通用设备　　40 000

• 实际捐出时，

借：非流动资产基金——固定资产　　30 000

　贷：待处置资产损溢　　30 000

9.固定资产盘点的核算

事业单位的固定资产应当定期进行清查盘点，每年至少盘点一次。对于发生的固定资产盘盈、盘亏或者报废、毁损，应当及时查明原因，按规定报经批准后进行账务处理。

（1）盘盈的固定资产。事业单位盘盈的固定资产，按照同类或类似固定资产的市场价格确定入账价值；同类或类似固定资产的市场价格无法可靠取得的，按照名义金额入账。事业单位盘盈的固定资产，按确定的入账价值，借记本科目，贷记“非流动资产基金——固定资产”科目。

【例14-68】某事业单位年终在固定资产清查过程中，发现一台电脑没有入账，该类电脑的市场价格为12 000元。该事业单位的账务处理如下：

借：固定资产——通用设备　　12 000

　贷：非流动资产基金——固定资产　　12 000

（2）盘亏或者毁损、报废的固定资产。事业单位盘亏或者毁损、报废的固定资产，转入待处置资产时，按照待处理固定资产的账面价值，借记“待处置资产损溢”科目，按照已计提折旧，借记“累计折旧”科目，按照固定资产的账面余额，贷记本科目。报经批准予以处理时，按照处理固定资产对应的非流动资产基金，借记“非流动资产基金——固定资产”科目，贷记“待处置资产损溢”科目。处理毁损、报废固定资产过程中所取得的收入、发生的相关费用，以及处理收入扣除相关费用后的净收入的账务处理，参见“待处置资产损溢”科目。

【例14-69】某事业单位经上级批准报废已经无法使用的汽车一辆，其账面余额为200 000元，已计提折旧160 000元，出售价款10 000元，款项已存入银行，以现金支付清理费用500元。假设不考虑相关税费，该事业单位的账务处理如下：

● 将汽车转入待处置资产时，

借：待处置资产损溢　　40 000
　　累计折旧　　160 000
　贷：固定资产——通用设备　　200 000

● 报经批准予以处理汽车时，

借：非流动资产基金——固定资产　　40 000
　贷：待处置资产损溢　　40 000

● 取得出售价款时，

借：银行存款　　10 000
　贷：待处置资产损溢　　10 000

● 支付清理费用时，

借：待处置资产损溢　　500
　贷：库存现金　　500

● 处置净收入时，

借：待处置资产损溢　　9 500
　贷：应缴国库款　　9 500

【例14-70】某事业单位年终在固定资产清查过程中盘亏图书一批，其账面余额为20 000元。该事业单位的账务处理如下：

● 将图书转入待处置资产时，

借：待处置资产损溢　　20 000
　贷：固定资产——图书　　20 000

● 报经批准予以处理图书时，

借：非流动资产基金——固定资产　　20 000
　贷：待处置资产损溢　　20 000

（三）在建工程

在建工程是指事业单位已经发生必要支出，但尚未完工交付使用的各种建筑（包括新建、改建、扩建、修缮等）和设备安装工程。

为了核算已经发生必要支出，但尚未完工交付使用的各种建筑（包括新建、改建、扩建、修缮等）和设备安装工程的实际成本，事业单位应设置“在建工程”科目。本科目应当按照工程性质和具体工程项目等设置明细账。事业单位应当在本科目下设置“基建工程”明细科目，核算由基建账套并入的在建工程成本，有关基建并账的具体账务处理另行规定。事业单位的基本建设投资应当按照国家有关规定单独建账、单独核算，同时按照《事业单位会计制度》的规定至少按月并入本科目及其他相关科目反映。本科目期末借方余额，反映事业单位尚未完工的在建工程的实际成本。

1.建筑工程的核算

（1）建筑工程转入。事业单位将固定资产转入改建、扩建或修缮等时，按照固定资产的账面价值，借记本科目，贷记“非流动资产基金——在建工程”科目；同时，按照固定资产对应的非流动资产基金，借记“非流动资产基金——固定资产”科目，按照已计提折旧，借记“累计折旧”科目，按照固定资产的账面余额，贷记“固定资产”科目。

（2）建筑工程价款结算。事业单位根据工程价款结算账单与施工企业结算工程价款时，按照实际支付的工程价款，借记本科目，贷记“非流动资产基金——在建工程”科目；同时，借记“事业支出”等科目，贷记“财政补助收入”、“零余额账户用款额度”、“银行存款”等科目。

（3）建筑工程借款利息。事业单位为建筑工程借入的专门借款的利息，属于建设期间发生的，计入在建工程成本，借记本科目，贷记“非流动资产基金——在建工程”科目；同时，借记“其他支出”科目，贷记“银行存款”科目。

（4）建筑工程完工交付使用。建筑工程完工交付使用时，按照建筑工程所发生的实际成本，借记“固定资产”科目，贷记“非流动资产基金——固定资产”科目；同时，借记“非流动资产基金——在建工程”科目，贷记本科目。

【例14-71】某事业单位对一幢办公楼进行扩建，该办公楼的账面价值为2 000 000元，账面余额8 000 000元，已计提折旧6 000 000元。该办公楼用2个月完成扩建，共支付工程价款1 000 000元，全部实行财政直接支付。办公楼扩建完工后直接交付使用。该事业单位的账务处理如下：

• 转入扩建时，

	借方	贷方
借：在建工程——建筑工程——办公楼	2 000 000	
贷：非流动资产基金——在建工程		2 000 000

同时，

	借方	贷方
借：非流动资产基金——固定资产	2 000 000	
累计折旧	6 000 000	
贷：固定资产		8 000 000

• 支付工程价款时，

	借方	贷方
借：在建工程——建筑工程——办公楼	1 000 000	
贷：非流动资产基金——在建工程		1 000 000

同时，

	借方	贷方
借：事业支出	1 000 000	
贷：财政补助收入		1 000 000

• 扩建完工后直接交付使用时，

借：固定资产　　3 000 000
　贷：非流动资产基金——固定资产　　3 000 000
借：非流动资产基金——在建工程　　3 000 000
　贷：在建工程——建筑工程——办公楼　　3 000 000

2.设备安装工程的核算

（1）购入需要安装的设备。事业单位购入需要安装的设备，按照确定的成本，借记本科目，贷记“非流动资产基金——在建工程”科目；同时，按照实际支付的金额，借记“事业支出”、“经营支出”等科目，贷记“财政补助收入”、“零余额账户用款额度”、“银行存款”等科目。融资租入需要安装的设备，按照确定的成本，借记本科目，按照租赁协议或者合同确定的租赁价款，贷记“长期应付款”科目，按照其差额，贷记“非流动资产基金——在建工程”科目。同时，按照实际支付的相关税费、运输费、途中保险费等，借记“事业支出”、“经营支出”等科目，贷记“财政补助收入”、“零余额账户用款额度”、“银行存款”等科目。

（2）发生安装费用。事业单位发生的安装费用，借记本科目，贷记“非流动资产基金——在建工程”科目；同时，借记“事业支出”、“经营支出”等科目，贷记“财政补助收入”、“零余额账户用款额度”、“银行存款”等科目。

（3）设备安装完工交付使用。设备安装完工交付使用时，借记“固定资产”科目，贷记“非流动资产基金——固定资产”科目；同时，借记“非流动资产基金——在建工程”科目，贷记本科目。

【例14-72】某事业单位为增值税小规模纳税人，购入一批专用技术设备，取得的增值税专用发票上注明的设备价款为2 00 000元，增值税税额34 000元，支付运输费1 000元，款项通过单位零余额账户支付；安装设备时，通过银行支付安装费用800元。该事业单位的账务处理如下：

• 支付设备价款、增值税、运输费时，

借：在建工程——设备安装——××设备　　235 000
　贷：非流动资产基金——在建工程　　235 000

同时，

借：事业支出　　235 000
　贷：零余额账户用款额度　　235 000

• 支付安装费用时，

借：在建工程——设备安装——××设备　　800
　贷：非流动资产基金——在建工程　　800

同时，

借：事业支出　　800
　贷：银行存款　　800

• 设备安装完工交付使用时，

借：固定资产　　235 800
　贷：非流动资产基金——固定资产　　235 800

同时，

借：非流动资产基金——在建工程　　235 800
　贷：在建工程　　235 800

【例14-73】某事业单位为增值税小规模纳税人，以融资租赁方式从租赁公司租入生产用设备一台。按照租赁协议确定的设备价款为100 000元。另外，以银行存款支付手续费、运输费、途中保险费8 000元，支付安装调试费2 000元。该事业单位的账务处理如下：

- 租入和支付相关费用时，

借：在建工程——设备安装——××设备　　110 000
　贷：长期应付款　　100 000
　　　非流动资产基金——在建工程　　10 000

同时，

借：经营支出　　10 000
　贷：银行存款　　10 000

- 工程完工交付使用时，

借：固定资产　　110 000
　贷：在建工程——设备安装——××设备　　110 000

同时，

借：非流动资产基金——在建工程　　10 000
　贷：非流动资产基金——固定资产　　10 000

（四）无形资产

1.无形资产的内容

无形资产是指事业单位持有的没有实物形态的可辨认非货币性资产，包括专利权、土地使用权、非专利技术、著作权、商标权等。

（1）专利权，是指政府依法授予事业单位对某一发明成果在一定期限内享有独占或专用的权利，包括发明专利权、实用新型专利权和外观设计专利权。

（2）土地使用权，是指国家准许某事业单位在一定期间内对国有土地享有开发和利用的权利。

（3）非专利技术，也称专有技术，是指事业单位在组织业务活动中取得的先进的、未经公开的，并可带来经济利益的专有知识、经验和技术。

（4）著作权，是指事业单位文学、艺术和科学作品等著作人对其作品依法享有的特殊权利，包括发表权、署名权、修改权、使用权、获得报酬权和保护作品完整权。

（5）商标权，是指事业单位专门在某类指定的商品或产品上使用特定的名称或图案的权利。

事业单位购入的不构成相关硬件不可缺少组成部分的应用软件，应当作为无形资产核算。

2.无形资产取得的核算

为了核算无形资产的原价，事业单位应设置“无形资产”科目。本科目应当按照无形资产的类别、项目等进行明细核算。本科目期末借方余额，反映事业单位无形资产的原价。

事业单位无形资产取得的方式主要有：购入、委托软件公司开发、自行开发、接受捐赠、无偿调入等。事业单位在取得无形资产时，应当按照其实际成本入账。

（1）购入的无形资产。事业单位外购的无形资产，其成本包括购买价款、相关税费以及可归属于该项资产达到预定用途所发生的其他支出。购入无形资产时，按照确定的无形资产成本，借记本科目，贷记“非流动资产基金——无形资产”科目；同时，按照实际支付金额，借记“事业支出”等科目，贷记“财政补助收入”、“零余额账户用款额度”、“银行存款”等科目。

【例14-74】某事业单位从单位零余额账户支取款项购入专利权一项，价值50 000元。该事业单位的账务处理如下：

借：无形资产——专利权　　50 000

　贷：非流动资产基金——无形资产　　50 000

同时，

借：事业支出　　50 000

　贷：零余额账户用款额度　　50 000

（2）委托软件公司开发的无形资产。事业单位委托软件公司开发软件视同外购无形资产进行处理。委托软件公司开发软件，支付软件开发费时，按照实际支付金额，借记“事业支出”等科目，贷记“财政补助收入”、“零余额账户用款额度”、“银行存款”等科目；软件开发完成交付使用时，按照软件开发费总额，借记本科目，贷记“非流动资产基金——无形资产”科目。

【例14-75】某事业单位委托软件公司开发的财务软件完成并交付使用，通过银行支付软件开发费100 000元。该事业单位的账务处理如下：

借：事业支出　　100 000

　贷：银行存款　　100 000

借：无形资产——财务软件　　100 000

　贷：非流动资产基金——无形资产　　100 000

（3）自行开发并按法律程序申请取得的无形资产。事业单位自行开发并按法律程序申请取得的无形资产，按照依法取得时发生的注册费、聘请律师费等费用，借记本科目，贷记“非流动资产基金——无形资产”科目；同时，借记“事业支出”等科目，贷记“财政补助收入”、“零余额账户用款额度”、“银行存款”等科目。依法取得前所发生的研究开发支出，应于发生时直接计入当期支出，借记“事业支出”等科目，贷记“银行存款”等科目。

【例14-76】某事业单位为研制新项目自行开发的一项专利已经通过法律程序申请取得。该专利权在依法取得前共发生研究开发支出150 000元，申请时发生注册费、聘请律师费等费用5 000元，以银行存款付讫。该事业单位的账务处理如下：

• 依法取得专利权前所发生的研究开发支出，

借：事业支出　　150 000

　贷：银行存款　　150 000

• 依法取得专利权，

借：无形资产——专利权　　5 000

　贷：非流动资产基金——无形资产　　5 000

借：事业支出　　5 000

　贷：银行存款　　5 000

（4）接受捐赠、无偿调入的无形资产。事业单位接受捐赠、无偿调入的无形资产，其成本按照有关凭据注明的金额加上相关税费等确定；没有相关凭据的，其成本比照同类或类似无形资产的市场价格加上相关税费等确定；没有相关凭据、同类或类似无形资产的市场价格也无法可靠取得的，该资产按照名义金额入账。接受捐赠、无偿调入的无形资产时，按照确定的无形资产成本，借记本科目，贷记“非流动资产基金——无形资产”科目；按照发生的相关税费等，借记“其他支出”科目，贷记“银行存款”等科目。

【例14-77】某事业单位获得政府无偿提供的5 000平方米的土地使用权，该土地使用权的市场价格为每平方米10 000元。该事业单位的账务处理如下：

借：无形资产——土地使用权　　50 000 000

　贷：非流动资产基金——无形资产　　50 000 000

3. 无形资产摊销

（1）无形资产摊销的范围。摊销是指在无形资产使用寿命期内，按照确定的方法对应摊销金额进行系统分摊。事业单位应当对无形资产进行摊销，以名义金额计量的无形资产除外。

（2）无形资产摊销的方法。事业单位应当采用年限平均法对无形资产进行摊销。事业单位无形资产的应摊销金额为其成本。

年限平均法是将无形资产的应摊销金额均衡地分摊到无形资产摊销期限内的方法。采用这种方法计算的每期摊销额相等。相关计算原理参见行政单位无形资产摊销的核算。

事业单位应当按照如下原则确定无形资产的摊销年限：法律规定了有效年限的，以法律规定的有效年限作为摊销年限；法律没有规定有效年限的，以相关合同或单位申请书中的受益年限作为摊销年限；法律没有规定有效年限、相关合同或单位申请书也没有规定受益年限的，按照不少于10年的期限摊销。

事业单位应当自无形资产取得当月起，按月计提无形资产摊销。事业单位因发生后续支出而增加无形资产成本的，应当按照重新确定的无形资产成本，重新计算摊销额。

（3）无形资产摊销的核算。事业单位无形资产采用“虚提”的摊销模式，在计提摊销时冲减相关净资产而非计入当期支出。

为了核算无形资产计提的累计摊销，事业单位应设置“累计摊销”科目。本科目应当按照对应的无形资产的类别、项目等进行明细核算。本科目期末贷方余额，反映事业单位计提的无形资产摊销累计数。

事业单位按月计提无形资产摊销时，按照应计提摊销金额，借记“非流动资产基金——无形资产”科目，贷记本科目。对无形资产处置时，按照所处置无形资产的账面价值，借记“待处置资产损溢”科目，按照已计提摊销，借记本科目，按照无形资产的账面余额，贷记“无形资产”科目。

【例14-78】某事业单位外购的一项专利权价值60 000元，该专利权法律规定的有效年限为10年，则该专利权月摊销额的计算及账务处理如下：

月摊销额=60 000÷10÷12=500（元）

借：非流动资产基金——无形资产　　500

　贷：累计摊销——专利权　　500

4.与无形资产有关的后续支出的核算

事业单位与无形资产有关的后续支出，应分以下情况处理：

（1）为提高无形资产的使用效能而发生的后续支出，如对软件进行升级改造或扩展其功能等发生的支出，应当计入无形资产的成本，借记本科目，贷记“非流动资产基金——无形资产”科目；同时，借记“事业支出”等科目，贷记“财政补助收入”、“零余额账户用款额度”、“银行存款”等科目。

（2）为维护无形资产的正常使用而发生的后续支出，如对软件进行漏洞修补、技术维护等所发生的支出，应当计入当期支出而不计入无形资产成本，借记“事业支出”等科目，贷记“财政补助收入”、“零余额账户用款额度”、“银行存款”等科目。

5.无形资产转让、无偿调出、对外捐赠、对外投资的核算

事业单位转让、无偿调出、对外捐赠无形资产，转入待处置资产时，按照待处置无形资产的账面价值，借记“待处置资产损溢”科目，按照已计提摊销，借记“累计摊销”科目，按照无形资产的账面余额，贷记本科目；实际转让、调出、捐赠时，按照与处置无形资产对应的非流动资产基金，借记“非流动资产基金——无形资产”科目，贷记“待处置资产损溢”科目；转让无形资产过程中取得价款、发生相关税费，以及出售价款扣除相关税费后的净收入的账务处理，参见“待处置资产损溢”科目。以无形资产对外投资的账务处理参见“长期投资”的核算。

【例14-79】某事业单位为增值税一般纳税人，将一项专利权转让，该专利权的账面余额为200 000元，已计提摊销120 000元，转让取得价款90 100元，款项已存入银行。该事业单位的账务处理如下：

- 将专利权转入待处置资产时，

借：待处置资产损溢　　80 000
　　累计摊销　　120 000
　贷：无形资产——专利权　　200 000

- 实现转让专利权时，

借：非流动资产基金——无形资产　　80 000
　贷：待处置资产损溢　　80 000

- 取得转让价款时，

借：银行存款　　90 100
　贷：待处置资产损溢　　90 100

- 计算相关税费时，

增值税=90 100÷（1+6%）×6%=5 100（元）

城市维护建设税=5 100×7%=357（元）

教育费附加=5 100×3%=153（元）

借：待处置资产损溢　　5 610
　贷：应缴税费　　5 610

- 处置净收入时，

借：待处置资产损溢　　84 490
　贷：应缴国库款　　84 490

6.无形资产核销的核算

如果预期无形资产不能为事业单位带来服务潜力或经济利益，应当按规定报经批准后将该无形资产的账面价值予以核销。转入待处置资产时，按照待核销无形资产的账面价值，借记“待处置资产损溢”科目，按照已计提摊销，借记“累计摊销”科目，按照无形资产的账面余额，贷记本科目。报经批准予以核销时，按照核销无形资产所对应的非流动资产基金，借记“非流动资产基金——无形资产”科目，贷记“待处置资产损溢”科目。

【例14-80】某事业单位经过调查研究与分析，预计5年前购入的一项专利权将不能再为该单位带来服务潜力，准备予以核销。该专利权的账面余额为300 000元，累计摊销200 000元。该事业单位的账务处理如下：

- 将待核销专利权转入待处置资产时，

借：待处置资产损溢　　100 000
　　累计摊销　　200 000
　贷：无形资产——专利权　　300 000

- 报经批准予以核销时，

借：非流动资产基金——无形资产　　100 000
　贷：待处置资产损溢　　100 000

三、资产处置

事业单位资产处置，是指事业单位对其占有或使用的国有资产进行产权转让或者注销产权的行为。其处置方式包括资产的出售、出让、转让、对外捐赠、无偿调出、盘亏、报废、毁损以及货币性资产损失核销等。事业单位资产处置业务通过“待处置资产损溢”科目核算。

为了核算待处置资产的价值及处置损溢，事业单位应设置“待处置资产损溢”科目。本科目应当按照待处置资产项目进行明细核算。对于在处置过程中取得相关收入、发生相关费用的处置项目，还应设置“处置资产价值”、“处置净收入”明细科目，进行明细核算。本科目期末如为借方余额，反映尚未处置完毕的各种资产价值及净损失；期末如为贷方余额，反映尚未处置完毕的各种资产净溢余。年度终了报经批准处理后，本科目一般应无余额。

事业单位处置资产一般应当先记入本科目，按规定报经批准后及时进行账务处理。年度终了结账前一般应处理完毕。

（一）按规定报经批准予以核销的应收及预付款项、长期股权投资、无形资产

1.转入待处置资产时，借记本科目（核销无形资产的，还应借记“累计摊销”科目），贷记“应收账款”、“预付账款”、“其他应收款”、“长期投资”、“无形资产”等科目。

2.报经批准予以核销时，借记“其他支出”科目（应收及预付款项核销）或“非流动资产基金——长期投资、无形资产”科目（长期投资、无形资产核销），贷记本科目。

（二）盘亏或者毁损、报废的存货、固定资产

1.转入待处置资产时，借记本科目（处置资产价值）（处置固定资产的，还应借记“累计折旧”科目），贷记“存货”、“固定资产”等科目。

2.报经批准予以处置时，借记“其他支出”科目（处置存货）或“非流动资产基金——固定资产”科目（处置固定资产），贷记本科目（处置资产价值）。

3.处置毁损、报废的存货、固定资产过程中收到残值变价收入、保险理赔和过失人赔偿等，借记“库存现金”、“银行存款”等科目，贷记本科目（处置净收入）。

4.处置毁损、报废的存货、固定资产过程中发生相关费用，借记本科目（处置净收入），贷记“库存现金”、“银行存款”等科日。

5.处置完毕，按照处置收入扣除相关处置费用后的净收入，借记本科目（处置净收入），贷记“应缴国库款”等科目。

（三）对外捐赠、无偿调出存货、固定资产、无形资产

1.转入待处置资产时，借记本科目（捐赠、调出固定资产、无形资产的，还应借记“累计折旧”、“累计摊销”科目），贷记“存货”、“固定资产”、“无形资产”等科目。

2.实际捐出、调出时，借记“其他支出”科目（捐出、调出存货）或“非流动资产基金——固定资产、无形资产”科目（捐出、调出固定资产、无形资产），贷记本科目。

（四）转让（出售）长期股权投资、固定资产、无形资产

1.转入待处置资产时，借记本科目（处置资产价值）（转让固定资产、无形资产

的，还应借记“累计折旧”、“累计摊销”科目），贷记“长期投资”、“固定资产”、“无形资产”等科目。

2.实际转让时，借记“非流动资产基金——长期投资、固定资产、无形资产”科目，贷记本科目（处置资产价值）。

3.转让过程中取得价款、发生相关税费，以及转让价款扣除相关税费后的净收入的账务处理，按照国家有关规定，比照有关毁损、报废存货、固定资产进行处理。

资产处置的举例参见“应收账款”、“预付账款”、“其他应收款”、“存货”、“长期投资”、“固定资产”、“无形资产”等内容中的相关例题，在此不再赘述。

第二节 事业单位负债

事业单位负债是事业单位所承担的能以货币计量、需要以资产或劳务偿付的债务，包括借入款项、应付款项、暂存款项、应缴款项等。事业单位负债的特点有三个：一是事业单位负债应当按照合同金额或实际发生额进行计量；二是事业单位应当对不同性质的负债分类管理，及时清理并按照规定办理结算，保证各项负债在规定期限内归还；三是事业单位应当建立健全财务风险控制机制，规范和加强借入款项管理，严格执行审批程序，不得违反规定举借债务和提供担保。

事业单位的负债按照流动性，分为流动负债和非流动负债。

一、流动负债

流动负债是指预计在一年内（含一年）偿还的负债，包括短期借款、应缴款项、应付职工薪酬、应付及预收款项等。

（一）短期借款

借款是事业单位借入的有偿使用的各种款项。它是事业单位在组织业务活动中因资金周转不灵或生产经营需要而借入的资金，该借款必须按期还本付息。因此，事业单位在借入款项之前必须确保自身的偿还能力，不能盲目借款。事业单位的借款按照期限可分为短期借款和长期借款。

短期借款是指事业单位借入的期限在一年内（含一年）的各种借款。

为了核算借入的期限在一年内（含一年）的各种借款，事业单位应设置“短期借款”科目。本科目应当按照贷款单位和贷款种类设置明细账。本科目期末贷方余额，反映事业单位尚未偿还的短期借款本金。

事业单位借入各种短期借款时，按照实际借入的金额，借记“银行存款”科目，贷记本科目；银行承兑汇票到期，本单位无力支付票款的，按照银行承兑汇票的票面金额，借记“应付票据”科目，贷记本科目。支付短期借款利息时，借记“其他支出”科目，贷记“银行存款”科目。归还短期借款时，借记本科目，贷记“银行存款”科目。

【例14-81】某事业单位因开展专业活动资金周转困难向工商银行借款500 000元，期限一年。该事业单位的账务处理如下：

借：银行存款 500 000

贷：短期借款——工商银行 500 000

【例14-82】上例中的事业单位借款到期，偿还本金500 000元，支付利息40 000元。该事业单位的账务处理如下：

借：短期借款——工商银行 500 000

其他支出 40 000

贷：银行存款 540 000

（二）应缴款项

应缴款项是指事业单位应缴未缴的各种款项，包括应缴税费、应当上缴国库或者财政专户的款项，以及其他按照国家有关规定应当上缴的款项。

1.应缴税费

应缴税费是事业单位按照税法等规定计算应缴纳的各种税费，包括增值税、营业税（自2016年5月1日起全面“营改增”）、城市维护建设税、教育费附加、房产税、城镇土地使用税、车船税、个人所得税、企业所得税等。

为了核算应缴纳的各种税费，事业单位应设置“应缴税费”科目。事业单位代扣代缴的个人所得税，也通过本科目核算。事业单位应缴纳的印花税不需要预提应缴税费，直接通过支出等有关科目核算，不在本科目核算。本科目应当按照应缴纳的税费种类设置明细账。本科目借方余额反映事业单位已缴纳的税费金额；其贷方余额反映事业单位应缴税费金额；期末借方余额，反映事业单位多缴纳的税费金额；期末贷方余额，反映事业单位应缴未缴的税费金额。

（1）增值税。它是对销售货物或者提供应税劳务以及进口货物的单位和个人，按其实现的增值额征收的一种税。增值税的纳税人按其经营规模大小以及会计核算是否健全划分为一般纳税人和小规模纳税人。按照《增值税暂行条例》的规定，对一般纳税人实行凭增值税专用发票扣税的计征方法，对小规模纳税人则实行按征收率计算应纳税额的简易办法，并不得抵扣进项税额。按照我国《增值税暂行条例实施细则》的规定，非企业性单位可选择按小规模纳税人纳税。

按规定缴纳增值税的事业单位，应在“应缴税费”科目下设置“应缴增值税”明细科目。属于增值税一般纳税人的事业单位，其“应缴增值税”明细科目中应设置“进项税额”、“已交税金”、“销项税额”、“进项税额转出”等专栏。

①属于增值税一般纳税人的事业单位购入非自用材料时，按确定的成本（不含增值税进项税额），借记“存货”科目，按增值税专用发票上注明的增值税额，借记本科目（应缴增值税——进项税额），按实际支付或应付的金额，贷记“银行存款”、“应付账款”等科目。

所购进的非自用材料发生盘亏、毁损、报废、对外捐赠、无偿调出等税法规定不得从增值税销项税额中抵扣进项税额的，将其转入待处置资产时，按照材料的账面余额与相关增值税进项税额转出金额的合计金额，借记“待处置资产损溢”科目，按材料的账面余额，贷记“存货”科目，按转出的增值税进项税额，贷记本科目（应缴增值税——进项税额转出）。

销售应税产品或提供应税服务时，按包含增值税的价款总额，借记“银行存款”、“应收账款”、“应收票据”等科目，按扣除增值税销项税额后的价款金额，贷记“经营收入”等科目，按增值税专用发票上注明的增值税金额，贷记本科目（应缴增值税——销项税额）。

实际缴纳增值税时，借记本科目（应缴增值税——已交税金），贷记“银行存款”科目。

【例14-83】某事业单位为增值税一般纳税人，其非独立核算部门为生产产品购进的甲材料增值税专用发票上注明的材料价款为100 000元，增值税税额为17 000元，款项以银行存款支付，材料已验收入库。该事业单位的账务处理如下：

借：存货　100 000
　　应缴税费——应缴增值税——进项税额　17 000
　贷：银行存款　117 000

【例14-84】上例中的事业单位将甲材料全部捐赠给其他单位。将甲材料转入待处置资产时，该事业单位的账务处理如下：

借：待处置资产损溢　117 000
　贷：存货　100 000
　　　应缴税费——应缴增值税——进项税额转出　17 000

【例14-85】某事业单位为增值税一般纳税人，其非独立核算部门销售产品取得收入10 000元（不含税价），货款尚未收到。该事业单位的账务处理如下：

借：应收账款　11 700
　贷：经营收入　10 000
　　　应缴税费——应缴增值税——销项税额　1 700

②属于增值税小规模纳税人的事业单位销售应税产品或提供应税服务时，按实际收到或应收的价款，借记“银行存款”、“应收账款”、“应收票据”等科目，按实际收到或应收的价款扣除增值税后的金额，贷记“经营收入”等科目，按应缴增值税金额，贷记本科目（应缴增值税）。实际缴纳增值税时，借记本科目（应缴增值税），贷记“银行存款”科目。

【例14-86】某事业单位为增值税小规模纳税人，其非独立核算部门销售产品取得收入10 300元（含税价），款项已存入银行。该事业单位的账务处理如下：

借：银行存款　10 300
　贷：经营收入　10 000
　　　应缴税费——应缴增值税——销项税额　300

（2）城市维护建设税、教育费附加。城市维护建设税是对缴纳增值税、消费税的单位和个人，按其实际缴纳的增值税、消费税的税额而征收的一种税。教育费附加是对缴纳增值税、消费税的单位和个人，按照其实际缴纳的增值税、消费税的税额而征收的一种税。

按规定缴纳城市维护建设税、教育费附加的事业单位，应在“应缴税费”科目下设置“应缴城市维护建设税”、“应缴教育费附加”明细科目进行明细核算。事业单位发生城市维护建设税、教育费附加纳税义务的，按税法规定计算的应缴税费金额，借记“待处置资产损溢——处置净收入”科目（出售不动产应缴的税费）或有关支出科目，贷记本科目。实际缴纳时，借记本科目，贷记“银行存款”科目。

【例14-87】某事业单位月末按规定计算出城市维护建设税175元、教育费附加75元。该事业单位的账务处理如下：

借：事业支出	250	
贷：应缴税费——应缴城市维护建设税		175
——应缴教育费附加		75

（3）房产税、城镇土地使用税、车船税。房产税是以房产为征税对象，按房产的计税价值或租金收入向产权所有人征收的一种税；城镇土地使用税是对在城市、县城、建制镇、工矿区范围内使用土地的单位和个人，以其实际占用的土地面积为计税依据并按规定税额征收的一种税；车船税是对依法应当在车船登记管理部门登记的机动车辆和船舶以及依法不需要在车船登记管理部门登记的在单位内部场所行驶或者作业的机动车辆和船舶的所有人或者管理人，按规定的年税额征收的一种税。

按规定缴纳房产税、城镇土地使用税、车船税的事业单位，应在“应缴税费”科目下设置“应缴房产税”、“应缴城镇土地使用税”、“应缴车船税”明细科目进行明细核算。事业单位发生房产税、城镇土地使用税、车船税纳税义务的，按税法规定计算的应缴税金数额，借记有关科目，贷记本科目。实际缴纳时，借记本科目，贷记“银行存款”科目。

【例14-88】某事业单位因非独立核算经营活动某月按税法规定计算出应缴房产税50 000元、城镇土地使用税20 000元、车船税50 000元。该事业单位的账务处理如下：

借：经营支出	120 000	
贷：应缴税费——应缴房产税		50 000
——应缴城镇土地使用税		20 000
——应缴车船税		50 000

（4）个人所得税。它是指对在中国境内有住所，或者无住所而在中国境内居住满一年的个人，从中国境内和境外取得的所得，以及在中国境内无住所又不居住或者无住所而在境内居住不满一年的个人，从中国境内取得的所得征收的一种税。现行的个人所得税在纳税申报上，对纳税人应纳税额采取由支付单位代扣代缴和纳税人自行申报纳税两种方法。

按规定代扣代缴个人所得税的事业单位，应在“应缴税费”科目下设置“应缴个人所得税”明细科目进行明细核算。事业单位代扣代缴个人所得税时，按税法规定计算应代扣代缴的个人所得税金额，借记“应付职工薪酬”科目，贷记本科目。实际缴纳时，借记本科目，贷记“银行存款”科目。

【例14-89】某事业单位某月按税法规定计算出代扣代缴个人所得税80 000元。该事业单位的账务处理如下：

借：应付职工薪酬　　80 000

　贷：应缴税费——应缴个人所得税　　80 000

（5）企业所得税。它是指对在中国境内的企业和其他取得收入的组织，就其生产经营所得和其他所得征收的一种税。

按规定缴纳企业所得税的事业单位，应在“应缴税费”科目下设置“应缴企业所得税”明细科目进行明细核算。事业单位发生企业所得税纳税义务时，按税法规定计算的应缴税金数额，借记“非财政补助结余分配”科目，贷记本科目。实际缴纳时，借记本科目，贷记“银行存款”科目。

【例14-90】某事业单位年末按照税法规定计算出本年度应纳税所得额为20 000元，适用所得税税率为25%，应缴所得税税额为5 000元。该事业单位的账务处理如下：

借：非财政补助结余分配　　5 000

　贷：应缴税费——应缴企业所得税　　5 000

（6）其他应缴税费。事业单位发生其他纳税义务的，按照应缴纳的税费金额，借记有关科目，贷记本科目。实际缴纳时，借记本科目，贷记“银行存款”等科目。

【例14-91】某事业单位本月通过银行上交增值税2 000元、城市维护建设税140元、企业所得税5 000元、教育费附加60元。该事业单位的账务处理如下：

借：应缴税费——应缴增值税——已交税金　　2 000

　　　　　——应缴城市维护建设税　　140

　　　　　——应缴企业所得税　　5 000

　　　　　——应缴教育费附加　　60

　贷：银行存款　　7 200

2.应缴国库款

（1）应缴国库款的内容。应缴国库款是事业单位按规定取得的应缴入国库的款项（应缴税费除外），主要包括政府性基金、行政事业性收费、罚没收入、国有资产处置收入等。

①政府性基金，是指事业单位按照国家法律、法规的规定向公民、法人和其他组织征收的具有专项用途的财政资金，如政府住房基金收入。

②行政事业性收费，是事业单位根据国家法律、法规行使其管理职能，向公民、法人和其他组织收取的各项收费收入，包括管理性、资源性收费和证照性收费，如工本费、登记费等。

③罚没收入，是事业单位依法收缴的罚款（罚金）、没收款、赃款以及没收物资、

赃物的变价收入。

④国有资产处置收入，是事业单位国有资产产权的转移或核销所产生的收入，包括国有资产的出售收入、出让收入、置换差价收入、报废报损残值变价收入等。

应缴国库款是事业单位代行政府职能收取的纳入预算管理的款项。这些款项缴入国库后，形成财政总预算会计的一般公共预算本级收入和政府性基金预算本级收入。对于应缴国库款，事业单位不得缓缴、截留、挪用或自行坐支，年终必须将当年的应缴国库款项全部清缴入库。

（2）应缴国库款的核算。按照国库集中收缴制度的规定，事业单位应缴入国库的款项，根据具体情况分别采用直接缴库和集中汇缴两种方式。由此，事业单位需要根据应缴国库款的不同收缴方式分别进行不同的账务处理。

①直接缴库。它是事业单位按照规定开具“非税收入一般缴款书”，缴款人持“非税收入一般缴款书”在规定期限内将应缴款项直接缴入国库的缴款方式。在直接缴库方式下，事业单位应缴国库款因不通过事业单位过渡账户汇总，所以在开具“非税收入一般缴款书”时，可不做会计分录，只登记收入台账。

②集中汇缴。它是事业单位使用“行政事业性收费收据”向缴款人收取款项后，在规定期限内按收入项目汇总开具“非税收入一般缴款书”，将应缴款项缴存国库的缴款方式。在集中汇缴方式下，事业单位应缴国库款因要通过事业单位过渡账户汇总，所以应设置“应缴国库款”科目，以核算按规定应缴入国库的款项。本科目应当按照应缴国库的各款项类别设置明细账。本科目期末贷方余额，反映事业单位应缴入国库但尚未缴纳的款项。

事业单位按照规定计算确定或实际取得的应缴国库的款项时，借记“银行存款”等科目，贷记“应缴国库款”科目；上缴款项时，借记“应缴国库款”科目，贷记“银行存款”等科目。

【例14-92】某事业单位按照规定征收政府性基金收入5 000元，该款项以集中汇缴的方式上缴国库。该事业单位的账务处理如下：

借：银行存款　　5 000

　贷：应缴国库款——政府性基金收入　　5 000

【例14-93】上例中的事业单位将收到的政府性基金收入5 000元通过银行上缴国库。该事业单位的账务处理如下：

借：应缴国库款——政府性基金收入　　5 000

　贷：银行存款　　5 000

上述款项如实行直接缴库，该事业单位在开具“非税收入一般缴款书”时，可不做会计分录，只登记收入台账。

事业单位国有资产处置取得的应上缴国库的处置净收入的账务处理，参见“待处置资产损溢”科目的核算，相关举例参见“存货”、“固定资产”和“无形资产”等的核算。

3.应缴财政专户款

应缴财政专户款是事业单位按规定应缴入财政专户的款项。应缴入财政专户的款项是事业单位按规定收取的尚未纳入预算管理但实行财政专户管理的教育收费。按规定，教育收费作为执收单位的事业收入，纳入财政专户管理。教育收费上缴财政专户后，形成财政总预算会计的财政专户管理资金收入。

事业单位应缴财政专户款的收缴方式与应缴国库款相同，也按国库集中收缴制度的规定进行，包括直接缴库和集中汇缴两种方式。由此，事业单位需要根据应缴财政专户款的不同收缴方式分别进行不同的账务处理。

（1）直接缴库。它是事业单位按照规定开具“非税收入一般缴款书”，缴款人持“非税收入一般缴款书”在规定期限内将应缴款项直接缴入财政专户的缴款方式。在直接缴库方式下，事业单位应缴财政专户款因不通过事业单位过渡账户汇总，所以在开具“非税收入一般缴款书”时，可不做会计分录，只登记收入台账。

（2）集中汇缴。它是事业单位使用“行政事业性收费收据”向缴款人收取款项后，在规定期限内按收入项目汇总开具“非税收入一般缴款书”，将应缴款项缴存财政专户的缴款方式。在集中汇缴方式下，事业单位应缴财政专户款因要通过事业单位过渡账户汇总，所以应设置“应缴财政专户款”科目，以核算按规定应缴入财政专户的款项。本科目应当按照应缴财政专户的各款项类别设置明细账。本科目期末贷方余额，反映事业单位应缴入财政专户但尚未缴纳的款项。

事业单位收到应缴财政专户款时，借记“银行存款”等科目，贷记“应缴财政专户款”科目；上缴款项时，借记“应缴财政专户款”科目，贷记“银行存款”等科目。

【例14-94】某事业单位收到应上缴财政专户的教育收费50 000元，款项已存入银行。该事业单位的账务处理如下：

借：银行存款	50 000	
贷：应缴财政专户款——教育收费		50 000

【例14-95】上例中的事业单位将教育收费50 000元通过银行上缴财政专户。该事业单位的账务处理如下：

借：应缴财政专户款——教育收费	50 000	
贷：银行存款		50 000

（三）应付职工薪酬

1.应付职工薪酬的内容

应付职工薪酬是指事业单位按有关规定应付给职工及为职工支付的各种薪酬，包括基本工资、绩效工资、国家统一规定的津贴补贴、社会保险费、住房公积金。

基本工资是指事业单位按国家统一规定发放给工作人员的职务工资、级别工资、岗位工资、技术等级工资等。

绩效工资是指事业单位发放给工作人员的绩效工资。

津贴补贴是指事业单位按照国家规定发放给工作人员的艰苦边远地区津贴、特殊岗位津贴补贴等。

社会保险费是指事业单位按规定为职工缴纳并缴存社会保险管理机构的基本养老、基本医疗、失业、工伤、生育等社会保险费。

住房公积金是指事业单位按规定为职工缴纳并缴存住房公积金管理机构的长期住房公积金。

2.应付职工薪酬的核算

为了核算按有关规定应付给职工及为职工支付的各种薪酬，事业单位应设置“应付职工薪酬”科目。本科目应当根据国家有关规定按照“工资（离退休费）”、“地方（部门）津贴补贴”、“其他个人收入”以及“社会保险费”、“住房公积金”等设置明细账。本科目期末贷方余额，反映事业单位应付未付的职工薪酬。

（1）应付职工薪酬的计提。事业单位计提当期应付的职工薪酬，借记“事业支出”、“经营支出”等科目，贷记本科目。

（2）应付职工薪酬的支付。事业单位向职工支付工资、津贴补贴等薪酬，借记本科目，贷记“财政补助收入”、“零余额账户用款额度”、“银行存款”等科目。按税法规定代扣代缴个人所得税，借记本科目，贷记“应缴税费——应缴个人所得税”科目；按照国家有关规定缴纳职工社会保险费和住房公积金，借记本科目，贷记“财政补助收入”、“零余额账户用款额度”、“银行存款”等科目。从应付职工薪酬中支付其他款项，借记本科目，贷记“财政补助收入”、“零余额账户用款额度”、“银行存款”等科目。

【例14-96】某事业单位计算出本月应付给从事专业业务活动人员的基本工资总额为450 000元、离退休费50 000元、津贴300 000元、其他个人收入25 000元。其中，代扣个人所得税20 000元，代扣由职工个人承担的社会保险费36 000元、住房公积金54 000元。单位配套补贴社会保险费90 000元、住房公积金54 000元。该事业单位的账务处理如下：

科目	借方	贷方
借：事业支出	969 000	
贷：应付职工薪酬——工资（离退休费）		500 000
——地方（部门）津贴补贴		300 000
——其他个人收入		25 000
——社会保险费		90 000
——住房公积金		54 000
借：应付职工薪酬——工资（离退休费）	110 000	
贷：其他应付款——社会保险费		36 000
——住房公积金		54 000
应缴税费——个人所得税		20 000

【例14-97】上例中的事业单位通过财政直接支付方式向从事专业活动的人员实际支付工资、津贴、其他收入，代缴个人所得税，缴纳单位承担的社会保险费和住房公积

金。该事业单位的账务处理如下：

借：应付职工薪酬——工资（离退休费）　390 000
　　　　　　——地方（部门）津贴补贴　300 000
　　　　　　——其他个人收入　25 000
　　　　　　——社会保险费　90 000
　　　　　　——住房公积金　54 000
　　应缴税费——个人所得税　20 000
　　其他应付款——社会保险费　36 000
　　　　　　——住房公积金　54 000
　贷：财政补助收入　969 000

（四）应付及预收款项

应付及预收款项是指事业单位在开展业务活动中发生的各项债务，包括应付票据、应付账款、预收账款、其他应付款等。

1.应付票据

应付票据是事业单位因购买材料、物资等而开出、承兑的商业汇票，包括银行承兑汇票和商业承兑汇票。

为了核算因购买材料、物资等而开出、承兑的商业汇票，事业单位应设置“应付票据”科目。本科目应当按照债权单位进行明细核算。各事业单位应设置“应付票据备查簿”，详细登记每一应付票据的种类、号数、签发日期、到期日、票面金额、交易合同号、收款人姓名或单位名称以及付款日期和金额等资料。应付票据到期结清票款后，应在备查簿内逐笔注销。本科目期末贷方余额，反映事业单位开出、承兑的尚未到期的商业汇票票面金额。

事业单位开出、承兑商业汇票时，借记“存货”等科目，贷记本科目；以承兑商业汇票抵付应付账款时，借记“应付账款”科目，贷记本科目；支付银行承兑汇票的手续费时，借记“事业支出”、“经营支出”等科目，贷记“银行存款”等科目。商业汇票到期时，应当分以下情况处理：收到银行支付到期票据的付款通知时，借记本科目，贷记“银行存款”科目；银行承兑汇票到期，本单位无力支付票款的，按照汇票票面金额，借记本科目，贷记“短期借款”科目；商业承兑汇票到期，本单位无力支付票款的，按照汇票票面金额，借记本科目，贷记“应付账款”科目。

【例14-98】某事业单位是小规模纳税人，向A公司购买专业活动用材料一批，开出一张58 500元的无息商业承兑汇票一张。该事业单位的账务处理如下：

借：存货　58 500
　贷：应付票据——A公司　58 500

【例14-99】上例中的事业单位开出的商业承兑汇票到期，收到开户银行付款58 500元的通知。该事业单位的账务处理如下：

借：应付票据——A公司　58 500

贷：银行存款　58 500

如果商业承兑汇票到期该事业单位却无力支付票款，其账务处理如下，

借：应付票据——A公司　58 500

贷：应付账款　58 500

【例14-100】某事业单位是小规模纳税人，从B公司购买经营用材料一批，开出一张58 500元的银行承兑汇票，票面利率6%，以银行存款支付手续费200元。该事业单位的账务处理如下：

借：存货　58 500

贷：应付票据——B公司　58 500

借：经营支出　200

贷：银行存款　200

【例14-101】上例中的事业单位开出的银行承兑汇票5个月后到期，收到开户银行通知，支付本金58 500元、利息1 462.50元（58 500×6%×5/12）。该事业单位的账务处理如下：

借：应付票据——B公司　58 500

经营支出　1 462.50

贷：银行存款　59 962.50

如果银行承兑汇票到期该事业单位却无力支付票款，其账务处理如下，

借：应付票据——B公司　58 500

贷：短期借款　58 500

2.应付账款

应付账款是事业单位因购买材料、物资等而应付的款项。

为了核算因购买材料、物资等而应付的款项，事业单位应设置"应付账款"科目。本科目应当按照债权单位（或个人）设置明细账。本科目期末贷方余额，反映事业单位尚未支付的应付账款。

事业单位购入材料、物资等已验收入库但货款尚未支付的，按照应付未付金额，借记"存货"等科目，贷记本科目；偿付应付账款时，按照实际支付的款项金额，借记本科目，贷记"银行存款"等科目；开出、承兑商业汇票抵付应付账款时，借记本科目，贷记"应付票据"科目；无法偿付或债权人豁免偿还的应付账款，借记本科目，贷记"其他收入"科目。

【例14-102】某事业单位为增值税小规模纳税人，非独立核算部门为生产产品从C公司购进甲材料，材料价款100 000元，增值税税额17 000元，款项尚未支付。该事业单位的账务处理如下：

借：存货　117 000

贷：应付账款——C公司　117 000

【例14-103】上例中的事业单位开出、承兑商业汇票抵冲甲材料款117 000元。该

事业单位的账务处理如下：

借：应付账款——C公司　　117 000

　贷：应付票据　　117 000

【例14-104】【例14-102】中的事业单位尚未支付的甲材料款受到C公司豁免偿还。该事业单位的账务处理如下：

借：应付账款——C公司　　117 000

　贷：其他收入　　117 000

3.预收账款

预收账款是事业单位按合同规定预收的款项。

为了核算按合同规定预收的款项，事业单位应设置“预收账款”科目。本科目应当按照债权单位（或个人）设置明细账。本科目期末贷方余额，反映事业单位按合同规定预收但尚未实际结算的款项。

事业单位向付款方预收款项时，按照实际预收的金额，借记“银行存款”等科目，贷记本科目；确认有关收入时，借记本科目，按照应确认的收入金额，贷记“经营收入”等科目，按照付款方补付或退回付款方的金额，借记或贷记“银行存款”等科目；无法偿付或债权人豁免偿还的预收账款，借记本科目，贷记“其他收入”科目。

【例14-105】某事业单位为增值税小规模纳税人，向甲单位预收购买产品款项5 000元，款项已存入银行。该事业单位的账务处理如下：

借：银行存款　　5 000

　贷：预收账款——甲单位　　5 000

【例14-106】上例中的事业单位按合同规定向甲单位提供所购产品，并收到甲单位补付的货款4 888元。该事业单位的账务处理如下：

借：预收账款——甲单位　　5 000

　　银行存款　　4 888

　贷：经营收入　　9 600

　　　应缴税费——应缴增值税（销项税额）　　288

4.其他应付款

其他应付款是事业单位除应缴税费、应缴国库款、应缴财政专户款、应付职工薪酬、应付票据、应付账款、预收账款之外的其他各项偿还期限在1年内（含1年）的应付及暂收款项，如存入保证金等。

为了核算其他应付款业务，事业单位应设置“其他应付款”科目。本科目应当按照其他应付款的类别以及债权单位（或个人）设置明细账。本科目期末贷方余额，反映事业单位尚未支付的其他应付款。

事业单位发生其他各项应付及暂收款项时，借记“银行存款”等科目，贷记本科目；支付其他应付款项时，借记本科目，贷记“银行存款”等科目；无法偿付或债权人豁免偿还的其他应付款项，借记本科目，贷记“其他收入”科目。

【例14-107】某事业单位收到A单位拟租用本单位固定资产而交来的押金3 000元，款项已存入银行。该事业单位的账务处理如下：

借：银行存款　　3 000

　贷：其他应付款——A单位　　3 000

【例14-108】上例中的A单位退回租用的固定资产，事业单位扣除2 000元作为租金（经批准该收入不上缴国库），其他押金退还。该事业单位的账务处理如下：

借：其他应付款——A单位　　3 000

　贷：银行存款　　1 000

　　其他收入　　2 000

二、非流动负债

非流动负债是指流动负债以外的负债，包括长期借款和长期应付款。

（一）长期借款

长期借款是指事业单位借入的期限超过一年（不含一年）的各种款项。

为了核算借入的期限超过一年（不含一年）的各种款项，事业单位应设置“长期借款”科目。本科目应当按照贷款单位和贷款种类设置明细账。对于基建项目借款，还应按具体项目设置明细账。本科目期末贷方余额，反映事业单位尚未偿还的长期借款本金。

1.借入长期借款。事业单位借入各项长期借款时，按照实际借入的金额，借记“银行存款”科目，贷记本科目。

2.长期借款利息支付。事业单位为购建固定资产支付的专门借款利息，应分不同情况处理：属于工程项目建设期间支付的，计入工程成本，按照支付的利息，借记“在建工程”科目，贷记“非流动资产基金——在建工程”科目；同时，借记“其他支出”科目，贷记“银行存款”科目。属于工程项目完工交付使用后支付的，计入当期支出而不计入工程成本，按照支付的利息，借记“其他支出”科目，贷记“银行存款”科目。对于其他长期借款利息，按照支付的利息金额，借记“其他支出”科目，贷记“银行存款”科目。

3.归还长期借款。事业单位归还长期借款时，借记本科目，贷记“银行存款”科目。

【例14-109】某事业单位为建造办公楼于20×1年1月1日向工商银行借款500 000元，期限2年，款项已存入银行。借款利率10%，每年末付息一次，期满后一次还清本金。20×1年年初以借款支付工程款共计300 000元，20×2年年初以借款支付工程款共计200 000元。该办公楼于20×2年6月底完工，并交付使用。该事业单位的账务处理如下：

• 20×1年1月1日取得借款时，

借：银行存款　　500 000

　贷：长期借款——工商银行　　500 000

● 20×1年年初支付工程款时，

借：在建工程　　300 000

　贷：非流动资产基金——在建工程　　300 000

借：事业支出　　300 000

　贷：银行存款　　300 000

● 20×1年年末支付应计入工程成本的借款利息时，

借款利息=500 000×10%=50 000（元）

借：在建工程　　50 000

　贷：非流动资产基金——在建工程　　50 000

借：其他支出　　50 000

　贷：银行存款　　50 000

● 20×2年年初支付工程款时，

借：在建工程　　200 000

　贷：非流动资产基金——在建工程　　200 000

借：事业支出　　200 000

　贷：银行存款　　200 000

● 20×2年年末支付应计入工程成本和当期支出的借款利息时，

应计入工程成本的借款利息=500 000×10%×6/12=25 000（元）

应计入当期支出的借款利息=500 000×10%×6/12=25 000（元）

借：在建工程　　25 000

　贷：非流动资产基金——在建工程　　25 000

借：其他支出　　50 000

　贷：银行存款　　50 000

● 20×2年6月底办公楼交付使用时，

借：固定资产　　575 000

　贷：非流动资产基金——固定资产　　575 000

借：非流动资产基金——在建工程　　575 000

　贷：在建工程　　575 000

● 20×3年1月1日到期还本时，

借：长期借款——工商银行　　500 000

　贷：银行存款　　500 000

（二）长期应付款

长期应付款是指事业单位发生的偿还期限超过一年（不含一年）的应付款项，如以融资租赁租入固定资产的租赁费、跨年度分期付款购入固定资产的价款等。

为了核算发生的偿还期限超过一年（不含一年）的应付款项，事业单位应设置“长期应付款”科目。本科目应当按照长期应付款的类别以及债权单位（或个人）设置明细账。本科目期末贷方余额，反映事业单位尚未支付的长期应付款。

事业单位发生长期应付款时，借记“固定资产”、“在建工程”等科目，贷记本科目、“非流动资产基金”等科目。支付长期应付款时，借记“事业支出”、“经营支出”等科目，贷记“银行存款”等科目；同时，借记本科目，贷记“非流动资产基金”科目。无法偿付或债权人豁免偿还的长期应付款，借记本科目，贷记“其他收入”科目。长期应付款核算举例参见“融资租入固定资产”核算。

第三节 事业单位净资产

事业单位净资产是事业单位资产减去事业单位负债的差额，包括事业基金、专用基金、财政补助结转结余、非财政补助结转结余等。事业单位净资产的特点有三个：一是净资产主要包括各项基金和结转结余；二是结转和结余不存在向资源提供者分配的问题；三是某些净资产具有限定性，如专用基金。

一、结转和结余

（一）结转和结余的含义、分类

结转和结余是指事业单位年度收入与支出相抵后的余额。其中，结转资金是指当年预算已执行但未完成，或者因故未执行，下一年度需要按照原用途继续使用的资金；结余资金是指当年预算工作目标已完成，或者因故终止，当年剩余的资金。

按照资金的来源，事业单位结转和结余分为财政补助结转结余和非财政补助结转结余。

财政补助结转结余，是指事业单位财政补助收入与其相关支出相抵后剩余滚存的、需按规定管理和使用的结转和结余，包括财政补助结转和财政补助结余。财政补助结转是事业单位滚存的财政补助结转资金，包括基本支出结转和项目支出结转。基本支出结转，是指用于基本支出的财政补助收入减去财政补助基本支出后的差额，包括人员经费和日常公用经费。基本支出结转原则上结转下年继续使用，用于增人增编等人员支出和公用支出，但在人员支出和公用支出间不得挪用，不得用于提高人员开支标准。项目支出结转，是尚未完成项目支出的财政补助收入减去财政补助项目支出后的差额，具体包括：项目当年已执行但尚未完成而形成的结转资金；项目因故当年未执行，需要推迟到下年执行形成的结转资金；项目需要跨年度执行，但项目支出预算已一次性安排形成的结转资金。项目支出结转资金结转至下年按原用途继续使用。财政补助结余是事业单位滚存的财政补助项目支出结余资金，是事业单位已经完成项目的财政补助收入减去财政补助项目支出后的差额，具体包括：项目完成形成的结余；由于受政策变化、计划调整等因素影响，项目终止、撤销形成的结余；对某一预算年度安排的项目支出连续两年未使用或者连续三年仍未使用完形成的剩余资金等。财政补助结转和结余的管理，应当按照同级财政部门的规定执行。

非财政补助结转结余，是指事业单位除财政补助收支以外的各项收入与各项支出相抵后的余额，包括非财政补助结转和非财政补助结余。非财政补助结转是指事业单位除财政补助收支以外的各专项资金收入与其相关支出相抵后剩余滚存的、需按规定用途使用的结转资金。非财政补助结转按照规定结转至下一年度继续使用。非财政补助结余是指事业单位除财政补助收支以外的各非专项资金收入与各非专项资金支出相抵后的余额。非财政补助结余可以按照国家有关规定提取职工福利基金，剩余部分作为事业基金用于弥补以后年度单位收支差额；国家另有规定的，从其规定。

（二）财政补助结转和财政补助结余的核算

1.财政补助结转

为了核算滚存的财政补助结转资金，事业单位应设置“财政补助结转”科目。事业单位发生需要调整以前年度财政补助结转的事项，通过本科目核算。本科目应当设置“基本支出结转”、“项目支出结转”两个明细科目，并在“基本支出结转”明细科目下按照“人员经费”、“日常公用经费”进行明细核算，在“项目支出结转”明细科目下按照具体项目进行明细核算；本科目还应按照政府收支分类科目中“支出功能分类科目”的相关科目进行明细核算。本科目期末贷方余额，反映事业单位财政补助结转资金数额。

（1）期末，结转本期财政补助结转。期末，事业单位将财政补助收入本期发生额结转入本科目，借记“财政补助收入——基本支出、项目支出”科目，贷记本科目（基本支出结转、项目支出结转）；将事业支出（财政补助支出）本期发生额结转入本科目，借记本科目（基本支出结转、项目支出结转），贷记“事业支出——财政补助支出（基本支出、项目支出）”或“事业支出——基本支出（财政补助支出）、项目支出（财政补助支出）”科目。

（2）年末，结转本年财政补助结余。年末，完成上述结转后，事业单位应当对财政补助各明细项目的执行情况进行分析，按照有关规定将符合财政补助结余性质的项目余额转入财政补助结余，借记或贷记本科目（项目支出结转——××项目），贷记或借记“财政补助结余”科目。

（3）年末，处理财政补助结转。事业单位按规定上缴财政补助结转资金或注销财政补助结转额度的，按照实际上缴资金数额或注销的资金额度数额，借记本科目，贷记“财政应返还额度”、“零余额账户用款额度”、“银行存款”等科目。取得主管部门归集调入财政补助结转资金或额度的，做相反会计分录。

2.财政补助结余

为了核算滚存的财政补助项目支出结余资金，事业单位应设置“财政补助结余”科目。事业单位发生需要调整以前年度财政补助结余的事项，通过本科目核算。本科目应当按照政府收支分类科目中“支出功能分类科目”的相关科目进行明细核算。本科目期末贷方余额，反映事业单位财政补助结余资金数额。

（1）年末，结转财政补助结余。年末，事业单位对财政补助各明细项目的执行情况进行分析，按照有关规定将符合财政补助结余性质的项目余额转入财政补助结余，借记或贷记“财政补助结转——项目支出结转（××项目）”科目，贷记或借记本科目。

（2）年末，处理财政补助结余。事业单位按规定上缴财政补助结余资金或注销财政补助结余额度的，按照实际上缴资金数额或注销的资金额度数额，借记本科目，贷记“财政应返还额度”、“零余额账户用款额度”、“银行存款”等科目。取得主管部门归集调入财政补助结余资金或额度的，做相反会计分录。

【例14-110】某事业单位20×1年12月有关财政补助收入和支出科目的本月发生额如下：

<table>
<tr><th colspan="2">收入科目</th><th>贷方金额（元）</th><th colspan="2">支出科目</th><th>借方金额（元）</th></tr>
<tr><td rowspan="3">财政补助收入</td><td>基本支出</td><td>500 000</td><td rowspan="3">事业支出——财政补助支出</td><td>基本支出</td><td>480 000</td></tr>
<tr><td>项目支出（未完成项目）</td><td>200 000</td><td>项目支出（未完成项目）</td><td>190 000</td></tr>
<tr><td>项目支出（已完成项目）</td><td>100 000</td><td>项目支出（已完成项目）</td><td>70 000</td></tr>
</table>

假设本年度1—11月的财政补助收入中无项目支出。那么，20×1年12月结转财政补助收入和支出时，该事业单位的账务处理如下：

- 将财政补助收入本月发生额转入“财政补助结转”科目及其明细科目，

借：财政补助收入　　800 000
　贷：财政补助结转——基本支出结转　　500 000
　　　　　　　　——项目支出结转　　300 000

- 将事业支出中的财政补助支出本月发生额转入“财政补助结转”科目及其明细科目，

借：财政补助结转——基本支出结转　　480 000
　　　　　　　——项目支出结转　　260 000
　贷：事业支出　　740 000

- 将符合财政补助结余性质的项目余额转入“财政补助结余”科目，

借：财政补助结转——项目支出结转　　30 000
　贷：财政补助结余　　30 000

- 假设上述项目支出结余30 000元属于零余额账户用款额度尚未下达数，按规定予以注销时，

借：财政补助结余　　30 000
　贷：财政应返还额度　　30 000

如果上述项目支出结余30 000元属于零余额账户用款额度尚未支用数，按规定予以

上缴时：

借：财政补助结余　　30 000

　贷：零余额账户用款额度　　30 000

（三）事业结余和经营结余的核算

1.事业结余

事业结余是事业单位一定期间除财政补助收支、非财政专项资金收支和经营收支以外各项收支相抵后的余额。事业结余属于非财政补助结余。

为了核算一定期间除财政补助收支、非财政专项资金收支和经营收支以外各项收支相抵后的余额，事业单位应设置"事业结余"科目。本科目期末如为贷方余额，反映事业单位自年初至报告期末累计实现的事业结余；如为借方余额，反映事业单位自年初至报告期末累计发生的事业亏损。年末结账后，本科目应无余额。

（1）期末结转本期事业结余。期末，事业单位将事业收入、上级补助收入、附属单位上缴收入、其他收入本期发生额中的非专项资金收入结转入本科目，借记"事业收入"、"上级补助收入"、"附属单位上缴收入"、"其他收入"科目下各非专项资金收入明细科目，贷记本科目；将事业支出、其他支出本期发生额中的非财政、非专项资金支出，以及对附属单位补助支出、上缴上级支出的本期发生额结转入本科目，借记本科目，贷记"事业支出——其他资金支出"或"事业支出——基本支出（其他资金支出）、项目支出（其他资金支出）"科目、"其他支出"科目下各非专项资金支出明细科目、"对附属单位补助支出"、"上缴上级支出"科目。

（2）年末，将本年事业结余转入非财政补助结余分配。年末，完成上述结转后，将本科目余额结转入"非财政补助结余分配"科目，借记或贷记本科目，贷记或借记"非财政补助结余分配"科目。

2.经营结余

经营结余是事业单位一定期间各项经营收支相抵后余额弥补以前年度经营亏损后的余额。它属于非财政补助结余。

为了核算经营结余，事业单位应设置"经营结余"科目。本科目期末如为贷方余额，反映事业单位自年初至报告期末累计实现的经营结余弥补以前年度经营亏损后的经营结余；如为借方余额，反映事业单位截至报告期末累计发生的经营亏损。年末结账后，本科目一般无余额；如为借方结余，反映事业单位累计发生的经营亏损。

（1）期末，结转本期经营结余。期末，事业单位将经营收入本期发生额结转入本科目，借记"经营收入"科目，贷记本科目；将经营支出本期发生额结转入本科目，借记本科目，贷记"经营支出"科目。

（2）年末，将本年经营结余转入非财政补助结余分配。年末，完成上述结转后，如本科目为贷方余额，将本科目余额结转入"非财政补助结余分配"科目，借记本科目，贷记"非财政补助结余分配"科目；如本科目为借方余额，为经营亏损，不予结转。

（四）非财政补助结转和非财政补助结余分配的核算

1.非财政补助结转

为了核算除财政补助收支以外的各专项资金收入与其相关支出相抵后剩余滚存的、需按规定用途使用的结转资金，事业单位应设置“非财政补助结转”科目。本科目应当按照非财政专项资金的具体项目进行明细核算。事业单位发生需要调整以前年度非财政补助结转的事项，通过本科目核算。本科目期末贷方余额，反映事业单位非财政补助专项结转资金数额。

（1）期末，结转本期非财政补助结转。期末，将事业收入、上级补助收入、附属单位上缴收入、其他收入本期发生额中的专项资金收入结转入本科目，借记“事业收入”、“上级补助收入”、“附属单位上缴收入”、“其他收入”科目下各专项资金收入明细科目，贷记本科目；将事业支出、其他支出本期发生额中的非财政专项资金支出结转入本科目，借记本科目，贷记“事业支出——非财政专项资金支出”或“事业支出——项目支出（非财政专项资金支出）”、“其他支出”科目下各专项资金支出明细科目。

（2）年末，处理本年非财政补助项目结余资金。年末，完成上述结转后，应当对非财政补助专项结转资金的各项目情况进行分析，将已完成项目的剩余资金区分以下情况处理：缴回原专项资金拨入单位的，借记本科目（××项目），贷记“银行存款”等科目；留归本单位使用的，借记本科目（××项目），贷记“事业基金”科目。

2.非财政补助结余分配

事业单位的非财政补助结余包括事业结余和经营结余，按照规定要在国家、单位、职工之间进行分配。分配程序如下：

（1）缴纳企业所得税。按照我国企业所得税法及其实施细则的规定，依照中国法律、行政法规在中国境内设立的事业单位为企业所得税的纳税人。一般而言，事业结余不需要缴纳企业所得税，但经营结余按照企业所得税法的规定需要缴纳企业所得税。

（2）提取专用基金——职工福利基金。职工福利基金是按税后的非财政补助结余的一定比例提取的专门用于单位职工集体福利设施、集体福利待遇等的资金。

（3）结转未分配非财政补助结余。事业单位的非财政补助结余分配后，剩余部分可以按照规定转入事业基金，用于弥补以后年度单位收支差额。

为了核算本年度非财政补助结余分配的情况，事业单位应设置“非财政补助结余分配”科目。年末，事业单位将“事业结余”科目余额结转入本科目，借记或贷记“事业结余”科目，贷记或借记本科目；将“经营结余”科目贷方余额结转入本科目，借记“经营结余”科目，贷记本科目。有企业所得税缴纳义务的事业单位计算出应缴纳的企业所得税后，借记本科目，贷记“应缴税费——应缴企业所得税”科目。事业单位按照有关规定提取职工福利基金的，按提取的金额，借记本科目，贷记“专用基金——职工福利基金”科目。年末，按规定完成上述处理后，将本科目余额结转入事业基金，借记或贷记本科目，贷记或借记“事业基金”科目。年末结账后，本科目应无余额。

【例14-111】某事业单位20×1年11月30日“非财政补助结转”、“事业结余”和“经营结余”科目余额分别为20 000元、15 000元和5 000元。同年12月，除财政补助收支以外的各项收入和支出科目本月发生额如下：

收入科目名称	贷方金额（元）	支出科目名称	借方金额（元）
事业收入	250 000	事业支出——其他资金支出	280 000
上级补助收入	200 000	——非财政专项资金支出	70 000
其中:专项资金收入	100 000	上缴上级支出	30 000
附属单位上缴收入	80 000	对附属单位补助支出	50 000
经营收入	50 000	经营支出	37 250
其他收入	20 000	其他支出	72 750
合计	600 000	合计	540 000

该事业单位的经营结余按25%的税率缴纳企业所得税，按照税后非财政补助结余的30%提取职工福利基金。假设该事业单位非财政补助结转项目年末完成，剩余资金的50%已通过银行缴回专项资金拨入单位，50%留归本单位使用。

20×1年12月末该事业单位结转各项收支与各项结转结余时，其账务处理如下：

■结转各项收支时，

•将事业类收入中非专项资金收入本月发生额转入“事业结余”科目

借：事业收入　　250 000
　　上级补助收入　　100 000
　　附属单位上缴收入　　80 000
　　其他收入　　20 000
　贷：事业结余　　450 000

•将事业类收入中专项资金收入本月发生额转入“非财政补助结转”科目

借：上级补助收入　　100 000
　贷：非财政补助结转　　100 000

•将事业类支出中非财政、非专项资金支出本月发生额转入“事业结余”科目

借：事业结余　　432 750

贷：事业支出——其他资金支出　　280 000
　　上缴上级支出　　30 000
　　对附属单位补助支出　　50 000
　　其他支出　　72 750

●将事业类支出中非财政专项资金支出本月发生额转入“非财政补助结转”科目

借：非财政补助结转　　70 000
　贷：事业支出——非财政专项资金支出　　70 000

●将经营类收入本月发生额转入“经营结余”科目

借：经营收入　　50 000
　贷：经营结余　　50 000

●将经营类支出科目的本月发生额转入“经营结余”科目

借：经营结余　　37 250
　贷：经营支出　　37 250

■结转各项结转结余时，

●结转已完成项目的非财政补助剩余资金

已完成项目的非财政补助剩余资金=20 000+（100 000−70 000）=50 000（元）

借：非财政补助结转　　50 000
　贷：银行存款　　25 000
　　事业基金　　25 000

●将“事业结余”科目的贷方余额全数转入“非财政补助结余分配”科目

借：事业结余　　32 250
　贷：非财政补助结余分配　　32 250

●将“经营结余”科目贷方余额转入“非财政补助结余分配”科目

借：经营结余　　17 750
　贷：非财政补助结余分配　　17 750

●计提经营结余应缴纳的企业所得税

企业所得税=17 750×25%=4 437.50（元）

借：非财政补助结余分配　　4 437.50
　贷：应缴税费——应缴企业所得税　　4 437.50

●按税后事业结余和经营结余的30%计提职工福利基金

职工福利基金计提金额=[32 250+（17 750−4 437.50）]×30%=13 668.75（元）

借：非财政补助结余分配　　13 668.75
　贷：专用基金——职工福利基金　　13 668.75

●将“非财政补助结余分配”科目余额转入“事业基金”科目

借：非财政补助结余分配　　31 893.75
　贷：事业基金　　31 893.75

二、各项基金

（一）事业基金

事业基金是指事业单位拥有的非限定用途的净资产，其来源主要为非财政补助结余扣除结余分配后滚存的金额。具体而言，事业单位的事业基金来源有三个：一是非财政补助结余扣除结余分配后滚存的金额；二是留归本单位使用的非财政补助专项（已完成项目）剩余资金；三是对外转让或到期收回长期债券投资成本的金额。事业基金没有限定的用途，不直接安排各项支出，用于弥补以后年度事业单位的收支差额、调节年度之间的收支平衡。但是，事业单位应当加强事业基金的管理，遵循收支平衡的原则，统筹安排、合理使用，支出不得超出基金规模。

为了核算事业基金情况，事业单位应设置“事业基金”科目。事业单位发生需要调整以前年度非财政补助结余的事项，通过本科目核算；国家另有规定的，从其规定。本科目期末贷方余额，反映事业单位历年积存的非限定用途净资产的金额。

1.因结余资金形成的事业基金。年末，事业单位将“非财政补助结余分配”科目的余额转入事业基金，借记或贷记“非财政补助结余分配”科目，贷记或借记本科目；将留归本单位使用的非财政补助专项（项目已完成）剩余资金转入事业基金，借记“非财政补助结转——××项目”科目，贷记本科目。

【例14-112】某事业单位年末将“非财政补助结余分配”科目的余额5 000元转入事业基金。该事业单位的账务处理如下：

借：非财政补助结余分配	5 000	
贷：事业基金		5 000

【例14-113】某事业单位年末将留归本单位使用的非财政补助专项（已完成项目）剩余资金2 000元转入事业基金。该事业单位的账务处理如下：

借：非财政补助结转	2 000	
贷：事业基金		2 000

2.因对外长期投资形成的事业基金。事业单位以货币资金取得长期股权投资、长期债券投资的，以实际支付的全部价款（包括购买价款以及税金、手续费等相关税费）作为投资成本，借记“长期投资”科目，贷记“银行存款”等科目；同时，按照投资成本金额，借记本科目，贷记“非流动资产基金——长期投资”科目。对外转让或到期收回长期债券投资本息时，按照实际收到的金额，借记“银行存款”等科目，按照收回长期投资的成本，贷记“长期投资”科目，按照其差额，贷记或借记“其他收入——投资收益”科目；同时，按照与收回长期投资对应的非流动资产基金，借记“非流动资产基金——长期投资”科目，贷记本科目。

【例14-114】某事业单位以银行存款购买3年期国债100 000元。该事业单位的账务处理如下：

借：长期投资	100 000	
贷：银行存款		100 000

同时，

借：事业基金　100 000

　贷：非流动资产基金——长期投资　100 000

【例14-115】某事业单位以前年度购买的5年期国债到期，兑付本金50 000元，利息12 500元，款项已存入银行。该事业单位的账务处理如下：

借：银行存款　62 500

　贷：长期投资　50 000

　　其他收入　12 500

借：非流动资产基金——长期投资　50 000

　贷：事业基金　50 000

（二）非流动资产基金

非流动资产基金是指事业单位非流动资产占用的金额。

为了核算长期投资、固定资产、在建工程、无形资产等非流动资产占用的金额，事业单位应设置“非流动资产基金”科目。本科目应当按照“长期投资”、“固定资产”、“在建工程”、“无形资产”等设置明细账。本科目期末贷方余额，反映事业单位非流动资产占用的金额。

1.非流动资产基金的取得。事业单位的非流动资产基金应当在取得长期投资、固定资产、在建工程、无形资产等非流动资产或发生相关支出时予以确认。取得相关资产或发生相关支出时，借记“长期投资”、“固定资产”、“在建工程”、“无形资产”等科目，贷记本科目等有关科目；同时或待以后发生相关支出时，借记“事业支出”等有关科目，贷记“财政补助收入”、“零余额账户用款额度”、“银行存款”等科目。

2.非流动资产基金的冲减。事业单位计提固定资产折旧、无形资产摊销时，应当冲减非流动资产基金。计提固定资产折旧、无形资产摊销时，按照计提的折旧、摊销金额，借记本科目（固定资产、无形资产），贷记“累计折旧”、“累计摊销”科目。

3.非流动资产基金的冲销。事业单位处置长期投资、固定资产、无形资产，以及以固定资产、无形资产对外投资时，应当冲销与该资产对应的非流动资产基金。以固定资产、无形资产对外投资，以评估价值加上相关税费作为投资成本，借记“长期投资”科目，贷记本科目（长期投资）；按发生的相关税费，借记“其他支出”科目，贷记“银行存款”等科目；同时，按照与投出固定资产、无形资产对应的非流动资产基金，借记本科目（固定资产、无形资产），按照投出资产已提折旧、摊销，借记“累计折旧”、“累计摊销”科目，按照投出资产的账面余额，贷记“固定资产”、“无形资产”科目。出售或以其他方式处置长期投资、固定资产、无形资产，转入待处置资产时，借记“待处置资产损溢”、“累计折旧”（处置固定资产）或“累计摊销”（处置无形资产）科目，贷记“长期投资”、“固定资产”、“无形资产”等科目。实际处置时，借记本科目（有关资产明细科目），贷记“待处置资产损溢”科目。

非流动资产基金核算的举例参见本章“长期投资”、“固定资产”、“在建工程”、“无形资产”等核算的相关例题，在此不再赘述。

（三）专用基金

1. 专用基金的内容

专用基金是指事业单位按规定提取或设置的有专门用途的资金，主要包括修购基金、职工福利基金、其他专用基金等。

（1）修购基金。它是事业单位按照事业收入和经营收入的一定比例提取，并按照规定在相应的购置和修缮科目中列支（各列支50%），以及按照其他规定转入，用于事业单位固定资产维修和购置的资金。

按照财政部发布的《关于事业单位提取专用基金比例问题的通知》，中央级事业单位修购基金的提取比例，由主管部门根据单位收入状况和核算管理的需要，按照事业收入和经营收入的一定比例核定，报财政部备案；地方事业单位修购基金的提取比例，由省级财政部门参照本通知的有关规定，结合本地实际确定。事业收入和经营收入较少的事业单位可以不提取修购基金，实行固定资产折旧的事业单位不提取修购基金。

（2）职工福利基金。它是事业单位按照非财政补助结余的一定比例提取以及按照其他规定提取转入，用于单位职工的集体福利设施、集体福利待遇等的资金。

按照财政部发布的《关于事业单位提取专用基金比例问题的通知》，事业单位职工福利基金的提取比例，在单位年度非财政补助结余的40%以内确定。其中，中央级事业单位职工福利基金的提取比例，由主管部门会同财政部在单位年度非财政补助结余的40%以内核定；地方事业单位职工福利基金的提取比例，由省级财政部门参照有关规定，结合本地实际确定。

（3）其他专用基金。它是事业单位按照其他有关规定提取或者设置的专用资金。比如，按国家规定的住房公积金制度，以职工工资总额的一定比例提取的住房公积金。

2. 专用基金的管理要求

事业单位专用基金的管理必须遵循“先提后用、收支平衡、专款专用，支出不得超出基金规模”的原则。先提后用，是指各项专用基金必须根据规定的来源渠道，在取得资金后，方能安排使用；收支平衡，是指各项专用基金各自量入为出，各自组织收支平衡；专款专用，是指各项专用基金都要按照规定用途和范围使用，不得相互占用和挪用；支出不得超出基金规模，是指各项专用基金使用时，支出不得超出其收入规模。

3. 专用基金的核算

为了核算按规定提取或者设置的具有专门用途的资金，事业单位应设置“专用基金”科目。本科目应当按照专用基金的类别进行明细核算。本科目期末贷方余额，反映事业单位的专用基金余额。

（1）提取修购基金。事业单位按规定提取修购基金的，按照提取金额，借记“事业支出”、“经营支出”科目，贷记本科目（修购基金）。

【例14-116】某事业单位不实行固定资产折旧制度。该事业单位年度事业收入为500 000元、经营收入为50 000元，以规定的5%的比例分别按事业收入和经营收入提取修购基金25 000元和2 500元。该事业单位的账务处理如下：

借：事业支出　　25 000
　　经营支出　　2 500
　贷：专用基金——修购基金　　27 500

（2）提取职工福利基金。年末，事业单位按规定从本年度非财政补助结余中提取职工福利基金的，按照提取金额，借记“非财政补助结余分配”科目，贷记本科目（职工福利基金）。

【例14-117】某事业单位按30%的比例从非财政补助结余60 000元中提取职工福利基金18 000元。该事业单位的账务处理如下：

借：非财政补助结余分配　　18 000
　贷：专用基金——职工福利基金　　18 000

（3）提取、设置其他专用基金。事业单位若有按规定提取的其他专用基金，按照提取金额，借记有关支出科目或“非财政补助结余分配”等科目，贷记本科目。若有按规定设置的其他专用基金，按照实际收到的基金金额，借记“银行存款”等科目，贷记本科目。

【例14-118】某事业单位按本年度事业收入1 000 000元和经营结余200 000元的各10%提取科技成果转化基金120 000元。该事业单位的账务处理如下：

借：事业支出　　100 000
　　非财政补助结余分配　　20 000
　贷：专用基金——科技成果转化基金　　120 000

（4）使用专用基金。事业单位按规定使用专用基金时，借记本科目，贷记“银行存款”等科目；使用专用基金形成固定资产的，还应借记“固定资产”科目，贷记“非流动资产基金——固定资产”科目。

【例14-119】某事业单位使用“专用基金——修购基金”购买计算机一批，价值150 000元，以银行存款付讫。该事业单位的账务处理如下：

借：专用基金——修购基金　　150 000
　贷：银行存款　　150 000

同时，

借：固定资产　　150 000
　贷：非流动资产基金——固定资产　　150 000

【例14-120】某事业单位从职工福利基金中开支2 000元用于职工集体福利项目。该事业单位的账务处理如下：

借：专用基金——职工福利基金　　2 000
　贷：银行存款　　2 000

【例14-121】某事业单位使用科技成果转化基金200 000元。该事业单位的账务处理如下：

借：专用基金——科技成果转化基金　　200 000
　贷：银行存款　　200 000

复习思考

1. 事业单位资产、负债、净资产各自包括哪些内容？
2. 事业单位的流动资产和非流动资产、流动负债和非流动负债各自包括哪些内容？
3. 事业单位现金管理的要求有哪些？
4. 事业单位存货取得和发出时如何计价？
5. 什么是事业单位的对外投资？投资形式包括哪几种？
6. 什么是事业单位的固定资产？其确认标准是什么？包括哪几类？
7. 事业单位的无形资产包括哪些内容？
8. 什么是折旧和摊销？事业单位固定资产折旧和无形资产摊销计提的方法是什么？
9. 事业单位应缴国库款和应缴财政专户款的核算内容有什么不同？
10. 事业单位应缴税费的核算具体包括哪些内容？
11. 什么是事业单位的结转和结余？包括哪些内容？
12. 事业基金主要来源于哪些方面？
13. 事业单位的专用基金具体包括哪些内容？
14. 什么是事业单位非流动资产基金？
15. 事业单位财政补助结转和非财政补助结转、财政补助结余和非财政补助结余各有什么不同？

操作练习

题一：

目的：练习流动资产的核算。

资料：某事业单位（小规模纳税人）20×1年12月发生如下经济业务：

1. 职工王某报销差旅费2 000元，缴回现金500元。

2. 从“单位零余额账户”支付购进自用材料款40 000元、增值税税款6 800元，以现金支付运费500元，材料已入库。

3. 非独立核算部门销售产品取得收入10 300元，款项尚未收到。

4. 为生产产品购进甲材料，价款10 000元，增值税1 700元，款项以银行存款支付。

5. 收到采购的材料一批，价款10 000元（不含税），一个月前已通过银行预付货款50%，现以银行存款补付货款5 000元、增值税1 700元。

6. 以银行存款借给下属单位急需资金20 000元。

7. 盘点库存材料，发现事业用材料溢余20千克，每千克110元，尚未入账；经营用材料短缺40千克，每千克50元，将其转入待处置资产。

8. 去年购买的1年期国债到期，兑付本金30 000元、利息2 000元。

9. 年度终了，通过对账确认本年度财政直接支付预算指标数为100 000元，当年财政直接支付实际支出数为90 000元；财政授权支付预算指标数为20 000元，财政部门已下达到单位零余额账户的用款额度为18 000元，单位实际支取额度为17 000元。

要求：根据上述经济业务编制相应会计分录。

题二：

目的：练习长期投资的核算。

资料：某事业单位（免增值税）20×1年10月发生如下经济业务：

1.用银行存款购入3年期国库券500张，每张面值1 000元。

2.由于需要资金，将购入的500张国库券出售200张，收到价款200 200元，存入银行。

3.以某项固定资产对外投资，该项固定资产的评估价为50 000元，账面余额80 000元，已计提折旧48 000元。

4.以一项专利权对外投资，该专利权的评估价为40 000元，账面余额50 000元，已计提摊销30 000元。

5.以货币资金65 000元对外投资。

6.拟将原来以专用设备投资入股的A公司股权投资转让，该股权投资的账面余额为205 000元。本月5日将其转入待处置资产，25日完成交易并获取转让价款210 000元。

要求：根据上述经济业务编制相应会计分录，其中涉及"长期投资"、"非流动资产基金"科目的，要求列出二级明细科目。

题三：

目的：练习在建工程、固定资产和无形资产的核算。

资料：某事业单位（免增值税）20×1年6月发生如下经济业务：

1.本月10日购入需要安装的专用设备一批，价值850 000元，实行财政直接支付；20日安装完毕并交付使用，以银行存款支付安装费用2 000元。

2.从"单位零余额账户"支取款项购买图书一批，价值200 000元。

3.接受外单位捐赠的办公设备一台，价值250 000元。

4.盘点图书，发现一类图书没有入账，该类图书的市场价格为5 000元。

5.拟报废已经无法使用的电脑一批，其账面余额为200 000元，已计提折旧160 000元。本月8日将其转入待处置资产，18日获得上级批准，25日变卖报废电脑，获得价款10 000元，款项已存入银行。

6.为开展专业业务活动，购入A专利权，价款为60 000元，以银行存款支付。

7.摊销本月A专利权，专利权规定的摊销期限为10年。

8.拟将4年前购买的B专利权出售，该专利权的购入成本为50 000元，规定的摊销期限为10年。本月15日将其转入待处置资产，25日获得上级批准，28日出售并获得价款20 000元，款项已存入银行。

要求：根据上述经济业务编制相应会计分录，其中涉及 "非流动资产基金"科目的，要求列出二级明细科目。

题四：

目的：练习负债的核算。

资料：某事业单位（一般纳税人）20×1年8月发生如下经济业务：

1.因事业活动需要向工商银行借款50 000元，期限6个月。

2.之前为满足日常非独立核算经营活动向建设银行借入的3年期借款到期，偿还本金500 000元，利息50 000元。

3.购买非自用材料一批，价款50 000元，增值税8 500元，款项尚未支付。

4.开出、承兑商业汇票抵冲应付材料款117 000元。

5.预收销售产品款项5 000元，已存入银行。

6. 因事业活动租入会议场地，尚欠租金3 000元。

7. 计算出本月应付从事专业业务活动人员薪酬500 000元，经营活动人员薪酬20 000元。

要求：根据上述经济业务编制相应会计分录。

题五：

目的：练习各项专用基金的核算。

资料：某事业单位20×1年度实现事业收入100 000元、经营收入80 000元，发生事业支出150 000元（其中：财政补助支出70 000元、其他资金支出80 000元）、经营支出52 000元。

要求：

1. 分别按5%和10%计算事业收入和经营收入的修购基金提取额，并编制会计分录。

2. 按25%的所得税税率计算经营结余应缴纳的企业所得税，并编制会计分录。

3. 按30%计算职工福利基金的提取额，并编制会计分录。

4. 计算本年度未分配非财政补助结余金额，并编制将其转入事业基金的会计分录。

题六：

目的：练习结转和结余的核算。

资料：某事业单位20×1年11月30日有关结转和结余科目余额分别为：财政补助结转5 000元、非财政补助结转10 000元、事业结余8 000元、经营结余2 000元；同年12月有关收入和支出科目本月发生额如下：

<table>
<tr><th colspan="2">收入科目</th><th>贷方金额
（元）</th><th colspan="2">支出科目</th><th>借方金额
（元）</th></tr>
<tr><td colspan="2">财政补助收入</td><td>850 000</td><td rowspan="3">事业支出</td><td>财政补助支出</td><td>785 000</td></tr>
<tr><td rowspan="2">事业收入</td><td>非专项资金收入</td><td>200 000</td><td>非财政专项资金支出</td><td>40 000</td></tr>
<tr><td>专项资金收入</td><td>50 000</td><td>其他资金支出</td><td>240 000</td></tr>
<tr><td colspan="2">上级补助收入</td><td>100 000</td><td colspan="2">对附属单位补助支出</td><td>50 000</td></tr>
<tr><td colspan="2">经营收入</td><td>50 000</td><td colspan="2">经营支出</td><td>40 000</td></tr>
<tr><td colspan="2">附属单位上缴收入</td><td>80 000</td><td colspan="2">上缴上级支出</td><td>30 000</td></tr>
<tr><td colspan="2">其他收入</td><td>20 000</td><td colspan="2">其他支出</td><td>70 000</td></tr>
</table>

假设本年末财政补助结转有50%符合财政补助结余性质，非财政补助结转专项资金项目年末全部完成，剩余资金40%留归本单位，60%已通过银行缴回专项资金拨入单位。

要求：

1. 结转12月份财政补助收入和支出。

2. 结转12月份非财政专项资金收入和支出。

3. 计算本年度的事业结余和经营结余，并编制有关收支结转的会计分录。

4. 结转本年度的事业结余和经营结余。

5. 计算本年度财政补助结余，并编制结转会计分录。

6. 结转本年度非财政补助已完成项目的剩余资金。

第十五章

事业单位会计报表

学习目标

- 熟悉事业单位财务会计报告的内容
- 熟悉事业单位会计报表的种类
- 熟悉事业单位会计报表的编制要求
- 掌握事业单位资产负债表的编制方法
- 掌握事业单位收入支出表的编制方法
- 掌握事业单位财政补助收入支出表的编制方法

事业单位会计报表是反映事业单位某一特定日期的财务状况和某一会计期间的事业成果、预算执行等会计信息的书面文件，是事业单位财务会计报告的重要组成部分。本章主要阐述事业单位财务会计报告的构成，会计报表的分类、编制要求和编制方法。

第一节　会计报表概述

一、财务会计报告的构成

财务会计报告是反映事业单位某一特定日期的财务状况和某一会计期间的事业成果、预算执行等会计信息的文件，包括财务报表和财务状况说明书。事业单位财务会计报告是会计信息使用者（包括政府及其有关部门、举办单位或上级单位、债权人、事业单位自身和其他利益相关者）了解与事业单位财务状况、事业成果、预算执行等有关的会计信息，反映事业单位受托责任履行情况，并有助于会计信息使用者进行社会管理和做出经济决策的重要依据，也是编制下年度单位预算的基础。

（一）财务报表

1.财务报表的定义和构成

财务报表是对事业单位财务状况、事业成果、预算执行情况等的结构性表述。它由会计报表及其附注构成。

会计报表是反映事业单位某一特定日期的财务状况和某一会计期间的事业成果、预算执行等会计信息的书面文件，包括资产负债表、收入支出表和财政补助收入支出表等。

会计报表附注是指对在会计报表中列示项目的文字描述或明细资料，以及对未能在会计报表中列示项目的说明等。附注至少应当包括下列内容：（1）遵循《事业单位会计准则》、《事业单位会计制度》的声明；（2）对单位整体财务状况、业务活动情况的说明；（3）对会计报表中列示的重要项目的进一步说明，包括其主要构成、增减变动情况等；（4）对重要资产处置情况的说明；（5）对重大投资、借款活动的说明；（6）对以名义金额计量的资产名称、数量等情况，以及以名义金额计量的理由的说明；（7）对以前年度结转结余调整情况的说明；（8）有助于理解和分析会计报表需要说明的其他事项。

2.财务报表的编制要求

事业单位应当按照下列要求编报财务报表：（1）事业单位的财务报表由会计报表及其附注构成。（2）事业单位的财务报表应当按照月度和年度编制。（3）事业单位应当根据《事业单位会计制度》的规定编制并对外提供真实、完整的财务报表。事业单位不得违反本制度的规定，随意改变财务报表的编制基础、编制依据、编制原则和方法，不得随意改变本制度规定的财务报表有关数据的会计口径。（4）事业单位财务报表应当根据登记完整、核对无误的账簿记录和其他有关资料编制，做到数字真实、计算准确、内容完整、报送及时。（5）事业单位财务报表应当由单位负责人和主管会计工作的负责人、会计机构负责人（会计主管人员）签名并盖章。

（二）财务状况说明书

财务状况说明书是事业单位在对某一会计期间的收入和支出、结转结余及其分配、资产负债变动等情况进行分析的基础上所做的数字和文字说明。它是事业单位财务会计报告的有机组成部分。

事业单位财务状况说明书的内容主要包括：收入及支出的情况；结转、结余及其分配情况；资产负债变动情况；对外投资情况；资产出租出借、处置情况；固定资产投资情况；绩效考评情况；对本期或者下期财务状况产生重大影响的事项，以及需要说明的其他事项。

二、会计报表的分类

事业单位的会计报表按照不同标准，可分为不同种类。

（一）按反映的经济内容分类

按反映的经济内容，事业单位会计报表可分为资产负债表、收入支出表、财政补助收入支出表等。资产负债表，是反映事业单位在某一特定日期的财务状况的报表。收入支出表，是反映事业单位在某一会计期间的事业成果及其分配情况的报表。财政补助收入支出表，是反映事业单位在某一会计期间财政补助收入、支出、结转及结余情况的报表。

（二）按编报时间分类

按编报时间，事业单位会计报表可分为月报表和年报表。月报表，是反映事业单位截至报告月度财务状况、事业成果、预算执行情况的报表，月报表要求编制资产负债表和收入支出表。年报表，是全面反映事业单位年度财务状况、事业成果、预算执行情况的报表。年报表要求编制资产负债表、收入支出表和财政补助收入支出表。

（三）按编报层次分类

按编报层次，事业单位会计报表可分为本级报表和汇总报表。本级报表，是各级事业单位根据会计账簿记录和有关资料编制的反映本单位财务状况、事业成果、预算执行情况的会计报表。汇总报表，是主管会计单位根据本级会计报表和经审查过的所属单位会计报表汇总编制的会计报表。

第二节 会计报表编制

一、资产负债表

（一）概念及基本格式

资产负债表是反映事业单位在某一特定日期的财务状况的报表，是事业单位的主要会计报表之一，属于静态报表。资产负债表，可以反映事业单位：在某一特定日期的全部资产、负债和净资产的情况；某一日期资产的总额及其结构，表明事业单位拥有或控制的资源及其分布情况；某一日期的负债总额及其结构，表明事业单位未来需要用多少资产或劳务清偿债务以及清偿时间；某一日期净资产的总额及其结构，表明事业单位拥有的各项基金及结转和结余情况。资产负债表按编制的时间不同，可分为月报表和年报表。

资产负债表应当按照资产、负债和净资产分类列示。资产和负债应当分流动资产和非流动资产、流动负债和非流动负债列示。资产负债表按照“资产=负债+净资产”的平衡公式设置，分为左右两方，左方列示资产各项目，反映资产的分布及存在形态；右方列示负债和净资产各项目，反映全部负债和净资产的内容及构成情况，左右两方总计数相等。资产负债表的基本格式参见表15-1。

（二）填列方法

资产负债表中的各项目分“年初余额”和“期末余额”两栏数据填列，以使信息使用者通过比较不同时间点的资产负债表数据，掌握事业单位财务状况的变动情况及发展趋势。

表15-1 **资产负债表** 会事业01表

编制单位 年 月 日 单位：元

资产	期末余额	年初余额	负债和净资产	期末余额	年初余额
流动资产：			流动负债：		
货币资金			短期借款		
短期投资			应缴税费		
财政应返还额度			应缴国库款		
应收票据			应缴财政专户款		
应收账款			应付职工薪酬		
预付账款			应付票据		
其他应收款			应付账款		
存货			预收账款		
其他流动资产			其他应付款		
流动资产合计			其他流动负债		
非流动资产：			流动负债合计		
长期投资			非流动负债：		
固定资产			长期借款		
固定资产原价			长期应付款		
减：累计折旧			非流动负债合计		
在建工程			负债合计		
无形资产			净资产：		
无形资产原价			事业基金		
减：累计摊销			非流动资产基金		
待处置资产损溢			专用基金		
非流动资产合计			财政补助结转		
			财政补助结余		
			非财政补助结转		
			非财政补助结余		
			1. 事业结余		
			2. 经营结余		
			净资产合计		
资产总计			负债和净资产总计		

资产负债表中“年初余额”栏内的各项数字，应当根据上年末资产负债表“期末余额”栏内的数字填列；如果本年度资产负债表规定的各项目的名称和内容同上年度不相一致，应对上年末资产负债表各项目的名称和数字按照本年度的规定进行调整，填入本表“年初余额”栏内。

资产负债表中“期末余额”栏内各项目的数字，一般根据资产、负债和净资产类科目的期末余额填列。具体填列方法如下：

1.资产类项目

（1）“货币资金”项目，反映事业单位期末库存现金、银行存款和零余额账户用款额度的合计数。本项目应当根据“库存现金”、“银行存款”、“零余额账户用款额度”科目的期末余额合计数填列。

（2）“短期投资”项目，反映事业单位期末持有的短期投资成本。本项目应当根据“短期投资”科目的期末余额填列。

（3）“财政应返还额度”项目，反映事业单位期末财政应返还额度的金额。本项目应当根据“财政应返还额度”科目的期末余额填列。

（4）“应收票据”项目，反映事业单位期末持有的应收票据的票面金额。本项目应当根据“应收票据”科目的期末余额填列。

（5）“应收账款”项目，反映事业单位期末尚未收回的应收账款余额。本项目应当根据“应收账款”科目的期末余额填列。

（6）“预付账款”项目，反映事业单位预付给商品或者劳务供应单位的款项。本项目应当根据“预付账款”科目的期末余额填列。

（7）“其他应收款”项目，反映事业单位期末尚未收回的其他应收款余额。本项目应当根据“其他应收款”科目的期末余额填列。

（8）“存货”项目，反映事业单位期末开展业务活动及其他活动耗用而储存的各种材料、燃料、包装物、低值易耗品及达不到固定资产标准的用具、装具、动植物等的实际成本。本项目应当根据“存货”科目的期末余额填列。

（9）“其他流动资产”项目，反映事业单位除上述各项之外的其他流动资产，如将在1年内（含1年）到期的长期债券投资。本项目应当根据“长期投资”等科日的期末余额分析填列。

（10）“长期投资”项目，反映事业单位持有时间超过1年（不含1年）的股权和债权性质的投资。本项目应当根据“长期投资”科目期末余额减去其中将于1年内（含1年）到期的长期债券投资余额后的金额填列。

（11）“固定资产”项目，反映事业单位期末各项固定资产的账面价值。本项目应当根据“固定资产”科目期末余额减去“累计折旧”科目期末余额后的金额填列。

“固定资产原价”项目，反映事业单位期末各项固定资产的原价。本项目应当根据“固定资产”科目的期末余额填列。

“累计折旧”项目，反映事业单位期末各项固定资产的累计折旧。本项目应当根据

“累计折旧”科目的期末余额填列。

（12）“在建工程”项目，反映事业单位期末尚未完工交付使用的在建工程发生的实际成本。本项目应当根据“在建工程”科目的期末余额填列。

（13）“无形资产”项目，反映事业单位期末持有的各项无形资产的账面价值。本项目应当根据“无形资产”科目期末余额减去“累计摊销”科目期末余额后的金额填列。

“无形资产原价”项目，反映事业单位期末持有的各项无形资产的原价。本项目应当根据“无形资产”科目的期末余额填列。

“累计摊销”项目，反映事业单位期末各项无形资产的累计摊销。本项目应当根据“累计摊销”科目的期末余额填列。

（14）“待处置资产损溢”项目，反映事业单位期末待处置资产的价值及处置损溢。本项目应当根据“待处置资产损溢”科目的期末借方余额填列；如“待处置资产损溢”科目期末为贷方余额，则以“-”号填列。

（15）“非流动资产合计”项目，按照“长期投资”、“固定资产”、“在建工程”、“无形资产”、“待处置资产损溢”项目金额的合计数填列。

2. 负债类项目

（16）“短期借款”项目，反映事业单位借入的期限在1年内（含1年）的各种款项。本项目应当根据“短期借款”科目的期末余额填列。

（17）“应缴税费”项目，反映事业单位应缴未交的各种税费。本项目应当根据“应缴税费”科目的期末贷方余额填列；如“应缴税费”科目期末为借方余额，则以“-”号填列。

（18）“应缴国库款”项目，反映事业单位按规定应缴入国库的款项（应缴税费除外）。本项目应当根据“应缴国库款”科目的期末余额填列。

（19）“应缴财政专户款”项目，反映事业单位按规定应缴入财政专户的款项。本项目应当根据“应缴财政专户款”科目的期末余额填列。

（20）“应付职工薪酬”项目，反映事业单位按有关规定应付给职工及为职工支付的各种薪酬。本项目应当根据“应付职工薪酬”科目的期末余额填列。

（21）“应付票据”项目，反映事业单位期末应付票据的金额。本项目应当根据“应付票据”科目的期末余额填列。

（22）“应付账款”项目，反映事业单位期末尚未支付的应付账款的金额。本项目应当根据“应付账款”科目的期末余额填列。

（23）“预收账款”项目，反映事业单位期末按合同规定预收但尚未实际结算的款项。本项目应当根据“预收账款”科目的期末余额填列。

（24）“其他应付款”项目，反映事业单位期末应付未付的其他各项应付及暂收款项。本项目应当根据“其他应付款”科目的期末余额填列。

（25）“其他流动负债”项目，反映事业单位除上述各项之外的其他流动负债，如承担的将于1年内（含1年）偿还的长期负债。本项目应当根据“长期借款”、“长期应付款”等科目的期末余额分析填列。

（26）“长期借款”项目，反映事业单位借入的期限超过1年（不含1年）的各项借款本金。本项目应当根据“长期借款”科目的期末余额减去其中将于1年内（含1年）到期的长期借款余额后的金额填列。

（27）“长期应付款”项目，反映事业单位发生的偿还期限超过1年（不含1年）的各种应付款项。本项目应当根据“长期应付款”科目的期末余额减去其中将于1年内（含1年）到期的长期应付款余额后的金额填列。

3.净资产类项目

（28）“事业基金”项目，反映事业单位期末拥有的非限定用途的净资产。本项目应当根据“事业基金”科目的期末余额填列。

（29）“非流动资产基金”项目，反映事业单位期末非流动资产占用的金额。本项目应当根据“非流动资产基金”科目的期末余额填列。

（30）“专用基金”项目，反映事业单位按规定设置或提取的具有专门用途的净资产。本项目应当根据“专用基金”科目的期末余额填列。

（31）“财政补助结转”项目，反映事业单位滚存的财政补助结转资金。本项目应当根据“财政补助结转”科目的期末余额填列。

（32）“财政补助结余”项目，反映事业单位滚存的财政补助项目支出结余资金。本项目应当根据“财政补助结余”科目的期末余额填列。

（33）“非财政补助结转”项目，反映事业单位滚存的非财政补助专项结转资金。本项目应当根据“非财政补助结转”科目的期末余额填列。

（34）“非财政补助结余”项目，反映事业单位自年初至报告期末累计实现的非财政补助结余弥补以前年度经营亏损后的余额。本项目应当根据“事业结余”、“经营结余”科目的期末余额合计填列；如“事业结余”、“经营结余”科目的期末余额合计为亏损数，则以“-”号填列。在编制年度资产负债表时，本项目金额一般应为“0”；若不为“0”，本项目金额应为“经营结余”科目的期末借方余额（以“-”号填列）。

“事业结余”项目，反映事业单位自年初至报告期末累计实现的事业结余。本项目应当根据“事业结余”科目的期末余额填列；如“事业结余”科目的期末余额为亏损数，则以“-”号填列。在编制年度资产负债表时，本项目金额应为“0”。

“经营结余”项目，反映事业单位自年初至报告期末累计实现的经营结余弥补以前年度经营亏损后的余额。本项目应当根据“经营结余”科目的期末余额填列；如“经营结余”科目的期末余额为亏损数，则以“-”号填列。在编制年度资产负债表时，本项目金额一般应为“0”；若不为“0”，本项目金额应为“经营结余”科目的期末借方余额（以“-”号填列）。

【例15-1】A事业单位20×1年12月31日的资产负债表（年初余额略）及20×2年12月31日的科目余额表如下：

资产负债表

会事业01表

编制单位：A事业单位　　20×1年12月31日　　单位：元

资产	期末余额	年初余额	负债和净资产	期末余额	年初余额
流动资产:			流动负债:		
货币资金	135 200		短期借款	80 000	
短期投资	11 500		应缴税费	4 000	
财政应返还额度	10 000		应缴国库款		
应收票据			应缴财政专户款		
应收账款	20 000		应付职工薪酬	120 000	
预付账款	10 000		应付票据		
其他应收款	13 000		应付账款	120 000	
存货	258 000		预收账款		
其他流动资产			其他应付款	5 000	
流动资产合计	457 700		其他流动负债		
非流动资产:			流动负债合计	329 000	
长期投资	25 000		非流动负债:		
固定资产	110 000		长期借款	60 000	
固定资产原价	150 000		长期应付款		
减:累计折旧	40 000		非流动负债合计	60 000	
在建工程	230 000		负债合计	389 000	
无形资产			净资产:		
无形资产原价			事业基金	40 000	
减:累计摊销			非流动资产基金	365 000	
待处置资产损溢			专用基金	10 000	
非流动资产合计	365 000		财政补助结转	10 000	
			财政补助结余		
			非财政补助结转	8 700	
			非财政补助结余		
			1.事业结余		
			2.经营结余		
			净资产合计	433 700	
资产总计	822 700		负债和净资产总计	822 700	

根据上述资料，可编制A事业单位20×2年12月31日的资产负债表如下：

科目余额表

编制单位：A事业单位　　20×2年12月31日　　单位：元

科目名称	借方余额	科目名称	贷方余额
库存现金	2 000	短期借款	20 000
银行存款	83 000	应缴税费	5 000
财政应返还额度	5 000	应付职工薪酬	120 000
应收账款	30 000	应付账款	50 000
预付账款	20 000	其他应付款	5 000
其他应收款	7 000	长期借款	60 000
存货	165 000	事业基金	30 000
长期投资	25 000	非流动资产基金	370 000
固定资产	170 000	专用基金	12 000
累计折旧	−50 000	财政补助结转	5 000
在建工程	117 000	非财政补助结转	5 000
无形资产	120 000		
累计摊销	−12 000		
合计	682 000	合计	682 000

资产负债表

会事业01表

编制单位：A事业单位　　20×2年12月31日　　单位：元

资产	期末余额	年初余额	负债和净资产	期末余额	年初余额
流动资产：			流动负债：		
货币资金	85 000	135 200	短期借款	20 000	80 000
短期投资		11 500	应缴税费	5 000	4 000
财政应返还额度	5 000	10 000	应缴国库款		
应收票据			应缴财政专户款		
应收账款	30 000	20 000	应付职工薪酬	120 000	120 000
预付账款	20 000	10 000	应付票据		
其他应收款	7 000	13 000	应付账款	50 000	120 000
存货	165 000	258 000	预收账款		
其他流动资产			其他应付款	5 000	5 000
流动资产合计	312 000	457 700	其他流动负债		
非流动资产：			流动负债合计	200 000	329 000
长期投资	25 000	25 000	非流动负债：		
固定资产	120 000	110 000	长期借款	60 000	60 000
固定资产原价	170 000	150 000	长期应付款		
减：累计折旧	50 000	40 000	非流动负债合计	60 000	60 000
在建工程	117 000	230 000	负债合计	260 000	389 000
无形资产	108 000		净资产：		
无形资产原价	120 000		事业基金	30 000	40 000
减：累计摊销	12 000		非流动资产基金	370 000	365 000
待处置资产损溢			专用基金	12 000	10 000
非流动资产合计	370 000	365 000	财政补助结转	5 000	10 000
			财政补助结余		
			非财政补助结转	5 000	8 700
			非财政补助结余		
			1. 事业结余		
			2. 经营结余		
			净资产合计	422 000	433 700
资产总计	682 000	822 700	负债和净资产总计	682 000	822 700

二、收入支出表

（一）概念及基本格式

收入支出表是反映事业单位在某一会计期间的事业成果及其分配情况的报表，是事业单位的主要会计报表之一，属于动态报表。通过收入支出表，可以提供事业单位在某一会计期间内的各项收入、支出和结转结余情况，以及年末非财政补助结余的分配情况。收入支出表按编制的时间不同，分为月报表和年报表。

收入支出表应当按照收入、支出的构成和非财政补助结余的分配情况分项列示。收入支出表的基本格式如表15-2所示。

表15-2　　**收入支出表**　　会事业02表

编制单位：　　年　月　　单位：元

项目	本月数	本年累计数
一、本期财政补助结转结余		
财政补助收入		
减：事业支出（财政补助支出）		
二、本期事业结转结余		
（一）事业类收入		
1.事业收入		
2.上级补助收入		
3.附属单位上缴收入		
4.其他收入		
其中：捐赠收入		
减：（二）事业类支出		
1.事业支出（非财政补助支出）		
2.上缴上级支出		
3.对附属单位补助支出		
4.其他支出		
三、本期经营结余		
经营收入		
减：经营支出		
四、弥补以前年度亏损后的经营结余		
五、本年非财政补助结转结余		
减：非财政补助结转		
六、本年非财政补助结余		
减：应缴企业所得税		
减：提取专用基金		
七、转入事业基金		

事业单位的收入支出表采用多步式结构，其具体步骤分为：

1.以本期财政补助收入减去事业支出中的财政补助支出，计算出本期的财政补助结转结余。

2.以本期事业类收入减去事业类支出，计算出本期的事业结转结余。

3.以本期经营收入减去经营支出，计算出本期的经营结余。

4.以本年度实现的经营结余扣除本年初未弥补经营亏损后的余额，计算出本年弥补以前年度亏损后的经营结余。

5.以本年事业结转结余加上弥补以前年度亏损后的经营结余（如果弥补以前年度亏损后的经营结余为负数，则不加），计算出本年非财政补助结转结余。

6.以本年非财政补助结转结余减去非财政补助结转，计算出本年非财政补助结余。

7.以本年非财政补助结余减去本年应缴企业所得税和提取专用基金，计算出本年转入事业基金的非财政补助结余金额。

上述4~7项目，只有在编制年度收入支出表时才予以计算；编制月度收入支出表时，可以不计算这4个项目。

（二）填列方法

收入支出表中的各项目分“本月数”和“本年累计数”两栏数据填列，以使信息使用者通过比较不同期间的结转结余数据，掌握事业单位事业成果及其分配的变动情况及发展趋势。

收入支出表中的“本月数”栏反映各项目的本月实际发生数。编制年度收入支出表时，应当将本栏改为“上年数”，反映上年度各项目的实际发生数。如果本年度收入支出表规定的各个项目的名称和内容同上年度不一致，应对上年度收入支出表各项目的名称和数字按照本年度的规定进行调整，填入本年度收入支出表的“上年数”栏。

收入支出表中的“本年累计数”栏反映各项目自年初起至报告期末止的累计实际发生数。编制年度收入支出表时，应当将本栏改为“本年数”。

收入支出表“本月数”栏各项目的内容和填列方法如下：

1.本期财政补助结转结余

（1）“本期财政补助结转结余”项目，反映事业单位本期财政补助收入与财政补助支出相抵后的余额。本项目应当按照表中“财政补助收入”项目金额减去“事业支出（财政补助支出）”项目金额后的余额填列。

（2）“财政补助收入”项目，反映事业单位本期从同级财政部门取得的各类财政拨款。本项目应当根据“财政补助收入”科目的本期发生额填列。

（3）“事业支出（财政补助支出）”项目，反映事业单位本期使用财政补助发生的各项事业支出。本项目应当根据“事业支出——财政补助支出”科目的本期发生额填列，或者根据“事业支出——基本支出（财政补助支出）”、“事业支出——项目支出（财政补助支出）”科目的本期发生额合计数填列。

2.本期事业结转结余

（4）“本期事业结转结余”项目，反映事业单位本期除财政补助收支、经营收支以外的各项收支相抵后的余额。本项目应当按照表中“事业类收入”项目金额减去“事业类支出”项目金额后的余额填列；如为负数，以“-”号填列。

（5）“事业类收入”项目，反映事业单位本期事业收入、上级补助收入、附属单位上缴收入、其他收入的合计数。本项目应当按照表中“事业收入”、“上级补助收入”、“附属单位上缴收入”、“其他收入”项目金额的合计数填列。

“事业收入”项目，反映事业单位开展专业业务活动及辅助活动取得的收入。本项目应当根据“事业收入”科目的本期发生额填列。

“上级补助收入”项目，反映事业单位从主管部门和上级单位取得的非财政补助收入。本项目应当根据“上级补助收入”科目的本期发生额填列。

“附属单位上缴收入”项目，反映事业单位附属独立核算单位按照有关规定上缴的收入。本项目应当根据“附属单位上缴收入”科目的本期发生额填列。

“其他收入”项目，反映事业单位除财政补助收入、事业收入、上级补助收入、附属单位上缴收入、经营收入以外的其他收入。本项目应当根据“其他收入”科目的本期发生额填列。

“捐赠收入”项目，反映事业单位接受现金、存货捐赠取得的收入。本项目应当根据“其他收入”科目所属相关明细科目的本期发生额填列。

（6）“事业类支出”项目，反映事业单位本期事业支出（非财政补助支出）、上缴上级支出、对附属单位补助支出、其他支出的合计数。本项目应当按照表中“事业支出（非财政补助支出）”、“上缴上级支出”、“对附属单位补助支出”、“其他支出”项目金额的合计数填列。

“事业支出（非财政补助支出）”项目，反映事业单位使用财政补助以外的资金发生的各项事业支出。本项目应当根据“事业支出——非财政专项资金支出”、“事业支出——其他资金支出”科目的本期发生额合计数填列，或者根据“事业支出——基本支出（其他资金支出）”、“事业支出——项目支出（非财政专项资金支出、其他资金支出）”科目的本期发生额合计数填列。

“上缴上级支出”项目，反映事业单位按照财政部门和主管部门的规定上缴上级单位的支出。本项目应当根据“上缴上级支出”科目的本期发生额填列。

“对附属单位补助支出”项目，反映事业单位用财政补助收入之外的收入对附属单位补助发生的支出。本项目应当根据“对附属单位补助支出”科目的本期发生额填列。

“其他支出”项目，反映事业单位除事业支出、上缴上级支出、对附属单位补助支出、经营支出以外的其他支出。本项目应当根据“其他支出”科目的本期发生额填列。

3.本期经营结余

（7）“本期经营结余”项目，反映事业单位本期经营收支相抵后的余额。本项目应当按照表中“经营收入”项目金额减去“经营支出”项目金额后的余额填列；如为负数，以“–”号填列。

（8）“经营收入”项目，反映事业单位在专业业务活动及辅助活动之外开展非独立核算经营活动取得的收入。本项目应当根据“经营收入”科目的本期发生额填列。

（9）“经营支出”项目，反映事业单位在专业业务活动及辅助活动之外开展非独立核算经营活动发生的支出。本项目应当根据“经营支出”科目的本期发生额填列。

4.弥补以前年度亏损后的经营结余

（10）“弥补以前年度亏损后的经营结余”项目，反映事业单位本年度实现的经营结余扣除本年初未弥补经营亏损后的余额。本项目应当根据“经营结余”科目年末转入“非财政补助结余分配”科目前的余额填列；如该年末余额为借方余额，以“–”号填列。

5.本年非财政补助结转结余

（11）“本年非财政补助结转结余”项目，反映事业单位本年除财政补助结转结余之外的结转结余金额。如表中“弥补以前年度亏损后的经营结余”项目为正数，本项目应当按照表中“本期事业结转结余”、“弥补以前年度亏损后的经营结余”项目金额的合计数填列；如为负数，以“–”号填列。如表中“弥补以前年度亏损后的经营结余”项目为负数，本项目应当按照表中“本期事业结转结余”项目金额填列；如为负数，以“–”号填列。

（12）“非财政补助结转”项目，反映事业单位本年除财政补助收支外的各专项资金收入减去各专项资金支出后的余额。本项目应当根据“非财政补助结转”科目本年贷方发生额中专项资金收入转入金额合计数减去本年借方发生额中专项资金支出转入金额合计数后的余额填列。

6.本年非财政补助结余

（13）“本年非财政补助结余”项目，反映事业单位本年除财政补助之外的其他结余金额。本项目应当按照表中“本年非财政补助结转结余”项目金额减去“非财政补助结转”项目金额后的余额填列；如为负数，以“–”号填列。

（14）“应缴企业所得税”项目，反映事业单位按照税法规定应缴纳的企业所得税金额。本项目应当根据“非财政补助结余分配”科目的本年发生额分析填列。

（15）“提取专用基金”项目，反映事业单位本年按规定提取的专用基金金额。本项目应当根据“非财政补助结余分配”科目的本年发生额分析填列。

7.转入事业基金

（16）“转入事业基金”项目，反映事业单位本年按规定转入事业基金的非财政补助结余资金。本项目应当按照表中“本年非财政补助结余”项目金额减去“应缴企业所得税”、“提取专用基金”项目金额后的余额填列；如为负数，以“–”号填列。

上述（10）～（16）项目，只有在编制年度收入支出表时才填列；编制月度收入支出表时，可以不设置此7个项目。

【例15–2】假设B事业单位20×1年12月31日资产负债表中的经营结余期末借方余额为5 000元，20×2年度有关收入和支出科目本年发生额如下：

<table>
<tr><th colspan="2">科目名称</th><th>借方发生额（元）</th><th colspan="2">科目名称</th><th>贷方发生额（元）</th></tr>
<tr><td rowspan="3">事业支出</td><td>财政补助支出</td><td>785 000</td><td colspan="2">财政补助收入</td><td>850 000</td></tr>
<tr><td>非财政专项资金支出</td><td>40 000</td><td rowspan="2">事业收入</td><td>非专项资金收入</td><td>200 000</td></tr>
<tr><td>其他资金支出</td><td>240 000</td><td>专项资金收入</td><td>50 000</td></tr>
<tr><td colspan="2">对附属单位补助支出</td><td>50 000</td><td colspan="2">上级补助收入</td><td>100 000</td></tr>
<tr><td colspan="2">经营支出</td><td>40 000</td><td colspan="2">经营收入</td><td>50 000</td></tr>
<tr><td colspan="2">上缴上级支出</td><td>30 000</td><td colspan="2">附属单位上缴收入</td><td>80 000</td></tr>
<tr><td colspan="2">其他支出</td><td>70 000</td><td colspan="2">其他收入</td><td>20 000</td></tr>
</table>

假设该事业单位的经营结余适用25%的企业所得税税率，按照20%的比例计提职工福利基金，则根据上述资料编制的B事业单位20×2年度收入支出表如下：

收入支出表

会事业02表

编制单位：B事业单位　　20×2年度　　单位：元

项目	本年数	上年数（略）
一、本期财政补助结转结余	65 000	
财政补助收入	850 000	
减：事业支出（财政补助支出）	785 000	
二、本期事业结转结余	20 000	
（一）事业类收入	450 000	
1.事业收入	250 000	
2.上级补助收入	100 000	
3.附属单位上缴收入	80 000	
4.其他收入	20 000	
其中：捐赠收入		
减：（二）事业类支出	430 000	
1.事业支出（非财政补助支出）	280 000	
2.上缴上级支出	30 000	
3.对附属单位补助支出	50 000	
4.其他支出	70 000	
三、本期经营结余	10 000	
经营收入	50 000	
减：经营支出	40 000	
四、弥补以前年度亏损后的经营结余	5 000	
五、本年非财政补助结转结余	25 000	
减：非财政补助结转	10 000	
六、本年非财政补助结余	15 000	
减：应缴企业所得税	1 250	
减：提取专用基金	2 750	
七、转入事业基金	11 000	

三、财政补助收入支出表

（一）概念及基本格式

财政补助收入支出表是反映事业单位在某一会计期间财政补助收入、支出、结转及结余情况的报表，是事业单位的主要会计报表之一，属于动态报表。财政补助收入支出表，可以提供事业单位某一会计期间财政补助收入、支出的规模及结构情况，以及某一会计期间财政补助结转结余的规模及结构情况。财政补助收入支出表按年度编制。

财政补助收入支出表的基本格式如表15-3所示。

表15-3　　**财政补助收入支出表**　　会事业03表

编制单位：　　年　度　　单位：元

项目	本年数	上年数
一、年初财政补助结转结余		—
（一）基本支出结转		—
1.人员经费		—
2.日常公用经费		—
（二）项目支出结转		—
××项目		—
（三）项目支出结余		—
二、调整年初财政补助结转结余		—
（一）基本支出结转		—
1.人员经费		—
2.日常公用经费		—
（二）项目支出结转		—
××项目		—
（三）项目支出结余		—
三、本年归集调入财政补助结转结余		
（一）基本支出结转		
1.人员经费		
2.日常公用经费		
（二）项目支出结转		

续表

项目	本年数	上年数
××项目		
（三）项目支出结余		
四、本年上缴财政补助结转结余		
（一）基本支出结转		
1. 人员经费		
2. 日常公用经费		
（二）项目支出结转		
××项目		
（三）项目支出结余		
五、本年财政补助收入		
（一）基本支出		
1. 人员经费		
2. 日常公用经费		
（二）项目支出		
××项目		
六、本年财政补助支出		
（一）基本支出		
1. 人员经费		
2. 日常公用经费		
（二）项目支出		
××项目		
七、年末财政补助结转结余		—
（一）基本支出结转		—
1. 人员经费		—
2. 日常公用经费		—
（二）项目支出结转		—
××项目		—
（三）项目支出结余		—

（二）填列方法

财政补助收入支出表中的各项目分“上年数”和“本年数”两栏数据填列，以使信息使用者通过比较不同期间的财政补助收入、支出、结转及结余数据，掌握事业单位财政补助收支及结转结余的变动情况和发展趋势。

财政补助收入支出表中的“上年数”栏内各项数字，应当根据上年度财政补助收入支出表“本年数”栏内的数字填列，“本年数”栏各项目的内容和填列方法如下：

1.“年初财政补助结转结余”项目及其所属各明细项目，反映事业单位本年初财政补助结转和结余余额。各项目应当根据上年度财政补助收入支出表中“年末财政补助结转结余”项目及其所属各明细项目“本年数”栏的数字填列。

2.“调整年初财政补助结转结余”项目及其所属各明细项目，反映事业单位因本年发生需要调整以前年度财政补助结转结余的事项，而对年初财政补助结转结余进行调整的金额。各项目应当根据“财政补助结转”、“财政补助结余”科目及其所属明细科目的本年发生额分析填列。如调整减少年初财政补助结转结余，以“-”号填列。

3.“本年归集调入财政补助结转结余”项目及其所属各明细项目，反映事业单位本年度取得主管部门归集调入的财政补助结转结余资金或额度金额。各项目应当根据“财政补助结转”、“财政补助结余”科目及其所属明细科目的本年发生额分析填列。

4.“本年上缴财政补助结转结余”项目及其所属各明细项目，反映事业单位本年度按规定实际上缴的财政补助结转结余资金或额度金额。各项目应当根据“财政补助结转”、“财政补助结余”科目及其所属明细科目的本年发生额分析填列。

5.“本年财政补助收入”项目及其所属各明细项目，反映事业单位本年度从同级财政部门取得的各类财政拨款金额。各项目应当根据“财政补助收入”科目及其所属明细科目的本年发生额填列。

6.“本年财政补助支出”项目及其所属各明细项目，反映事业单位本年度发生的财政补助支出金额。各项目应当根据“事业支出”科目所属明细科目本年发生额中的财政补助支出数填列。

7.“年末财政补助结转结余”项目及其所属各明细项目，反映事业单位截至本年年末的财政补助结转和结余余额。各项目应当根据“财政补助结转”、“财政补助结余”科目及其所属明细科目的年末余额填列。

第三节　会计报表的审核、汇总与分析

一、事业单位会计报表的审核

（一）会计报表审核的内容

事业单位会计报表编制完以后，为了保证会计报表的质量、维护财经纪律，各事业单位会计还应对会计报表进行认真的审核。事业单位会计报表审核的主要内容包括：

1. 审核编制范围是否全面，是否有漏报和重复编报现象。

2. 审核编制方法是否符合国家统一的财务会计制度，是否符合事业单位会计决算报告的编制要求。

3. 审核编制内容是否真实、完整、准确，审核单位账簿与报表是否相符，金额单位是否正确，有无漏报、重报项目以及虚报和瞒报等弄虚作假现象。

4. 审核报表中的相关数据是否衔接一致，包括表间数据之间、分户数据与汇总数据之间、报表数据与计算机录入数据之间是否衔接一致。

5. 将报表与上年数据资料进行核对，审核数据变动是否合理。

（二）会计报表审核的方法

事业单位会计报表的审核应采取人工审核与计算机审核相结合的方法。

1. 人工审核。其包括政策性审核和规范性审核。政策性审核主要以现行财务制度和有关政策规定为依据，对重点指标进行审核；规范性审核侧重于报告编制的正确性和真实性及勾稽关系等方面的审核。

2. 计算机审核。它是利用软件提供的数据审核功能，逐户审核报表的表内表间关系、检查数据的逻辑性和完整性。

（三）会计报表审核的工作方式

事业单位会计报表审核的工作方式可根据实际情况采取自行审核、集中会审、委托审核等。

1. 自行审核。它是指各级事业单位在上报会计报表前应自行将本单位报表以及有关数据资料，按统一规定的审核内容进行逐项复核。

2. 集中会审。它是指各部门、各地区组织专门力量对事业单位编制的会计报表及相关资料，按照统一的标准及要求进行集中对账或分户复核。

3. 委托审核。它是指委托中介机构对事业单位会计报表的数据及相关资料进行审核。

二、事业单位会计报表的汇总

事业单位会计报表经过审核后，主管会计单位应根据本级报表和审核后的所属单位报表，编制汇总报表。事业单位会计报表逐级汇总，由主管部门上报财政部。汇总报表的种类、内容、格式与各事业单位会计编制的报表相同。

主管会计单位编制的汇总报表主要是资产负债表、收入支出表和财政补助收入支出表。编制的一般方法是：主管会计单位先编出本单位的资产负债表、收入支出表和财政补助收入支出表，然后与经审核无误的所属单位的资产负债表、收入支出表和财政补助收入支出表汇总编成本部门汇总的资产负债表、收入支出表和财政补助收入支出表。在汇编中，为了避免上下级重复计列收入和支出，应将上下级单位之间对应科目的数字予以冲销。需要上下级单位冲销的项目是：本单位的“对附属单位补助”与所属单位的“上级补助收入”；本单位的“附属单位上缴收入”与所属单位的“上缴上级支出”。除上下级单位冲销项目之外的其他各项目的数字，应将本单位报表和所属单位报表中的相同科目数字相加后，直接填列归总报表有关科目数字。

三、事业单位会计报表的分析

事业单位会计报表的分析，是根据报表的资料，以国家各项财政方针政策为指导，以批准的预算为依据，分析检查各项收支的完成情况，总结单位财务管理所取得的成绩和经验，查明存在的问题及原因，采取措施、改进工作方法，提高财务管理水平。

（一）会计报表分析的内容

事业单位会计报表分析的内容包括预算执行、资产使用、支出状况等。

1. 预算执行情况分析。主要分析事业单位实际收支与预算安排之间的差异及差异产生的原因。预算执行情况分析重点在于对预算支出执行情况的分析。而对预算支出执行情况的分析，可以通过编制“预算支出执行情况分析表”进行，分别列示预算支出各项目的上年实际数、本年预算数、本年实际数，以及本年实际数占上年实际数的比重和占本年预算数的比重，并分析各项目本年实际数与预算数产生差异的原因。

2. 资产使用情况分析。主要分析事业单位固定资产、无形资产、存货等资产是否得到了充分有效的运用，是否有不需用的、未使用的资产；在用资产利用程度如何，是否有闲置浪费的现象；在用资产维护保养工作如何，有否有乱用、滥用、丢失、毁损和非正常报废的现象；固定资产、无形资产、存货等资产的增加、减少是否正当、合理，手续是否完备。

3. 支出状况分析。主要分析事业单位的各项支出尤其是财政预算资金是否按规定用途使用，是否符合费用开支标准，是否符合费用开支定额，有否超标准开支，有否铺张浪费，有否乱开支和乱摊销。可与本单位以前年度比，也可与其他单位比，找出差距及其形成的原因，以便今后加以改进。

（二）会计报表分析的方法

1.比较分析法

比较分析法是通过两个有关可比指标的对比，来分析指标之间相互联系的一种分析方法。通过指标对比，可以找出差距、揭露矛盾、分析原因，为解决问题提供线索。

在采用比较分析法分析时，通常是将本期实际数同以下几个指标进行对比分析：

（1）与本期预算数比较，可以发现实际与预算之间的差异，反映预算执行情况和完成进度，发现可能存在的问题，找出影响预算执行的主要因素。

（2）与上期或上年同期的实际数比较，可以了解和分析本单位不同时期收入与支出的增减变化趋势，了解业务活动或资金活动的发展趋势。

（3）与先进水平比较，揭示本单位与先进水平的差异，了解本单位存在的问题和明确改进措施。

2.比率分析法

通过计算各种财务比率指标，找出各项目变化的规律。事业单位财务比率指标主要包括：预算收入和支出完成率，人员支出、公用支出占事业支出的比率，人均基本支出，资产负债率等。

（1）预算收入和支出完成率。其衡量事业单位收入和支出总预算及分项预算完成的程度。其计算公式为：

预算收入完成率=年终执行数÷（年初预算数±年中预算调整数）×100%

公式中，年终执行数不含上年结转和结余收入数。

预算支出完成率=年终执行数÷（年初预算数±年中预算调整数）×100%

公式中，年终执行数不含上年结转和结余支出数。

预算收入和支出完成率，可以反映事业单位预算收入和支出的完成情况及预算调整的合理性。

（2）人员支出、公用支出占事业支出的比率。其衡量事业单位事业支出的结构。其计算公式为：

人员支出比率=人员支出÷事业支出×100%

公用支出比率=公用支出÷事业支出×100%

人员支出、公用支出占事业支出的比率，既可以反映事业单位支出结构的合理性，也可以反映事业单位人员支出和公用支出规模的大小。

（3）人均基本支出。其衡量事业单位实际在编人数平均的基本支出水平。其计算公式为：

人均基本支出=（基本支出-离退休人员支出）÷实际在编人数

人均基本支出，可以反映事业单位人均支出的规模大小及其合理性。

（4）资产负债率。其衡量事业单位利用债权人提供的资金开展业务活动的能力，以及债权人提供资金的安全保障程度。其计算公式为：

资产负债率=负债总额÷资产总额×100%

事业单位作为非营利组织，其资产负债率应保持比较低的水平。

除了上述财务比率指标外，主管部门和事业单位还可以根据本单位的业务特点增加财务分析指标。

复习思考

1.什么是事业单位财务会计报告？其包括哪些内容？

2.什么是事业单位财务报表？其包括哪些内容？

3.事业单位会计报表按照编制时间分为哪几类？

4.事业单位资产负债表、收入支出表和财政补助收入支出表的含义是什么？

5.事业单位的财务报表附注包括哪些内容？

6.如何对事业单位的年度资产负债表和收入支出表进行汇总？

7.事业单位财务分析的指标主要有哪些？它们各自如何计算？

操作练习

目的：掌握年度资产负债表和收入支出表的编制。

资料：假设甲事业单位的资产负债情况与收支情况如下：

1. 甲事业单位（免企业所得税）20×1年11月30日的资产负债表（年初余额略）和20×1年11月的收入支出表（本月数略）分别见下表。假设本年度财政补助收入和支出无专项资金收支，以前年度未发生经营亏损。

资产负债表

会事业01表

编制单位：甲事业单位　　20×1年11月30日　　单位：元

资产	期末余额	年初余额	负债和净资产	期末余额	年初余额
流动资产:			流动负债:		
货币资金	135 200		短期借款	80 000	
短期投资	11 500		应缴税费	4 000	
财政应返还额度			应缴国库款		
应收票据	20 000		应缴财政专户款		
应收账款	30 000		应付职工薪酬	120 000	
预付账款	10 000		应付票据		
其他应收款	13 000		应付账款	120 000	
存货	258 000		预收账款		
其他流动资产			其他应付款	3 700	
流动资产合计	477 700		其他流动负债		
非流动资产:			流动负债合计	327 700	
长期投资	25 000		非流动负债:		
固定资产	110 000		长期借款	60 000	
固定资产原价	150 000		长期应付款		
减:累计折旧	40 000		非流动负债合计	60 000	
在建工程	230 000		负债合计	387 700	
无形资产			净资产:		
无形资产原价			事业基金	40 000	
减:累计摊销			非流动资产基金	365 000	
待处置资产损溢			专用基金	10 000	
非流动资产合计	365 000		财政补助结转	10 000	

续表

资产	期末余额	年初余额	负债和净资产	期末余额	年初余额
			财政补助结余		
			非财政补助结转	10 000	
			非财政补助结余	20 000	
			1.事业结余	10 000	
			2.经营结余	10 000	
			净资产合计	455 000	
资产总计	842 700		负债和净资产总计	842 700	

收入支出表

会事业02表

编制单位：甲事业单位　　20×1年11月　　单位：元

项目	本月数	本年累计数
一、本期财政补助结转结余		10 000
财政补助收入		850 000
减：事业支出（财政补助支出）		840 000
二、本期事业结转结余		20 000
（一）事业类收入		450 000
1.事业收入		250 000
2.上级补助收入		100 000
3.附属单位上缴收入		80 000
4.其他收入		20 000
其中：捐赠收入		
减：（二）事业类支出		430 000
1.事业支出（非财政补助支出）		280 000
2.上缴上级支出		30 000
3.对附属单位补助支出		50 000
4.其他支出		70 000
三、本期经营结余		10 000
经营收入		50 000
减：经营支出		40 000

2.12月份发生如下经济业务：

（1）通过银行上缴上月税费4 000元。

（2）收到授权支付额度7 000元，随即开出支付令从零余额账户中支取7 000元购买复印纸一批。

（3）支付从事专业业务活动的职工薪酬120 000元，实行财政直接支付。

（4）以银行存款支付临时工工资50 000元。

（5）收到非独立核算经营活动销售产品款项，发票上注明的货款为20 000元，增值税税额3 400元。款项已存入银行。

（6）开展专业业务活动取得事业收入60 000元，款项已经存入银行。

（7）归还到期的1年期银行借款本息55 000元，其中本金50 000元，利息5 000元。

（8）计提本月从事专业业务活动的人员薪酬120 000元，该薪酬将在下年度初由财政补助收入支付。

（9）年末盘点材料和固定资产，发现经营用A材料多出10千克，该类材料的市场价格为每千克100元；一台电脑没有入账，该类电脑的市场价格为12 000元。

（10）12月31日通过对账确认本年度财政直接支付预算指标数为100 000元，当年财政直接支付实际支出数为90 000元；财政授权支付预算指标数为20 000元，财政部门已下达到单位零余额账户的用款额度为18 000元。均为基本支出。

要求：

1.根据本年度12月发生的经济业务编制会计分录，对涉及“事业支出”和“财政补助收入”科目的，要求列出二级明细科目。

2.结转本年度12月份的各类收支。

3.本年度非财政补助结转专项资金项目年末全部完成，剩余资金全部留归本单位使用。编制结转非财政补助结转的会计分录。

4.结转本年度事业结余和经营结余。

5.根据有关规定，按结余的30%提取职工福利基金，并编制会计分录。

6.结转本年度未分配非财政补助结余。

7.编制20×1年度的资产负债表和收入支出表。

主要参考文献

[1]全国预算会计研究会预算会计课题组.新预算会计制度知识问答[M].杭州：浙江人民出版社，1997.

[2]郑俊敏，仝自力.预算会计学[M].北京：中国金融出版社，2009.

[3]王小英.预算会计[M].厦门：厦门大学出版社，2009.

[4]刘成雁.预算会计要素初探[J].中国新技术新产品，2009（18）.

[5]王允平，孙丽红.会计学基础[M].北京：经济科学出版社，2006.

[6]李海波，刘学华.新编预算会计[M].上海：立信会计出版社，2007.

[7]中共中央直属机关事务管理局.新编预算会计[M].北京：中国财政经济出版社，2001.

[8]丁元霖.会计学基础[M].上海：立信会计出版社，2002.

[9]张复英.预算会计的概念、对象、组成、特点和作用[J].会计之友，1984（6）.

[10]贺蕊莉，刘明慧，包丽萍.预算会计[M].大连：东北财经大学出版社，2009.

[11]王晨明.中国政府预算会计的改革与发展——纪念建国六十周年[J].中国农业会计，2009（10）.

[12]王雍君.政府预算会计问题研究[M].北京：经济科学出版社，2004.

[13]上海财经大学公共政策研究中心.2003年中国财政发展报告[M].上海：上海财经大学出版社，2003.

[14]贾明春.政府与非营利组织会计[M].北京：经济科学出版社，2010.

[15]常丽，何东平.政府与非营利组织会计[M].大连：东北财经大学出版社，2009.

[16]财政部会计司.政府会计研究报告[M].大连：东北财经大学出版社，2005.

[17]胡雪琴.中国政府采购进入全面发展期[J].中国经济周刊，2009（7）.

[18]财政部财政科学研究所.地方公共财政管理实践评价[M].北京：中国财政经济出

版社，2011.

[19]张宏力.实现财政国库管理新跨越[J].中国财政，2006（5）.

[20]财政部国库司.中央部门预算编制指南（2012年）[M].北京：中国财政经济出版社，2011.

[21]张德勇.中国政府预算外资金管理：现状、问题与对策[J].财贸经济，2009（10）.

[22]国库司政府非税收入收缴管理改革研究课题组.政府非税收入收缴管理改革调研报告[EB/OL].（2008-06-26）.http：//www.mof.gov.cn/preview/guokusi/zhengfuxinxi/diaochayanjiu/200806/t20080620_47477.html.

[23]祁忠."预算外资金"淡出与"政府非税收入"的规范管理[J].杭州师范学院学报：医学版，2005（5）.

[24]彭健.中国政府预算制度的演进（1949—2006年）[J].中国经济史研究，2008（3）.

[25]中华人民共和国财政部.2016年政府收支分类科目[M].北京：中国财政经济出版社，2015.

[26]赵建勇.政府与非营利组织会计[M].北京：中国人民大学出版社，2010.

[27]蒋宝康.总预算会计实务[M].杭州：浙江人民出版社，2000.

[28]李秉坤，赵璇.预算会计[M].大连：东北财经大学出版社，2011.

[29]财政部编写组.行政单位会计制度（2013）讲解[M].北京：中国财政经济出版社，2014.

[30]阎达五.事业单位会计实用手册[M].北京：首都经济贸易大学出版社，1998.

[31]财政部会计资格评价中心.中级会计实务[M].北京：经济科学出版社，2009.

[32]事业单位会计制度研究组.事业单位会计制度讲解[M].大连：东北财经大学出版社，2013.